유아교육기관에서의

디지털 업무

유아교육기관에서의

디지털 업무

김　호 · 윤민아 · 한유진 · 박정현 · 유세경 · 고보현 · 금인화
김진국 · 민동선 · 유진이 · 유혜민 · 윤은지 · 이수연 · 이은혜
이하영 · 장슬아 · 현지호 · 홍정기 · 홍진선

KNOWLEDGE COMMUNITY 공동체

머리말

디지털 기술의 급속한 발전은 일의 방식을 끊임없이 변화시키고 있습니다. 재택근무와 원격 협업이 일반화되면서 '디지털 노마드'라는 새로운 용어가 주목받기도 했습니다. 시간과 장소에 구애받지 않는 유연한 업무 방식은 이제 선택이 아닌 필수가 되어가고 있습니다.

유아교육 현장에서도 디지털 전환의 물결이 거세게 몰아치고 있습니다. 따라서 유아교사의 디지털 업무 능력 향상은 중요한 과제가 되었습니다. 유아교사가 디지털 업무 능력을 갖추게 되면 다양한 측면에서 교육적 효과가 있습니다. 첫째, 교육의 질을 향상할 수 있습니다. 디지털 도구를 활용한 놀이관찰과 기록은 유아의 성장과 배움을 더욱 깊이 이해하고 넓게 지원할 수 있게 합니다. 또한 디지털 기반 교수학습 자료의 제작과 활용은 유아들에게 더욱 풍부하고 의미 있는 학습 경험을 제공할 수 있습니다.

둘째, 업무의 효율성을 증진할 수 있습니다. 온라인 문서관리, 실시간 플랫폼을 활용한 학사 일정 관리 등 행정업무의 디지털화는 교사의 업무 부담을 경감시키고 시간을 효율적으로 활용할 수 있게 합니다. 이는 결과적으로 교사가 유아와의 상호작용과 교육 활동에 더 많은 시간과 열정을 투입할 수 있게 만듭니다.

셋째, 교육공동체와의 소통을 강화할 수 있습니다. 디지털 플랫폼을 통한 학부모와의 소통, 교직원 간 협업, 교육정보 공유 등은 더욱 긴밀하고 의미 있는 교육공동체 형성을 가능하게 합니다. 이는 유아의 전인적 발달을 위한 협력적 교육환경을 조성하는 데 기여할 수 있습니다.

넷째, 디지털 시민으로서의 역량을 강화할 수 있습니다. 유아교사는 디지털 사회의 구성원으로서 정보의 비판적 분석, 윤리적 활용, 개인정보 보호 등에 대한 이해와 실천 능력을 갖추어야 합니다. 이러한 능력은 유아들에게 올바른 디지털 시민성을 길러주는 데도 필수적입니다.

마지막으로, 미래교육에 대한 대응력을 강화할 수 있습니다. AI, 빅데이터 등 새로운 기술의 발전은 교육 현장에 지속적인 변화를 가져올 것입니다. 유아교사의 디지털 업무 능력 향상은 이러한 변화에 능동적으로 대응하고, 미래교육을 선도할 수 있는 기반을 구축할 수 있습니다. 결론적으로, 유아교사의 디지털 업무 능력은 유아교육의 질적 향상, 교사의 전문성 신장, 교육공동체의 민주적 문화 조성이라는 측면에서 중요한 의미가 있으므로 더 밝은 미래교육을 실현하기 위한 핵심 과제라고 인식해야 할 것입니다.

이 책은 유아교육 현장의 디지털 업무 혁신을 위한 실질적인 안내서입니다. 크게 이론편과 실제편으로 구성하여, 독자들이 체계적으로 접근할 수 있도록 구성하였습니다.

이론편에서는 포스트 디지털 시대 유아교사의 디지털 역량, 유아교사의 디지털 업무와 직무수행의 변화, 유아교사의 디지털 시민 되어가기, 그리고 인공지능(AI) 활용을 다룹니다.

1장 '디지털 시대 유아교사로 살아가기'에서는 디지털 전환 시대에서 교육 현장의 변화와 유아교사의 역할 변화를 다루고 있습니다. AI, IoT, 빅데이터 등 디지털 기술의 발달로 교육환경이 급변하면서 교사들에게 요구되는 디지털 역량이 중요해졌으며, 교육과정 운영, 기관 운영 및 관리, 학급운영, 학사업무, 인사실무, 행정사무 등 다양한 업무 영역에서 디지털 도구를 활용한 혁신적 변화가 일어나고 있음을 설명합니다.

2장 '유아교사의 디지털 시민 되어가기'는 디지털 시민으로서 유아교사가 갖추어야 할 자질과 역량을 다룹니다. 디지털 환경에서의 시민으로서 권리와 책임, 디지털 시민성의 다섯 가지 영역(정체성과 웰빙, 책임과 권리, 소통과 관계, 정보 리터러시, 사회참여)을 설명하고, 인공지능의 개념과 발전 과정, AI 윤리, 지능정보서비스의 기본 원칙 등을 통해 디지털 시대를 살아가는 교사의 역할과 책임을 제시합니다.

실제편은 유아교육 현장에서 바로 적용할 수 있는 구체적인 사례와 단계별 실습 방법을 포함하고 있어, 디지털 업무 환경에 어려움을 느끼는 교사들도 쉽게 따라해 볼 수 있습니다.

1장 '온라인으로 소통하고 하나 되는 온라인원팀!'에서는 교육공동체의 소통과 협업을 위한 온라인 조직 구성 방법을 다루고, 온라인 협업 플랫폼을 활용하여 문서를 공유하고 관리함으로써 동료들과 함께 보다 효율적으로 행정업무를 수행할 수 있는 새로운 방법을 소개합니다. 먼저 교육용 워크스페이스(Workspace) 계정 생성과 관리 방법을 설명하고, 온라인 문서 활용을 통해 업무수첩 제작과 관리, 문서 작성과 공유 방법을 안내합니다. 마지막으로 스프레드시트를 활용하여 예산과 지출 데이터를 효율적으로 관리하는 방법을 제시합니다.

2장 '디지털 날개 달고 날아오르는 유아평가!'에서는 교사의 기록과 평가를 지원하는 다양한 디지털 도구들을 소개합니다. 방대한 관찰 자료를 효율적으로 정리하고 범주화할 수 있는 에버노트(Evernote)와 놀이 관찰 내용을 음성으로 기록하고 텍스트로 변환해 주는 클로바노트(ClovaNote) 등의 활용법을 실제 사례와 함께 상세히 설명합니다. 또한 Digital + PLUS 섹션에서는 교사의 전문성과 교직 윤리 관점에서 AI 활용의 의미를 성찰하고 올바른 방향을 제시하고자 하였습니다.

3장 '놀이를 더 쉽게! 더 깊게! 지원하는 디지털 사다리'에서는 유아교육 현장에서 디지털 도구를 활용하여 놀이를 더욱 풍부하게 지원하는 방법을 다룹니다.

줌(Zoom)을 활용하여 교실과 강당을 연결해 유아의 놀이 공간을 확장하고, 애니메이티드 드로잉스(Animated Drawings)로 유아의 그림에 생동감을 부여하며, 스튜디오 디-아이디(Studio D-ID)로 수업 자료에 실감 나는 움직임을 더하는 등 다양한 디지털 도구의 활용을 통해 유아의 놀이와 학습 경험을 더욱 풍부하게 만드는 방법을 제시합니다.

4장 '특별한 날엔 디지털 한 스푼'에서는 유아교육기관의 주요 행사들을 디지털 도구를 활용하여 더욱 효율적으로 준비하고 진행하는 방법을 안내합니다. 오리엔테이션에서 구글 폼스(Google Forms)를 활용한 학부모 정보 수집, 네이버 거리뷰를 통한 현장학습 장소 사전 탐색, 캔바(Canva)를 활용한 교육과정 설명회 자료의 공동 제작, 그리고 스노우(Snow)와 줌(Zoom)을 활용한 어버이날 포토존 제작까지, 각종 행사 준비에 필요한 디지털 도구의 활용법을 실제 사례와 함께 상세히 설명합니다.

5장 '디지털로 한걸음 가까워지는 학부모 마음 나누기 레시피'는 디지털 도구를 활용한 학부모 소통과 유아교육기관 홍보 방안을 다룹니다. 카카오 채널과 네이버 밴드를 활용한 일상적 소통, 구글 폼(Google Forms)과 구글 캘린더(Google Calendar)를 이용한 체계적인 학부모 상담 관리, 줌(Zoom)을 통한 비대면 상담 방법을 소개하며, 유아교육기관 홍보를 위해 카드뉴스, 동영상, 전자책 등 다양한 형태의 콘텐츠 제작법과 SNS 활용 전략을 설명합니다.

6장 '디지털로 달라진 의사소통 문화!'는 디지털 도구를 활용한 바람직한 회의 문화와 교육과정 계획·평가 방식을 다룹니다. 회의 부분에서는 '자주'하는 회의보다 '잘'하는 회의를 위해 구글 워크스페이스(Google Workspace)와 클로바노트(ClovaNote) 등 디지털 도구를 활용하는 방법을 소개합니다. 회의 준비부터 진행, 기록, 공유까지의 전 과정을 디지털화하여 업무 효율성을 높이는 방안을 제시합니다.

이 책의 집필 과정에서 많은 분들이 도움을 주셨습니다. 특히 바쁜 교육 현장에서도 원고를 작성해 주시고 귀중한 경험과 통찰을 나눠주신 집필진 선생님들께 깊은 감사를 드립니다. 이분들의 생생한 사례와 조언이 있었기에 실질적인 도움이 되는 디지털 업무 혁신을 위한 안내서로 거듭날 수 있었습니다.

또한 기획 단계부터 출간까지 전 과정에서 아낌없는 지원을 해주신 공동체 출판사 여러분께도 따뜻한 감사의 마음을 전합니다. 편집팀의 날카로운 검토 내용은 이 책의 완성도를 한층 높이는 데 큰 도움이 되었습니다.

마지막으로, 이 책을 읽고 계신 독자 여러분께 특별한 감사의 마음을 전합니다. 여러분의 디지털 업무 혁신을 향한 도전은 개인의 전문성 향상뿐만 아니라,

우리 유아교육의 질적 도약을 이끄는 소중한 걸음이 될 것입니다. 이 책을 통해 얻으신 독자 여러분의 소중한 경험과 통찰을 공유해 주시면, 이후 개정판에 반영하여 더 나은 내용으로 보답하도록 하겠습니다.

이 책에서 안내하는 내용과 방법을 통해, 유아교육현장의 선생님들과 예비선생님들이 디지털 시대를 이끌어가는 진정한 '일잘러(일을 잘하는 사람)'로 성장하시기를 바랍니다. 더불어 이러한 변화가 교사들의 업무 만족도를 높이고, 민주적인 조직문화를 만들며, 궁극적으로는 우리 유아들에게 더 나은 교육을 제공하는 밑거름이 되기를 희망합니다.

2024년 12월
저자 드림

차 례

Part 2 실제편

1 이론편

제1장 | 디지털 시대 유아교사로 살아가기

제2장 | 유아교사의 디지털 시민 되어가기

제1장 디지털 시대 유아교사로 살아가기

1. 포스트 디지털 시대 유아교사의 디지털 역량

인공지능(AI), 사물 인터넷(IoT), 빅데이터(Big Data), 생성형 인공지능(generative AI) 등 디지털 기술의 발달이 가져온 변화는 일상의 다양한 영역에서 나타나고 있으며, 디지털 환경은 이미 우리 삶의 일부가 되었습니다. 이처럼 디지털이 곧 우리 삶의 환경이 되는 것을 디지털 전환(Digital Transformation)이라고 합니다.

오늘날 교육 현장도 디지털 전환으로 그 어느 때보다 크고 빠르게 변화하고 있습니다. 교육서비스 플랫폼, COVID-19 시기의 원격수업, 교육행정정보시스템(NEIS), 학교 예산 회계 및 행정 통합 시스템(K-EduFine), 학교 내 무선인터넷망과 학생들에게 제공되는 태블릿PC, AI 디지털 교과서 등 디지털 교육 생태계가 조성되고 있습니다. 국가의 교육과정에서도 4차 산업혁명이라는 시대적 변화 양상을 반영하여 학습자의 미래역량 함양을 위한 정보 및 소프트웨어 교육을 확대하였습니다(교육부, 2022).

디지털 전환이 교육 현장의 모습을 변화시키게 되면서 이와 함께 교사가 갖추어야 할 실무적인 지식과 기술도 시시각각 달라지고 있습니다. 유아교육 현장에서 수행된 디지털과 관련된 연구들을 살펴보면, 디지털 도입 초기에는 교수-학습 및 수업 측면에서의 디지털 기술 활용에 초점을 맞추어 왔습니다. 교사들은 디지털이 유아에게 미치는 부정적인 영향에 대한 우려로 교육에 디지털 기술을 적용하는 것에 대하여 머뭇거리거나 조심스럽게 반응하였습니다. 그러다보니 디지털 기술이 교사의 일과 직무에 미치는 역할은 간과되어 왔

교육서비스 플랫폼 원격수업

교육행정정보시스템 AI 디지털 교과서

| 그림 1-1 | 디지털 전환과 교육 현장의 변화

습니다(정바울·장유정, 2020; Selwyn, 2017).

최근 COVID-19 팬데믹이라는 갑작스러운 사태는 테크놀로지와 교육 사이의 균형을 깨뜨리게 되었습니다. COVID-19 상황으로 인한 학습 공백을 최소화하고 안정적인 학사 운영을 지원하기 위하여 교육부는 2020년 3월 원격수업을 위한 운영기준안을 마련하였고, 교육 현장에서는 원격수업이 전면화되었습니다. 수업은 물론 학급 운영을 위한 행정업무의 전산화, SNS를 통한 가정과의 소통, 온라인 교직원 회의에서부터 원격수업과 실시간 스트리밍을 통한 비대면 졸업식에 이르기까지 교사의 업무 중 많은 부분이 디지털 기반으로 새롭게 개편되었고, 교사들은 고민하고 선택할 여지없이 디지털 기술의 전면 도입을 받아들이게 되었습니다.

COVID-19 팬데믹은 디지털 교육의 잠재력과 동시에 이에 대한 준비가 필요함을 보여 주었습니다. 디지털 교육 생태계를 강조하는 교육 정책으로 인하여 디지털 기술이 물밀듯이 교육 현장에 도입되었으나, 모든 교육 현장에 디지털 기술을 활용할 준비가 되어 있던 것은 아니었습니다. 디지털 장치 및 연결에 대한 접근성, 교육의 디지털 전환에 대한 사회적 수용과 윤리, 그리고 교사 간 디지털 역량에서 격차가 드러났습니다.

| 그림 1-2 | 디지털 격차

출처 : https://www.linkedin.com/pulse/digital-divide-which-side-you-techeasyinc

| 그림 1-2 |에서 보듯이 최신 정보 및 기술에 접근하고 혜택을 받는 사람과 접근이 거의 없는 사람 간에는 정보의 양은 물론 효율적으로 정보를 활용하는 데에 차이가 발생할 것입니다. 이처럼 디지털 격차(Digital Divide)는 디지털 기술에 대한 접근성과 사용성에 대한 우열의 차이로 인해 발생하는 정보와 서비스의 양적·질적 차이를 의미합니다(Jones & Fox, 2009; NTIA, 1999). 디지털 격차는 사회 경제적 지위, 지리적 위치, 연령, 성별, 인종·민족

등 다양한 요인으로 발생하며, 교육 접근성 및 인력 개발에 중요한 영향을 미칩니다.

교사 간에도 디지털 기기나 기술에 대한 접근과 활용 역량의 차이, 디지털을 교육에 활용하고자 하는 교사들의 의도와 신념, 디지털 윤리, 교사 개인적 삶의 경험 등에 따라 교육 장면에서 디지털에 접근하고 활용하는 정도에 차이가 있을 수 있습니다. 이러한 교사의 디지털 격차는 학습자의 디지털 교육 기회에 영향을 미쳐 학습자의 디지털 격차를 야기할 수 있으며, 교사의 삶에도 어려움을 발생시킬 수 있습니다. 디지털 기술 활용에 익숙한 교사들은 온라인 수업에서 각종 플랫폼을 활용하고 자발적으로 콘텐츠 생산자가 되어 노하우를 공유하는 반면, 그렇지 않은 교사들은 감정 노동을 경험하고 가르침 자체에서 오는 정신적 보상을 잃고 소진되는 기분을 느끼게 될 수 있습니다(Hargreaves & Fullman, 2020).

아마도 많은 교사들이 이와 같은 디지털 격차를 경험하거나 디지털로 전환된 업무들로 어려움을 경험하고 계실 것입니다. 디지털 대전환 시대를 살아가는 교사들의 삶은 어떠한가요? 이번 절에서는 디지털 사회에서 유아교사로서 잘 살아가기(well-being) 위한 디지털 역량에 대하여 살펴보고자 합니다.

함께 생각해 봅시다.

- 디지털 전환으로 유아교사의 교실에서의 삶, 교무실에서의 삶, 교사로서의 일상적인 삶은 어떻게 달라졌을까요?
- 유아교사가 디지털 시대를 잘 살아가기 위해서는 어떠한 역량이 필요할까요?

변화된 디지털 세상에서 잘 살아가기 위하여 유아교사에게는 새로운 역할이 요구됩니다. 특히 지금의 교사들은 COVID-19 팬데믹이라는 큰 변화를 경험한 후의 디지털 시대, 즉 포스트 디지털 시대를 살아가고 있습니다. 포스트 디지털 시대에는 기술 자체를 위한 차가운 기술과 이기적 개인주의 등 디지털 시대의 한계를 뛰어넘어 인간을 위한 따뜻한 기술과 수평적 네트워크의 진화, 공동체 문화의 확산 등 아날로그적 가치를 강조합니다. 포스트 디지털 시대의 유아교사라면 유아, 교육, 그리고 테크놀로지에 대해 자신만의 교육관을 새롭게 정립하고, 이에 따른 역할을 만들어갈 필요가 있을 것입니다.

이와 함께 교사로서의 역할을 잘 감당하기 위한 디지털 역량이 더욱 중요해지고 있습니다. OECD(2023)는 디지털 교육 생태계란 디지털 도구와 자원을 잘 활용하는 학생과 교사에 의해 만들어지기 때문에 다양한 방법으로 현직 및 예비교사들의 디지털 교육 역량을 계발하도록 장려할 것을 권고하고 있습니다. 우리나라 교육부에서도 「교원자격검정령 시행규칙 일부개정령(안) 입법예고」(2023. 06.)를 통하여 교원자격 취득 기준 중 교직소양 부분에 디지털교육(인공지능교육) 과목을 추가하여 예비교원들의 디지털·인공지능(AI)교육 역량을 함양하고자 한다는 방향을 밝혔습니다(교육부공고 제2023-237호). 디지털 전환 시대에 교사로서 디지털 역량을 갖추어야 함이 강조되고 있는 것입니다.

디지털 역량은 '디지털 리터러시(Digital Literacy)'의 개념으로부터 정립되었습니다. 디지털 리터러시는 기존의 매체를 컴퓨터로 대체하고 적응할 수 있는 능력(Glister, 1997)이라는 개념으로 사용되다가, 이후 정보기술 적용 능력, 디지털 활용 의사소통 능력, 디지털 환경에의 적응과 실천, 각 능력들 간의 조합을 포함하는 개념으로 확장되었으며(한국교육학술정보원, 2020), 최근 테크놀로지에 대한 지식, 기술, 태도를 총체적으로 포괄하는 실천적 능력에 대한 관심이 높아짐에 따라 '디지털 역량'이라는 용어로 사용되고 있습니다(박주연·윤성혜, 2022).

디지털 역량은 디지털 사회의 구성원으로 자주적인 삶을 살아가는 모두에게 필요한 기본 소양으로, 미래사회를 살아가야 할 유아뿐만 아니라 현재 포스트 디지털 시대를 살아가고 있는 유아교사에게도 매우 중요한 역량입니다. 유아교사에게 수업에 디지털을 활용하고, 유아 간 교육격차를 최소화하며, 교육환경의 변화로 인한 문제를 능동적으로 해결해야 하는 역할 변화가 요구되기 때문입니다(박주연·박남수·서희전, 2022). 교육 장면에서의 디지털화는 교육에 대한 새로운 가능성을 열어주는 기회가 되는 반면, 디지털 격차, 편향, 디지털 보호 및 윤리 등 해결해야 할 도전요인이 존재합니다. 따라서 교사는 이에 지혜롭게 대처할 수 있어야 합니다. 이처럼 디지털 역량은 단순히 디지털 기기를 조작하는 기술적 능력을 넘어서서 디지털 기술에 대한 광범위한 이해 및 자유로운 활용 능력을 키움으로써 미래사회의 변화에 대비할 수 있는 역량입니다.

OECD(2023)에서는 교사의 디지털 역량(teacher digital competence)은 포괄적 디지털 역량(genetic digital competence), 디지털 교수 역량(digital teaching competence), 전문적 디지털 역량(professional digital competence)의 총체적 역량이라고 하였습니다.

박주연과 동료들(2022)은 유아교사의 디지털 역량을 '디지털 시민성(디지털 책임과 권리, 디지털 안전, 디지털 협력과 소통)', '디지털 사고력(비판적 사고력, 컴퓨팅 사고력, 창의적 사고력)', '디지털 콘텐츠 제작 및 플랫폼 활용(디지털 도구 이해, 디지털 콘텐츠 제작, 디지털 플랫폼 활용)', '디지털 페다고지(디지털 교육 이해 및 수용, 디지털 기반 교육과정 및 평가, 디지털 기반 교수학습, 디지털 환경에서의 유아 이해 및 의사소통)'의 네 가지 하위 역량으로 소개하였습니다.

「유치원 교사의 디지털 역량 강화 연수 자료」(교육부, 2021)에서는 디지털 세상에서 살아가고 있는 교사이자 시민으로서, 유아의 배움 지원, 업무수행 및 일상생활을 영위하기 위하여 유치원 교사에게 디지털 역량이 필요함을 강조하였습니다. 이에 교육부(2021)에서 개발한 「유치원 교사의 디지털 역량 강화 연수 자료」를 바탕으로 디지털 역량의 개념 및 구성요소를 정리해 보겠습니다.

- 유아교사의 디지털 역량(Digital Competence)은 단순히 디지털 매체를 이해하고 다룰 줄 아는 활용 능력을 넘어서서 교사로서, 그리고 디지털 사회를 살아가는 디지털 시민으로서 권리와 의무를 다하고, 더 나아가 교육과 관련된 전반적인 행위를 안정적이고 역동적으로 이끌어나가기 위해 갖추어야 할 지식, 기술, 가치 및 태도를 의미합니다.
- 이는 디지털 사회에서의 잘 삶(well-being), 즉 유아교사로서 생활하고, 배우고, 일하고, 참여하고, 성장하는 디지털 웰빙(Digital Wellbeing)을 이루기 위한 지식, 기술, 가치 및 태도라고 볼 수 있습니다.
- 디지털 웰빙을 이루기 위하여 유아교사들은 유아의 배움(Learning for children), 업무수행(Working as a kindergarten teacher), 일상(Living in an educational community)의 세 가지 차원을 모두 고려해야 합니다.

• 유아의 배움, 업무수행, 일상의 세 가지 차원에서 요구되는 디지털 역량의 내용은 다음과 같습니다.

유아의 배움	디지털 기기 및 자료 활용	디지털 기기 및 자료에 관심을 가지고, 각 매체의 유형과 특징을 이해하며, 일상생활 속에서 디지털 기기 및 자료를 적극적으로 활용할 수 있는 능력
	디지털 기반 교수학습	디지털 매체의 교육적 활용 가치를 인식하고, 유아의 놀이·일상생활·활동을 지원하기 위해 적절한 매체를 선정, 활용, 제작할 수 있는 능력
	디지털 기반 유아 이해 및 지원	디지털을 기반으로 유아의 놀이·일상생활·활동을 관찰, 기록, 평가하여 유아에 대한 이해를 도모하고, 교육과정의 질을 높일 수 있는 능력
업무수행	디지털 의사소통 및 협력	디지털 매체를 활용하여 학부모, 동료 교원 등 교육공동체 구성원들과 적극적으로 소통하고, 상호 이해하며 협력할 수 있는 능력
일상	디지털 시민의식	디지털 시민으로서 저작권이나 개인정보 보호 등 관련 규정과 예절을 준수하고, 비판적으로 사고하여 올바른 정보를 습득하고 생성하며, 디지털 매체를 통해 사회적 문제와 의사결정 과정에 적극적으로 참여하는 능력
	디지털 문제해결	디지털 매체를 활용하는 과정에서 발생하는 문제를 적극적으로 해결하고, 교육 관련 다양한 문제 및 갈등 상황에서 디지털 매체를 활용하여 효과적으로 해결할 수 있는 능력

이상의 내용을 통해 우리는 유아교사의 디지털 역량이란 디지털 매체를 다루는 능력을 넘어서는 것으로, 교육적 맥락 안에서 디지털 활용에 대한 고민을 통해 유아의 디지털 역량을 길러줄 뿐 아니라, 교사 역시 디지털 시민으로서 디지털로 인한 편리함과 기쁨을 누리며 잘 살아가기 위한 역량임을 알 수 있습니다. 따라서 유아교사는 디지털 역량을 강화하여 행복한 유아의 배움을 지원하고, 교사의 업무를 보다 전문적이고 효율적으로 수행하며, 함께 살고 성장하는 교육공동체를 이루어 갈 수 있을 것입니다.

2. 유아교사의 디지털 업무

1) 유아교사의 직무 영역

교사의 업무란 교육을 직업으로 삼고 있는 교사가 꼭 해야 할 일로, 직무(job), 업무(work), 역할(role)이라고도 할 수 있습니다. 일반적으로 교사들은 정해진 수업과 관련된 수업 준비 및 평가, 생활지도, 학교 및 학급 행정업무, 전문성 신장 및 동료 협력, 학부모 및 대외 관계 등 다양한 성격의 활동을 일상적으로 수행하고 있습니다(Hargreaves, 1994). 교사의 업무시간 실태를 살펴본 선행연구에서 교사의 업무는 다양한 종류의 상이한 일들이 병치된 양상을 띠고 있어, 교사들은 공식적인 업무시간인 8시간 이외에 부가적으로 약 2시간 정도를 업무를 하는 데 할애하고 있었습니다(한국교육개발원, 2014).

이처럼 교사들은 수업 또는 수업과 관련된 일 외에도 수업 준비 및 평가, 학생지도, 행정업무, 전문성 신장 활동 및 연수 등 매우 상이한 종류의 드러나지 않는 일들을 동시에 수행하고 있습니다. 교사들은 상당한 정도의 비율로 한 가지 활동을 하면서 사이사이에 다른 활동을 수행하거나, 또는 일정한 시간 간격을 두고 바로 이어서 두 가지 이상의 활동을 동시에 수행하고 있습니다(한국교육개발원, 2014; Lee & Poon, 2014).

유아교사가 실제로 하는 일들을 살펴본 김은영과 박은혜(2006)의 연구에서는 유아교사의 직무가 교수학습 준비, 교수학습 실제, 교수학습 평가, 전문성 신장, 유아보호 관련 업무, 학부모 관련 업무, 행사 관련 업무, 사무 관련 업무, 시설설비 관련 업무, 대인관계 및 사회적인 업무 등 10개 영역으로 구분되었으며, 각 영역의 직무내용은 교수학습 준비 20개, 교수학습 실제 40개, 교수학습 평가 12개, 전문성 신장 20개, 유아보호 관련 업무 33개, 학부모 관련 업무 13개, 행사 관련 업무 10개, 사무 관련 업무 26개, 시설설비 관련 업무 8개, 대인관계 및 사회적인 업무 8개로 총 190개의 직무를 수행하고 있는 것으로 나타났습니다.

이 결과는 초등학교 교사들이 수행하는 10개 영역 140개 항목(남순명, 2002)보다 많은 수로, 유아교사는 유아보호 관련 업무, 학부모 관련 업무, 시설설비 관련 업무 등 초·중등학교 교사들에 비해 수행하는 직무의 종류가 매우 다양하고 직무 부담 또한 상당히 크다는 것을 알 수 있었습니다.

| 그림 1-3 | 유아교사의 다양한 직무 영역들

유아교사의 직무에 따른 역량을 도출한 정선아와 조대연(2013)의 연구에서는 유아교사의 직무역량으로 보육 및 기본생활지도 역량, 교육 및 교수활동 역량, 상담 및 정서적 지원 역량, 연구 및 반성적 실천 역량, 대인관계 및 업무수행 소통 역량 등 5개 역량군에 총 28개의 직무역량 항목을 도출하였습니다.

이처럼 유아교사가 해야 할 업무는 매우 다양하고 복합적이라고 할 수 있습니다. 교사의 업무는 교직과 유아교육기관 조직의 특성 및 교사의 업무를 보조하는 사람이나 회계를 담당하는 사무원의 여부 등 교사가 처한 제반 상황에 따라 다소 달라질 수 있으나 이를 크게 여섯 가지의 영역으로 나누어 살펴보면 다음과 같습니다.

- 교육과정 운영 계획 및 평가 영역
- 유아교육기관 운영 및 관리 영역 : 운영위원회 운영, 기관 평가, 정보공시, 교육실습생 지도, 유아교육기관 홍보, 유아모집 등
- 학급운영 영역 : 학급 공간 관리, 신학기 준비, 하루 일과 구성, 생활지도, 안전교육 및 관리, 건강교육 및 관리, 급·간식 지도, 부모교육 및 상담, 현장체험학습 운영, 방과후 과정 운영, 장애유아 통합교육 등
- 학사업무 영역 : 입학식, 재적관리, 생활기록부 관리, 출석관리, 졸업식 등
- 인사실무 영역 : 임용과 퇴직, 복무, 휴직과 복직, 자격 및 승진, 연수 등
- 행정사무 영역 : 문서관리, 물품관리, 유아학비 지원 등

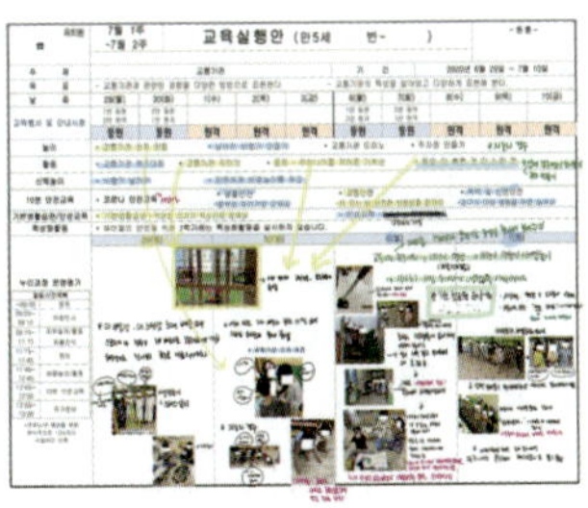

교육과정 운영 계획[1]

유아교육기관 운영 및 관리[2]

학급운영[3]

학사업무

인사실무[4]

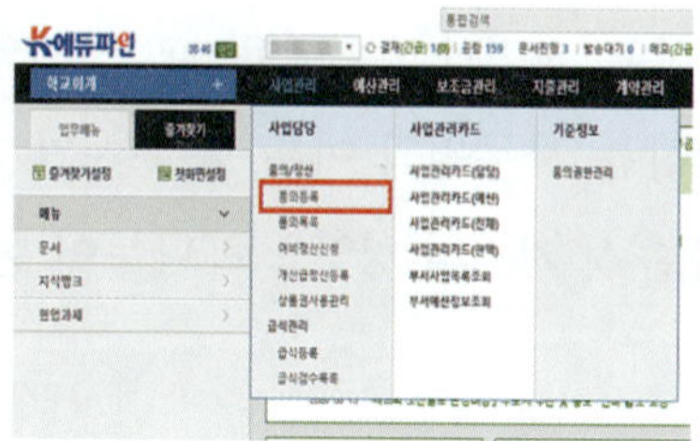

행정사무

[사진 출처]

1) https://www.i-nuri.go.kr/main/module/dataManage/view.do?data_idx=2075&menu_idx=113
2) http://www.gnmaeil.com/news/articleView.html?idxno=427573
3) https://www.inews365.com/news/article.html?no=711925
4) https://www.newsfreezone.co.kr/news/articleView.html?idxno=538992

2) 유아교사 직무수행의 변화

교사들의 업무시간 구조나 업무시간 배분의 방식은 변화하는 여건에 걸맞게 달라질 필요가 있을 것입니다. 한편 교사의 직무수행 변화 분석과 향후 과제(한국교육개발원, 2022) 연구에서는 2013년, 2018년, 2022년 3개 시점에서 중학교 교사의 직무수행 양상 변화 정도를 분석한 결과, 교사의 직무수행은 지난 10년간 꾸준히 변화하였음을 보고하고 있습니다.

그 결과, 학생 배움중심 수업 및 평가를 위한 교수학습과 평가 활동, 교사–학생 관계, 교실 분위기 및 교사의 전문성 개발 참여 등에서는 긍정적인 변화가 있었습니다. 그러나 교육과정 기획 및 재구성에 관한 자율성 인식은 오히려 낮아졌으며, 행정업무에 사용하는 시간이 5.73시간에서 7.23시간으로 늘어나, 교수학습 개발과 같은 핵심 직무수행에 투입되는 시간이 상대적으로 줄어드는 현상을 우려하였습니다. 비록 중학교 교사의 사례를 살펴본 결과이기는 하지만, 이는 사회 전반의 요구에 따라 교사의 직무수행 내용이나 비중 역시 변화할 수 있음을 나타내는 결과라고 볼 수 있습니다.

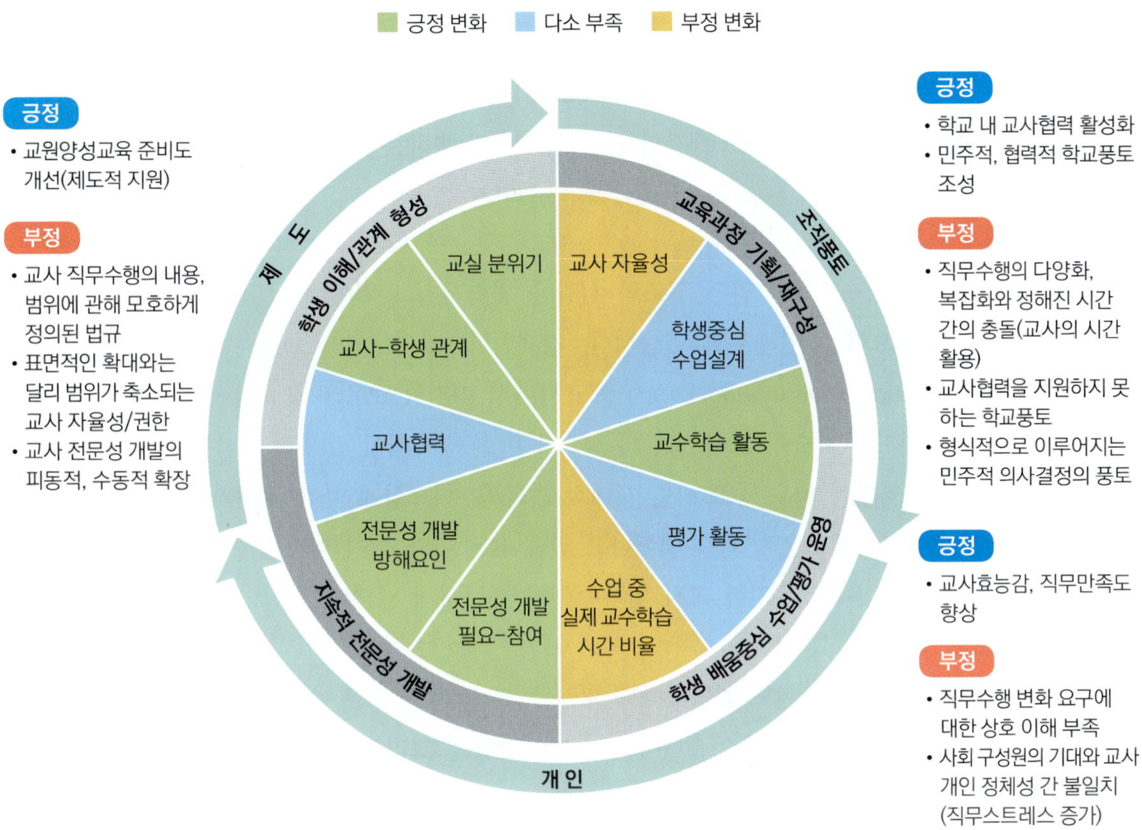

그림 1-4 | 교사 직무수행의 변화 및 영향요인 분석 결과

이처럼 많은 교사들은 과중한 업무와 처리 시간 부족으로 압박감이나 스트레스를 받고 있으며, 이는 교사의 이직이나 우수한 인재들이 교직으로 들어오려는 동기를 꺾는 요인이 되기도 합니다(Lindqvist & Nordanger, 2006; OECD, 2005). 이러한 이유로 여러 나라에서는 국가적 차원에서 교사의 업무 부담과 시간 부족 문제를 해소하기 위한 정책적 차원의 노력을 지속적으로 기울여 오고 있습니다(Department of Education(U.K.), 2010, 2014).

교사들의 업무수행을 효과적이고 의미 있게 만들어 줄 수 있는 방법은 무엇일까요?

"Creating change where no one even can imagine it."

"어느 누구도 가능하다고 생각하거나 상상하지도 못하는 순간에 변화를 '창조'해 내라."

Perlow(2012)

Perlow의 말은 교사의 업무 구조와 시간을 변화시키기 위해 상상력과 틀을 깨는 과감한 시도가 필요함을 일깨우고 있습니다. 경제협력개발기구(OECD)는 '디지털 교육 전망 2023(Digital Education Outlook 2023) 보고서'에서 디지털 교육의 중요한 변화 주체로 교사를 꼽으며, 디지털 기술이 교사 업무의 성격을 바꿀 잠재력이 있다고 분석했습니다. 디지털 시대 교사의 역할은 매우 중요하며, 시대적 변화 및 필요성에 따라 교사가 하는 업무의 내용과 방법에서도 새로운 변화가 일어나고 있습니다. 이와 같이 디지털을 활용할 때 시공간을 초월한 효율적이고 유연한 교사 업무수행이 가능하게 될 것입니다.

특히 유아교사직은 어느 직업보다도 교사 혼자 많은 역할을 수행하는 업무의 다양성이 존재하는 직업이라고 할 수 있습니다(곽현주 외, 2010). 그러므로 유아교사의 다면적인 능력과 다양한 자질, 그리고 이를 통합할 수 있는 전문성을 필요로 합니다. 그러나 포스트 디지털 시대 유아교사의 전문성은 디지털을 활용하여 교사로서 변화되는 환경에 적극적으로 대응할 수 있는 교육을 제공할 수 있는 것까지 포함해야 할 것입니다. 특히 다가치관적인 사고가 힘든 유아의 특성상 특정 정보에 몰입하고 가치를 부여할 가능성이 커지기 때문에 게임이나 스마트기기에 중독되어 정신이 황폐해지고 충동적으로 변할 수 있습니다. 이에 따라 유아교육기관 교사를 대상으로 한 적절한 스마트기기 활용 교육과 ICT 윤리교육은 필수적이라고 할 수 있습니다.

이와 함께 최근 COVID-19로 인하여 유아교육기관의 운영형태나 놀이지도는 물론 학부모들과의 면담에서도 디지털을 적극적으로 활용하는 방식으로 많은 변화가 나타나고 있습니다.

무엇보다 디지털 시대의 유아교사에게는 유아가 디지털 시대를 살아가는 디지털 시민으로 현재를 살아가고 성장할 수 있도록 적절한 콘텐츠를 선택하여 제공하며 디지털 놀이와 활동을 통해 기초적인 디지털 리터러시를 배울 수 있도록 지원하는 역할 수행이 중요해질 것으로 예견됩니다.

그렇다면 유아교사가 하는 업무의 내용과 방법은 어떻게 변화하고 있을까요?

함께 생각해 봅시다.

- 디지털 시대 유아교사가 수행하는 업무의 내용과 방법은 어떻게 변화하고 있을까요?
- 유아교사의 업무에 디지털을 활용한다면 어떠한 점이 달라질 수 있을까요?

이 절에서는 앞에서 살펴본 행정업무, 놀이관찰기록을 토대로 한 평가, 놀이 자료 및 환경 지원, 유아교육기관 행사, 가정과의 소통과 협력, 유아교육기관 문화 조성 등 유아교사의 업무 영역에서 변화를 '창조'해 내는 교사들을 만나보겠습니다.

1 행정업무에서 변화를 창조하다!

대부분의 유아교사들은 교수학습 준비, 실제, 평가를 포함한 업무 외에도 가정통신문 작성 및 공유, 가정에 요청한 유아 관련 자료 수합, 유아교육기관 행사 공유, 물품 신청 및 구입 등 다양한 행정업무를 맡고 있습니다.

교사들은 주어진 근무시간 내에 교수학습 준비와 평가도 해야 하고, 행정업무도 해야 하기 때문에, 행정업무는 자칫 업무시간을 효과적으로 활용하는 데 방해요인으로 느껴지기도 합니다. 전국의 교사를 대상으로 실시한 연구(한국교육개발원, 2022)에서는 교사 직무 스트레스의 주된 원인이 과도한 행정업무인 것으로 나타났으며, 불필요한 행정업무가 업무시간의 효과적 활용을 어렵게 한다고 응답하였습니다. 그만큼 관료적인 수많은 자료와 문서들은 많은 교사들에게 불필요하다고 여겨지며 큰 어려움을 주고 있습니다. 이를 위해서 제도적으로 공문 감축, 교무행정 지원 인력의 배치, 교무업무 경감팀의 구성 등의 지원을 요구할 수 있으나 바로 현실화되는 것은 쉽지 않습니다.

교사들은 고민합니다.

> **"가정통신문을 메신저로 보내고, 메신저를 열어 다운 받고, 수정하고, 다시 메신저로 보내고, 메신저를 열어 다운 받고, 확인하는 반복되는 과정을 더 간단하게 할 수 있는 방법은 없을까?"**
>
> **"여러 반에서 취합한 자료를 반별로 정리하고 문서로 출력해서 제출하고, 그것을 담당자가 일일이 확인하여 전체 자료를 정리하는 과정을 더 빨리 할 수 있는 방법은 없을까?"**

이러한 고민을 해결해 줄 수 있는 방법이 있을까요? 바로 함께 온라인으로 정보를 공유할 수 있는 온라인원팀(on-line one team)을 구성하여 행정업무의 절차를 간소화하는 것입니다. 유아교육기관의 구성원들이 구글 워크스페이스나 마이크로소프트 365 등의 클라우드 기반 협업 플랫폼을 활용하여 함께 작업한다면 자료 업로드, 공유, 수정, 저장 및 관리가 보다 편리하고 효율적으로 이루어질 수 있습니다.

또한 태블릿PC 업무수첩이나 스프레드시트를 활용한 예산 관리 등을 통해 보다 체계적이고 정확한 업무수행이 가능해집니다.

온라인원팀을 구성하여 행정업무를 가볍게 한 교사들을 만나볼까요?

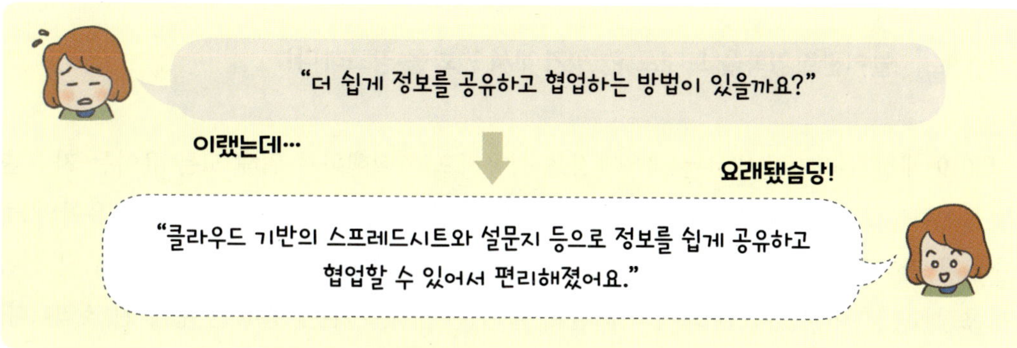

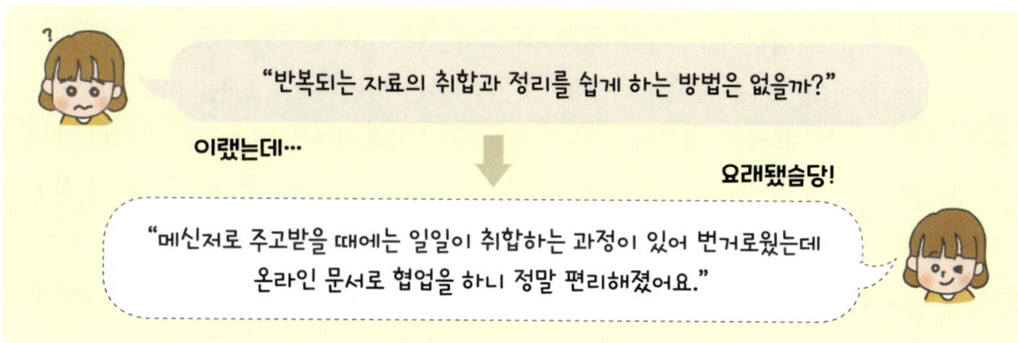

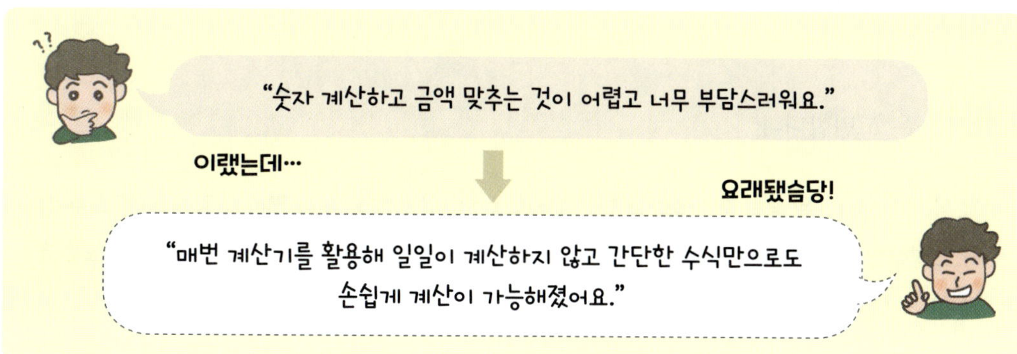

제2부 제1장 '온라인으로 소통하고 하나 되는 온라인원팀!'(76쪽)의 이야기를 통해 여러 교사들의 이야기를 통해 단순한 행정업무 경감을 넘어서 교사 업무시간 구조를 변화시킬 수 있을 것입니다.

2 놀이관찰기록을 토대로 한 평가에서 변화를 창조하다!

「2019 개정 누리과정」에서는 교육과정을 성공적으로 실행하기 위해 모든 유아는 자유롭게 놀이하고 그 안에서 배움을 구성할 수 있는 역량을 지닌 존재임을 신뢰하고 유아의 놀이를 잘 관찰해야 할 것을 강조하고 있습니다(교육부·보건복지부, 2019a). 활동 계획 및 실행에 초점이 맞추어져 있었던 교사의 역할이 놀이 관찰 및 지원에 중점을 두게 된 것입니다. 즉, 관찰은 교수·학습 실천의 방법이자 평가의 방법이라고 할 수 있습니다.

유아의 놀이를 관찰하고, 관찰한 내용 중 의미 있는 내용을 기록하고, 기록한 내용을 다시 보면서 유아의 고유한 특성이나 의미 있는 변화를 발견하고, 그것을 바탕으로 지원이 이루어지는 평가는 '유아의 배움과 성장을 돕는 평가'라고 할 수 있습니다. 그러나 이러한 평가 과정은 기존에 발달 수준이나 성취 기준을 정해 놓고 이를 진단하기 위하여 사용했던 체크리스트, 평정척도 등의 방법에 비하여 더 많은 시간과 노력이 요구됩니다. 특히 유아교육 현장의 과도한 업무 부담, 높은 교사 대 유아 비율, 유아교육기관평가를 위하여 특정한 형식과 분량으로 기록해서 남겨야 하는 부담 등은 교사들의 이러한 어려움을 가중시키고 있습니다.

교사들은 고민합니다.

"교실에서 일어나는 여러 유아들의 다양한 놀이들을 기록한 자료가 너무 많아서 관리가 잘 되지 않아. 그렇다고 따로 평가자료를 만들 시간도 부족하고…. 수많은 놀이 기록 파일들이 한눈에 보이도록 효과적으로 정리하고, 그 자료를 보면서 바로 놀이를 해석할 수 있는 기록 방법은 없을까?"

"교사가 혼자 모든 유아의 놀이 상황을 관찰하는 것은 불가능해. 그리고 교사의 관찰만으로 유아의 의도를 모두 이해할 수도 없고…. 유아가 주도적으로 자신의 놀이를 기록하도록 하는 방법은 없을까?"

"나는 관찰한 내용을 문장으로 정리하는 것과 생활기록부에 유아발달상황을 적절한 말로 표현하는 것이 너무 어려워. 참고할 만한 다양한 예시 문구가 없을까?"

이러한 교사들의 고민을 해결해 줄 수 있는 방법이 있을까요? 바로 디지털 앱을 활용하여 놀이관찰기록을 저장하고, 정리하며, 해석하여 평가에 활용하는 것입니다. 이드로우마인드맵, 에버노트, 노션 등 다양한 문서 관리 템플릿을 제공하는 온라인 앱을 활용한다면, 저장된 놀이의 흔적들을 한눈에 보이도록 정리하고, 이 기록을 다시 들여다보며 의미를 발견하는 과정이 보다 편리하고 효율적으로 이루어질 수 있습니다.

프린트가 가능한 유아용 디지털 카메라나 유아가 직접 음성 기록을 할 수 있는 네이버 클로바 노트 등을 이용하면 유아가 교사의 많은 도움 없이도 자신의 놀이를 기록하고 평가하는 것이 가능해집니다. 이는 교사의 편리함을 넘어 유아가 직접 평가에 참여하도록 함으로써 유아의 목소리에 귀를 기울이며 교육과정을 함께 만들어가도록 도와준다는 측면에서 매우 의미가 있습니다.

이와 함께 적절한 문장과 표현으로 유아의 평가사항을 작성하고자 할 때, 뤼튼, Chat GPT 등과 같은 생성형 인공지능 서비스를 이용한다면 교사의 능력이 증폭될 수 있을 것입니다.

그러면 디지털 도구를 활용하여 유아의 목소리에 더 귀 기울이며 의미 있는 유아평가를 할 수 있게 된 교사들을 만나볼까요?

"개별 유아들의 놀이는 너무 다양하고 동시다발적이라 놀이를 모두 다 관찰하기 어려워요."

"교사 혼자서 모든 놀이를 기록하기란 너무 어려운 일이에요. 우리 교실 속 놀이를 함께 기록하는 방법은 없을까요?"

이랬는데…

요래됐습당!

"이드로우마인드 앱을 활용해 보니까 우리 반 아이들이 어떻게 놀이하고 있는지 알 수 있어요. 놀이 주제별로 유아들의 사진을 배치해 두고 놀이 과정 가운데에 주고받는 유아들의 이야기, 그림 등을 함께 넣을 수 있어서 좋았습니다!"

"프린트 카메라는 아이들의 시각에서 그 놀이를 왜곡하지 않으니까 유아의 시선을 더 잘 담아낼 수 있는 것 같아요. 또 그 내용이 정리되니까 나중에 다시 살펴보기도 편리하고요."

"휴대폰 속 갤러리에 쌓여가는 사진들, 이곳저곳에 남겨진 기록들을 잘 정리할 수 있는 방법은 없을까요?"

이랬는데…

요래됐습당!

"에버노트를 활용해 놀이기록을 폴더별(유아별, 놀이 주제별 등)로 정리해 두니까 우리 반의 놀이 흐름, 유아마다의 생각의 변화과정, 표상이나 구성물의 변화과정 등을 쉽게 비교해 볼 수 있더라고요."

"놀이기록이 제대로 정리가 되니까 놀이중심 교육과정을 운영할 때도, 유아평가할 때도 너무 편리했어요!"

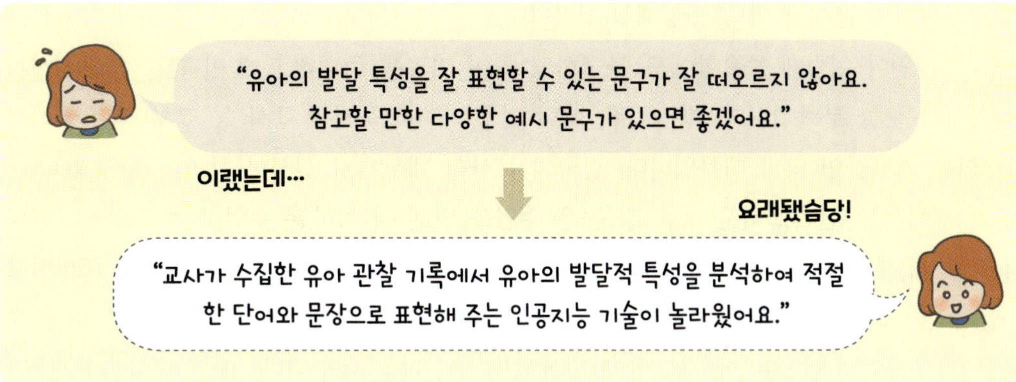

제2부 제2장 '디지털 날개 달고 날아오르는 유아평가!'(150쪽)의 이야기를 통해 여러 교사들의 평가 방법을 통해 진정한 유아중심, 놀이중심, 과정중심의 평가, 그리고 교수학습 실천과 일치하는 평가로 변화시킬 수 있을 것입니다.

3 놀이 자료 및 환경 지원에서 변화를 창조하다!

디지털 시대에 요구되는 교사의 역할은 지식을 가르치는 사람이 아니라 학습자들의 배움을 안내하고 조력하는 사람이라고 볼 수 있습니다. 이에 「2019 개정 누리과정」은 유아 주도적인 놀이가 중심이 되는 '유아·놀이중심' 교육과정으로 유아에게 충분한 놀이시간을 확보하고, 유아가 다양한 놀이와 활동을 경험할 수 있도록 실내외 환경을 구성하며, 풍부한 놀이 자료를 제공할 것을 제시하고 있습니다(교육부·보건복지부, 2019b).

주변의 다양한 물질과 만나 오감으로 상호작용하며 세상과 관계 맺으며 배워가는 유아에게 있어 놀이 자료와 환경은 매우 중요합니다. 유아는 놀이 자료를 사용하면서 자연스레 자신의 지식을 넓히고 자기 생각과 감정, 상상 등을 자유롭게 표현합니다. 또한 유아가 가장 좋아하는 놀이로 구성된 놀이 영역, 유아가 주도적으로 창조한 교실 외의 놀이 영역, 유아가 제안한 놀이 환경 조성 등 유아의 흥미에 민감하게 반응하며 융통적인 놀이 환경을 제공한다면 놀이가 더욱 풍성해질 것입니다.

놀이 지원이 이렇게 중요함에도 불구하고 놀이 자료를 준비하고 놀이 환경을 구성하기 위한 시간은 늘 부족합니다. 행정업무, 상담 업무, 유아교육기관 행사 등 그보다 더 급하게 요구되는 업무들이 많기 때문입니다. 전국의 교사를 대상으로 실시한 한 연구(한국교육개발원, 2014)에서는 '만족스러운 혹은 질 높은 수업을 위해 해야 하는 수업의 준비 양을 100%라고 할 때 본인은 몇 %를 하고 계십니까?'란 질문에 초등학교 교사 응답자들은 62%라고 응답하였다고 합니다. 질 높은 수업을 위해 준비해야 할 수업 준비 양의 기대치에 비해 교사들이 실제로 수업 준비에 60%밖에 할애하지 못한다는 것입니다. 또한 교사들에게 '만약 시간이 더 생긴다면 하고 싶은 활동은 무엇입니까?'란 질문에 수업 준비 및 수업 자료 준비(38.54%)에 가장 높은 응답률을 보였다고 합니다. 수업을 위한 준비가 다른 업무들과의 우선순위에서 밀린다는 것을 보여주는 결과입니다. 이 연구의 대상에 유아교사가 포함되지 않았지만, 아마도 유아교사의 경우 수업 준비 및 수업 자료 준비에 더욱 많은 시간이 요구되는 만큼 그 어려움은 더할 것으로 예상됩니다.

교사들은 고민합니다.

"아이들과 이야기나누기 활동을 하려고 하는데 내가 직접 설명을 하면 단순한 지식전달이 될 것 같아. 내가 그림을 그리자니 실력도 부족하고, 시간도 많이 걸릴 테고…. 이 주제에 대해서 아이들이 좀 더 몰입하고 관심을 가질 수 있는 이야기나누기 자료를 빠른 시간 내에 만들 수 없을까?"

"아이들의 OO놀이가 확장되면서 다른 놀이가 이루어지는 공간이 좁아지니 다른 놀이를 하는 유아들 간에 자꾸 갈등이 생기네. 교실 공간은 한정되어 있는데 어쩌지?"

"요즘 아이들이 종이접기에 관심을 가지고 나에게 계속 도움을 요청하는데 그러다보니 다른 놀이 지원을 하기가 어려워지네. 종이접기를 도와줄 수 있는 다른 선생님이 계시면 좋겠지만 그건 어려울 것 같고, 좋은 방법이 없을까?"

교사의 효과적인 업무시간 활용을 위해서는 특정 업무(예를 들어, 행정업무)의 '경감'과 함께 그 업무를 다른 업무(예를 들어, 수업 준비 업무)로 '치환'시키기 위한 작업이 동시에 진행되어야 합니다. 이를 위한 정책적 대안이 마련되는 것이 반드시 필요하겠으나 현실적으로 바로 이루어지기는 어렵습니다. 그러면 우리의 이러한 수업을 위한 준비 시간을 줄이면서도 유아의 놀이를 더욱 즐겁고 생동감 있게 만들어 줄 수 있는 방법은 없을까요? 교사를 도와줄 수 있는 보조교사 역할을 할 수 있는 디지털 플랫폼이나 앱을 활용하는 것입니다.

줌 화상회의 플랫폼은 유아교육기관 내의 다른 공간에서 놀이하는 유아들을 지켜보는 보조교사가 될 수 있습니다. 실시간 기관 내의 다른 공간뿐 아니라 각 학급끼리, 더 넓게는 다른 기관의 친구들과 놀이를 공유하고 소통하는 것도 가능합니다.

이매지너리 사운드스케이프, 애니메이티드 드로잉, 스튜디오 디아이디와 같은 앱은 더욱 생동감 있는 놀이 자료를 제작해 주는 보조교사가 될 수 있습니다. QR코드는 유아가 쉽게 코드를 촬영하고 원하는 콘텐츠를 시청할 수 있도록 하여 다양한 놀이 지원으로 분주한 교사의 일손을 덜어주는 역할을 할 수 있습니다.

디지털 도구를 활용하여 유아의 놀이가 더 활발하고 풍성하게 이루어질 수 있도록 지원한 교사들을 만나볼까요?

"디지털을 활용해서 몰입감 있는 수업을 계획하고 싶어요!"

이랬는데…

요래됐습당!

" 지금은 사진이나 그림으로밖에 만나지 못하는 이순신 장군이나 세종대왕 등 역사적 인물을 영상으로 만날 수 있어서 아이들의 수업 몰입도가 더욱 올라갔습니다!"

"그림 속 인물을 움직이는 것은 영상 전문가들이나 할 수 있는 고급 기술인 줄 알았는데 간편하게 만들 수 있어서 좋았어요!"

"놀이공간이 점점 부족해지는데 교실 크기는 정해져 있고...
어떻게 하면 좋을까?"

이랬는데…

요래됐습당!

"공간을 많이 필요로 하는 놀이를 할 때 아이들이 서로 많이 부딪쳤는데,
다른 공간을 줌으로 이어주니 놀이공간이 더 넓어졌어요!"

"서로 다른 공간에 있는 친구와 원격으로 소통하며
새로운 방식의 놀이를 즐길 수 있었어요!"

"업무시간은 줄이고 효과적으로 환경구성 하는 방법은 없을까요?"

"업무도 많은데 교실 환경구성까지 하려니 시간이 부족해서 늘 고민이에요."

이랬는데…

요래됐습당!

"여러 가지 재료를 구비해 주지 않아도 유아가 스스로 다양한
표현기법을 활용하여 작품을 만들 수 있어요."

"유아가 쉽게 QR코드를 활용하는 모습을 관찰할 수 있었어요!"

제2부 제3장 '놀이를 더 쉽게! 더 깊게! 지원하는 디지털 사다리'(202쪽)의 이야기를 통해 교사의 일손을 덜어주는 디지털 보조교사와 함께 유아의 놀이를 더 깊고 넓게 지원해 주며 교실의 놀이 시간을 더 생동감 있고 다채롭게 변화시킬 수 있을 것입니다.

4 유아교육기관 행사에서 변화를 창조하다!

유아교육기관은 교사 수에 비해 업무량이 많은 경우가 대부분이다 보니 교사들이 빠르고 능률적인 협력 방법을 찾는 것이 필요합니다. 특히 오리엔테이션, 입학식, 학부모 면담, 학부모 참여수업, 현장체험학습, 졸업식 등 유아교육기관의 특별한 행사가 있다면, 모든 교사들은 힘을 모아 분주히 행사를 준비하고 진행하고, 다음 행사를 위하여 평가합니다.

그러나 행사를 진행하기 위해서는 행사 안내, 참여 유아(가정) 확인, 유아들과의 행사 사전 활동, 행사 자료 제작, 행사 기록, 행사 후 평가 결과 수합과 분석에 이르기까지 유아교육기관 모든 구성원들의 많은 시간과 노력이 필요합니다. 그러다 보니 모두에게 의미 있는 추억을 만들기 위한 의도로 시작된 행사가 구성원 간 갈등을 만들거나, 다시 기억하기 싫은 숙제처럼 느껴질 수도 있습니다.

또한 행사를 진행하고자 하였으나 맞벌이 가정 학부모 참여의 어려움, 협소한 공간 등 시간적·공간적 제약으로 행사의 진행에 어려움이 있을 수 있습니다.

행사를 앞둔 교사들은 고민합니다.

"우리 기관은 학급수가 많은데 학부모 참여 행사의 모든 과정을 생각하니 시작하기 전부터 막막해. 유아가 (종이로 된) 참석 회신서를 갖고 오지 않으면 다음 날까지 기다려야 하고, 모든 반 참석자를 일일이 세어야 하고. 학부모들에게 참여 의사를 확인받는 과정부터 좀 더 효율적으로 할 수 있는 방법은 없을까?"

"이번 졸업식은 더 많은 가족들이 참여할 수 있게 하고 싶어. 그런데 우리 기관 강당은 그 정도로 넓지 도 않고, 또 맞벌이 가정 유아가 많아서 오전 시간에 참석이 어려우신 분도 많을 텐데…. 2회로 진행 하자니 교직원들이 너무 힘들 것 같고, 좋은 방법이 없을까?"

교육공동체가 모여 함께하는 즐거운 행사, 그러나 그만큼 많은 시간과 노력이 들어갈 수밖에 없는 행사를 더 빠르고 효율적으로 준비할 수 있는 방법이 있을까요? 바로 행사를 준비하기 위한 정보를 더 쉽게 수집하고, 함께 자료를 만들고, 행사에 참여한 교육공동체가 추억을 공유할 수 있는 디지털 플랫폼과 앱을 활용하는 것입니다.

행사 준비 과정에서 구글 폼즈 등의 설문조사 앱을 활용한다면 보다 빠르게 정보를 수집하고 실시간으로 결과를 확인할 수 있습니다. 또한 개인이 바로 디지털 설문에 답한 결과가 입력되어 담당자가 일일이 정보를 입력하지 않아도 반별로, 기관 전체적으로 수집 상황이나 결과를 분석할 수 있습니다. 행사 후에도 행사에 대한 소감을 입력할 수 있는 설문 양식을 제작하고, 링크나 QR코드를 통해 행사 평가에 참여할 수 있습니다.

캔바와 같은 클라우드 기반 협업 툴을 이용하여 전 교직원이 모여 긴 회의를 하거나 각자의 결과를 수합하지 않고도 실시간으로 함께 행사 계획을 세울 수 있습니다. 교육공동체의 추억을 공유하기 위한 영상 자료 제작을 할 때에도 브루와 같은 AI 기반 영상 편집 프로그램을 활용한다면 보다 손쉽게 행사를 준비할 수 있을 것입니다. 카훗과 같은 퀴즈 앱을 활용한다면 더욱 참여도가 높은 행사가 이루어질 수 있습니다.

또한 시간적·공간적 제약으로 행사의 진행이 어려운 상황이라면 줌 실시간 회의 플랫폼이나 유튜브 송출 등으로 더 많은 교육공동체의 참여를 독려할 수 있을 것입니다.

그러면 행사를 계획하고, 준비하고, 진행하고, 평가하는 과정에서 스마트하게 디지털 도구를 활용한 교사들을 만나볼까요?

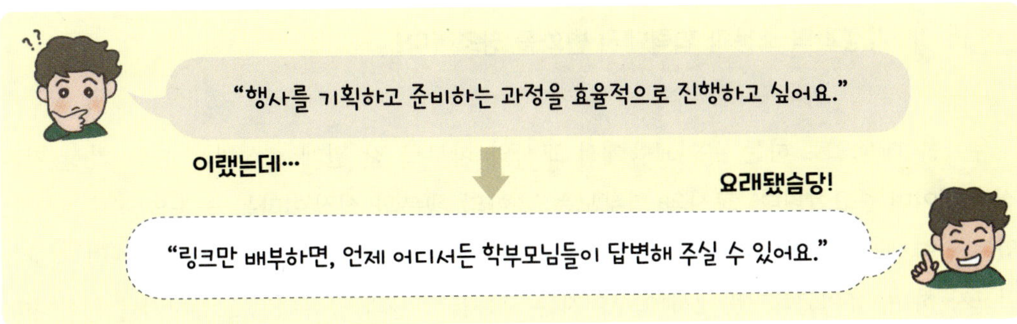

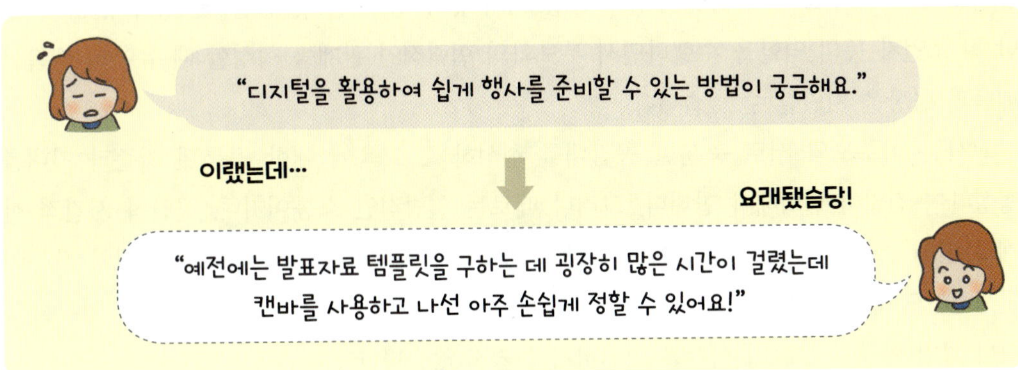

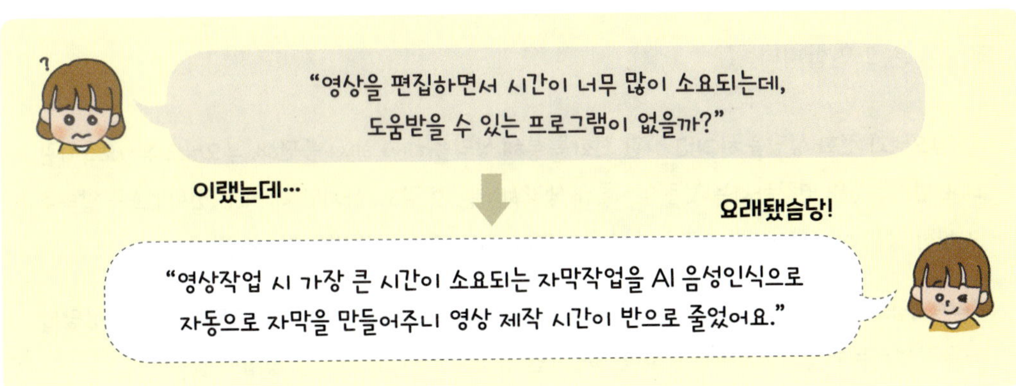

제2부 제4장 '특별한 날엔 디지털 한 스푼'(244쪽)의 이야기를 통해 교사 자신은 물론 교육공동체 모두가 즐거운 추억을 가질 수 있는 특별한 행사로 변화시킬 수 있을 것입니다.

5 가정과의 소통과 협력에서 변화를 창조하다!

유아를 대상으로 하는 유아교육에서 교사와 학부모 간 관계 형성과 소통은 가장 기본적인 것이며 중요합니다. 교사와 학부모는 '유아의 행복과 성장'이라는 공통의 목표를 갖고 있는 협력자입니다. 학부모들은 유아가 재원하고 있는 기관과 기관 내 생활에 대한 정보를 알고자 하며, 유아교육기관에서 이루어지는 교육을 가정과 공유하고 교류하기를 원합니다. 유아교사들 역시 교육 현장에서 교육과정 계획자, 환경 제공자, 관찰 및 평가자, 유아 상담 및 조언자 등의 역할을 수행하면서 부모와의 협력적인 관계를 형성할 때 유아의 행복한 배움과 성장을 지원할 수 있습니다.

교사는 학부모와 서로 충분한 공감대를 형성하고, 교육에 대한 공통된 기준과 기대를 형성하여 긴밀히 협력해야 합니다. 그러나 때로는 일방적인 소통이거나, 공간적·시간적 한계로 인해 소통이 부족한 상황이 발생할 수 있으며, 이 과정에서 불필요한 오해와 갈등이 발생하기도 합니다. 또한 교사는 학부모와 더 많은 소통을 하고 싶지만 다양한 업무들을 하다 보면 학부모 상담의 시간을 마련하기가 쉽지 않습니다.

교사들은 고민합니다.

"학부모님과 전화 상담을 하려면 기관 전화를 통해 상담을 해야 해서 불편해. 부모님도 유아교육기관 대표 번호를 통해 연락하시는 것을 번거롭게 생각하시는 것 같고. 하지만 내 개인 전화번호를 알려주고 싶진 않은데…. 학부모와 조금 더 신속하고 편리하게 소통하는 방법은 없을까?"

"학부모님과 상담하는 것은 좋은데, 상담의 내용을 기록하고, 상담 후에 다시 컴퓨터 문서로 상담일지를 작성하는 과정이 스트레스야. 이런 불필요한 업무를 간소화할 수 있는 방법이 없을까?"

"여러 예비 학부모님들이 기관을 방문하고 싶다고 전화를 하시는데, 졸업식 준비로 바쁜 이 시기에 전화 상담하고 방문 시 안내하는 것이 부담이 돼. 누군가 대신해서 우리 기관을 안내해 주면 좋을 것 같은데…."

이와 같이 가정과 더 원활한 소통을 하거나, 학부모 상담의 부담을 가볍게 하고, 유아교육기관 홍보를 위한 업무를 대체해 줄 수 있는 방법이 있을까요? 바로 디지털 도구를 활용하여 학부모와 소통하는 것입니다.

카카오톡 채널이나 네이버 밴드를 활용하면 유아교육기관 전화를 이용할 때보다 신속하고 명확한 소통과 정보 공유가 가능합니다. 또한 우리 학급만의 고유한 소통의 공간이 마련되어 소속감을 높일 수 있습니다. 교사 역시 휴대전화를 사용하되 개인정보를 공개하지 않아도 되어 편리합니다. 이 밖에도 퀴즈앤 플랫폼이나 아트스텝스 플랫폼의 가상전시회를 통해 더욱 재미있고 다양한 소통이 가능합니다.

대면 상담 시 개별 학부모에게 일일이 상담 가능 날짜를 받아서 조정하기보다 구글 캘린더를 활용하여 학부모가 상담 날짜와 시간을 직접 입력한다면 교사의 불필요한 업무를 줄일 수 있습니다. 또한 대면으로 참여가 어려운 학부모와 줌 플랫폼으로 비대면 상담을 통해 소통할 수 있으며, 구글 폼즈를 통하여 인터뷰를 하거나 e알리미 설문을 실시하여 학부모들의 이야기를 청취할 수 있습니다.

유아모집 기간에도 온라인 홍보 책자를 홈페이지에 업로드하거나, SNS 공간에 매력적인 홍보물을 탑재하고, 코스페이시스와 같은 사이트를 통해 우리 기관을 가상으로 구현한 공간에 학부모가 방문해 볼 수 있게 한다면 다른 업무로 바쁜 교사가 일일이 전화 상담을 하거나 방문자 안내를 하는 수고를 덜 수 있을 것입니다.

그러면 디지털 도구를 활용하여 학부모와 더 가까워지고 마음을 나누게 된 교사들을 만나볼까요?

"간편하고 신속하게 소통하는 방법이 있을까요?"

이랬는데…

요래됐습당!

"평소 가지고 다니는 휴대전화로 학급의 일상을
간편하게 공유하면서 오래도록 간직할 수 있어서 좋아요."

"개인 전화번호를 공개하지 않고도 언제 어느 때라도
소통할 수 있어서 편리해요."

"업무 스트레스 없이 학부모와 자주 상담하고 싶어요."

이랬는데…

요래됐습당!

"컴퓨터와 휴대폰이 실시간으로 연동되어 자유롭게 상담 내용을 기록, 조회,
편집할 수 있어 좋아요. 특히 자동저장 기능이 정말 편하더라고요."

"상담 과정의 불필요한 업무가 줄어드니 학부모와의 깊은
대화 자체에 집중할 수 있었어요."

"유아교육기관에 방문하지 않고도 유아교육기관 환경을 살펴볼 수 있는,
시공간의 제약을 벗어난 홍보 방법은 없을까요?"

이랬는데…

요래됐습당!

"유아교육기관 정보를 얻기 위해 직접 전화하거나
공간에 방문할 필요가 없어 접근성이 높아요!"

제2부 제5장 '디지털로 한걸음 가까워지는 학부모 마음 나누기 레시피'(280쪽)의 이야기를 통해 더욱 풍부한 소통과 이해를 토대로 한 협력적 관계로 변화시킬 수 있을 것입니다.

6 유아교육기관 문화 조성에서 변화를 창조하다!

유아교육기관은 서로 다른 배경에서 온 사람들이 함께 일하는 곳이기 때문에 서로를 이해하고 배려하는 것은 민주적인 학교문화를 조성하기 위한 첫걸음이라고 할 수 있습니다. 특히 동료 교사는 가장 가까운 곳에서 관심과 정보를 공유하며 서로에게 힘이 되어주는 존재이므로 동료와의 좋은 인간관계를 형성하기 위한 적절한 의사소통 전략과 방법을 아는 것은 매우 중요합니다. 특히 「2019 개정 누리과정」 실행 이후 유아의 놀이를 이해하고 지원하는 교사의 역할이 강조되면서 교사들이 전문성 신장을 위해 동료 교사들과 민주적인 문화를 조성할 필요성이 더욱 강조되었습니다.

그러나 이제까지 교육기관에서 이루어지는 많은 업무들은 개별 교사가 자신에게 배당된 시간을 개인적 역량에 따라 사용하는 형태이기 때문에, 교사들이 공동의 노력을 통해 교육과정을 재구성하고, 수업방법을 논의하며, 학교 개선 전략을 모색하는 데 필요한 차원의 유연성은 대단히 부족했다고 볼 수 있습니다. 또한 업무 중 회의를 하게 되더라도 비효율적인 운영으로 소중한 업무시간이 허비된다는 느낌을 받기도 합니다.

교사들은 고민합니다.

"오늘도 회의가 있었네. 오늘 회의는 꼭 모이지 않고 자료만 공유해도 좋을 텐데. 지금 업무도 너무 많은데 자료만 보고 의견을 취합하는 방법은 없을까?"

"허심탄회하게 의견을 내라고 하지만 막내 교사인 내가 회의에서 부정적인 의견을 낸다면 어떻게 생각할까? 회의에서 익명으로 발전적인 의견을 낼 수는 없을까?"

이러한 고민을 해결해 주고 민주적인 학교문화를 조성할 수 있는 방법이 있을까요? 바로 디지털 도구를 활용한 스마트한 회의를 운영하는 것입니다.

소통과 협업을 강조하는 오늘날의 직무 환경에서 디지털 도구를 활용한 집합적 차원의 시간 관리를 통해(Hargreaves & Fullan, 2012; OECD, 2005; Perlow, 2012) 시간을 '공동'으로 활용하는 문화가 구축되어야 할 것입니다(Perlow, 2012). 교육과정과 수업 방법을 개발하는 데 집합적 지혜를 함께 나누고, 문제에 대한 공동의 해결책을 모색하며, 서로의 자료를 공유하는 과정에서 보다 효과적으로 시간 활용을 할 수 있습니다. 그뿐만 아니라 시간 압박감이 현저하게 감소하여 업무 전반에 대한 감정도 매우 긍정적으로 형성될 수 있을 것입니다.

실시간 공유가 가능한 구글 워크스페이스나 화이트보드 플랫폼 미로를 활용하면 회의 안건을 미리 공유하여 온라인상에서 각자가 편한 시간에 회의에 대한 생각을 공유한 후, 실제 대면 회의에서는 요약적이고 추가적인 의견만을 나눌 수 있습니다. 또한 회의의 내용을 클로바 노트로 녹음하고, 텍스트 변환한 뒤, AI 요약 기능을 활용하여 간단하게 정리할 수도 있습니다.

교육과정을 계획하고 평가할 때에도 피그잼, 구글 슬라이드, 구글 시트, 멘티미터, 패들렛 등의 공유 협업 플랫폼을 활용하여 교육과정 운영 계획을 위한 생각을 모으고 편성할 수 있습니다. 또한 지속적으로 메모를 추가할 수 있는 패들렛 플랫폼 등을 활용하여 교육과정 운영에 대한 평가를 할 수 있습니다.

그러면 디지털 도구를 활용하여 달라진 의사소통 문화를 경험하게 된 교사들을 만나볼까요?

제2부 제6장 '디지털로 달라진 의사소통 문화!'(336쪽)의 이야기를 통해 보다 효율적이고 발전적인 회의를 통해 민주적인 유아교육기관 문화로 변화시킬 수 있을 것입니다.

제2장 유아교사의 디지털 시민 되어가기

1. 디지털 시민

1990년대 디지털이 등장하면서 '디지털 공간'으로 인간의 삶이 이동하기 시작하였고, 2010년 스마트폰의 '모빌리티' 특성은 인간이 끊임없이 디지털 공간과 연결되고 참여하는 것을 가능하게 하였습니다. SNS의 등장은 경제효과뿐만 아니라 인간관계와 의사소통 방식 등 사회 전반에 다양한 문화적 변화를 불러일으키고 있습니다. 이제 디지털 시대는 피할 수 없는 필연적 물결입니다. 디지털 환경과 도구의 활용은 거스를 수 없는 대세인 것이지요.

우리 일상의 대부분이 디지털로 실현되는 현재, 우리는 이미 디지털 사회의 시민으로 살아가고 있습니다. 유아들 역시 디지털 사회의 작은 시민이지요. 현대의 유아들은 스마트폰, 유튜브 등의 소셜 미디어 콘텐츠를 통해 세상과 소통합니다. 유아들에게 스마트기기를 소개하고, 이를 활용할 때 고민해야 할 점들, 그리고 긍정적인 경험을 갖추게 하는 데 보호자와 함께 유아교사의 역할은 매우 중요합니다. 유아교사 스스로가 디지털 시민으로서의 역량을 갖추고 있는지, 그리고 유아가 건강한 디지털 시민으로 성장하기 위해 어떠한 내용을 교육해야 하는지 등에 대한 점검과 고민이 필요합니다.

이번 절에서는 디지털 시민이자 디지털 시민을 교육하는 교사가 이해하고 갖추어야 할 역량인 디지털 시민성에 대해 자세히 알아보고자 합니다.

함께 생각해 봅시다.

- 디지털 시민은 어떤 사람일까요?
- 디지털 시민성의 특성과 내용은 무엇일까요?

디지털 전환은 빛과 그림자, 즉 양면성을 가지고 있습니다. 인터넷과 소셜 미디어와 같은 정보기술의 활용은 지배 권력을 견제하고 시민 참여를 확대하고 있습니다. 또한 인공지능과 빅데이터는 인간의 판단을 지원하여 보다 투명한 결정을 내릴 수 있습니다. 일부 전문가들에게 집중되었던 지식의 권력에서 벗어나 정보의 공유를 가능하게도 합니다. 그리고 데이터의 연결을 통한 체계적인 분석으로 미래를 예측하여 준비할 수도 있습니다.

그러나 반면, 빅데이터를 기반으로 한 일상적 감시 등을 통한 지배 권력의 메커니즘을 더욱 정교하고 비가시적으로 만들 수도 있습니다. 개인 프라이버시 침해, 정체성 혼란 및 디지털 감성 문제가 야기되기도 합니다. 무엇보다 디지털 리터러시의 차이로 인한 정보 접근의 불평등성 및 왜곡되거나 편향된 정보 유통, 사회 불평등 및 갈등 심화로 이어질 수도 있습니다. 또한 디지털 기술의 발달로 인한 기존 일자리의 감소, 세대 간 갈등 증폭, 지나친 개인주의, 인간관계 약화, 급변하는 상황에 대한 불안감과 위기감 확산, 로봇과 인간의 갈등 등도 예상할 수 있습니다.

이러한 디지털 전환이 가진 양면성은 우리에게 새로운 고민을 던지고 있습니다. '디지털로 일상이 변화하는 사회에서 우리는 어떤 자세와 태도, 그리고 인간과 기술에 대한 철학적 성찰을 갖추어야 할까? 기술이 변화시키는 사회의 모습이 인간에게 어떤 영향을 미치는 것일까? 디지털 시대를 살아가는 시민이 되기 위해서는 디지털에서 내가 어떤 삶을 살고 있고, 어떻게 나의 삶을 살아갈 것인가?'에 대한 고민과 해답을 찾을 수 있어야 합니다. 즉, 지금은 현재의 삶을 디지털로 전환시키는 방법을 찾기보다는 디지털로 구현된 사회를 어떻게 살아가야 하는가에 대한 진지한 고민이 필요한 시기라고 할 수 있겠습니다. 그리고 이러한 사회적 고민이 '디지털 시민'과 '디지털 시민성'이라는 새로운 시민성을 탄생시켰습니다.

1) 시민에서 디지털 시민으로

최근 디지털 기술과 관련해서 가장 많이 언급되는 단어 중의 하나가 바로 디지털 시민입니다. 디지털 리터러시, 디지털 역량, 디지털 시민성, 디지털 시민 등 다양한 용어들이 혼재돼 사용되고 있지만 디지털 전환 속도가 빨라지면서 디지털 시대를 살아갈 시민의 모습에 대한 논의가 활성화되고 있습니다.

Bennett과 그의 동료들(2008)은 산업사회와 후기 산업사회의 시민의 차이를 다음과 같이 제시하였습니다. 그들에 따르면, 전통적인 산업사회에서의 시민은 정부 중심의 활동에 참여하는 데 의무감을 가지며, 선거에 참여하는 것을 바람직한 핵심적 행동으로 받아들입니다. 나아가 그들은 사회적 이슈와 정부에 대한 정보를 뉴스와 같은 단방향적인 대중매체를 통해 습득하고, 이를 신뢰합니다. 또한 사회조직, 이익단체, 정당에 가입하는데, 이는 전형적으로 전통적인 컨벤션(convention : '함께 와서 모이고 참석하다') 의사소통의 경향을 갖는다고 합니다. 이러한 전통적 시민을 책임감 있는 의무적 시민(dutiful citizen)이라 부릅니다. 반면 후기 산업사회의 시민은 정부 참여에 대한 약한 책임감을 가지며, 선거나 정당 참여에 대한 의무감 역시 약합니다. 그들은 미디어와 정치인에 대하여 맹목적으로 신뢰하지 않고 비판적으로 판단하며, 뉴스를 통한 정체적 추종을 거부합니다. 그러나 자신의 생활 주변에서 발생하는 문제의 해결이나 네트워크에 기반한 양방향적 소통과 디지털 미디어를 통한 참여에 관심을 갖습니다. 이러한 시민을 역동적 시민(actualizing citizen), 또는 디지털 시민(digital citizen)이라 부릅니다. 이처럼 시민의 개념은 디지털 기술의 발달로 확장되고 있습니다.

출처 : https://www.linkedin.com/pulse/qualities-good-digital-citizen-nishu-mahaseth

그렇다면 21세기 디지털 시민의 특성에 대해 조금 더 자세하게 살펴볼까요? 디지털 시민의 특성은 디지털 시대의 특성에 대한 논의를 전제로 해야 할 것입니다. 디지털 시대는 ① 시공간의 초월성, ② 정보 공유의 평등성, ③ 민주성, ④ 정보 생산의 대중성이라는 특성을 가지고 있습니다(박기범, 2009). 이에 대해 자세히 살펴보도록 하겠습니다.

시공간의 초월성을 특징으로 하는 네트워크 기반의 디지털 미디어는 시민들의 양방향 참여를 가능하게 합니다. 기후위기, 전쟁, 자원 고갈 등과 같은 전 지구적 이슈에 대해서도 다양한 네트워크 공간을 통해 소통과 참여를 할 수 있습니다. 정보 공유의 평등성으로 인해 기존 아날로그 사회에서 특정 집단이나 계층에 의해 점유되었던 정보에 쉽게 접근할 수 있습니다. 이제 정보는 특정한 개인이나 전문가의 소유가 아니며 보편적 대중의 소유가 되었습니다. 또한 민주성을 특징으로 하는 디지털 네트워크는 과거 특정 매체나 권력가에 의해서만 쟁점화되었던 사회문제를 모든 개인 인터넷 접속을 통해 자신이 갖고 있는 문제 인식을 쟁점화시킬 수 있게 되었습니다. 또한 뜻을 함께하는 누리꾼들과 힘을 모아 정보를 공유하고 쟁점의 주체들에게 문제를 해결하도록 압력을 행사할 수도 있습니다. 이렇듯 네트워크 환경은 시민들에게 익명성을 부여하고 사회적 수평 관계를 맺도록 유도합니다. 마지막으로 정보 생산의 대중성으로 인해 전통적 사회에서 특정 집단이나 전문가들에 의해 지배되었던 정보 생산을 해당 분야에 관심 있는 누구나가 정보 생산자로서 참여할 수 있습니다.

이렇듯 디지털 시민은 디지털 시대의 특성에 기인하여 전통적 시민보다 '능동적 참여', '협력적 문제해결', '글로벌 시민 지향' 등의 차별적 특성을 지녔다고 볼 수 있겠습니다. 디지털 시민은 디지털 환경의 주인으로서 디지털 기술과 긍정적인 관계를 맺을 수 있으며, 디지털로 소통하고, 관계를 맺고, 정보를 공유하고, 생산하며, 사회와 전 지구적 문제를 해결하기 위해 다양한 협업과 능동적 참여를 하는 시민을 의미합니다.

2) 디지털 시민성의 개념

디지털 시민과 관련한 논의에는 항상 디지털 시민성이 함께 거론됩니다. 사실 디지털 시민성 개념이나 용어 사용에 있어 학자 간에도 일치된 의견이 정립되어 있지 않습니다. 일상생활에서 시민들의 디지털 삶이 확장·심화하고 있으나, 그에 대한 연구는 삶의 양상으로 통합되기보다는 아직까지는 연구자의 학문적 기반에 근거하여 부분적으로 수행되고 있는 실정입니다. 따라서 하나의 고정된 의미로 설명하기는 어렵습니다. 디지털 시민성을 디지털 환경의 진화에 따라 변화하는 동적 개념으로 보아야 한다는 견해(김은미·양소은, 2013)가 지지를 받고 있습니다.

유네스코(2017)는 디지털 시민성의 정의를 '효과적으로 정보를 찾고, 접근하고, 사용하고 생성할 수 있는 역량, 비판적이고 민감하고 윤리적인 방식으로 타인 및 콘텐츠에 참여하는 역량, 온라인 및 ICT 환경을 안전하고 책임감 있게 탐색하는 역량, 자신의 권리를 인식하는 역량'으로 설명하고 있습니다. 국내의 경우에 김봉섭, 김현철, 박선아와 임상수(2017)는 '미래를 대비하여 디지털 기술을 미리 준비하고 현재 이용하는 디지털 기술을 이해하기 위한 것으로 지식정보사회를 살아가는 삶의 행동 방식이자 지능정보사회 구성원이 갖춰야 하는 역량'으로 정의하고 있습니다. 김아미, 이지영, 주주자, 이윤주와 양소은(2019)은 디지털 시민성을 세 가지 차원으로 나누어 설명하고 있습니다. 먼저 인지적 차원에서는 미디어 정보 리터러시, 정의적 차원에서는 성찰과 책임, 행동적 차원에서는 디지털 사회참여로 정의하고 있습니다.

디지털 시민성의 정의는 다양한 접근과 표현이 있지만, 공통적으로 포함하고 있는 요소들을 아우르면, '앞으로의 미래사회에서 개인의 삶과 일, 관계에서 반드시 갖추어야 할 필수적인 것으로 디지털 미디어를 이용하는 사람들이 갖추어야 할 역량 전반'을 지칭합니다. 이용기술, 태도, 행위적 요인을 모두 포함하는 개념이라고 하겠습니다. 또한 단지 디지털 미디어에 대한 도구적 리터러시 역량뿐만 아니라 디지털 공간과 현실 공간을 연결하여 디지털 시민으로서 필요한 자세, 태도, 가치 등도 포함하고 있습니다. 그리고 이러한 디지털 시민성은 일시에 저절로 가지게 되는 능력이 아닙니다. 시민의 자질에 요구되는 지식, 가치, 태도의 총체로서 시민성은 저절로 습득되는 것이 아니라 교육을 통해 육성되어야 합니다(윤성혜, 2017).

훌륭하고 좋은 디지털 시민은 디지털 세계의 이점을 풍부하게 경험하고 참여하는 과정에서 디지털 기술과 인터넷을 안전하고 책임감 있게, 윤리적으로 이용합니다. 이를 위하여 유아교사들도 디지털 기술과 인터넷의 적절하고 효과적인 사용과 관련된 규범과 가치를 명확하게 알고, 디지털 세계에서 자신과 타인의 권리 및 책무를 보호하기 위한 법률적·도덕적 규범을 준수하는 도덕적이고 의식 있는 시민이 되도록 노력하여야 할 것입니다.

3) 디지털 시민성의 영역

방송통신위원회와 한국지능정보사회진흥원(2020)에서는 디지털 시민성을 '정체성과 웰빙', '책임과 권리', '소통과 관계', '정보 리터러시', '사회참여' 등 5개 영역으로 제시하였습니다. 5개 영역에 대해 자세히 살펴보도록 하겠습니다.

(1) 정체성과 웰빙

정체성은 원래 존재의 본질 또는 이를 규명하는 성질을 의미합니다. 정체성이란 상당 기간 동안 비교적 일관되게 유지되는 고유한 실체로서의 자기에 대한 주관적 경험을 기반으로 스스로 세상 안에서 다른 사람들과 함께 한 개인으로서 존재한다는 자각에서 시작합니다.

디지털 환경에서의 정체성은 제한적인 오프라인 공간의 한계를 넘어 무제한으로 확장되는 디지털 환경으로 전환되는 지금 시점에 중요한 개념으로 대두되고 있습니다. 디지털 정체성에 대한 개념은 현재까지 정확하게 정립되지 않았으나 일반적으로 '디지털 정보로 정체성을 표현한 것'을 의미하며 '디지털 정보들의 집합으로 자신을 표현하고 이해하는 과정'이라 할 수 있습니다. 디지털이 만드는 디지털 공간에서 정체성은 성별, 인종, 계급, 연령으로부터 자유롭습니다. 그래서 디지털 공간에서는 고정된 정체성이 아닌 다양한 정체성을 만들 수 있습니다. 최근 온라인에서 프로필, 게임 캐릭터, 아바타 등 다양한 수단을 통해 새로운 자아를 만들고 자신이 원하는 삶을 투영하는 사람들이 점차 증가하고 있습니다. 또한 현실의 삶이 힘들면 힘들수록 가상 공간에서의 삶에 더 집중하고 의미를 부여하는 사람들이 늘어나기도 합니다. 이처럼 디지털 기술이 등장하면서 정체성의 개념은 고정불변의 개념이 아니라, 다양한 정체성을 창조하는 것이 가능하게 되었습니다. 이와 같은 정체성을 다원적 정체성, 복합 정체성이라는 용어로 표현하기도 합니다. 다원적 정체성이 갖는 장점은 사람들이 각각 디지털 공간에서 다양한 정보를 통해 자신의 속성을 조합해서 자신을 대신할 캐릭터를 만들어내는 것이 가능하다는 점입니다. 즉, 디지털 공간은 자신의 정체성을 시험하고 반성할 수 있는 장, 자신의 정체성을 새롭게 구성할 수 있는 장이 될 수 있습니다.

그러나 어떤 사람들은 현실의 자아와 디지털 공간에서의 자아를 같은 자아 개념으로 생각하지 않고 현실과 디지털 공간에서의 가치판단이 분리되어 괴리된 행동을 쉽게 저지르기도 합니다. 또한 디지털 공간에서 보이는 다양한 삶의 모습을 왜곡한 채 받아들여 자신의 삶을 불행하게 여기기도 합니다. 또는 상대적 박탈감이나 소외감으로 인해 고통받는 사람들이 늘어나고 있는 상황입니다. 디지털 정체성은 디지털 공간의 페르소나(또 다른 자아, 가면 쓴 인격)로서 현실과 다른 모습으로 살아가는 것이 아니라 현실과 디지털 공간의 분리 없이 디지털 환경에서 시민으로서 살아갈 수 있는 내적인 힘을 기르는 과정이라고 할 수 있습니다.

출처 : https://magazine.cheil.com/50859

웰빙은 사전적 의미로는 행복, 안녕 등을 의미합니다. 현대사회에서 이야기하는 웰빙은 정신적·육체적으로 풍요롭고 건강함을 의미하는 '삶의 질'과 관련 있습니다. 디지털 웰빙은 '디지털 사회를 살아가는 시민의 웰빙'을 의미합니다. 디지털 사회를 살아가는 우리들이 자신의 삶을 평가할 때, 균형감 있고 행복감을 느끼는 삶을 살고 있는가에 따라서 디지털 웰빙은 결정될 수밖에 없습니다. 우리의 삶에서 현실과 디지털의 다양한 정체성들이 생겨나고 이들이 각각의 그들만의 역할을 균형적으로 수행할 때 우리는 삶의 만족감을 느낄 수 있을 것입니다. 일반적으로, 디지털 웰빙은 '디지털 기기'의 건강한 활용으로 논의되고 있습니다. 그러나 단지 디지털 과의존이나 몰입의 문제뿐만 아니라 디지털을 우리의 삶에 잘 활용하고 이를 통해 삶의 행복과 건강함을 유지하고 있는가도 중요한 문제입니다.

디지털 정체성과 디지털 웰빙은 디지털 사회에서 어떻게 살아갈 것인가에 대한 질문으로 함께 논의될 수 있습니다. 디지털 사회와 현실 사회에서의 삶 모두 우리들이 살아가는 생활 모습이고 사회문화입니다. 디지털 전환의 가속화로 이제 오프라인과 온라인을 구분 짓는 것은 의미가 없습니다. 디지털이 연결하는 삶은 시공간을 초월하여 새로운 경험과 지식을 얻을 수 있는 가능성을 무한정 열어주고 있습니다. 이 가능성을 새로운 삶과 경험을 위한 기회로 바꾸기 위해서는 온라인과 오프라인 삶의 균형감을 갖추는 것이 중요합니다.

온라인과 오프라인 삶에서의 균형감을 갖추기 위해서 아래와 같은 질문을 스스로에게 지속적으로 던져야 할 것입니다.

- 디지털에서 나는 누구인가?
- 디지털에서 나는 어떻게 살아가고 있는가?
- 나의 일상에서 '디지털 미디어'와 '디지털 서비스'가 차지하는 비중은 어떠한가?
- 디지털에 표현된 나의 모습을 다른 사람들은 어떻게 평가하는가?
- 현실과 디지털 공간의 정체성 중에 어떤 것에 더 몰입하고 있는가?
- 디지털 시민으로 살아간다는 것은 어떤 것일까?

(2) 책임과 권리

디지털 기술의 발달은 소셜 네트워크 서비스로 인해 많은 변화를 가져왔습니다. 디지털 사회를 살아가는 시민은 이전보다 훨씬 더 넓은 관계 속에서 살아가게 되었습니다. 시민은 자신의 권리와 책임이 무엇인지 알고 실천해야 합니다. 더 확대된 관계 속에서 살아가는 디지털 사회의 시민은 자신이 누릴 수 있는 권리만을 생각하는 것이 아니라 다른 사람을 향한 책임과 의무가 공존한다는 것을 깨닫고 행동해야 합니다.

소셜 미디어는 사람들이 의견, 생각, 경험, 관점 등을 공유하기 위해 사용하는 플랫폼을 뜻합니다. 소셜 미디어를 통한 온라인 활동에 참여하기 위해서는 자신의 개인정보를 노출해야 합니다. 소셜 미디어에서 개인정보는 이용자 스스로가 올리는 개인정보, 다른 사람이 올린 글, 그림, 동영상 등에서 발견되는 개인정보, 그리고 소셜 미디어 앱의 데이터마이닝(data minning)을 통해 수집, 축적, 조합되면서 구성됩니다(김양은, 2016). 우리의 일상이 디지털로 전환되는 속도가 빨라질수록 디지털에 기록된 개인의 일상, 경험, 생각 등 정보의 생산과 공유는 증가할 것입니다. 그리고 이 과정에서 개인의 사생활이 노출되거나 타인의 사생활을 노출시키는 경우가 증가할 가능성이 높습니다.

한편 빅데이터란 기존 데이터베이스 관리 도구가 수집, 저장, 분석, 관리할 수 있는 범위를 넘어서는 데이터세트(data set)를 의미합니다. 빅데이터는 그간 이미 만들어진 엑셀, 워드 단위 등의 정형화된 정보를 넘어서서 소셜 미디어를 통해 생성되는 개인의 일상적 행위, 감정, 위치 등의 세세한 일상 정보까지 포함해서 정보를 구성합니다. 소셜 미디어에 연결된 사람들을 통해 정치성향을 파악할 수도 있고, 어떤 마트를 이용하고 주로 어떤 제품을 선호하는지도 알 수 있습니다. 또 인터넷 검색, 전자결제, CCTV와 스마트폰의 GPS 기능 등을 통해 개인의 모든 사적인 정보를 수집하는 것이 가능합니다. 그리고 더 중요한 사실은 이 같은 정보를 우리가 스스로 제공하고 있으며, 이러한 정보가 기업, 정부뿐만 아니라 개인까지도 활용하는 것이 가능해지고 있다는 점입니다. 빅데이터뿐만 아니라 우리가 일상적으로 디지털과 연결되어 벌어지는 행위들 속에서도 다른 사람들의 평판과 개인정보를 침해할 가능성을 배제할 수 없습니다.

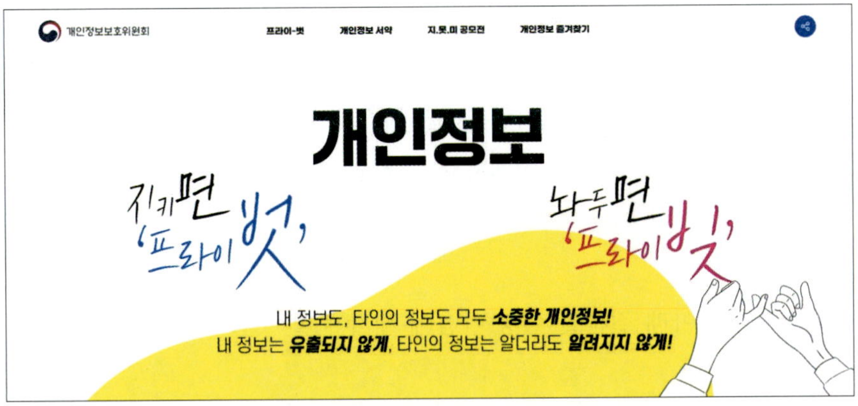

출처 : https://www.pipc.go.kr/np/ cop/bbs/selectBoardArticle. do?bbsId=BS074&mCode= C020010000&nttId=8078# LINK

출처 : https://www.ktv.go.kr/online/cardnews/view? card_id=78

디지털 시민으로서 디지털을 이용한다는 것은 자신의 사생활과 개인정보에 대한 보호뿐만 아니라, 자신과 연결된 다른 사람에 대한 존중과 배려에 대한 고민도 함께 해야 한다는 것을 의미합니다. 단순히 디지털 미디어를 개인적 활용차원에서 잘 활용하는 것을 넘어 디지털 기술이 가져다줄 사회변화를 이해하고, 자신과 타인을 동시에 보호하고 배려할 책임과 권리를 갖게 되는 것입니다.

디지털 시민이라면 아래 질문을 항상 마음에 새겨야 할 것입니다.

- 소셜 미디어에 글, 사진, 동영상 등을 남길 때는 공개 허용 범위를 꼭 체크해 보는가?
- 소셜 미디어를 이용할 때는 자신의 개인정보의 허용 범위를 꼭 확인하고 있는가?
- 인터넷에서 다른 사람의 평판과 관련한 글을 퍼 나르기 할 때는 꼭 필요한 정보인지, 사실인지를 확인하고 있는가?
- 다른 사람의 글, 그림, 사진, 동영상 등을 전달할 때에는 저작권에 위배되는지 확인하는가?
- 디지털로 연결된 삶은 우리에게 편의성을 가져다줄 수도 있지만, 그 이면에는 내가 제공한 정보가 활용되고 있다는 점을 기억하고 있는가?

(3) 소통과 관계

디지털 기술은 우리 사회에 많은 변화를 일으켰습니다. 그중에서 대표적인 변화는 사람들을 만나고, 소통하고 관계하는 방식의 변화입니다. 인터넷, 스마트기기의 등장은 이전 사회에서 만남의 방식이었던 면대면 접촉 대신에 스마트기기를 통해 사람들과 소통하고 관계하는 방식으로의 변화를 가져왔습니다.

이제 우리는 디지털로 연결된 소통 방식에 익숙합니다. 과거에 다른 사람과 대화를 나누기 위해서는 약속을 통해 일정한 시간과 공간을 예약하였습니다만, 디지털 기술을 통한 대화는 소셜 플랫폼에 자신의 일상을 남기고 상대방이 댓글을 남기기만 하면 됩니다. 이뿐만이 아니지요. 소셜 미디어를 통한 대화 방식은 한 개인이 만날 수 있는 사람의 수를 무한대로 증가시킴으로써 인간관계의 범위를 확대시켰습니다.

소셜 미디어를 통한 인간관계는 관계의 양이나 관계를 형성하는 효율성이라는 점에서는 긍정적인 기여를 한다고 볼 수 있습니다. 시공간적 장벽을 넘어 사람들과 소통이 가능해지면서 다양한 사람을 만나게 되거나 자신과 동일한 관심사를 가진 사람들을 만나 커뮤니티를 형성하고, 자신만의 문화를 즐기는 힘을 갖추게 되기도 합니다. 또한 소셜 미디어를 통해 사람들과 친밀성을 맺는 과정에서 정보 공유가 이루어지고, 이는 협업과 집단지성으로 이어지기도 합니다.

그러나 분명한 것은 소셜 미디어에서 소통과 인간관계의 양이 확장된다고 해서 소통과 인간관계의 질이 덩달아 높아지는 것은 아니라는 점입니다. 디지털로 연결된 관계는 공동의 관심사, 취미, 이야깃거리 등으로 급속도로 친밀해지기도 하지만 간단히 끊어버릴 수 있는 피상적인 관계일 수도 있습니다. 소셜 미디어를 통한 인간관계의 확장은 '관계 과잉'으로 인한 피로감을 낳기도 합니다. 매초 울리는 새로운 정보 알림, 사람들과의 관계 유지를 위해 항시 연결되어야 한다는 강박감은 결국 피로감으로 이어질 수밖에 없을 것입니다. 그러나 이와 반대로 디지털 연결에 익숙하지 않은 사람들은 소외될 가능성도 있습니다. 디지털 미디어를 매개한 소통에 익숙하지 않거나 접근할 수 없는 사람들에게 디지털로 연결된 인간관계의 부재는 소외를 낳을 가능성도 있습니다. 디지털 격차가 경제적 불평등뿐만 아니라 사회문화적 불평등을 낳기도 하는 것이지요.

디지털 시대의 소통방식의 변화는 인간관계의 형태를 변화시키고, 또한 나아가 이 인간관계를 토대로 정보 생산과 공유, 그리고 이 과정에서 경제적 활동까지 변화를 일으키고 있습니다. 디지털 시대의 소통과 인간관계는 정보 리터러시, 사회참여 등에도 영향을 미칩니다.

디지털 시대의 시민으로서 보다 나은 소통을 위해서 아래와 같은 몇 가지 질문을 염두에 둘 필요가 있습니다.

- 나의 일상에서 다른 사람들과 대화를 나누는 도구들을 기록해 두는가?
- 자신이 사용하는 소셜 미디어를 대상, 목적에 맞게 잘 이용하고 있는가?
- 소셜 미디어를 통해서 만난 친구들과의 관계를 유지하기 위해서 어떤 노력이 필요한가?
- 자신만의 소셜 미디어를 통해 전달되는 정보를 판단하는 체크리스트를 가지고 있는가?
- 모바일 메신저를 통한 소통에서 지켜야 할 예절이나 방법을 가지고 있는가?
- 모바일 메신저에서 사람들과 대화를 나눌 때 자신이 주로 사용하는 단어, 이모티콘 등을 알고 있는가?
- 사람들과 대화를 나누거나 정보를 전달할 때 대상, 목적, 내용별로 적절한 커뮤니케이션 수단을 사용하고 있는가?
- 온라인 소통과 오프라인 소통의 균형을 맞추고 있는가?

(4) 정보 리터러시

디지털 기술은 인간을 미디어 수용자에서 미디어 생산자로 만들었습니다. 과거에는 거대한 자본, 시설, 그리고 전문가를 통해 미디어 콘텐츠가 생성되었지만 이제는 스마트폰과 네트워크만 연결된다면 누구나 자유롭게 미디어 콘텐츠를 생성하고 송출하는 것이 가능해졌습니다. 개인 미디어가 등장하면서 다양한 개별화된 콘텐츠들이 등장하고 있습니다. 이러한 개별화된 콘텐츠는 개인들의 다양한 욕구를 반영해 준다는 점에서는 긍정적이지만, 제공되는 콘텐츠의 정보와 메시지가 정제되지 않았다는 점에서 부정적일 수 있는 양면성을 지니고 있습니다.

미디어를 비판적으로 소비한다는 것은 미디어 메시지에 담긴 인간과 사회의 모습을 분석하고 성찰하는 것이며, 이는 곧 미디어를 읽어내는 것이기도 합니다. 개인 미디어가 등장하면서 이용자들의 비판적 해석과 소비는 더욱더 중요해지고 있습니다. 이용자들은 정제되지 않은 개인 미디어들의 콘텐츠뿐만 아니라, 실시간으로 올라오는 댓글에도 비판적 리터러시가 필요해지고 있습니다. 과거 대중 매체들이 콘텐츠를 생산할 때 적용하던 가이드라인이나 규범이 존재하지 않는 개인 미디어에서 진짜와 가짜를 골라내야 하고, 혐오와 편견을 구분해 내야 하고, 상업적 정보인지 유용한 정보인지를 판단해 신뢰 여부를 결정하는 모든 책임을 이용자 스스로가 짊어지게 되었습니다.

출처 : https://www.forbesindia.com/article/fuqua-school-of-business/research-pinpoints-the-role-of-personality-in-sharing-of-fake-news/71549/1

한편 최근 들어 빅데이터와 알고리즘, 인공지능과 관련한 리터러시의 필요성이 화두로 등장하고 있습니다. 소셜 미디어를 통해 수집된 개인의 사적 정보가 상업화되는 과정에서 추천 알고리즘에 대한 비판적 리터러시의 필요성이 함께 제기되고 있습니다. 인터넷 정보 제공자들이 이용자들의 취향 정보 기반으로 맞춤형 정보를 제공하면서 이용자들이 필터링된 정보만을 접하게 되는 현상을 낳기도 합니다. 이를 '필터 버블(Filter Bubble)'이라고 부르는데, 맞춤형 정보로 가득 찬 공간에 갇혀 다양한 정보를 접하지 못하게 되고, 내가 원하는 성향과 취향의 정보로 인해 세상을 균형 있게 바라보지 못하게 될 가능성도 있습니다. 인공지능과 관련해서 인공지능 윤리가 필요하다는 의견이 많이 제기되고 있습니다. 인공지능의 딥러닝(deep learning) 기술은 이미 편향된 정보를 통해 학습하게 될 경우에 편향된 결론을 낳을 수 있음을 지적하고 있습니다. 인공지능의 학습을 위해 제공된 많은 정보들이 기존 사회의 편견과 편향성을 담고 있다면 인공지능이 내리는 결론도 편향적일 수밖에 없겠지요. 우리 일상에 들어온 인공지능과 알고리즘에 대한 이슈들에 대해서도 기술과 인간의 관계뿐만 아니라 다양한 차원에서 비판적 리터러시가 요구됩니다.

디지털 시대를 살아갈 시민이라면 정보가 사회를 살아갈 힘이라는 점을 인식하고, 이를 어떻게 활용할 것인가에 대한 지식, 태도, 윤리적 차원에서의 다양한 고민이 필요합니다. 인간과 기술의 상호작용을 해석하기 위한 질문과 자세도 필요하겠습니다.

- 인터넷에서 정보를 공유할 때에는 전달할 사람에게 꼭 필요한 정보인지를 생각하고 있는가?
- 미디어 콘텐츠를 제작하거나 전달된 정보를 공유할 때에는 정보의 진위 여부를 확인하고 있는가?
- 다른 사람에게 미디어 콘텐츠를 추천하기 전에 미디어 콘텐츠에 혐오, 차별, 편견, 폭력적인 콘텐츠가 담겨 있는지를 점검하고 있는가?
- 다양한 큐레이션 서비스를 이용할 때, 이들이 추천해 주는 콘텐츠에 비판적 소비자로서의 자세를 갖추고 있는가?
- 미디어 콘텐츠를 이용할 때, 이들 콘텐츠에 담긴 상업적 의도를 파악하고 있는가?
- 미디어 콘텐츠를 제작할 때에는 다른 사람의 평판이나 명예를 훼손하거나 사생활을 침해하는 정보가 담겨 있지 않는지를 점검하는가?
- 미디어 콘텐츠를 만들 때 필요한 이용자의 입장, 생산자로서의 책임과 의무가 동시에 담긴 자신만의 체크리스트를 가지고 있는가?
- 인공지능에도 편견이 있을 수 있다는 사실을 항상 유념하고 있는가?
- 인간과 기술의 관계에서 중심은 인간이라는 점을 항상 생각하고 있는가?

(5) 사회참여

디지털이 보편화되기 전부터 사회참여 역량은 시민이 갖춰야 할 중요한 역량이었습니다. 사회에서 발생하는 일에 대해 자신의 목소리를 내고, 이를 실천하는 것은 사회의 구성원이라면 누구라도 가능한 일입니다. 하지만 많은 사람이 의견을 모으고 협력하는 과정에서 시간과 비용이 많이 드는 문제가 발생하였는데, 디지털 사회로 변화하면서 우리는 디지털 기기를 활용하여 손쉽게 의견을 표현하고 협력할 수 있게 되었습니다.

디지털 기술은 사람들이 원하기만 하면 다양한 형태로 사회에 참여하는 것을 가능하게 해주었습니다. 디지털 사회에서의 사회참여의 개념은 네트워크와 디지털 미디어를 통한 자유로운 참여와 소통을 기반으로 합니다(Bennet, 2008). 온라인 청원, 온라인 투표, 챌린지뿐만 아니라, 소셜 플랫폼의 게시글, 댓글, 그리고 개인 미디어에 이르기까지 디지털을 통한 사회참여의 방식은 매우 다양합니다. 디지털 미디어가 등장하면서 사회참여 개념은 온라인 참여로 정의되었습니다. 디지털 기술을 통한 사회참여 방식에는 사회를 직접 바꾸는 데 필요한 기술을 활용하는 디지털 혁신도 포함됩니다.

출처 : https://www.mois.go.kr/frt/bbs/type002/commonSelectBoardArticle.do?bbsId=BBSMSTR_000000000205&nttId=97036
https://www.hellot.net/data/photos/20210625/art_16244290958052_715074.jpg

디지털 기술로 인해 이용자들이 미디어를 생산하는 것이 가능해지면서 미디어 콘텐츠 생산을 통해 사회를 변화시키는 메시지를 담아내고, 미디어가 보여주지 않는 다양한 시선과 목소리를 담아내고자 노력해 왔습니다. 이런 노력은 우리 사회에 개인과 공동체의 다양성을 실현시키는 데 기여했습니다. 소셜 미디어 플랫폼으로 개인이 미디어를 가지게 되고, 사회참여의 수단들이 확장되면서 다양한 방식의 사회참여가 가능해졌습니다.

디지털 시대를 살아가는 시민으로서 사회참여에 관심이 있다면, 다음과 같은 질문을 통해 자신의 사회참여에 대하여 생각해 보면 좋겠습니다.

- 디지털에서 나는 어떤 이용자인가? 적극적인 이용자인가? 그렇지 않다면 수동적인 이용자인가?
- 디지털 미디어를 통해서 인터넷에 어떤 방식으로 참여하고 있는가?
- 스스로 경험한 사회문제를 인터넷에서 제기하고 다른 사람들과 협업을 한 경험이 있는가?
- 사회변화를 위한 활동에 참여한 경험이 있는가?
- 디지털 사회를 변화시키기 위한 정책을 제안해 본 경험이 있는가? 혹은 제안할 정책을 가지고 있는가?
- 우리 주변에서 발견한 불편을 제안하고 바꾸기 위한 노력을 하고 있는가?

2. 인공지능(AI) 활용하기

우리는 이미 인공지능 제품이나 서비스 등을 생활 속에서 활용하고 있습니다. 가장 손쉽게 접할 수 있는 인공지능 제품은 우리가 사용하고 있는 스마트폰에 있는 인공지능 비서입니다. 아이폰에는 '시리'가 있고, 안드로이드폰에는 '구글 어시스턴트'가 있습니다. 이러한 인공지능 비서는 인간의 음성을 인식하고 해석하여 명령을 수행하는 역할을 합니다. 가정에서 많이 활용하고 있는 인공지능 스피커 역시 인간의 비서 역할을 담당하고 있지요. 인공지능 서비스가 홈쇼핑이나 온라인 스토어와 결합하여 추천시스템으로 구축되는 경우도 있습니다. 대표적인 사례로 온라인 서점이나 온라인 스토어를 이용할 때 우리의 구매기록을 이용하여 데이터에 기반한 도서나 상품을 추천하는 것입니다. 유튜브에도 인공지능 기술이 적용되어 있어 우리가 시청한 채널과 검색한 용어를 기반으로 사용자의 패턴을 학습하고 분석하여 추천해 주는 서비스가 적용되어 있습니다.

최근 생성형 AI는 우리 일상에 빠르게 확산되며 개인, 그리고 산업에도 많은 변화를 가져왔습니다. 먼저 개인 누구나 생성형 AI를 활용해 외국어 문서를 번역할 수 있고, 방대한 양의 문서를 쉽게 요약할 수 있습니다. 음성 기능을 활용하면 회의록을 직접 쓰지 않아도 텍스트로 기록해 주고, 전화 영어를 하듯 회화 공부를 할 수도 있습니다. 또 전문적인 영역이라 여겼던 소프트웨어 코딩, 작곡, 원하는 콘셉트의 이미지 제작도 해줍니다. 누구라도 필요한 일에 도움을 받을 수 있습니다. 이렇게 활용도가 높다보니 연령, 직업에 관계없이 생성형 AI를 활용하게 되면서 인공지능 활용이 일상화가 되었고, 개인이 필요로 하는 학업, 일하는 방식 등에 생산성과 효율성을 한층 높이는 변화를 가져왔습니다.

이처럼 인공지능은 사회 전반에 영향을 미치고 있으며, 현대 학문 체계에도 인공지능과 결합한 융합교육이 확산되는 추세입니다. 앞으로 교육 전반에 인공지능이 영향을 미치게 될 것으로 예상되며, 모든 학교급의 교사들은 기본적인 인공지능 소양을 토대로 인공지능을 활용한 문제해결 과정을 가르칠 수 있어야 할 것입니다.

이번 절에서는 인공지능의 개념을 이해하고, 인공지능을 활용할 수 있는 방법 및 윤리적 이슈에 대해 자세히 알아보고자 합니다.

함께 생각해 봅시다.

- 인공지능이란 무엇일까요?
- 인공지능을 어떻게 활용해야 할까요?

1) 인공지능(AI)의 개념

인공지능은 일반적으로 인간의 지능적인 판단 및 행위를 컴퓨팅 모델로 만드는 것을 말합니다. 그렇게 만드는 이유 중의 하나는 인간의 지능적 노동을 자동화하려는 것입니다. 인간의 단순 반복적인 혹은 비효과적인 인지 작업을 대신하는 기계를 만들고자 하는 것입니다. 그래서 인간의 지능에 대한 모델을 연구하고 그것을 컴퓨터로 구현하고자 하는 것입니다.

인간의 지능에 대한 연구는 여러 영역이 있는데, 그중의 하나가 기계학습입니다. 이것은 인간의 지능 중 '학습'에 해당하는 부분을 구현하려는 것인데, 주로 데이터에 기반하여 일반화된 예측모델을 만듭니다. 또한 이러한 기계학습에도 수십 가지의 다른 방법들이 만들어져 있는데, 그중 하나가 인간의 신경망의 정보처리 모델을 흉내 낸 신경망(뉴럴 네트워크) 모델입니다. 그 신경망도 수십 가지의 다른 형태의 모델이 존재하는데, 얼마나 더 복잡한 문제를 해결하고 학습할 수 있는가에 따라 다릅니다. 그중에 신경망의 복잡도를 높여 이미지와 같은 복잡한 개념을 학습하도록 만든 것을 일반적으로 딥러닝이라고 합니다. 딥러닝은 최근 10여 년 동안에 엄청난 발전을 하고 있고, 그로 인하여 이미지, 영상, 음성, 언어 등의 많은 문제해결에 큰 역할을 하고 있습니다. 즉, 정리하자면 인공지능을 구현하는 기법 중의 하나가 기계학습이고, 기계학습을 구현하는 많은 방법 중의 하나가 신경망이며, 그 신경망 기법 중의 하나가 딥러닝입니다.

한편 생성형 AI(Generative AI)란 대규모 데이터와 패턴을 학습하고 기존의 데이터를 활용하여 이용자의 요구에 따라 텍스트, 이미지, 비디오, 음악, 코딩 등 새로운 결과를 만들어내는 인공지능 기술입니다. 생성형 AI는 누구나 쉽게 활용할 수 있도록 설계되었고, 굉장히 다양한 영역에서 유용하게 활용될 수 있기 때문에 인공지능 분야의 새로운 화두가 되었습니다. 지난 2016년에 구글 딥마인드(Google DeepMind)가 개발한 인공지능 바둑프로그램인 알파고(AlphaGo)와 이세돌 9단의 바둑 대결은 인공지능과 인간의 대결이라는 타이틀로 모두에게 놀라움을 안겼습니다. 그런데 실제로 많은 사람들이 직접 경험하거나 체감할 수 없는 부분이기 때문에 차츰 잊혀져 갔습니다. 그러다가 2022년 11월 OpenAI의 생성형 AI 모델 ChatGPT의 등장으로 사람들은 마치 가까운 친구와 편하게 대화를 나누듯 쉽고, 빠르고, 편리하게 인공지능을 활용할 수 있게 되자 다시금 인공지능에 대한 관심과 기대가 높아졌습니다. 생성형 AI는 텍스트(ChatGPT, Bard, Bing, 뤼튼, AskUp 등), 이미지(DALL·E 3, Midjourney, Stable Diffusion 등), 영상(D-ID, VCAT, Runway, InVideo 등), 음성(클로바 더빙, AI 보이스 스튜디오, Typecast, VoxBox 등), 글쓰기(Notion AI, Magic Write 등), 프로그래밍(GitHub Copilot, Tabnine 등) 등 활용도 무궁무진합니다.

인공지능 기술은 문제해결, 논리적 추론, 학습과 인식 등의 분야에서 꾸준히 발전해 오고 있으며, 특정 분야에서는 인간의 수준을 넘는 인공지능이 등장하고 있습니다. 인공지능은 발달 수준에 따라 '강 인공지능(strong AI, true AI)'과 '약 인공지능(weak AI)'으로 구분할 수 있는데, 강 인공지능은 인간적 사고나 행위가 가능한 지적 능력을 가진 개념이고, 약 인공지능은 이에 대비되는 개념으로 인간의 지시에 따라 학습을 통해 특정 분야의 작업을 수행하는 인간이 통제 가능한 수준을 의미합니다. 현재 딥러닝 기술의 발달을 통해 기술과 산업 분야에 적용되고 있는 인공지능은 약 인공지능에 해당되며, 향후 강 인공지능으로 발전할 것으로 예상됩니다. 대표적인 미래학자인 레이 커즈와일(Ray Kurxwell)은 2045년 정도에 강한 인공지능 시대가 열릴 것이라고 예측했습니다. 2018년에 연구된 인공지능 분야의 세계적인 권위자 23명의 인터뷰 결과를 살펴보면 16명이 강한 인공지능이 올 것이라고 예상했으며, 그 답의 평균시기는 2099년이었다고 합니다(후쿠마 도모키·가토 고이치, 2022). 강 인공지능으로 발전할수록 인공지능이 인간의 판단을 대신하는 역할을 수행하게 되므로 인공지능의 존재론적 지위와 특징, 도덕적 행위자로서의 인격, 책임성과 책무성에 대한 문제 등 법적 쟁점과 윤리적 쟁점이 부각될 것으로 예상됩니다(박형빈, 2020; 최경석, 2020).

2) 인공지능 윤리

'인공지능 기술 전망과 혁신정책 방향(과학기술정책연구원, 정책연구 2019-13)'에서는 인공지능 윤리(AI Ethics)를 "인공지능 관련 이해관계자들이 준수해야 할 보편적 사회 규범 및 관련 기술"로 조작적 정의하고 있습니다.

인간을 위협하는 인공지능의 출연은 더 이상 영화 속 상상이 아닙니다. 현실에서 벌어지고 있는 일입니다. 의도적으로 가짜 이미지나 영상, 뉴스, 음성을 생성해 배포하는 행위도 만연하고 있습니다. 딥페이크라고 불리는 이러한 편집물들은 개인의 평판을 훼손시키고 사회적 구성원 간의 신뢰를 저하시키고 있습니다. 탐사보도 전문매체 프로퍼블리카는 범죄 전과자의 얼굴 이미지를 기반으로 재범률을 예측하는 인공지능 알고리즘을 테스트했습니다. 결과적으로 인공지능은 흑인의 재범률을 백인에 비해 실제보다 훨씬 더 높게 추론했습니다. 인공지능이 판사를 대체할 경우, 인간은 기계에 의해 인종차별을 당할 수 있는 것이지요. 미국 스탠퍼드대학이 2017년 발표한 연구도 주목할 만합니다. 인공지능에 온라인 데이트 사이트에 공개된 남녀 프로필 사진으로 성적 지향성을 추론하게 한 결과, 인공지능은 사람보다 더 정확한 판단을 내렸습니다. 성소수자가 감당해야 하는 사회적 불이익을 감안하면, 인공지능이 내놓은 값의 신뢰성을 따지기 전에 이러한 연구 자체도 비윤리적일 수 있습니다. 인공지능의 학습 알고리즘은 방대한 데이터를 기초로 하는 일종의 통계적 추론입니다. 여성, 장애인, 유색인종 등 소수 집단의 데이터는 수집이 어렵기 때문에, 알고리즘이 학습하는 데이터에도 편향성이 생길 수 있습니다. 기업 인사팀이 수많은 구직자들의 이력서를 일차적으로 필터링하기 위해 인공지능을 도입한다면, 구직자들은 인공지능에 의한 차별을 당하게 되는 것입니다.

우리나라 정부는 2019년 11월 11일 정보통신정책연구원과 함께 AI 시대 정부, 기업, 이용자 등 구성원이 지켜야 할 '이용자 중심의 지능정보서비스 기본 원칙'을 발표한 바 있습니다. 지능정보서비스 기본 원칙과 주요 내용을 살펴보면 다음과 같습니다.

- (사람 중심의 서비스 제공) 지능정보서비스의 제공과 이용은 사람을 중심으로 그 기본적 자유와 권리를 보장하고 인간의 존엄성을 보호할 수 있는 방향으로 이루어져야 한다.
- (투명성과 설명 가능성) 지능정보서비스가 이용자에게 중대한 영향을 끼칠 경우 기업의 정당한 이익을 침해하지 않는 범위에서 이용자가 이해할 수 있도록 관련 정보를 작성해야 하며, 이용자 기본권에 피해를 유발했을 때 예측, 추천, 결정의 기초로 사용한 주요 요인을 설명할 수 있어야 한다.
- (책임성) 지능정보사회의 구성원들은 지능정보서비스의 올바른 기능과 사람 중심 가치의 보장을 위한 공동의 책임을 인식하고, 관련한 법령과 계약을 준수한다.
- (안전성) 안전하고 신뢰 가능한 지능정보서비스의 개발과 이용을 위해 모두가 노력하고, 지능정보서비스가 초래할 수 있는 피해에 대한 자율적인 대비체계를 서비스 제공자와 이용자가 수립하고 운영한다.

- (차별금지) 지능정보서비스가 사회적·경제적 불공평이나 격차를 초래할 수 있다는 점을 인식하고, 알고리즘 개발과 사용의 모든 단계에서 차별적 요소를 최소화할 수 있도록 노력한다.
- (참여) 지능정보사회의 구성원들은 공적인 이용자 정책 과정에 차별 없이 참여할 수 있으며, 공적 주체는 제공자와 이용자가 실질적으로 의견을 제시할 수 있는 정기적인 통로를 조성해야 한다.
- (프라이버시와 데이터거버넌스) 지능정보서비스의 개발, 공급 및 이용의 전 과정에서 개인정보 및 프라이버시를 보호하며, 구성원들은 기술적 이익의 향유와 프라이버시 보호 사이의 균형을 위해 지속적인 의견 교환에 참여한다.

2 실제편

1

온라인으로 소통하고 하나 되는
온라인원팀!

01 구글 워크스페이스로 온라인원팀 만들기

02 온라인 문서로 업무 다이어트하기

03 스프레드시트로 예산 관리를 손쉽게

교사는 유아와의 일과 후 다음 날 수업 준비에 집중한다? 현실은 NO! NO!

유아들과의 하루일과를 마치고 교무실에 돌아오면 기다리는 건 긴급히 처리해야 할 행.정.업.무!

그러나 유아 관리, 유아교육기관 공동의 업무를 위한 문서 작성 등도 유아교사의 중요한 직무 중 하나입니다. 수업 이외의 행정업무를 대하는 자세, 여러분은 어느 쪽에 더 가까운가요?

A타입 교사

- 힘들어도 그냥 지금처럼... 야근 좀 하지 뭐.
- 그렇다고 뭘 어떻게 할 수도 없는 것 같아. 열심히 하면 되겠지.
- 힘들지만 지금 방식이 익숙해... 새로운 방식은 낯설고 두려워...

B타입 교사

- 어차피 하는 거 쉬운 방법이 있다면 찾아서라도 배워야지!
- 요즘 디지털수업이 한창인데 업무에도 활용할 수 있을까?
- 아... 나도 스마트하게 일하고 싶다.

여러분은 바쁘게 업무처리를 마친 뒤 수업 준비를 하느라 늦은 시간까지 유아교육기관을 떠나지 못하는 A타입의 교사인가요? 아니면 현실적인 어려움을 해결할 수 있는 효율적인 방법을 찾아보고자 노력하는 B타입의 교사인가요? 어떠한 타입을 선택하였든 간에 행정업무로 인한 고충과 고민이 많은 것은 공통된 과제일 것입니다.

제1장 온라인원팀에서는 온라인 협업 플랫폼을 활용하여 문서를 공유하고 관리함으로써 동료들과 함께, 보다 효율적으로 행정업무를 수행할 수 있는 새로운 방법을 소개하고자 합니다. A타입의 교사에게는 새로운 방식으로 일하는 방법이 있음을 알려주고, B타입의 교사에게는 그들이 가진 궁금증에 답하며 시도해 볼 수 있는 길잡이가 되어줄 내용으로 구성되어 있습니다.

그럼 지금부터 본격적으로 온라인원팀에 합류해 볼까요?

01 구글 워크스페이스로 온라인원팀 만들기

교사는 만능 엔터테이너입니다. 교사는 다양한 상황에서 문제를 해결하는 능력을 갖고 있다는 뜻으로 해석할 수 있습니다. 그러나 그만큼 다양한 형태의 업무를 수행하다 보면, 행정업무의 늪에서 힘겨워하다가 수업을 위한 연구와 유아평가가 뒤로 밀리는 것이 교육 현장의 현실입니다. 교사의 행정업무 대부분은 교육기관 단위로 이루어지는 것이기 때문에 교육공동체 간 정보 교류와 협조·협력이 필수적입니다. 즉, 많은 업무를 좀 더 쉽고 덜 힘들게, 효율적으로 하기 위해서는 '공유와 협업을 어떻게 할 것인가?'에 대한 고민이 필요합니다.

많은 교사들은 온라인 메신저(messenger)를 통해 자료를 공유하고 있습니다. 메신저는 시공간적 제한 없이 정보를 쉽게 주고받을 수 있다는 장점으로 가장 보편적으로 활용되고 있습니다. 그러나 다양한 업무를 수행하는 과정에서 파생되는 수많은 자료와 문서들을 관리하기란 쉽지 않습니다. 메신저는 정보를 쉽게 주고받을 수 있는 대신 공유된 자료의 관리는 각자의 몫이고, 전송 용량이 제한되어 있으며, 물리적인 한계를 뛰어넘지 못하는 등 여러 가지 단점을 가지고 있습니다. 우리는 이러한 불편함에도 아날로그 아닌 아날로그인 듯한 방식으로 업무를 처리하고 있습니다.

이러한 불편함을 해결하고 좀 더 스마트하게 정보를 공유하며 함께 협업해 볼까요?

클라우드 기반 협업 플랫폼으로 온라인원팀을 만들면, 여기저기서 문서파일을 찾아 헤매지 않아도 되고, 팀원과 함께 관리한 자료를 언제 어디서든 열어 편리하게 업무처리를 할 수 있을 것입니다.

온라인원팀으로 업무의 늪에서 멋지게 헤엄쳐 나와 봅시다!

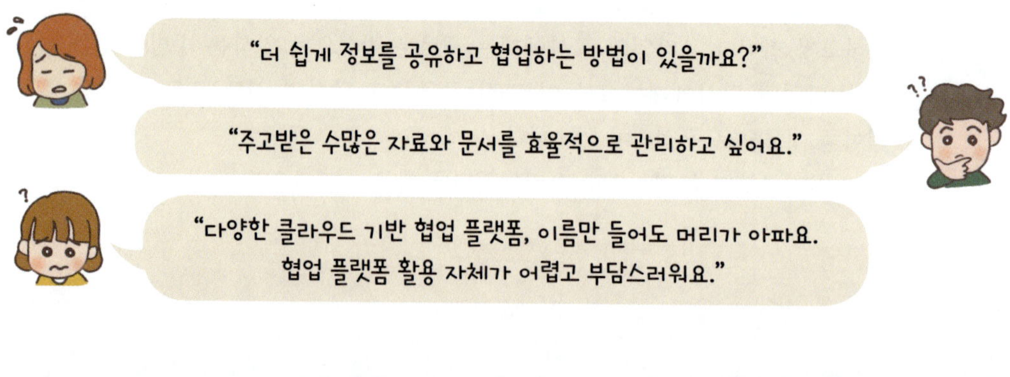

온라인원팀 협업 클라우드 공유로 출발하기

클라우드 기반 협업 플랫폼

구글 워크스페이스, 마이크로소프트 365...? 종류도 많고 이름도 종종 바뀌어서 더 어렵고 낯설게 느껴지지요. 이들은 온라인상에 존재하는 클라우드 스토리지를 활용한 협업 플랫폼입니다. 만든 회사에 따라 다른 이름으로 불리지만 협업 플랫폼의 원리와 기능은 유사합니다.

'클라우드(cloud)'는 서버를 구름( ) 모양으로 표시하는 관행에 의해 생긴 명칭이며, 인터넷상 서버에 파일과 정보를 저장하여 두는 시스템을 말합니다. 클라우드가 처음 등장했을 때는 관리가 어렵고 용량이 작은 USB나 무거운 외장하드를 대체하는 인터넷상의 저장 공간으로서의 역할이 컸습니다.

이제 클라우드는 문서와 정보를 저장하는 것을 넘어서 사람 간의 공유와 협업을 돕는 공간이 되었습니다. 우리가 가장 많이 활용하는 협업 플랫폼인 구글 워크스페이스의 중심에는 구글 드라이브가, 마이크로소프트 365의 중심에는 원드라이브가 있지요.

이러한 클라우드 기반 협업 플랫폼(협업 소프트웨어 모음)이 교육 현장에서도 유용하게 활용되고 있으며, 각 시도교육청은 각 학교의 클라우드 활용을 지원하고 있습니다.

클라우드 기반의 협업 플랫폼으로는 대표적으로 **구글 워크스페이스**(이전 명칭 G Suite)와 **네이버웍스**, **마이크로소프트 365**, **노션** 등이 있습니다.

구글 워크스페이스 VS 마이크로소프트 365

교육 현장에서 가장 유용하게 활용되는 구글 워크스페이스와 마이크로소프트 365는 기능이 유사한 만큼 교육기관의 여건에 따라 적합한 플랫폼을 선정하여 활용하면 좋습니다. 대표적인 협업 플랫폼인 구글 워크스페이스와 마이크로소프트 365에서 제공하는 소프트웨어와 그 기능을 다음과 같이 표로 비교해 보았습니다.

구 분	구글 워크스페이스 Google Workspace	마이크로소프트 365 Microsoft 365
제공 소프트웨어	구글에서 제공하는 클라우드 기반 협업 소프트웨어 도구 모음	온라인 구독 기반 마이크로소프트 오피스 프로그램
특징	• 업무에 필요한 생산성 툴을 클라우드 기반으로 다양하게 제공 • 웹 브라우저를 통해 빠르고 안정적으로 업무처리 가능	
클라우드	구글 드라이브 기본용량 15GB 무료 제공	원드라이브 기본용량 5GB 무료 제공
	• 교육용 계정은 학교별 10TB 내에서 사용자별 최대 100GB 제공 (서비스 정책 변경에 따라 계속 변동됨)	
문서 도구	Docs(문서) 팀을 위한 워드 프로세싱	워드
	Sheets(스프레드시트) Microsoft Office를 비롯한 외부 시스템과 호환이 됨	엑셀
	Slides(프레젠테이션)	파워포인트
	Forms(설문지) 하나의 스프레드시트에 데이터를 취합하여 바로 데이터 분석 가능	Forms(설문지) 라이선스 관계없이 200개의 양식 생성 응답결과 엑셀로 내보내기 및 분석 기능
	• 장점 : 클라우드 저장과 공유가 용이하고 웹 브라우저에서 바로 작업이 가능 • 단점 : 교육용 워크스페이스 신청·승인 과정이 복잡함	• 장점 : 호환성과 안정성이 뛰어나고 새로운 기능도 지속적으로 추가됨 • 단점 : 개인 이용 시 가격이 비쌈 (교육용 계정 이용 유리)
메신저 영상통화	Meet Chat(메시지 및 팀 협업)	Teams(팀즈) 업무용 메신저

구글 워크스페이스로 온라인원팀 시작하기

구글 워크스페이스 기관 계정 만들기

어떤 플랫폼을 사용하든 온라인원팀을 만들기 위해서 첫 번째 할 일은 기관 계정 만들기입니다. 이 절에서는 협업 도구로 널리 사용하고 있는 구글 워크스페이스로 온라인원팀을 만드는 방법을 다루어 보고자 합니다. 구글 워크스페이스는 유료 버전의 협업 플랫폼으로, Gmail, 구글 드라이브, 구글 캘린더, 구글 문서, 스프레드시트, 프레젠테이션 등 구글의 모든 협업 소프트웨어 도구들을 모아놓은 것을 말합니다.

유료 버전이라고 하더라도 각 시도교육청의 정책에 따라 교육용 구글 워크스페이스를 지원하는 경우에는 무료로 기관계정을 만들어 사용할 수 있습니다. 그렇지 않은 경우에는 유아교육기관 구성원 개인이 계정을 만들 수도 있습니다.

두 계정 모두 사용방법은 같으며 공유 드라이브 사용 유무가 제일 큰 차이점이라고 할 수 있습니다. 개인용 계정은 '내 드라이브'만 제공되는 반면, 교육용 계정은 기관계정으로 '내 드라이브'뿐 아니라 '공유 드라이브'가 추가 지원됩니다. 나의 개인자료는 '내 드라이브'에, 공유와 협업이 필요한 자료는 '공유 드라이브'에 저장하여 자료를 효율적으로 관리할 수 있습니다.

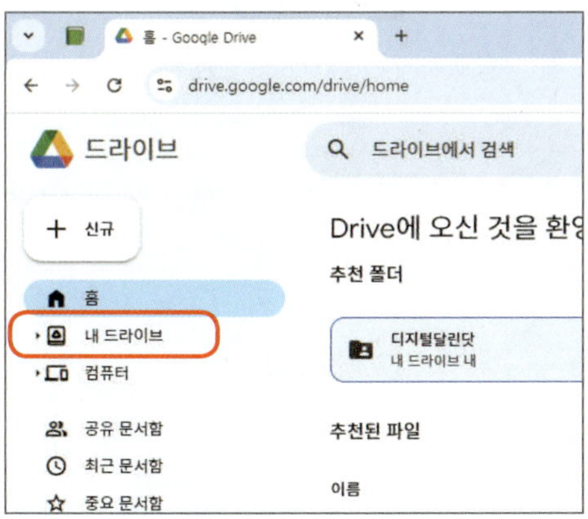

개인용 계정의 드라이브

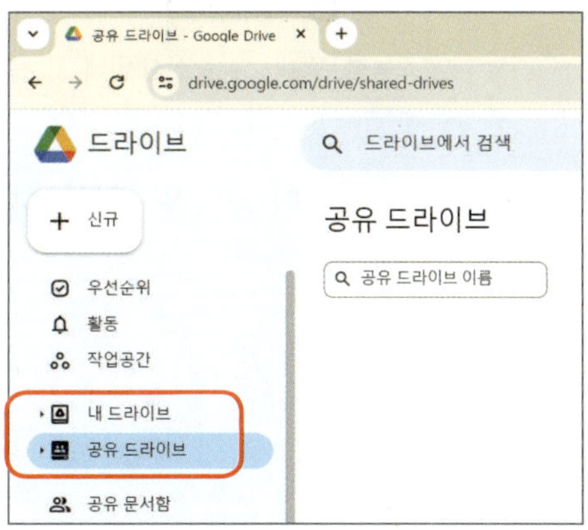

교육용 계정의 드라이브

구글 플랫폼 개인 계정의 무료 지원용량은 15GB로 규모가 작은 소규모기관의 경우에는 적지 않은 용량입니다. 하지만 개인 계정을 활용하면 다른 PC에서 로그인할 때마다 2차 인증 절차를 거쳐야 하고 계정을 보유하고 있는 교사의 근무지 이동 시 계정이 유지되기 어렵다는 점 등 협업 시 불편함과 한계를 가지고 있습니다. 교육용 계정을 만들 수 있는 여건일 경우에는 처음부터 교육용 계정을 만드는 것이 훨씬 효율적입니다.

구글 워크스페이스 교육용 계정 생성하기

구글 워크스페이스의 가입은 승인요청 후 구글의 자격 요건 검토에 따라 부여받을 수 있습니다. 그러므로 내가 속한 지역의 교육청이 구글 워크스페이스를 지원하는지를 먼저 알아봅시다. 구글 워크스페이스 교육용 계정의 지원 여부는 각 시도교육청의 홈페이지나 담당부서 문의를 통해 확인할 수 있습니다. 지원이 가능한 시도의 경우 가입 절차에 따라 가입 신청을 한 후 정식 승인을 받으면 관리자 계정을 부여받을 수 있습니다.

교육용 계정 신청 방법은 구글 워크스페이스 공식 가이드에 자세히 안내되어 있으니 참고하면 좋겠습니다.

교육청 Workspace 신청 안내

학교 자체 Workspace 신청 안내

구글 워크스페이스의 교육용 계정이 지원된다면 다음과 같이 관리자 개인 또는 일괄 계정을 만들어 봅시다.

• 정보담당 교사가 관리자 계정으로 로그인한 후 교사들의 계정을 일괄 생성하여 공유해 줍니다.

1. 학교 관리자용 구글 계정으로 로그인(동기화) 후, 관리 앱을 실행
2. 첫 화면 좌측 메뉴의 [디렉터리] – [조직단위] 클릭
3. 조직명 위에 마우스를 올린 후, '+'을 눌러 새롭게 그룹 생성
4. 첫 화면 좌측 메뉴의 [디렉터리] – [사용자] 클릭
5. [새 사용자 추가] 버튼을 클릭하여 성, 이름, 사용할 아이디(기본 이메일)를 입력하여 완성 (한글로 작성 가능)

구글 드라이브로 공유와 협업의 기반 만들기

지금까지 구글 워크스페이스 계정 생성에 대해 알아보았습니다. 계정이 생성되었다면 온라인원팀을 시작할 준비가 되었습니다. 이제 팀원들을 모으고 공유와 협업을 하는 일이 남았습니다.

앞서 구글 워크스페이스를 클라우드 기반의 협업 플랫폼이라고 소개했습니다. 협업에 있어서 구글 워크스페이스에서의 가장 중요한 기능은 클라우드인 구글 드라이브라고 할 수 있습니다. 우리가 자주 활용하는 구글 설문지, 스프레드시트 등을 만들면 실시간으로

구글 드라이브에 자동저장이 되고, 과거에 만들었던 문서나 공유한 문서를 활용하여 새로운 문서를 만들 수도 있습니다. 또한 구글 드라이브에 저장된 문서를 캘린더에서 일정과 함께 공유하고 관리할 수 있습니다. 즉, 구글 워크스페이스의 모든 소프트웨어는 구글 드라이브를 통해 공유되고 협업에 활용될 수 있는 것입니다.

드라이브에 새 폴더 만들기 및 파일과 폴더 업로드하기

구글 드라이브를 활용하여 효율적으로 자료를 공유하고 협업하기 위해서는 자료를 효과적으로 조직하는 것이 필요합니다. 이를 위하여 내 드라이브 혹은 공유 드라이브에 자료의 성격에 따른 폴더를 생성하고, 자료를 분류하여 해당하는 폴더에 업로드함으로써 체계적으로 관리할 수 있습니다.

그러면 가장 먼저 드라이브에 새 폴더를 만들고, 파일과 폴더를 업로드하는 방법을 알아봅시다.

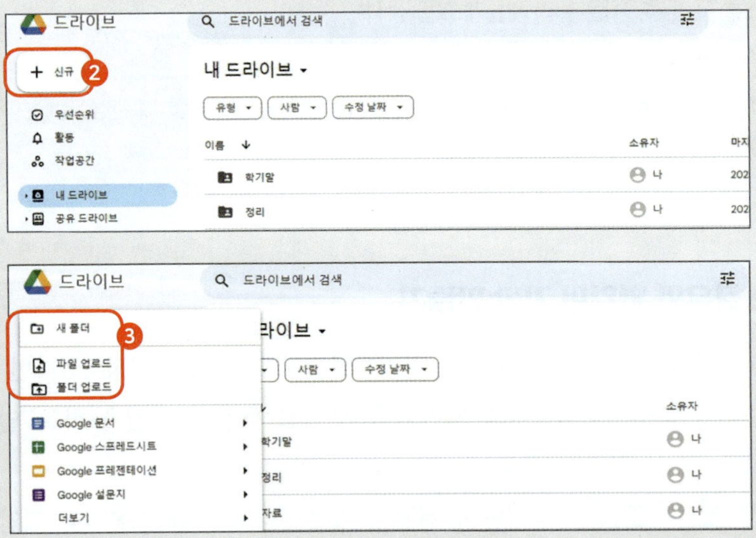

❶ 구글 로그인

❷ '+ 신규' 클릭

❸ 새로운 폴더를 만들고 싶은 경우 '새 폴더'를 클릭, 파일이나 폴더를 업로드할 경우에는 '파일 업로드' 또는 '폴더 업로드' 클릭

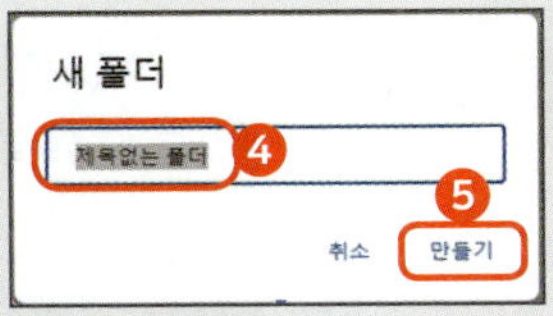

❹ 새 폴더 제목 입력

❺ 만들기 클릭

* 구글 드라이브에서도 구글 문서, 스프레드시트, 프레젠테이션, 설문지 등을 만들 수 있습니다. 만들어진 자료는 구글 드라이브에 자동으로 저장되며 드라이브에서 공유할 수 있습니다.

드라이브에서 폴더와 파일을 쉽게 공유하기

구글 워크스페이스에서 제공하는 소프트웨어의 핵심은 '공유'이며, 한 번만 제대로 공유 기능을 활용해 보면 모든 문서를 쉽게 공유할 수 있을 것입니다.

구글 드라이브에 생성한 폴더나 업로드한 파일과 폴더를 공유함으로써 협업이 시작됩니다. 폴더와 파일에 따라 공유하고자 하는 대상을 설정하고 뷰어, 댓글 작성자, 편집자 중 대상의 권한을 설정할 수 있습니다.

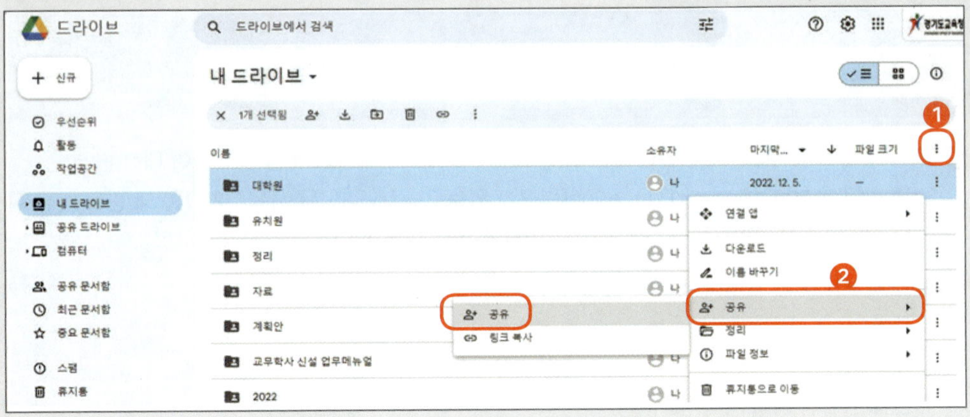

❶ 폴더 우측의 설정 탭 ⋮ 을 클릭

❷ '공유' 클릭

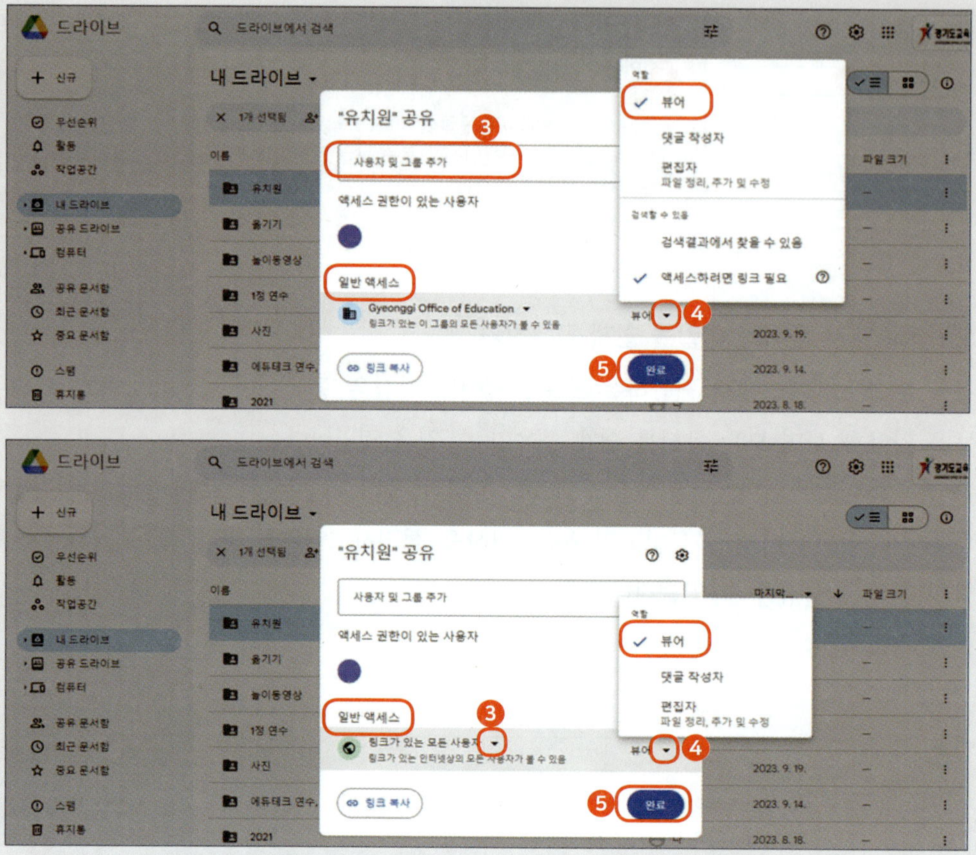

❸ '사용자 및 그룹 추가' 혹은 일반 액세스(링크 공유)는 우측 화살표 ▼를 클릭하여 대상 변경
- '조직(교육청) Office of Education(링크가 있는 이 그룹의 모든 사용자)' 그룹 내 링크 공유 혹은 '링크가 있는 모든 사용자에게 공유(링크가 있는 인터넷상의 모든 사용자)'

❹ 우측 화살표 ▼를 클릭하여 권한 설정하기
- 뷰어
- 댓글 작성자
- 편집자(파일 정리, 추가 및 수정)

❺ '완료' 클릭

협업의 핵심 공간, 공유 드라이브 만들기

폴더나 파일을 공유하고자 할 때 사용자 및 그룹을 추가하거나 링크를 전송하는 방법은 일회성 자료 공유나 협업에 유용합니다. 장기적으로 한 조직의 구성원으로 협업해야 할 경우 위 과정은 매우 번거로운 과정이지요.

기관계정을 사용하고 있다면 공유 드라이브를 만들어 활용할 수 있습니다. 공유 드라이브는 지원용량 한도 내에서 여러 개를 만들어 활용할 수 있습니다. 그리고 각 공유 드라이브마다 공유할 멤버를 설정할 수 있어 업무 분담이나 학년(연령)에 따라 각기 다른 공유 드라이브를 만들고 활용할 수 있습니다.

❶ '공유 드라이브'를 클릭

❷ 왼쪽 마우스 클릭하면, '새 공유 드라이브 만들기'가 활성화됨

❸ 새 공유 드라이브 제목 작성하기

❹ '만들기' 클릭

* 공유 드라이브는 구글 워크스페이스 유료 계정(교육용 계정)에서만 생성할 수 있습니다. 개인(무료) 계정은 구글 워크스페이스 교육용 계정을 가진 자가 공유 권한을 주면 참여할 수는 있습니다.

공유 드라이브마다 함께 협업할 멤버 설정하기

공유 드라이브마다 공유(액세스)가 가능한 멤버를 설정할 수 있습니다. 이러한 공유 기능을 활용하여 업무나 학년(연령)에 따라 공유 드라이브를 만들어 자료를 공유하며 협업한다면 편리하게 사용할 수 있습니다.

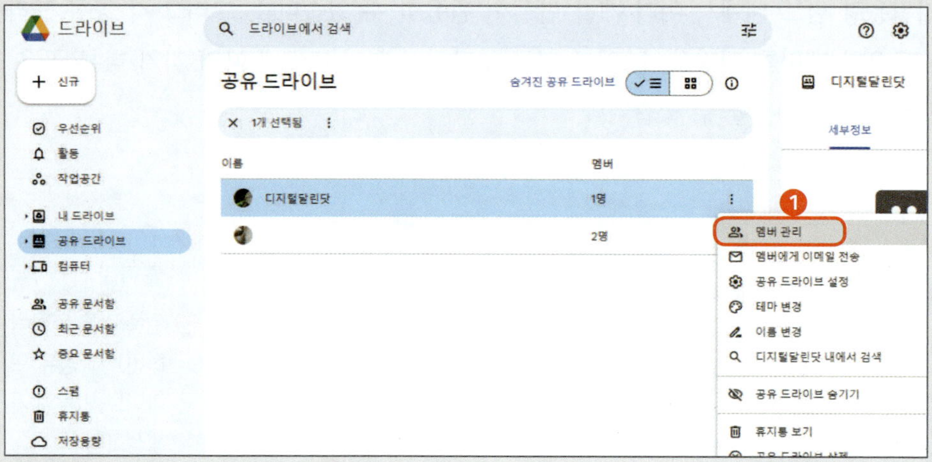

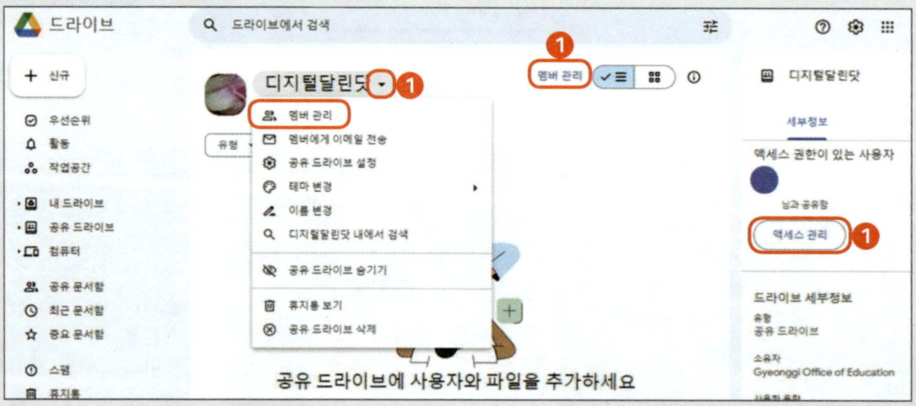

① 해당 공유 드라이브 우측 설정 탭 ⋮을 클릭한 후 '멤버 관리' 클릭/ 해당 공유 드라이브 제목 우측 화살표 ▼ 클릭 후 '멤버 관리' 클릭/ '멤버 관리' 혹은 '액세스 관리' 클릭

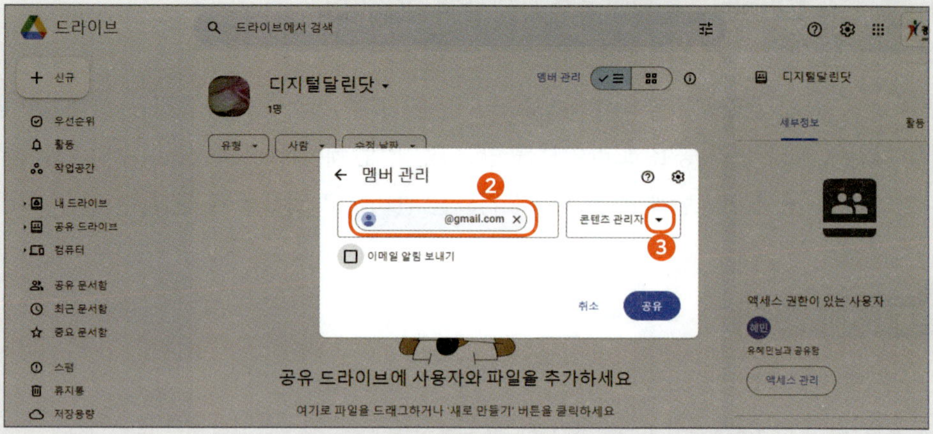

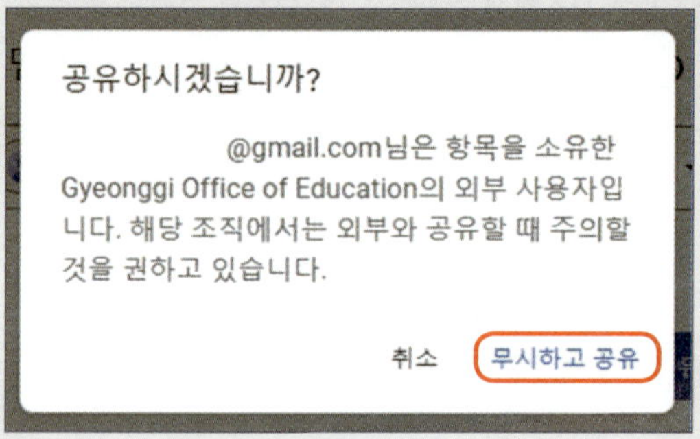

❷ 사용자 및 그룹 추가

❸ 우측 화살표 ▼를 클릭하여 권한 설정하기
- 뷰어
- 댓글 작성자
- 참여자(파일 추가 및 수정)
- 콘텐츠 관리자(콘텐츠 추가, 수정, 이동, 삭제, 공유)
- 관리자(콘텐츠, 사용자 및 설정 관리)

* 구글 개인(무료) 계정을 사용자에 추가하려는 경우, 조직(소속 교육청)의 교육용 워크스페이스 계정이 아니기 때문에 외부와의 공유 시 주의할 점에 대해 안내됩니다.

만약 개인 계정이라 공유 드라이브를 생성하지 못한다고 해도 공유와 협업은 얼마든지 가능합니다. 공유 폴더를 만들어 함께 공유할 멤버를 지정하면 됩니다. 비록 개인 계정이라 접속이나 보안 등 더욱 조심해야 하겠지만 기능은 비슷하게 사용할 수 있습니다.

지금까지 공유 드라이브를 만들고 함께 공유할 팀원을 설정하는 방법을 알아보았습니다. 그렇다면 사례를 통해 공유 드라이브를 어떻게 활용할 수 있는지 알아봅시다.

사례 1 공유 드라이브로 업무와 수업자료 쉽게 공유해요!

첫 번째로 공유 드라이브를 활용하여 업무 및 수업자료를 편리하게 공유하는 사례입니다.

협업할 팀원에 따라 여러 공유 드라이브를 만들고, 그 안에 업무 유형 또는 수업자료 종류 등에 따라 폴더를 생성하여 함께 효율적으로 자료를 관리하고 업무를 추진할 수 있습니다.

이런 점이 좋아요

- 팀원(업무별, 학년 또는 연령별)에 따라 여러 공유 드라이브 생성 가능
- 업무 유형이나 수업자료에 따라 유목화하여 폴더를 만들고 업로드하여 효율적인 자료 관리 가능
- 자료 공유에서 시간과 공간의 구애를 받지 않음(수시로 신속하게 자료를 공유, 문서를 공유한 후 시간이 흘러도 찾기 편리함)

Tip 공유 드라이브 내 폴더나 파일도 공유 드라이브 멤버 외의 사용자에게 공유할 수 있습니다. (공유 방법은 85, 86쪽 참고)

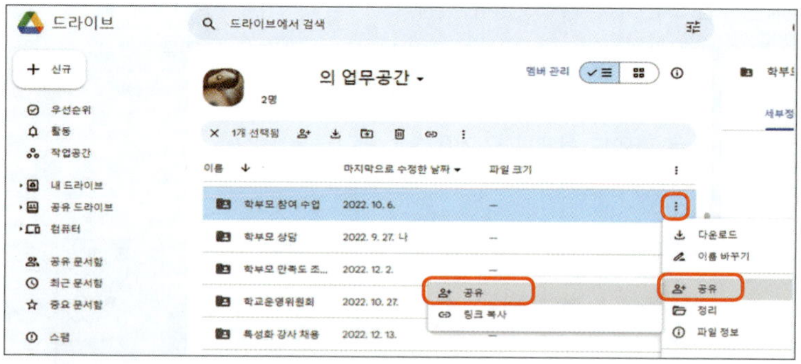

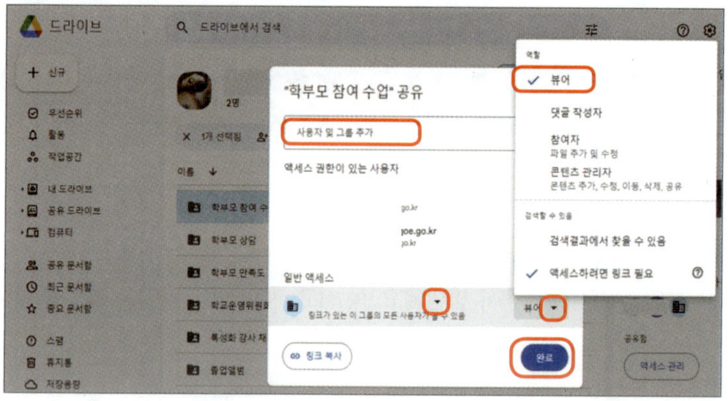

사례 2 구글 드라이브에 필요한 파일(사진)을 함께 모아요!

메신저로 사진이나 동영상 자료 등 용량이 큰 파일을 공유하려고 할 때 용량 제한으로 전송이 어려운 경우가 발생합니다. 이럴 때 구글 드라이브를 활용하면 큰 용량의 파일도 쉽게 공유할 수 있습니다. 또한 미리 폴더를 만들어 놓으면 여러 팀원이 해당하는 폴더에 파일을 저장하여 각자가 파일을 폴더별로 정리해야 하는 수고로움을 덜고 편리하게 관리할 수 있습니다.

사례의 경우 유아교육기관의 홈페이지나 블로그 업로드 및 홍보 동영상 제작을 위하여 드라이브에 사진 취합 폴더를 만들고 공유했습니다. 모든 팀원이 기한 내에 파일을 해당 폴더에 업로드하여 파일 취합과 관리가 쉽게 이루어졌습니다.

이런 점이 좋아요

- 시간과 공간에 구애받지 않고 신속하게 자료 공유 가능
- 종류별로 유목화하여 폴더를 만들고 자료를 업로드하여 편리하게 관리할 수 있음
- 자료를 취합할 때 지정한 폴더에 각자 저장하면 취합 완료
- 사진이나 동영상 등 용량이 큰 파일도 쉽게 공유 가능

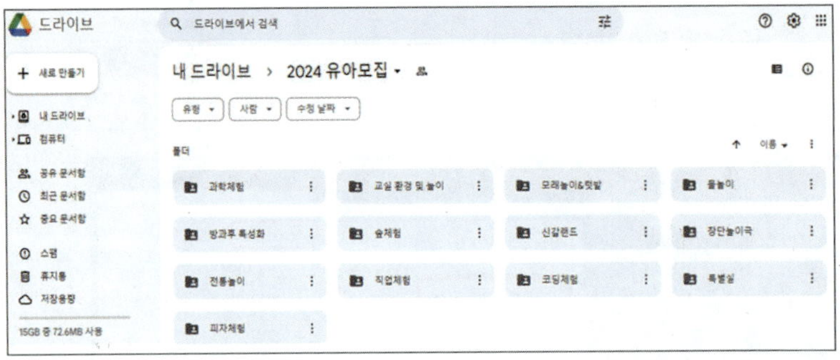

Tip 공유 드라이브가 아니거나 멤버가 아닌 사용자에게 공유하고자 할 때는, 사용자 및 그룹을 추가하거나 링크로 공유할 수 있습니다(폴더 공유 방법은 85쪽 참고, 사람 모양 아이콘 을 클릭하여도 공유 가능).

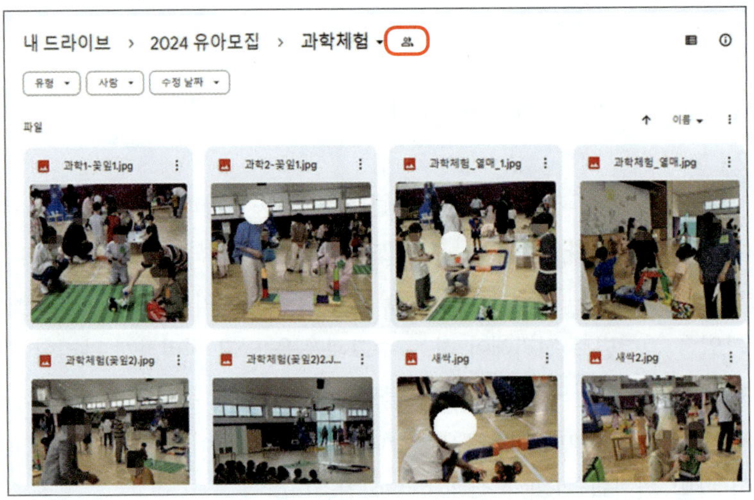

Tip 공유 링크를 메신저로 공유하여 로그인을 하지 않은 사용자의 자료도 간편하게 취합할 수 있습니다 (일회성 공유).

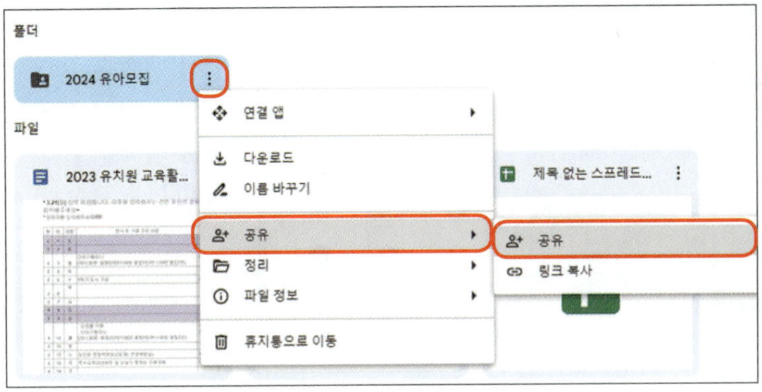

구글 앱으로 언제 어디서든 공유하고 협업하기

온라인 환경 안에서 구글 협업 도구인 구글 문서, 스프레드시트, 프레젠테이션, 설문지 등 구글 앱을 활용하여 장소와 시간에 구애받지 않고 다양한 작업을 할 수 있습니다. 그리고 언제 어디서든 정보를 서로 주고받을 수 있지요. 여기에서 다시 구글 워크스페이스의 핵심인 '공유' 기능을 활용한 '협업'이 가능합니다. 그리고 구글 앱 또한 구글 드라이브를 기반으로 공유와 협업이 가능합니다.

구글 문서, 스프레드시트, 설문지 등 몇 가지 구글 앱은 이미 보편화되어 매일 주고받을 정도로 이미 교육 현장의 각종 업무에서 유용하게 활용되고 있습니다. 하지만 누구나 쉽게 활용할 수 있는 것은 아니지요. 아직 구글 앱을 활용하고 공유하는 것이 어렵다면 하나씩 차근차근 알아봅시다.

구글 도구 처음 사용한다면 이렇게!

구글 도구 검색창에서 직접 검색하여 사용할 수도 있지만 화면 우측 상단의 구글 앱상자를 열어 찾아 사용하면 편리합니다. 드라이브, 문서, 스프레드시트, 설문지 등 모든 구글 도구가 앱상자에 모여 있어 쉽게 찾아 사용할 수 있습니다.

구글 앱상자에서 구글 도구 사용하기

앱상자 창을 열어 다양한 구글 도구들을 선택할 수 있습니다.

만약 구글 드라이브를 사용하던 중 문서, 스프레드시트 등의 구글 도구가 필요할 경우에는 다음과 같이 구글 드라이브에서 도구를 불러올 수 있습니다.

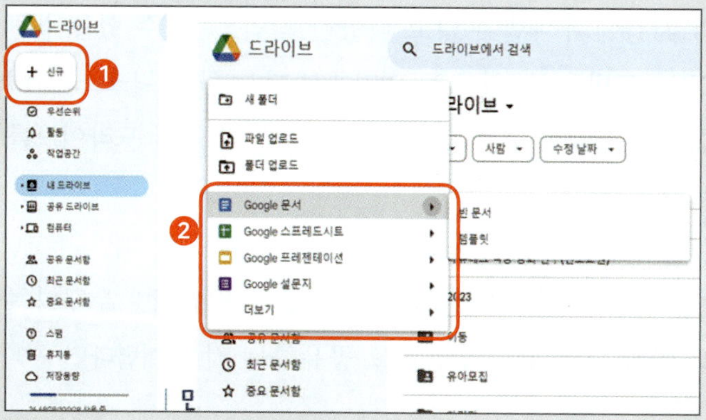

구글 드라이브에서 구글 도구 사용하기

❷의 제일 아래 '더보기'를 클릭하여 다양한 구글 도구를 사용할 수 있습니다.

구글 도구로 문서 만들고 공유하기

구글 도구를 만들 수 있게 되었다면 이제 공유와 협업에 도전해 봅시다. 예를 들어, 다음과 같이 스프레드시트로 문서를 만들고 공유 드라이브(또는 공유 폴더)에 저장하면 모든 멤버가 확인할 수 있습니다. 상황에 따라서는 링크로 공유할 수도 있고 필요시에는 멤버 모두가 접속하여 실시간 협업을 할 수도 있습니다.

구글 앱 아이콘으로 구글 스프레드시트 만들기

1. 구글 로그인
2. 구글 앱상자 클릭
3. Sheets 아이콘 클릭
4. 새 스프레드시트 시작하기
   - 빈 스프레드시트 클릭
   - 템플릿 갤러리 클릭(다양한 양식 활용 가능)

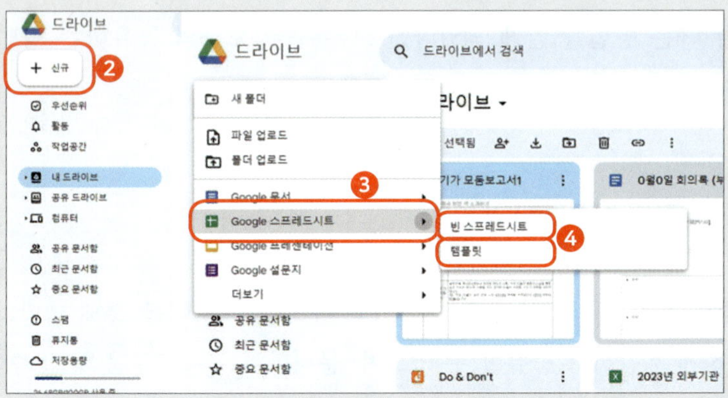

구글 드라이브에서 구글 문서 만들기

1. 구글 로그인
2. 드라이브 '+ 신규' 클릭
3. 'Google 스프레드시트' 클릭
4. '빈 스프레드시트' 혹은 '템플릿' 클릭(다양한 양식 활용 가능)

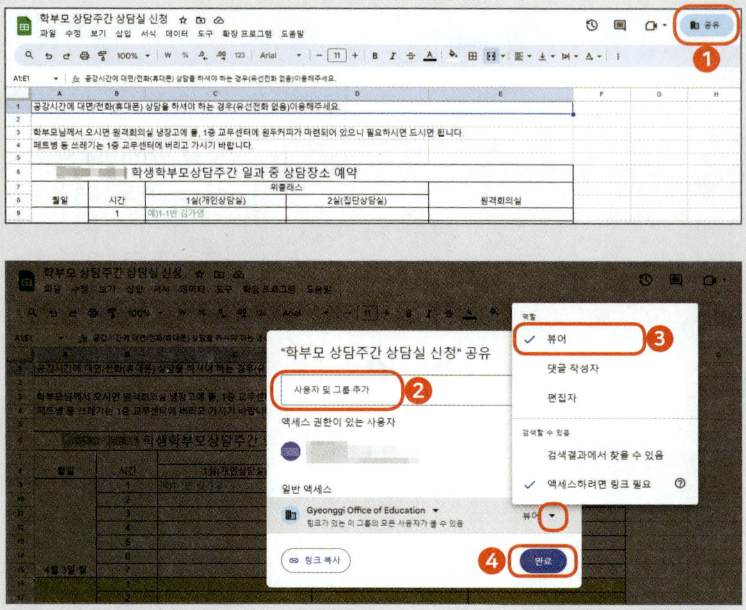

구글 스프레드시트에서 공유하기

1. 우측 상단의 '공유' 클릭
2. '사용자 및 그룹 추가' 혹은 일반 액세스(링크 공유)는 우측 화살표 ▼를 클릭하여 대상 변경(자세한 내용은 85, 86쪽 참고)
3. 우측 화살표 ▼를 클릭하여 권한 설정하기
4. '완료' 클릭

구글 도구는 불러오는 방법이 모두 동일하듯 공유하는 방법도 동일합니다. 따라서 위의 구글 스프레드시트를 공유하는 방법을 알게 되었다면 모든 구글 도구의 공유하는 방법을 배운 것과 마찬가지입니다.

사례 1 팀원의 정보를 취합하고 관리해요!

구글 스프레드시트를 활용하여 팀원의 정보를 취합하고 관리합니다. 이를 통해 담당자가 필요로 하는 정보를 신속하게 취합하고 공유할 수 있으며, 문서화하는 수고로움을 덜 수 있습니다.

이런 점이 좋아요

- 실시간으로 협업이 가능
- 수정 사항이 실시간으로 반영되어 공동체 팀원들이 바로 확인 가능
- 정보 취합과 공유가 매우 편리
- 수식을 넣어서 공유하면 팀원들은 입력만 해도 원하는 정보가 산출됨
- 다량의 메신저의 늪에서 헤어 나올 수 있음

	A	B	C	D	E	F	G
1	**2023 전학공 도서신청**						
2	순	도서명	저자	출판사	금액	예스24장바구니	비고
3	1				25,200	☑	
4	2				17,000	☑	
5	3				20,700	☑	
6	4				17,100	☑	
7	5				18,900	☑	
8	6				23,750	☑	
9	7				17,000	☑	
10	8				13,300	☑	
11	9				23,750	☑	
12	10				27,900		
13	11				15,300		

사례 ② 쉽게 설문지를 만들고, 수집된 설문 결과를 함께 확인해요!

구글 설문지를 활용하여 팀원들의 정보나 의견을 기명 혹은 무기명(익명)으로 수집합니다.

이런 점이 좋아요

- PC, 태블릿PC, 모바일 등을 활용한 온라인 설문이 가능
- 공동작업자를 추가하여 설문지를 작성·수정할 수 있어 공유와 협업에 용이
- 기존의 설문을 활용하여 새로운 설문을 쉽게 만들 수 있음
- 응답 결과를 스프레드시트로 확인할 수 있으며, 한셀 혹은 엑셀 파일로 저장 가능
- 응답 결과 그래프를 문서에 복사하여 활용 가능

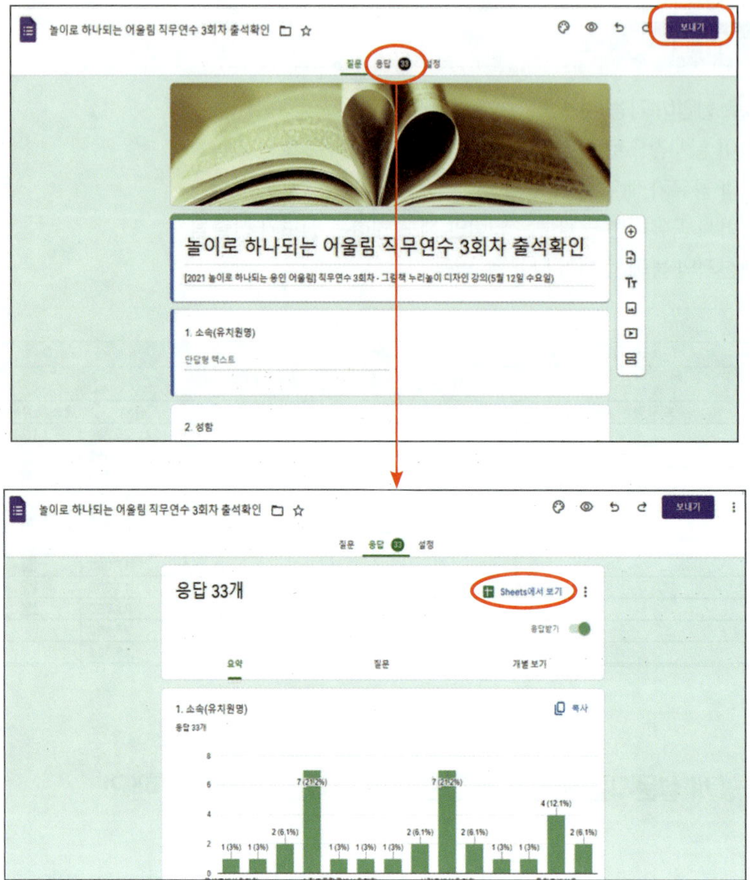

구글 캘린더로 일정과 자료를 함께 관리하기

구글 캘린더를 활용하면 PC와 모바일을 이용하여 언제 어디서든 공동의 일정을 입력·수정하고 확인할 수 있습니다. 이것은 구글 캘린더가 가지고 있는 아주 큰 장점으로 시간과 공간에 구애받지 않는 개인 업무 일정 다이어리로 활용할 수 있습니다.

구글 워크스페이스의 핵심인 '공유'는 구글 캘린더에서도 적용됩니다. 구글 캘린더의 공유 기능을 활용하면 언제 어디서든 팀원과 일정과 관련 자료를 공유하며 협업할 수 있습니다. 구글 캘린더를 활용하면 별도의 월중행사계획을 작성하지 않아도 되며, 일정과 관련된 각종 자료를 함께 공유하고 확인할 수 있습니다. 또한 공유 권한 설정을 통해 일정을 공유하고자 하는 대상을 분류하여 관리할 수 있습니다.

구글 캘린더를 만들고 일정을 입력하는 방법 및 일정과 관련된 자료를 업로드하는 방법을 알아봅시다.

구글 캘린더에서 새 캘린더 만들기

구글 캘린더에서 새 캘린더 만들기 기능을 활용하면 일정의 종류에 따라 구분하여 입력하고 확인할 수 있습니다.

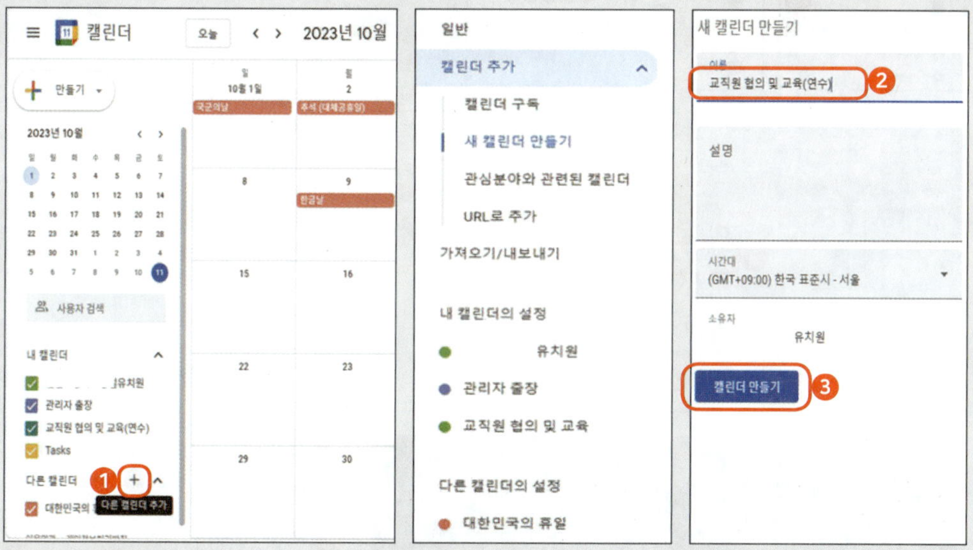

❶ 다른 캘린더 '+'를 클릭하여 새 캘린더를 추가

❷ 만들고 싶은 캘린더 이름을 입력

❸ '캘린더 만들기' 클릭

구글 캘린더 공유하기

캘린더의 종류에 따른 권한 설정으로 캘린더마다 공유하고자 하는 대상을 달리하여 일정과 관련 문서를 공유하고 관리할 수 있습니다.

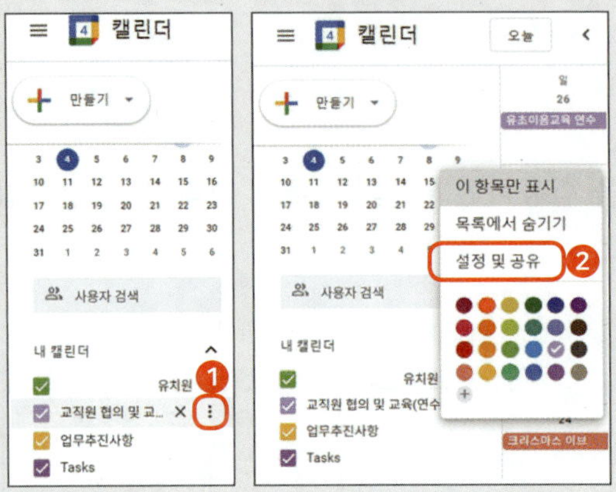

❶ 내 캘린더 목록 중 공유 설정을 변경하고자 하는 캘린더의 우측 설정 탭 ⋮을 클릭

❷ '설정 및 공유' 클릭

* 내 캘린더 목록 중 설정을 변경하고자 하는 캘린더의 우측 설정 탭 ⋮을 클릭하면, 해당 캘린더의 '설정 및 공유 방법'과 표시되는 색깔을 변경할 수 있습니다.

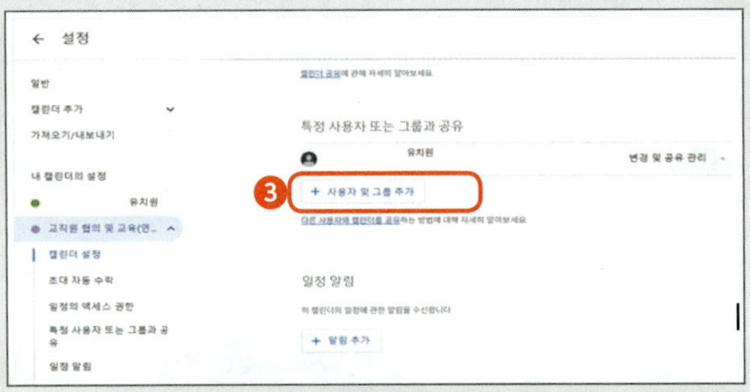

❸ '+ 사용자 및 그룹 추가' 클릭

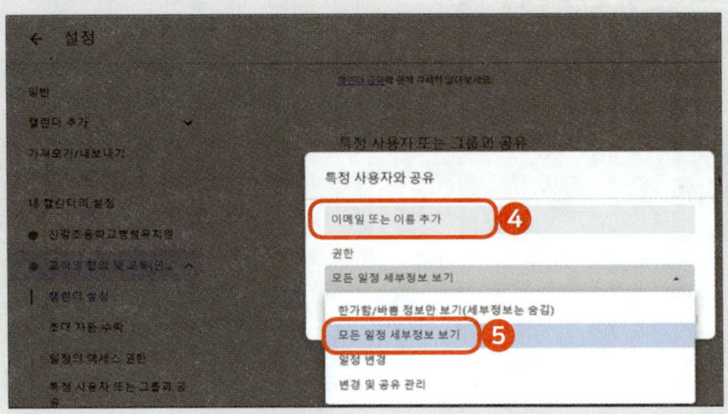

❹ 공유하고자 하는 사용자의 이메일 또는 이름 추가

❺ 권한 설정하기
- 한가함/ 바쁨 정보만 보기
- 모든 일정 세부정보 보기
- 일정 변경
- 변경 및 공유 관리

구글 캘린더에 일정 입력하기

캘린더에 일정 입력 시, 일정이 해당되는 캘린더로 설정하면 자동으로 일정의 색깔과 공유 대상이 적용됩니다. 일정이 종류에 따라 시각적으로 구분되어 보여지고, 공유하는 팀원과 함께 관리함으로써 효율성을 높일 수 있습니다.

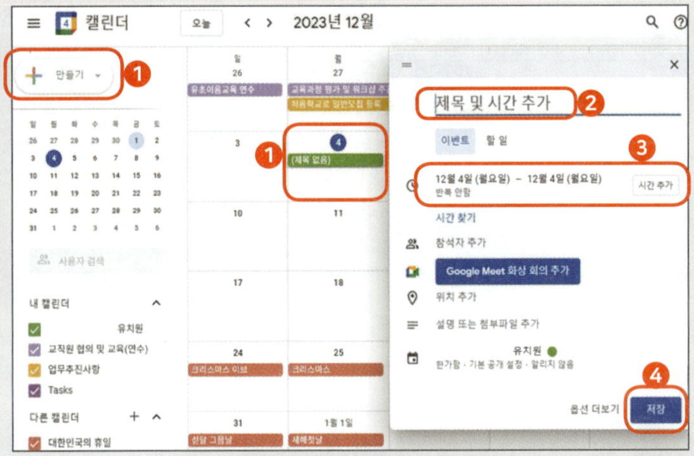

❶ '+ 만들기' 혹은 해당 날짜를 클릭

❷ 일정의 제목을 입력

❸ 하루 이상의 일정인 경우 기간을 조정하고, 시간을 추가하고 싶은 경우 '시간 추가'를 클릭하여 입력

❹ 저장하면 일정이 만들어짐

* 일정이 해당되는 캘린더 종류로 설정(해당 캘린더 색깔로 반영, 해당 캘린더 공유 대상으로 적용)해야 합니다.

구글 캘린더 일정에 폴더나 파일 업로드하기

캘린더에 일정을 입력할 때 관련된 각종 자료를 업로드하여 캘린더를 공유하면 팀원도 일정과 자료를 함께 공유할 수 있습니다. 단순히 일정만 공유하는 것에서 나아가 일정 관련 자료를 함께 공유하는 것이 됩니다. 이러한 캘린더의 기능 또한 구글 드라이브, 즉 클라우드를 기반으로 한다는 사실!

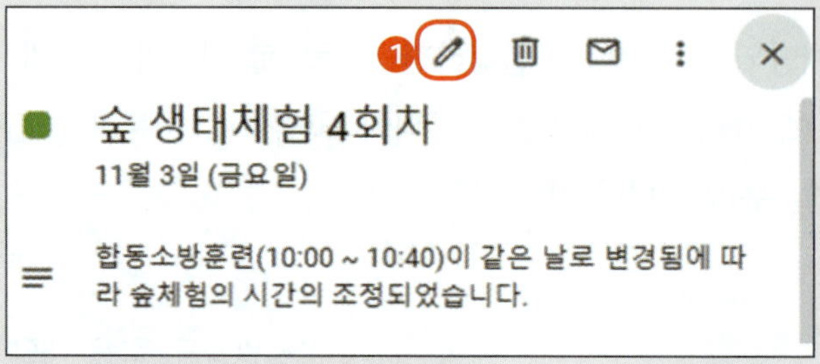

❶ 해당 일정을 더블 클릭 혹은 한 번 클릭하여 ✏ 수정 버튼 클릭

❷ 📎 첨부파일 추가 버튼 클릭

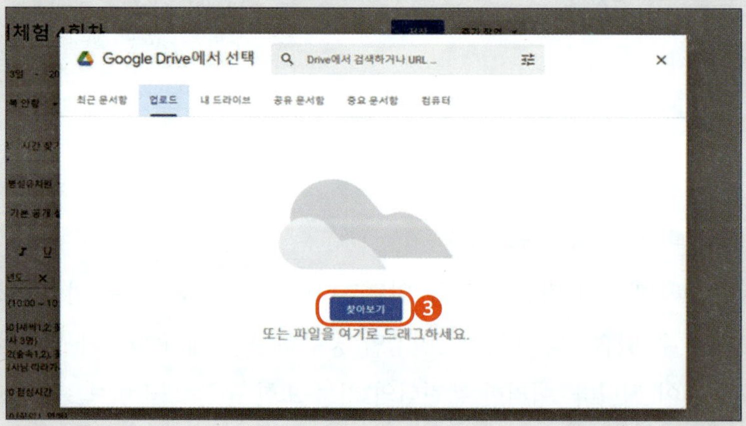

❸ 연결된 구글 드라이브에서 원하는 파일을 업로드하거나 PC에서 파일을 바로 드래그하여 업로드

* 구글 캘린더 역시 폴더와 파일을 공유할 때 구글 드라이브를 활용하는 것입니다. (드라이브 업로드 방법과 공유 방법은 84, 85쪽 참고)

사례 1 일정과 문서를 함께 공유하여 효율적으로 협업해요!

구글 캘린더를 활용하여 월중 교육활동 계획을 대신할 수 있고, 관련 정보와 문서를 바로 공유할 수 있습니다.

이런 점이 좋아요

- 시간과 공간의 제약 없이 일정을 입력하고 확인하며, 팀원과 일정을 공유할 수 있음
- 월중행사계획을 대신 할 수 있음
- 대상에 따라 공유하고자 하는 일정을 달리할 수 있음
- 일정과 관련 문서를 함께 확인할 수 있어서 편리
- 해야 할 일을 입력하고 관리하는 기능이 있음

Tip 일, 주, 월, 연도별 탭을 클릭하여 보기 편리한 형태로 일정을 확인할 수 있습니다.

Tip 일정 탭을 선택하면 월중행사계획과 유사한 형태로 확인이 가능합니다.

더 알아보기

네이버웍스

네이버에서 만든 업무용 협업 도구

- 업무용 메신저로서 메시지로 공동체와 소통하며, 그룹 기능으로 유기적인 협업 가능
- 메시지, 게시판, 캘린더, 주소록, 할 일, 설문, 메일, 드라이브 등 업무에 필요한 모든 기능을 네이버웍스로 해결 가능
- PC와 모바일 앱 간 연계로 언제 어디서든 업무 처리 가능

노션

메모, 문서, 지식 정리, 프로젝트 관리, 데이터베이스, 공개 웹사이트 등의 기능을 하나로 통합한 서비스

- 텍스트를 수정하면 실시간으로 다른 기기에서도 동기화되어 협업 시 유용
- 노션의 페이지(Page)는 원하는 대로 콘텐츠를 추가할 수 있는 빈 캔버스
- 노션에는 폴더 개념이 존재하지 않는 대신 페이지 안에 페이지를 넣을 수 있음
- 파일을 정리할 때 내용을 주제별로 묶어 정리하는 데 용이
- 페이지를 옮기는 작업은 드래그 앤 드롭(Drag-and-drop) 방식과 같이 끌어서 처리할 수 있음

온라인원팀의 핵심은 공유를 통한 협업!

지금까지 구글 워크스페이스를 활용한 온라인원팀 구성 방법을 알아보았습니다. 온라인원팀 구성의 궁극적인 목적은 효율적인 업무의 추진입니다. 이를 위한 핵심 키워드가 바로 공유와 협업이지요. 구글 워크스페이스 외의 다양한 플랫폼과 소프트웨어도 공유를 통한 협업으로 업무 효율화를 추구합니다.

앞선 내용에서 공유를 통한 협업으로 업무 효율화를 체감하고, 온라인원팀의 필요성에 공감하셨다면 각 공동체만의 색깔을 가진 온라인원팀 구성을 제안해 보는 것은 어떨까요?

교사들이 전하는 생생한 사용 후기!

"클라우드 기반의 스프레드시트와 설문지 등으로 정보를 쉽게 공유하고 협업할 수 있어서 편리해졌어요."

"주고받은 수많은 자료와 문서가 드라이브에 자동으로 저장되고, 함께 만든 폴더에 정리되니 문서를 쉽게 찾고 관리할 수 있게 되었어요."

"종류도 다양하고 이름도 생소했던 협업 플랫폼, 이제 어렵지 않아요!"

02 온라인 문서로 업무 다이어트하기

당장 수업에 직접적인 관련이 없는 일처럼 보여도 결국은 원활한 교육을 위해 또는 유아교육기관 운영과 관련되어 있어 할 수밖에 없는 행정업무들이 늘 존재하기 마련입니다.

유아교육기관에서 수행하는 행정업무에는 유아모집, 인력관리, 예산사용, 각종 행사계획, 현장학습, 나이스업무 등등 굉장히 많은 업무가 있습니다. 하지만 그 많은 업무들을 찬찬히 들여다보면 종류를 불문하고 대부분의 업무가 정보의 취합을 기본으로 하고 있음을 알 수 있습니다. 그렇다는 것은, 넘쳐나는 자료와 정보를 잘 취합하고 정리하기만 해도 업무가 훨씬 수월해질 수 있다는 말이 되기도 합니다.

자료를 쉽게 취합하고 정리하기 위해서는 디지털 도구를 활용해 볼 수 있습니다. 하지만 시도하기가 어렵거나 번거롭다면 안 하느니만 못할 수도 있습니다. 어렵고 복잡한 도구보다는 평소에 사용하는 도구, 친숙한 방법으로 시작해 봅시다. 그리고 다양하게 활용할 수 있는 방법들을 생각하고 적용해 봅시다.

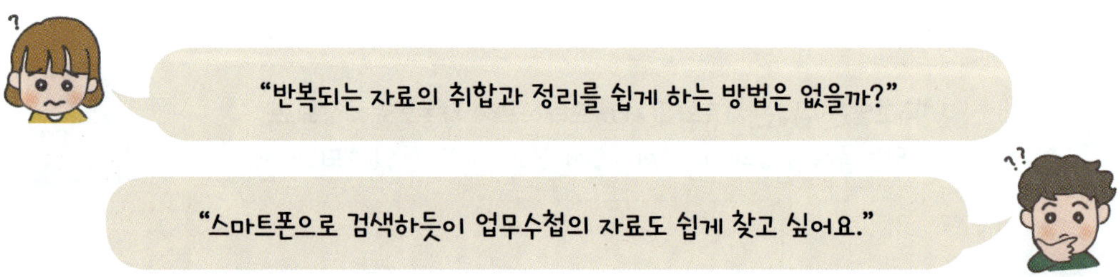

웹용 엑셀로 업무속도 올리기

엑셀 VS 웹용 엑셀

일반적으로 우리가 사용하는 엑셀은 PC에 엑셀 프로그램을 설치하여 사용하는 방식으로, 설치된 PC에서만 사용할 수 있습니다.

웹용 엑셀은 말 그대로 웹사이트에서 작성하는 웹문서입니다. 보통 온라인 엑셀이라고 부르기도 하는데 비슷한 예로 구글의 스프레드시트가 있습니다. 둘 다 웹사이트를 기반으로 하는 프로그램을 설치하지 않아도 됩니다. 작성하는 문서는 고유의 웹주소를 가지고 있으며, 웹주소를 공유하고 작업권한을 부여하여 실시간으로 협업할 수도 있습니다. 단, 웹문서인 만큼 인터넷 연결이 기본 전제가 되어야 합니다. 온라인 상태라면 PC, 스마트폰, 태블릿PC 등 인터넷으로 연결된 다양한 기기에서 문서를 취합하고 한 번에 정리하며 언제 어디서나 확인할 수 있다는 장점이 있습니다.

웹용 엑셀 시작하기

웹용 엑셀을 시작하는 방법 중 쉽게 시작할 수 있는 두 가지 방법을 알아봅시다.

마이크로소프트 365에서 시작하기

❶ 오피스365 또는 오피스365 에듀케이션 웹사이트 접속

* 오피스365 에듀케이션은 인증코드를 입력하여 교육용 계정을 발급받아 사용할 수 있습니다. (인증코드는 각 시도교육청 문의)

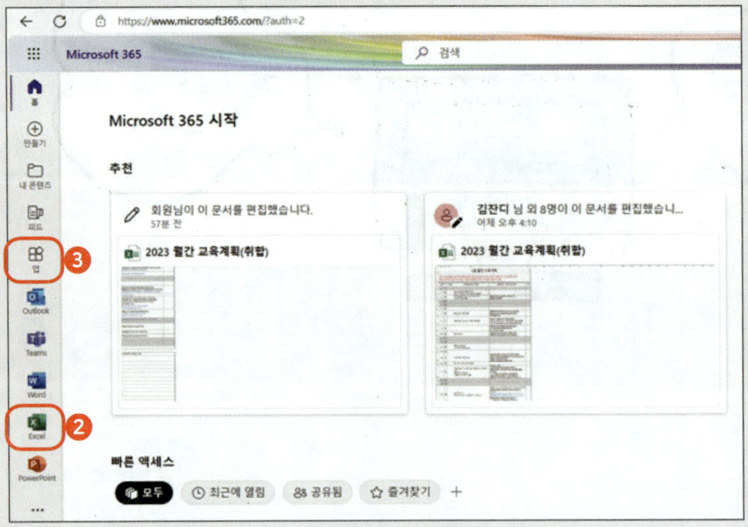

❶ 로그인-오피스365 접속

❷ 홈화면-엑셀-클릭하여 시작

❸ 좌측 메뉴바에서 엑셀이 보이지 않을 경우 앱 상자를 열어 엑셀 시작하기

윈도우 앱에서 시작하기

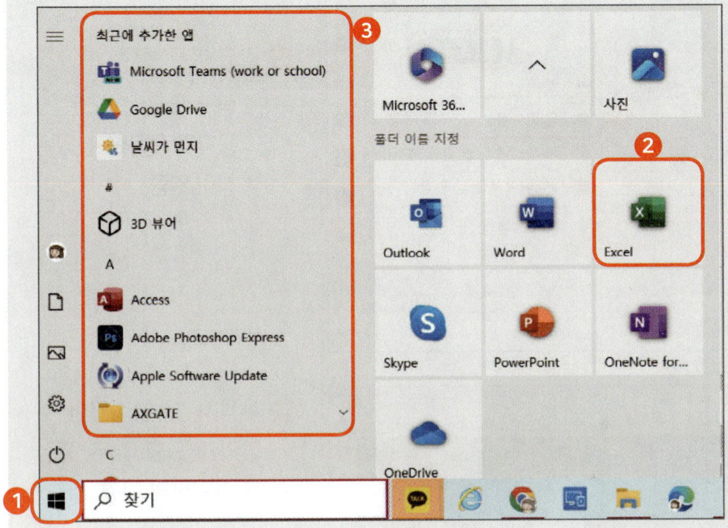

〈윈도우 10의 경우〉

① 작업표시줄 클릭

② 앱상자에서 엑셀 찾기

③ ②에서 찾을 수 없으면 앱목록에서 찾기

* 윈도우 11의 경우 화면 중앙 하단의 윈도우 창-앱상자 열기-앱목록에서 찾기

웹용 엑셀의 핵심 공유 기능 알아보기

웹용 엑셀은 기본적으로 우리가 사용하던 엑셀 프로그램과 큰 차이가 없습니다. 단, 엑셀 상단에 웹주소와 공유 버튼이 있는 점이 차이라고 할 수 있습니다.

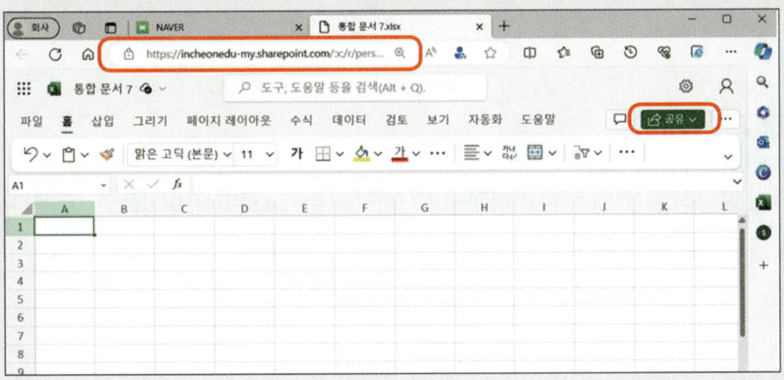

* 자세히 보면 상단에 웹주소와 우측에 공유 버튼을 볼 수 있습니다.

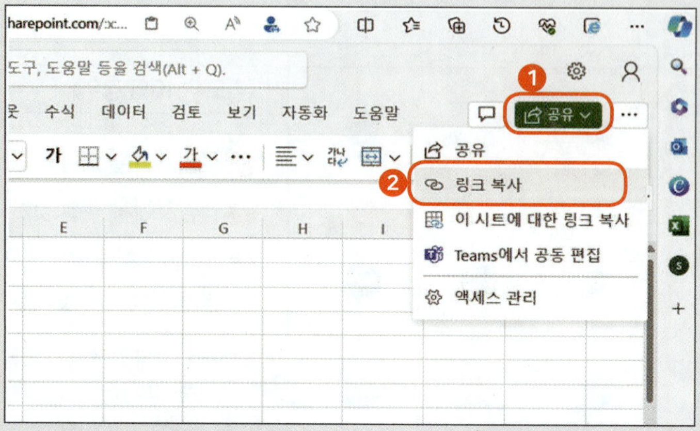

1 공유 버튼 클릭

2 링크 복사 클릭

- 링크가 있는 모든 사용자가 편집할 수 있는 창이 열림

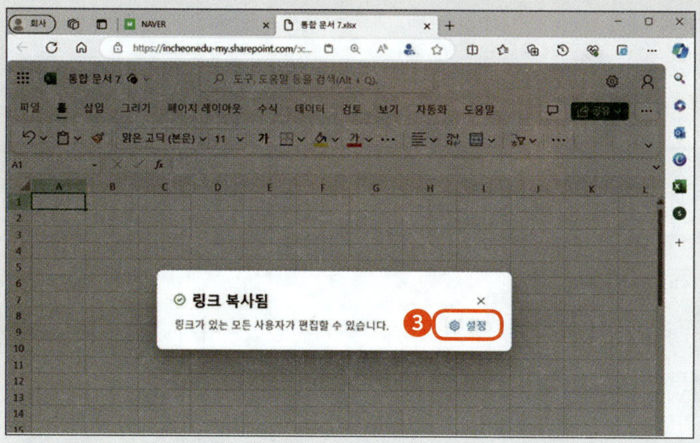

3 사용자 및 편집권한 수정이 필요할 경우 설정을 클릭하여 변경

웹용 엑셀, 이럴 때 사용해요!

이제 웹용 엑셀을 시작할 모든 준비가 되었습니다. 유아교육기관의 여러 업무 중 자료의 취합과 정리를 하는 데에 웹용 엑셀을 어떻게 활용하는지 다양한 사례들을 살펴보면서 함께 만들어 봅시다.

신학기 유아 정보 한눈에 정리하자

신학기가 되면 유아 개인정보에서부터 각종 동의서, 신청서 등 많은 것들을 취합하게 됩니다. 이렇게 많은 정보들을 효과적으로 관리하는 데에는 엑셀을 굉장히 유용하게 사용할 수 있습니다. 한글문서에 익숙한 사람들은 엑셀이 어렵고 낯설게 느껴질 수도 있겠지만 몇 가지 사용방법만 알아두면 훨씬 쉽게 자료를 수집하고 관리할 수 있습니다.

이런 점이 좋아요

- 많은 자료를 간단히 취합
- 필터링으로 원하는 정보를 쉽게 찾을 수 있음
- 각 학급의 정보를 여러 시트로 취합-각 부서에서 원하는 자료를 한번에 찾기

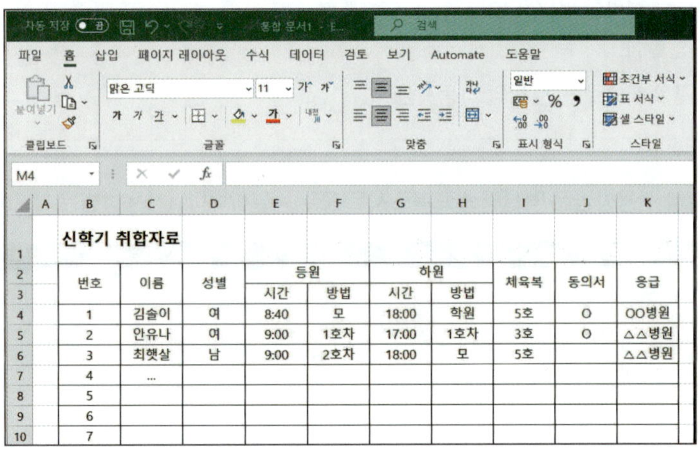

신학기 취합자료

번호	이름	성별	등원		하원		체육복	동의서	응급
			시간	방법	시간	방법			
1	김솔이	여	8:40	모	18:00	학원	5호	O	OO병원
2	안유나	여	9:00	1호차	17:00	1호차	3호	O	△△병원
3	최햇살	남	9:00	2호차	18:00	모	5호		△△병원
4	...								
5									
6									
7									

한글문서와 달리 엑셀로 취합된 명단은 필요에 따라 필터 기능을 활용하여 특정 조건에 따라 정렬하거나 원하는 정보를 추출하여 찾아볼 수 있다는 장점을 가지고 있습니다.

잠깐! 확인하셨나요?

개인정보는 되도록 클라우드 시스템에 저장하지 않는 것이 좋습니다. 부득이한 경우 만약을 위해 비밀번호를 반드시 설정합니다.

각종 취합명단 온라인 문서로 만들어 볼까?

전체 유아를 대상으로 무엇인가를 취합해야 할 때 일일이 물어보거나, 메신저로 각자 보내준 자료를 또다시 옮겨 정리하는 과정을 자주 경험해 본 적이 있을 것입니다. 규모가 큰 유아교육기관일수록 학급과 원아 수가 많아 취합하는 과정이 여간 어려운 것이 아니지요. 이럴 때 각종 신청명단을 온라인 문서로 만들어 실시간 협업을 해보면 어떨까요? 각자 해당되는 정보를 입력하기만 하면 담당자가 일일이 모으고 정리하는 과정 없이 완료되니 담당자의 업무속도가 한층 빨라지는 건 당연한 일이겠지요.

이런 점이 좋아요

- 학급이 많을수록 유용
- 담당자가 별도로 정리할 필요가 없음
- 변동사항 바로 확인
- 간단한 더하기 수식으로 인원 파악 자동계산

Tip 더하기 수식 사용방법은 엑셀과 스프레드시트 모두 동일합니다. (사용방법은 132쪽 참고)

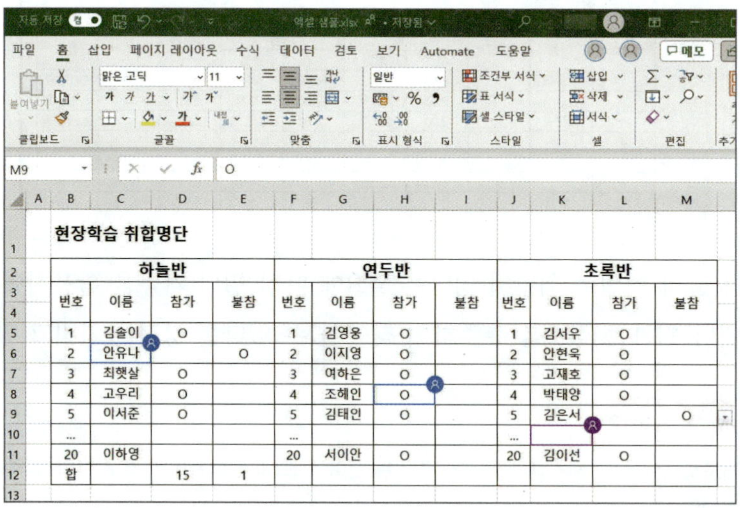

현장학습 취합명단

하늘반				연두반				초록반			
번호	이름	참가	불참	번호	이름	참가	불참	번호	이름	참가	불참
1	김솔이	O		1	김영웅	O		1	김서우	O	
2	안유나		O	2	이지영	O		2	안현욱	O	
3	최햇살	O		3	여하은	O		3	고재호	O	
4	고우리	O		4	조혜인	O		4	박태양	O	
5	이서준	O		5	김태인	O		5	김은서		O
...				...				...			
20	이하영			20	서이안	O		20	김이선	O	
합		15	1								

현장학습 취합명단

각종 웹사이트 모두 모두 모여라!

물품구입을 위해, 교육자료 수집을 위해, 업무를 위해 우리는 다양한 웹사이트를 활용합니다. 개인적으로 활용하는 것도 있겠지만 유료로 구매하여 사용하는 교육기관 웹사이트나 물품구입을 위한 사이트, 안전사고 보고를 위한 사이트 등 유아교육기관 로그인 정보를 사용해야 하는 경우도 많습니다. 매년 학기 초에 사이트 주소와 갱신된 로그인 정보를 받지만 가끔은 잊어버려 다시 물어보거나 찾아보는 과정을 거치는 번거로운 경험을 해본 적이 있지는 않나요? 이것 또한 위의 사례처럼 온라인 문서를 통해 공유하면 간편하게 확인할 수 있습니다.

인터넷 뉴스보다 빠른 우리 유아교육기관 월중행사소식

월초 월중행사계획표를 받고 난 뒤에도 일정이 달라지는 경우가 종종 발생합니다. 바뀐 일정이나 소식을 몰라서 나만 놓쳤던 적이 있지는 않나요? 온라인 문서로 월중행사계획도 만들어 볼 수 있습니다. 문서를 공유하고 변경된 일정이 생길 때마다 수정하면 언제 어디서든 팀원 모두가 변경된 정보를 실시간으로 확인할 수 있습니다. 유아교육기관의 일정뿐만 아니라 복무사항, 제출문서 기한 등 정보를 많이 담을수록 유아교육기관의 업무를 한눈에 파악하는 데 도움이 됩니다.

이런 점이 좋아요

- 여러 부서의 계획을 동시에 취합
- 변경된 일정 즉시 확인
- 노트북, 태블릿PC 등을 활용한 온라인 회의 가능
- 월간시트 누적으로 연간일정 확인 용이

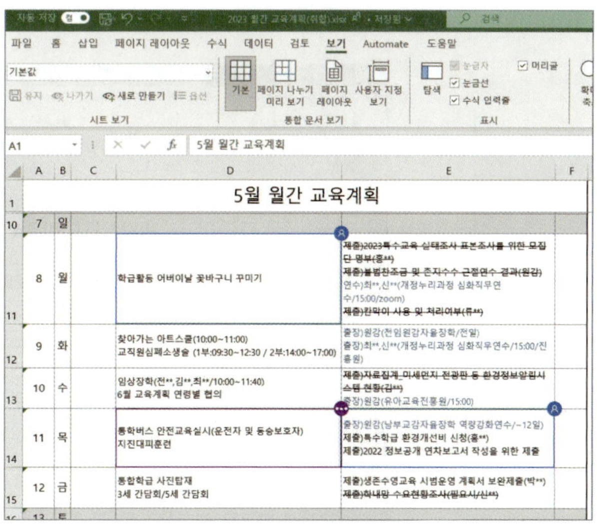

월중행사계획표

특별실 사용 교통정리 이렇게

유아교육기관에서 수업은 대체로 교실에서 이루어지지만 때에 따라 강당이나 신체놀이실, 실외놀이터, 도서관 등의 특별실을 이용하기도 합니다. 좀 더 계획적이고 골고루 사용하기 위해, 또는 유아교육기관의 사정에 따라 특별실 사용 시간표를 미리 작성해 두고 활용하는 경우도 있습니다. 하지만 놀이상황이나 여러 여건에 따라 짜여진 시간에 맞추어 특별실을 사용하기란 어려울 때가 많습니다. 오늘은 강당을 사용하는 날인데 유아들은 갑자기 동화책에 관심을 두고 도서관에 가고 싶어 할 때가 있습니다. 또는 놀이 중 유아의 흥미에 따라 실외놀이터나 강당에 가야 하는 상황이 발생할 수도 있습니다. 이런 경우에 다들 어떻게 하였나요? 옆반에 일일이 물어보러 가거나 몰라서 사용을 하지 못한 경험이 한 번씩은 있었을 것입니다. 이 경우에도 온라인 문서로 특별실 사용 정보를 공유하여 갈등 없이 사용할 수 있습니다.

이런 점이 좋아요

- 각 특별실의 이용상황을 한눈에 파악
- 실시간 조정이 쉬움
- 놀이와 연계된 공간활용이 쉬움

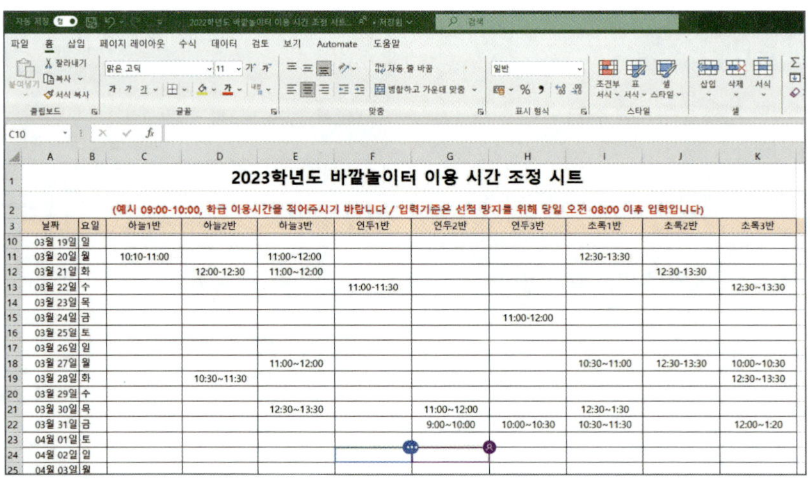

2023학년도 바깥놀이터 이용 시간 조정 시트

(예시 09:00-10:00, 학급 이용시간을 적어주시기 바랍니다 / 입력기준은 선점 방지를 위해 당일 오전 08:00 이후 입력입니다)

날짜	요일	하늘1반	하늘2반	하늘3반	연두1반	연두2반	연두3반	초록1반	초록2반	초록3반
03월 19일	일									
03월 20일	월	10:10-11:00		11:00~12:00				12:30-13:30		
03월 21일	화		12:00-12:30	11:00~12:00					12:30-13:30	
03월 22일	수				11:00-11:30					12:30~13:30
03월 23일	목									
03월 24일	금						11:00-12:00			
03월 25일	토									
03월 26일	일									
03월 27일	월			11:00~12:00				10:30~11:00	12:30-13:30	10:00~10:30
03월 28일	화		10:30~11:30							12:30~13:30
03월 29일	수									
03월 30일	목			12:30~13:30		11:00~12:00		12:30~1:30		
03월 31일	금					9:00~10:00	10:00~10:30	10:30~11:30		12:00~1:20
04월 01일	토									
04월 02일	일									
04월 03일	월									

실외놀이터 이용 시간 조정 시트

클릭 한 번으로 오늘은 누가 언제 도서관을 사용하는지, 실외놀이터는 어느 시간이 비어 있는지 그동안 발로 뛰어다니며 일일이 물어서 확인했던 정보를 쉽게 확인할 수 있습니다.

방학 중 복무상황 이제 묻지 말고 조용히 확인해요

방학 준비 중 하나인 교직원 복무 취합 다들 어떻게 하나요? 방학 중 혹시 모를 일을 대비하여 전체 복무상황을 한 번에 확인할 수 있는 자료도 온라인 문서로 만들어 활용할 수 있습니다. 지능형 나이스의 일일근무 상황으로도 알 수는 있지만 일일단위로 찾아봐야 하거나 그마저도 나이스가 되지 않는 외부환경일 때는 알 수가 없다는 단점이 있습니다. 이때 이렇게 방학기간이 설정된 시트가 공유된다면 각자 복무사항을 입력하는 것으로 쉽게 확인이 가능합니다. 방학 중에 비상연락을 하거나 복무상황을 참고할 일이 생길 때, 또는 나이스가 되지 않는 환경에서라도 이제 더 이상 묻거나 자료를 요청할 필요가 없습니다.

이런 점이 좋아요

- 외부에서도 스마트폰, 태블릿PC로 복무상황 쉽게 확인
- 변경이 잦은 복무상황도 즉시 수정 및 확인

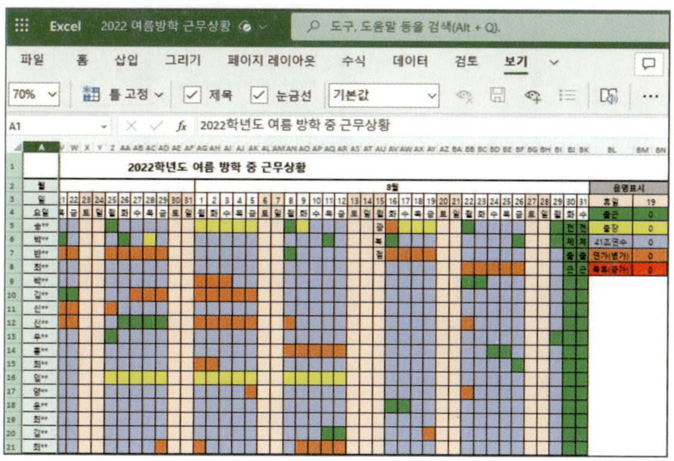

방학 중 복무상황 취합 및 관리 시트

더 알아보기

자료의 정리, 패들렛 활용해 보기

교육 현장에서 많이 사용하고 있는 도구 중 패들렛을 활용하여 자료정리를 해볼 수 있습니다. 목적에 따라 수업자료, 교직원 연수자료 등 정리하고 공유할 수 있는 자료는 아주 많습니다. 패들렛은 사용법이 쉬워 접근성이 높을 뿐 아니라 텍스트, 영상, 사진, 링크 등 다양한 형태의 파일을 올리고 공유할 수 있다는 장점이 있습니다.

* 부서별로 섹션을 나누어 자료를 탑재하여 놓치기 쉬운 일 년간의 연수자료를 쉽게 확인해요.

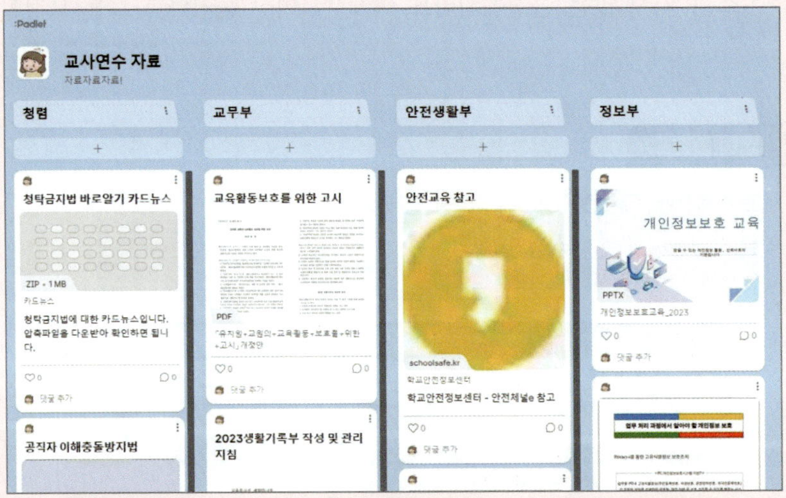

교직원 연수자료 모음 패들렛

언제 어디서나 열어보는 내 손안의 업무수첩

노트앱으로 업무수첩 업그레이드 시키기

유아교육기관 행사나 참고사항, 보고공문, 월간 계획, 상담 관련 메모 등 유아교사는 업무를 수행하기 위해 늘 많은 것들을 기록하고 있습니다. 다이어리, 탁상달력, 스마트폰, 태블릿PC 등 기록하는 방식도 개인의 선호방식에 따라 다양합니다. 이 중에서도 다이어리 형태의 업무수첩은 일 년간의 학사와 업무를 쉽게 기록하고 참고할 수 있어 많은 교사들이 사용하고 있습니다.

그렇다면 여기에 대량의 정보를 쉽게 저장하고 필요에 따라 검색을 통해 찾을 수 있는 기능이 추가된다면 어떨까요? 덤으로 언제 어디서나 찾아볼 수 있고 자료를 전송할 수 있다면요? 디지털 도구를 사용한다면 이러한 것들이 가능해질 수 있습니다. 혹시 지금 잠자고 있는 태블릿PC가 있나요? 그렇다면 지금 바로 활용해 봅시다. 굿노트나 갤럭시노트와 같은 노트앱만 있다면 여러분의 업무수첩을 업그레이드할 수 있습니다.

노트앱을 알아보자

노트앱은 스마트폰으로도 사용할 수 있지만 태블릿PC에서 사용할 때 진가를 발휘합니다. 태블릿PC는 아이패드나 갤럭시탭이 대표적으로 사용되고 있고 두 기종의 운영체계는 다르지만 각 기기에 맞는 노트앱은 이미 많이 나와 있습니다.

같은 앱이라도 기기의 지원하는 운영체계에 따라 지원되는 형식이나 사용방법이 조금씩 다를 수 있습니다.

운영체계	IOS	안드로이드
기 기	아이패드	갤럭시탭
지원되는 노트앱	굿노트, 노트쉘프, 노타빌리티 등	삼성노트, 굿노트, 노트쉘프, 노타빌리티 등
특 징	- 유료 구입 노트앱이 대부분 - 굿노트가 대중적으로 많이 사용됨	- 자체 내장형 노트앱인 갤럭시노트 기본 적용 - 굿노트 지원이 가능해졌으나 기능의 제한이 있음

이런 점이 좋아요

- 오른쪽의 메뉴바와 달력에는 하이퍼링크가 적용되어 원하는 위치(월간 또는 주간)로 바로 이동이 가능

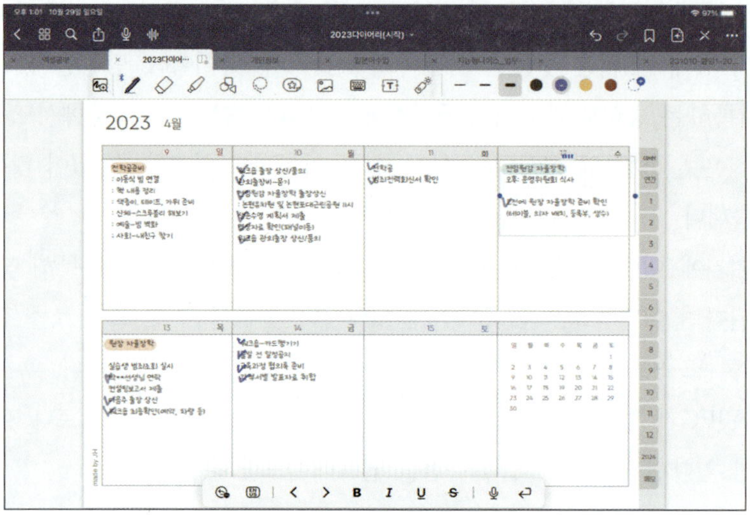

굿노트 연간 스케줄러

노트앱으로 업무수첩을? 어떻게 사용하나요?

태블릿PC 속으로 들어온 업무수첩은 많은 양의 정보를 지면의 한계 없이 기록하고, 찾아보기 기능을 통해 원하는 메모나 일정을 쉽게 찾을 수 있도록 해줍니다. 타이핑보다 손글씨가 더 익숙하다면 터치펜을 활용할 수 있습니다. 터치펜이 주는 아날로그 감성과 디지털의 장점을 함께 경험할 수 있는 새로운 시도가 될 수 있습니다.

업무수첩용 서식은 개별적으로 구입하거나 인터넷에 무료 배포되고 있는 파일들을 활용할 수 있습니다. 만약 나만의 업무수첩을 원한다면 PPT나 캔바, 미리캔버스 등을 통해 서식을 만들어 사용할 수도 있습니다. 여기에 하이퍼링크를 적용하면 아무리 많은 양의 서식도 원하는 페이지로 쉽게 이동이 가능하겠지요. 이렇게 하이퍼링크가 적용된 연간 스케줄러는 일정을 쉽게 관리할 수 있다는 장점을 가집니다.

업무수첩용 서식을 노트앱에 불러오기

노트앱에서는 기본 탑재되어 있는 노트 양식을 생성하여 사용할 수도 있지만 외부파일을 노트앱으로 불러와서 사용할 수도 있습니다. 이 경우에 불러오고자 하는 문서는 PDF 파일의 형식이어야 합니다. 서식을 불러오는 방법은 다음과 같습니다.

1. 업무수첩 양식을 PDF 파일로 변환시켜서 준비합니다.
2. 구글 드라이브나 원드라이브에 업무수첩 파일을 미리 저장해 놓습니다.
3. 태블릿PC에서 구글 드라이브 또는 원드라이브에 접속하여 파일을 내려받습니다(카카오톡 보내기 등 각자 선호하는 방법을 사용해도 좋습니다).
4. 노트앱으로 파일 불러오기 하여 사용합니다.

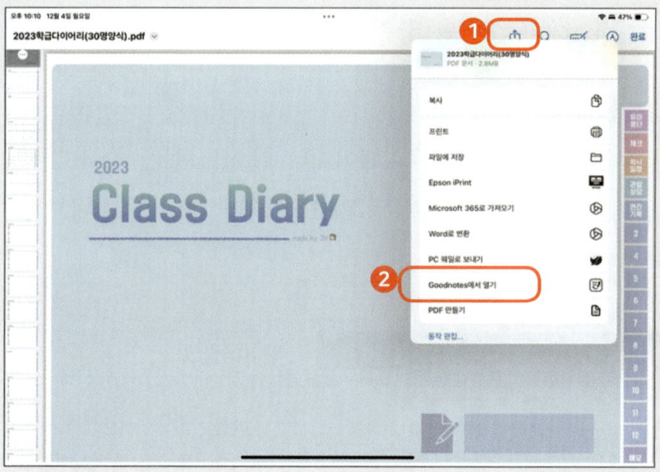

굿노트로 불러오기(아이패드)

내려받은 파일을 클릭하면 미리보기가 뜹니다.

❶ '내보내기' 클릭

❷ 새 창이 나타나면 아래로 내려서 'Goodnotes에서 열기' 선택

❸ 굿노트가 실행되고 불러오기 선택창이 나타나면 '새로운 문서로 불러오기' 선택

삼성노트로 불러오기 (갤럭시탭)

❶ 파일-문서에서 내려받은 파일을 클릭

❷ '삼성노트앱 변환' 클릭

* 삼성노트앱이 실행됨과 동시에 문서가 바로 열립니다.

노트앱으로 불러오기가 완료되면 이제 업무수첩을 사용할 수 있습니다. 펜슬로 필기하는 것은 기본이며 타이핑, 사진이나 그림 추가, 음성녹음파일 추가 등 아날로그 업무수첩으로는 할 수 없었던 많은 것들을 기록하고 정리할 수 있습니다.

검색 기능과 하이퍼링크로 원하는 내용 찾기

노트앱으로 들어온 업무수첩의 최대 장점은 원하는 페이지나 단어를 쉽게 찾을 수 있다는 점입니다. 하이퍼링크, 즐겨찾기, 개요, 검색 기능 등 필요에 따라 다양한 방법으로 찾아볼 수 있습니다.

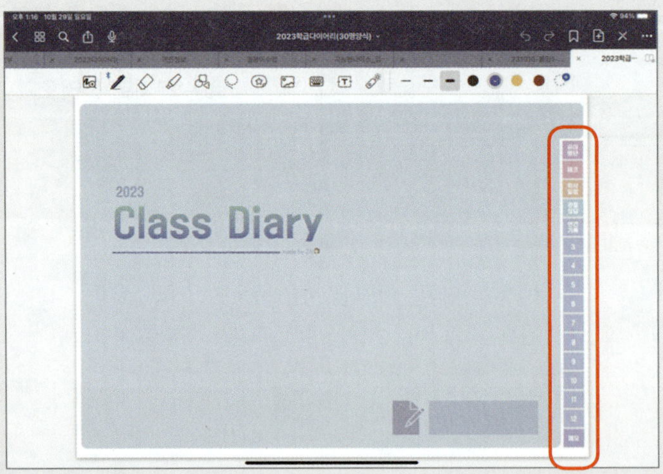

하이퍼링크

- 서식을 만드는 단계에서 미리 하이퍼링크를 설정해 둡니다.
- 노트앱에서 링크가 적용된 부분을 선택하면 설정된 페이지로 바로 이동합니다.

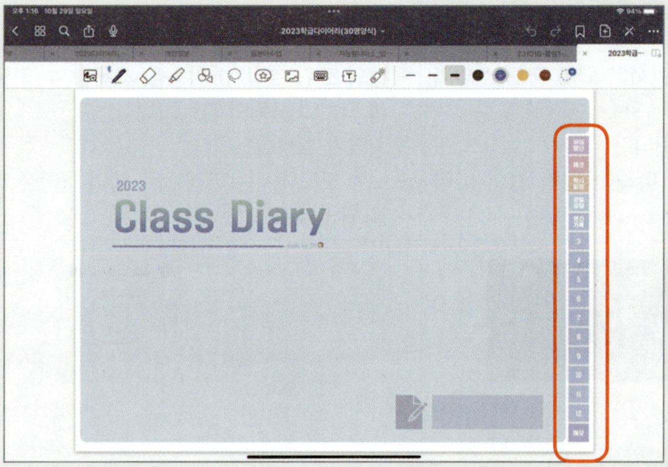

개요에 페이지 추가

- 하이퍼링크 만들기가 어렵거나 적용이 되어 있지 않은 경우에 사용합니다.
- 간단하게 목차를 만들 수 있어 쉽게 사용할 수 있습니다.

* 축소판 – 모든 페이지를 한눈에 보여줍니다.

* 즐겨찾기 – 인덱스라벨을 붙이는 것과 비슷합니다.

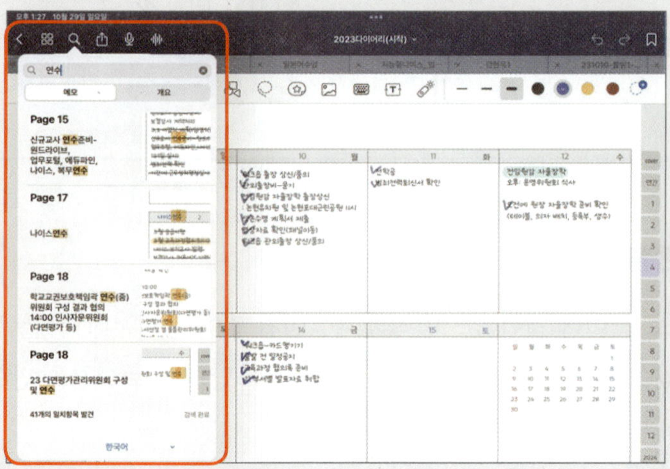

검색 기능

원하는 단어를 입력하면 타이핑, 손글씨 구분 없이 해당 단어가 들어간 페이지를 모두 찾아줍니다.

간혹 링크가 열리지 않는다고 물어오는 분들이 있습니다. 만약 노트앱에서 펜슬로 글이나 그림을 그릴 때마다 링크로 전환되면 매우 불편하겠지요? 그래서 노트앱은 다음과 같이 입력 모드와 보기 모드가 있습니다. 노트의 오른쪽 상단에서 모드를 터치하여 선택할 수 있습니다.

구 분	입력 모드	보기 모드
특징	- 펜 쓰기(그리기) 인식이 되며 펜으로 필기를 할 수 있습니다. - 링크가 비활성화됩니다. - 입력 모드에서는 아래에 입력 탭이 나타납니다.	- 펜의 쓰기(그리기) 기능을 사용할 수 없으며 터치와 클릭만 가능합니다. - 링크가 활성화됩니다. - 보기 모드에서는 아래 입력 탭이 없어진 것을 확인할 수 있습니다.
굿노트 (아이패드)	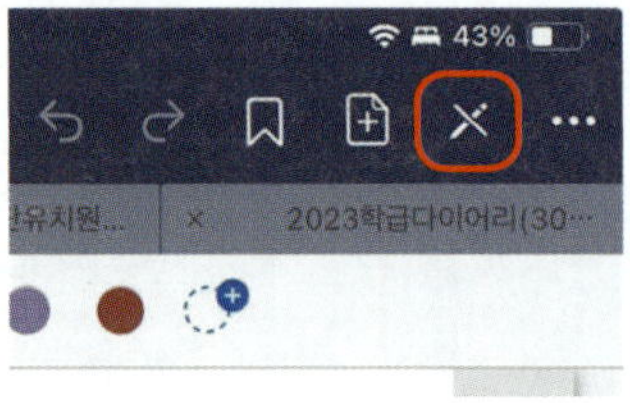	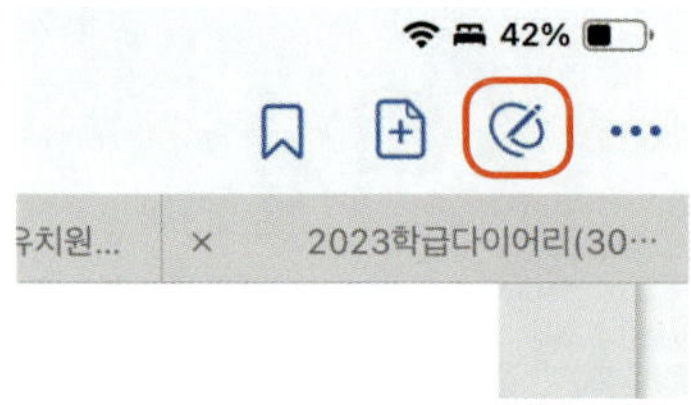
삼성노트 (갤럭시탭)		

나만의 업무수첩, 직접 만들어 보자

상업화된 업무수첩을 쓰다 보면 '이런 것이 있으면 좋겠다', '이건 없어도 되는데' 하는 등의 각자 필요로 하는 서식이 있습니다. 이런 경우 내 마음에 드는 나만의 업무수첩을 만들어 사용할 수 있습니다.

이런 점이 좋아요

- 연간 학사일정, 메모 등 원하는 페이지를 만들어 담을 수 있음

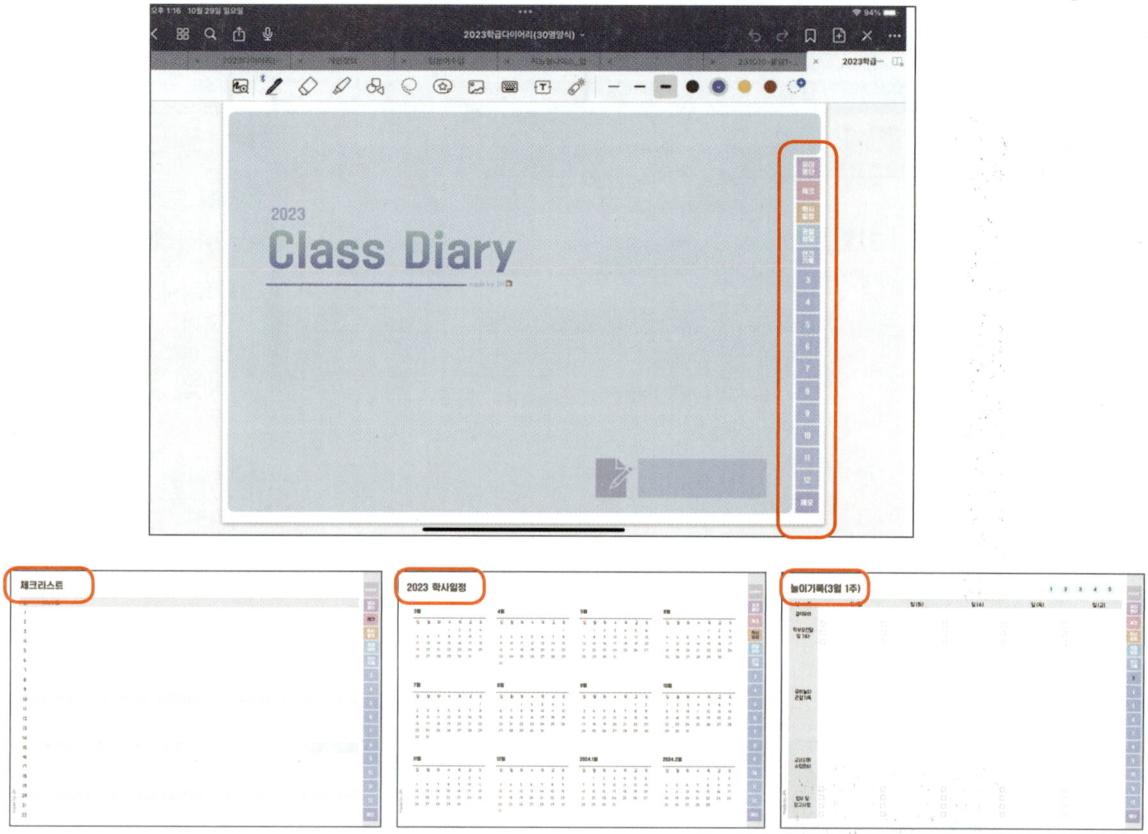

태블릿PC용 수첩을 제작하는 기본 과정은 '수첩서식 디자인하기'와 '하이퍼링크 넣기' 단 두 가지입니다. 서식은 온라인상에서 무료로도 구하기 쉬우며 원하는 서식이 없을 때에는 PPT나 캔바와 같은 도구를 활용하여 만들어서 사용할 수도 있습니다. 이것만 갖추면 만드는 건 어렵지 않습니다.

캔바로 만들기

캔바에 로그인하여 검색창에 '달력'을 검색합니다. 마음에 드는 디자인을 불러와서 편집합니다. 페이지를 추가하여 원하는 디자인으로 편집합니다.

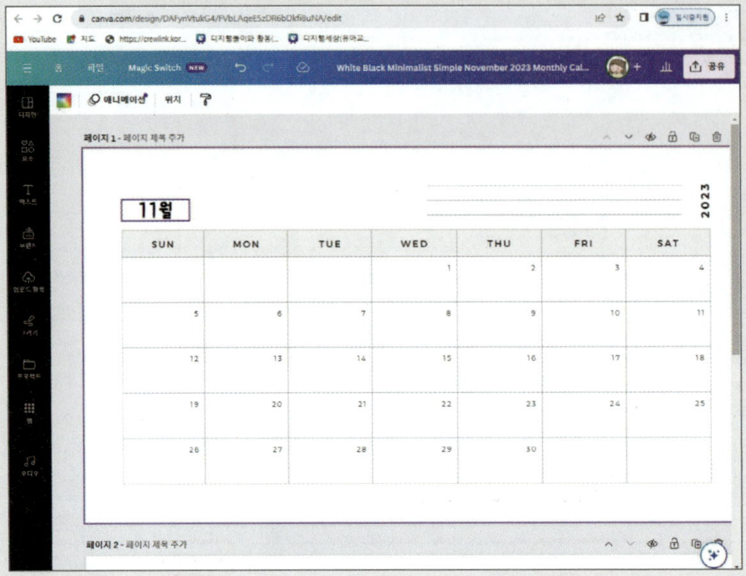

캔바의 다양한 서식 활용

- 월간, 주간 등 검색을 통해 다양한 서식을 찾아봅시다.

* 미리캔버스 등 평소 즐겨 사용하는 웹사이트를 활용해도 좋아요.

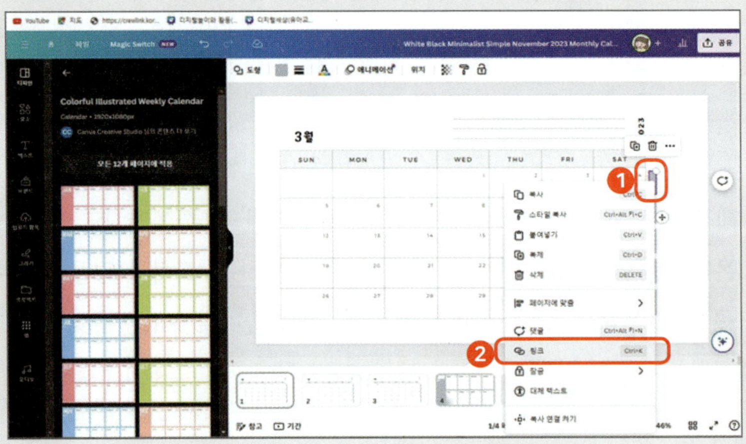

하이퍼링크 적용하기

1. 링크를 삽입하고 싶은 곳에 마우스 놓기
2. 클릭-'링크' 선택

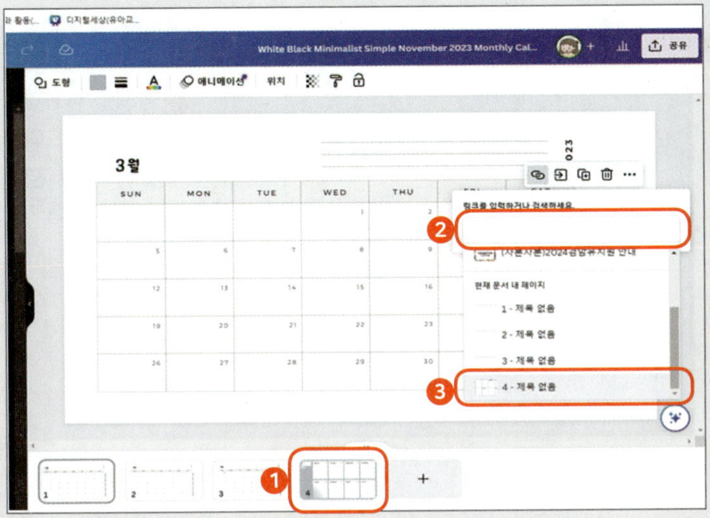

하이퍼링크 적용하기

- 링크를 선택하면 링크를 지정할 수 있는 창이 열립니다.

❶ 예를 들어, 편집화면 아래 중 4페이지로 가고 싶을 경우

❷ 링크 입력창 클릭

❸ 현재 문서 내 페이지-'4페이지' 클릭

파워포인트로 만들기

파워포인트로 만들 경우에는 처음부터 서식을 직접 디자인하거나 인터넷으로 PPT 달력 서식을 다운받아 수정해서 사용하는 두 가지 방법이 있습니다.

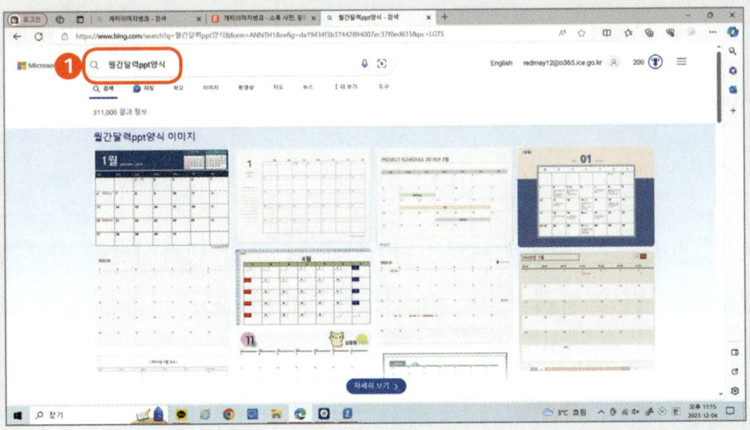

파워포인트 양식 다운받기

❶ 웹브라우저에서 '월간달력 PPT 양식'을 검색

❷ 원하는 달력양식을 다운로드받아 PPT에서 실행 및 수정하기

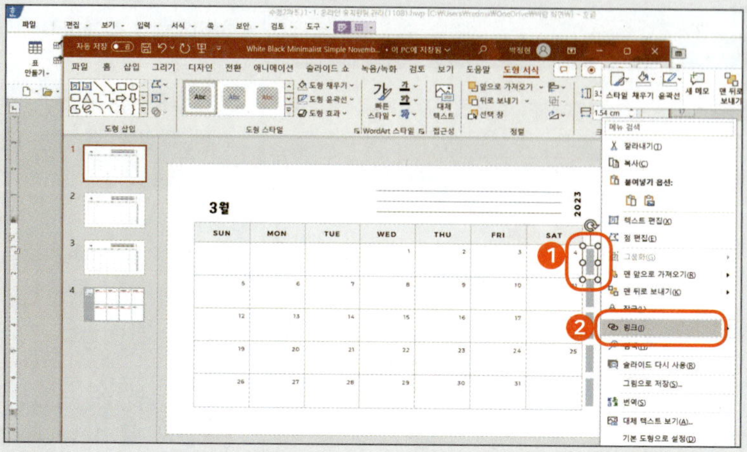

하이퍼링크 적용하기

❶ 링크를 삽입하고 싶은 곳에 마우스를 놓고 오른쪽 버튼 클릭

❷ 창이 열리면 '링크' 클릭

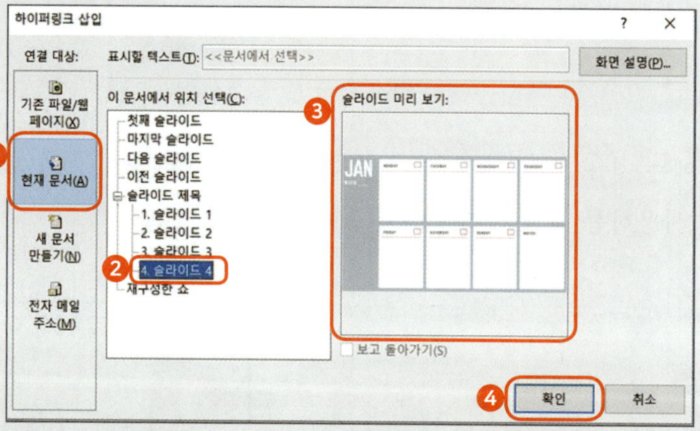

하이퍼링크 적용하기

하이퍼링크 삽입창이 열리면

❶ '현재 문서' 선택

❷ 이동하고 싶은 슬라이드 선택

❸ 슬라이드 미리보기를 통해 확인

❹ '확인' 클릭

이 외에도 키노트, 미리캔버스 등 다양한 프로그램이나 PPT 제작 웹사이트를 활용하여 서식을 디자인할 수 있습니다. 만약 한글파일로 된 서식이 있다면 PDF 변환을 하여 노트앱으로 불러와 사용하는 방법도 있습니다.

키노트에서 제작하기

- IOS 운영체제인 맥북이나 아이패드에서는 파워포인트 대신 키노트로 제작할 수도 있습니다.

언제나! 어디서나! 스피디하게!

가끔 중요한 일정을 정할 때, 중요한 메모나 회의내용을 떠올려야 할 때, 업무수첩이 없어서 당장 확인이 어려울 때가 있습니다. 하지만 디지털화된 업무수첩은 태블릿PC와 스마트폰 두 기기 간의 동기화를 통해 태블릿PC와 스마트폰 두 기기 중 하나만 있더라도 언제 어디서나 열어볼 수 있습니다.

간혹 수첩에 기록했던 부분을 찾지 못해 한참을 뒤적거리거나 곤란했던 경험이 있나요? 앞서 언급한 노트의 검색 기능을 사용해 봅시다. 검색 기능으로 수첩 여기저기 흩어져 있는 메모 중 원하는 내용을 신속히 찾을 수 있을 것입니다. 이제 스마트하고 스피디한 업무생활을 시작해 봅시다.

더 알아보기

노트앱 - 업무수첩을 넘어서 업무 폴더 활용하기

노트앱을 활용한 업무수첩 사용이 조금 익숙해졌나요? 그렇다면 노트앱에 업무수첩 폴더를 만들어 업무와 관련된 문서를 담아봅시다. 신학기 각종 계획, 참고자료, 장학자료 등을 PDF로 파일 변환하여 노트앱의 업무수첩 폴더에 하나씩 정리해 봅시다. 이제 책꽂이에 들어 있었던 수많은 자료들을 태블릿PC 안에서 만나볼 수 있습니다.

* 하이퍼링크가 적용되지 않은 자료는 개요설정으로 이동할 수 있어요(예시 : 굿노트).

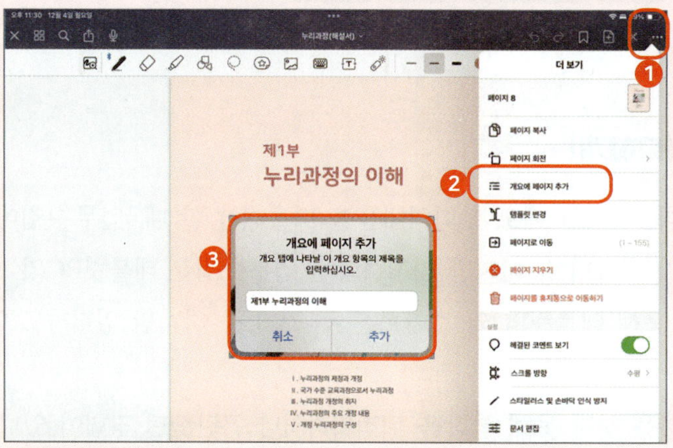

이동하고 싶은 페이지를 선택합니다.

1. '더보기' 선택
2. '개요에 페이지 추가' 선택
3. 개요 제목 입력

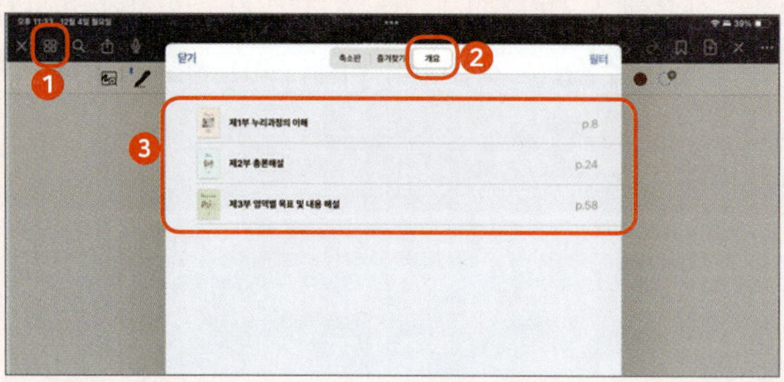

개요 제목까지 입력했으면 개요설정이 완료되었어요.

1. 축소판 선택
2. '개요' 선택
3. 개요설정이 잘 되었는지 확인-터치하여 원하는 개요로 이동!

온라인 문서! 똑똑하게 사용하자

디지털 도구는 교육 현장에서, 특히 행정업무를 수행할 때 일하는 방식을 개선하고 효율성을 높이는 데 많은 도움을 줍니다.
웹용 엑셀뿐만 아니라 업무의 성격에 따라 패들렛이나 노션 등 적절한 협업 도구를 활용할 수도 있습니다. 만약 구글 워크스페이스를 사용하고 있는 유아교육기관이라면 구글 스프레드시트로 작업할 수도 있겠지요.
어떠한 도구를 사용하는지는 수단일 뿐입니다. 중요한 것은 일상에서 친숙하게 사용하고 있던 문서에 공유 기능을 더해 문서작성과 정보관리의 주체를 '나'라는 개인이 아닌 '우리'라는 공동체로 확장시켜 보는 것입니다. 디지털 도구를 통해 함께 협업하는 과정은 업무의 효율성을 높여줄 뿐만 아니라 아이디어나 정보를 함께 공유하는 등 교육공동체가 함께 성장하는 데에 많은 도움이 될 것입니다.

교사들이 전하는 생생한 사용 후기!

"메신저로 주고받을 때에는 일일이 취합하는 과정이 있어 번거로웠는데
온라인 문서로 협업을 하니 정말 편리해졌어요."

"특히 월중행사 같은 자료는 수시로 내용이 변해서 놓치기 쉬운 일정이 많았는데
실시간으로 변경된 일정을 입력하고 확인할 수 있어서 업무에 많은 도움이 되었습니다."

"태블릿PC에 수첩과 필요한 문서들을 모두 넣어 다니니
자료를 언제나 쉽게 찾아볼 수 있다는 점이 너무 좋았어요.
종이로 출력을 따로 하지 않아도 된다는 점도 특히 마음에 들었습니다."

03 스프레드시트로 예산 관리를 손쉽게

앞에서 온라인 조직을 만드는 방법과 온라인 문서 활용을 통해 자료를 취합하고 정리하는 방법을 알아보았습니다. 이를 통해 우리는 온라인상에서 효율적으로 일정을 관리할 수 있게 되었고, 업무에 필요한 각종 장부를 통합하여 관리할 수 있게 되었습니다. 또한 나만의 업무수첩을 제작하여 유아교육기관의 업무와 개인 업무 간의 효율적인 연계 또한 가능하게 되었습니다.

그러나 여전히 유아교육기관 업무 중 어려운 영역이 남아 있습니다. 바로 "예산 관리"입니다. 예산 관리는 유아교육기관 운영에 있어서 매우 중요합니다. 교육 활동, 행사, 환경 등 유아교육기관 전반에 걸쳐 예산이 필요하기 때문입니다. 하지만 예산 관리 업무는 이전 절에서 다루었던 업무들과는 성격이 다릅니다. 온라인 조직과 문서 활용이 소통과 협업이 중요시되었다면, 예산 관리에 있어서는 정확성이 가장 중요합니다.

예산 관리는 결국 "숫자로 된 데이터"를 정확하게 관리하고 집행하는 업무입니다. 숫자는 글자에 비해 한눈에 잘 들어오지 않기 때문에 업무담당자가 아니라면 어떻게 관리되고 있는지 파악하기 어렵습니다. 또한 숫자는 융통성이 없기 때문에 잘못 기입하거나 계산을 잘못하게 되면 틀린 결과값을 냅니다. 그 때문에 예산과 관련된 업무는 타 업무에 비해 실수에 대한 부담이 크다고 볼 수 있습니다.

그렇다면 예산 관리 업무의 부담을 줄이고, 효율적인 데이터 관리와 정확한 계산을 할 수 있는 방법에는 어떤 것이 있을까요? 이번 절에서는 스프레드시트의 수식을 활용하여 예산 관리 업무의 효율성을 높이고자 합니다.

"숫자 계산하고 금액 맞추는 것이 어렵고 너무 부담스러워요."

"함수를 사용하면 편하다고 하는데 어떻게 하는지 모르겠어요."

숫자, 계산하지 말고 입력하자

스프레드시트 들여다보기

스프레드시트는 구글에서 만든 엑셀 형식의 온라인 문서 플랫폼입니다. 처음 스프레드시트를 접하는 분을 위해 간단한 화면 설명을 해보겠습니다.

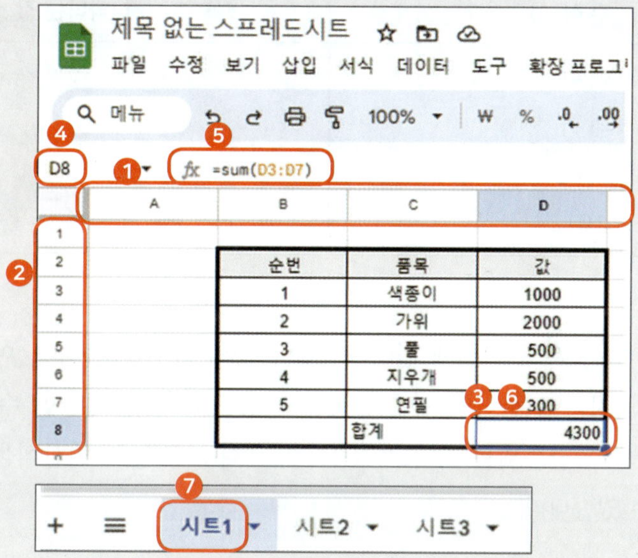

❶ **열 번호 :** A, B, C...의 알파벳순으로 열 번호를 알려줍니다.

❷ **행 번호 :** 1, 2, 3, 4...의 숫자순으로 행 번호를 알려줍니다.

❸ **셀 :** 열과 행이 만나는 칸을 셀이라고 부릅니다. 셀 안에는 각종 데이터가 입력됩니다.

❹ **셀이름 :** 열 번호+행 번호가 셀의 이름이 됩니다. 현재 셀은 "D8"입니다.

❺ **수식(함수) :** 셀에 적용된 수식이 나타납니다. SUM 함수를 사용한 모습입니다.

❻ **값 :** 수식을 입력하면 나타나는 결과입니다. D8셀의 값은 "4300"입니다.

❼ **시트 :** 문서의 쪽과 비슷한 개념으로 작업하는 공간을 의미합니다.

예산 관리의 기본, 수식 경험해 보기

스프레드시트에서의 수식이란 "1+1=2, 2-1=1"과 같은 계산식이라고 보면 됩니다. 우리가 일상에서 사용하는 계산식은 등호(=)가 마지막에 있지만 스프레드시트의 수식은 항상 등호로 시작합니다. 1 더하기 1의 값이 궁금하다면 셀에 "=1+1" 이렇게 입력하면 자동으로 "2"라는 값을 만들어 줍니다.

수 식	나타나는 값
=1+1	2
=1-1	0
=1*2	2
=10/2	5

위 표의 왼쪽에 있는 수식을 셀에 입력하면 오른쪽의 값이 나옵니다. 이를 응용하면 더 복잡한 계산식도 숫자와 연산식의 입력을 통해 자동으로 값을 계산할 수 있습니다. 괄호를 사용하여 계산의 우선순위를 정하고 *(곱하기), /(나누기) 등의 연산식을 활용하여 원하는 값을 계산할 수 있습니다.

=(((45000+72000)*4)/2)-64500

괄호가 여러 개라면 가장 안쪽의 괄호부터 계산이 이루어집니다. 위의 수식에서 계산 순서는 빨〉파〉초〉검 순으로 이루어집니다.

셀과 셀끼리 계산하기, 원리만 알면 어렵지 않아요

스프레드시트의 수식에는 숫자만 입력할 수 있는 것이 아니라 "다른 셀의 값"을 입력할 수 있습니다. 수식에 숫자 대신 셀이름과 연산식을 입력하면 됩니다. 그러면 셀과 셀끼리의 값을 자동으로 계산할 수 있습니다. 131쪽 "스프레드시트 들여다보기"에서 셀이름은 열 번호+행 번호라고 하였습니다. 만일 A1=1, A2=2, ..., A5=5인 셀을 기준으로 수식을 입력하면 아래와 같은 결과가 나옵니다.

	A
1	1
2	2
3	3
4	4
5	5

수 식	계 산	나타나는 값
=A1+A2	=1+2	3
=A1-A3	=1-3	-2
=A1*A4	=1*4	4
=A5/A1	=5/1	5

이처럼 수식에 셀이름을 입력하면 셀의 값을 손쉽게 계산할 수 있습니다. 이는 유아교육기관 예산 관리에서도 활용할 수 있습니다.

	A	B	C	D	E	F	G	H
1								
2		순번	수입	금액		순번	지출	금액
3		1	시보조금'	1,200,000		1	준비물	1,800,000
4		2	목적사업비	2,500,000		2	간식비	2,400,000
5		3	수익자	1,800,000		3	교사수당	1,300,000
6		4	운영비	2,000,000		4	강사비	800,000
7		5	기타	600,000		5	행사비	1,000,000
8		합계		8,100,000		합계		7,300,000
9								
10		수입-지출	800,000					

위 표는 어느 유아교육기관의 수입과 지출에 관한 예산표입니다. 왼쪽에는 수입이, 오른쪽에는 지출이 입력되어 있습니다. 만약 "수입 합계"를 구하려면 어떻게 해야 할까요? D3~D7셀에 있는 각각의 숫자를 직접 수식에 입력하여 값을 구할 수도 있습니다. 하지만

셀이름을 입력하여 수식을 만드는 것이 더 간편합니다. 셀이름을 입력하여 수식을 만든다면 수입 합계, 지출 합계, 수입–지출 등을 더 간편하게 계산할 수 있습니다. 그 예시는 다음과 같습니다.

> 수입 합계 : =D3+D4+D5+D6+D7 〈D8의 값〉
> 지출 합계 : =H3+H4+H5+H6+H7 〈H8의 값〉
> 수입–지출 : =D8–H8 〈C10의 값〉

이런 식으로 수식을 사용한다면 계산마다 같은 숫자를 여러 번 입력하지 않고 셀이름을 입력하는 것만으로도 쉽게 계산을 할 수 있습니다.

더 짧게, 더 쉽게, 더 빠르게, 함수 사용하기

위에서 수식을 통해 셀끼리 값을 더하는 방법을 알아보았습니다. 셀끼리 값을 더하게 되면 같은 숫자를 여러 번 입력하지 않아도 됩니다. 하지만 여전히 셀이름을 반복적으로 적고 있는데요. 만약 위에서 합산하는 셀의 개수가 100개였다면 셀이름을 100번 입력해야 했을 것입니다. 그렇게 되면 수식을 입력하는 시간도 오래 걸리거니와 수식 자체가 엄청나게 길어집니다. 이를 간단하게 입력할 수 있는 것이 바로 함수입니다. 함수라고 하면 어렵게 느낄 수 있지만 함수는 길고 어려운 수식을 더 짧고, 더 쉽고, 더 빠르게 입력하는 방법입니다.

함수는 〈어떤 데이터를 어떻게 처리할 것〉에 대한 명령이라고 생각하면 됩니다. 함수는 함수명+괄호의 형태로 되어 있습니다. 함수명을 입력하고 괄호 안에 해당하는 조건, 범위 등의 값을 입력해 주면 그에 대한 명령을 수행해 줍니다. 앞의 예산표에서 수입 합계 값을 함수를 통해 표현하면 다음과 같이 할 수 있습니다.

수입 합계 : =SUM(D3:D7) 〈D8의 값〉
함수명 범위

SUM 함수는 범위 안에 있는 모든 값을 더하는 함수입니다. 그래서 괄호 안에는 더하고 싶은 범위만 입력하면 됩니다. 위의 함수를 다시 풀어서 말하자면 "D3~D7셀까지의 값을(어떤 데이터를) 다 더해라(어떻게 처리)"가 됩니다. 단순하게 보기에도 이전 수식에 비해 훨씬 간단해진 것을 느낄 수 있습니다.

수식은 일종의 언어입니다. 스프레드시트는 "D3셀부터 D7셀까지의 값을 다 더해라"라고 말해도 알아듣지 못합니다. 그렇기에 내가 원하는 명령을 시트가 알아들을 수 있게 수식으로 표현해 주는 것입니다. 언어의 특성상 같은 의미의 말도 여러 가지 방법으로 할 수 있듯이 수식도 표현은 다르지만 같은 결괏값을 얻을 수 있습니다. 앞에 나온 예산표의 수입 합계를 다양한 방법으로 표현해 보겠습니다.

같은 값을 나타내는 수식 표현들

8,100,000
=1,200,000+2,500,000+1,800,000+2,000,000+600,000
=D3+D4+D5+D6+D7
=SUM(D3:D7)
=SUM(D3,D4,D5,D6,D7)

그렇기에 여기에서 소개하는 수식이 항상 절대적이지 않으며, 데이터의 종류와 개인의 성향에 따라 적합한 방법을 적용하여 활용하면 됩니다.

더 알아보기

SUM 함수, 범위 정하는 법 알아보자

SUM 함수는 지정 범위 내의 모든 값을 더해주는 함수입니다. 괄호 부분에 원하는 범위를 지정하면 자동으로 계산을 해줍니다. 다음은 범위를 정하는 방법입니다.

범위를 어떻게 나타낼 수 있나요?

셀이름:셀이름 셀이름과 셀이름 사이에 :(콜론)을 두면 두 셀을 포함하여 사이 안에 있는 모든 셀들이 범위에 포함됩니다.

셀이름,셀이름 셀이름과 셀이름 사이에 ,(쉼표)를 두면 각각의 셀들이 범위에 포함됩니다.

범위를 어떻게 선택할 수 있나요?

셀이름 기입 수식 안에 직접 셀이름을 기입해서 범위를 선택할 수 있습니다.

마우스 클릭 SUM 함수를 작성하는 중에 마우스로 원하는 셀을 클릭하면 범위 안에 포함됩니다.

자동 계산 SUM 함수 사용 시 스프레드시트에서 자동으로 범위를 계산하는 경우가 있습니다. 이때 엔터를 누르면 그대로 범위가 입력됩니다.

범위 표현 예시가 궁금해요!

	A	B	C	D	E	F
1	1	2	3		SUM(A1)	1
2	1	2	3		SUM(A1:A10)	10
3	1	2	3		SUM(A:A)	10
4	1	2	3		SUM(A1,A2,A3)	3
5	1	2	3		SUM(A1:A10,B1:B10)	30
6	1	2	3		SUM(A1:C10)	60
7	1	2	3			
8	1	2	3			
9	1	2	3			
10	1	2	3			

수식	명령	값
SUM(A1)	A1의 셀을 더해라	1
SUM(A1:A10)	A1~A10까지의 셀을 모두 더해라	10
SUM(A:A)	A열에 있는 셀을 모두 더해라	10
SUM(A1,A2,A3)	A1, A2, A3의 셀을 더해라	3
SUM(A1:A10,B1:B10)	A1~A10까지의 셀과 B1~B10까지의 셀을 모두 더해라	30
SUM(A1:C10)	A1~C10까지의 범위 안의 셀을 모두 더해라	60

똑소리나는 스마트한 물품구입장부

앞에서 수식과 함수에 대한 기본 개념을 배웠다면 이제부터는 이를 응용해 유아교육기관 업무에 적용한 사례에 대해 알아보겠습니다. "아직 수식이나 함수에 대해서 잘 모르겠는데 벌써부터 실전이라뇨?" 혹시 이런 생각이 들더라도 걱정하지 않아도 됩니다. 어느 정도 기본 개념만 알면 사례를 통해 함께 배워나갈 수 있습니다. 만약 아직도 어렵게 느껴진다면 엑셀, 스프레드시트의 기능과 관련된 서적 혹은 동영상을 먼저 살펴보고 와도 좋습니다. 이 책에서는 기능에 대한 설명은 간략하게 다루고 실제 업무와 연계되는 사례 위주로 다루고 있다는 점을 참고하기 바랍니다. 이번 소절에서는 물품구입장부 양식 안에 들어간 수식들을 살펴보고 어떻게 적용된 것인지, 현장에서는 어떻게 사용할 수 있는지 알아보도록 하겠습니다.

양식 통일을 통한 업무 효율 높이기

96쪽과 109쪽의 공유 기능을 사용해 유아교육기관 물품구입장부를 만들어 공유한다면 장부 작성에 대한 어려움은 감소할 것입니다. 하지만 장부를 활용함에 있어서 장부의 내용을 한 번 더 품의로 작성하는 것은 비효율적입니다. 이는 기존의 데이터(장부)를 다른 형태의 데이터(품의)로 옮기는 단순한 데이터의 이동입니다. 만약 둘 간의 양식이 통일되어 있다면 똑같은 데이터를 한 번 더 옮겨 적는 불필요한 노동은 줄일 수 있습니다. 다양한 데이터들이 있더라도 어느 정도 통일된 양식 안에 있다면 정리가 한층 쉬워집니다.

스프레드시트에서 통일된 양식이 중요한 또 다른 이유는 바로 함수 사용의 조건과 관련이 있습니다. 함수는 〈어떤 데이터를 어떻게 처리할 것인가〉에 대한 명령이라고 이전에 언급하였습니다. 이때 "어떤 데이터"의 기준을 SUM 함수처럼 "어디서부터 어디까지"의 단순한 범위로 설정할 수도 있지만, 1보다 큰 수, 특정 셀과 같은 값, 특정한 문자 등의 "어떠한 조건"으로 설정할 수도 있습니다. 그렇기에 통일된 서식이나 값이 있다면 그것을 토대로 함수 사용의 조건으로 정해서 손쉽게 계산을 할 수 있습니다.

그냥 더하지 말고, 내가 원하는 것만 더해줘

그렇다면 특정 조건을 기준으로 계산을 한다는 것은 무슨 뜻일까요? 다음의 예시를 보면서 설명해 보겠습니다. 이 예시는 옆의 링크에서 다운받거나 활용하실 수 있습니다.

시트 활용 예시

	A	B	C	D	E	F	G	H	I	J	K	L	M	N
1	순번	품의 품목내역	수량	단가	총 금액	구...	사...	비고 금액변동 !		구매사이트	장바구니 총액		구매 예산	장바구니 총액
2	1	떡도장-꽃잎(소)	1	3,500	3,500	A마켓	학비			A마켓	92,880		운영비	54,960
3	2	떡도장-국화(소)	1	3,500	3,500	A마켓	수익자			B몰	105,480		수익자	106,900
4	3	떡도장-매화(소)	1	3,500	3,500	B몰	학비			C사	31,570		학비	75,370
5	4	떡도장-고전(소)	1	3,500	3,500	D마트	수익자			D마트	7,300		합계	237,230
6	5	떡도장-격자(대)	1	3,800	3,800	D마트	운영비				0			
7	6	떡도장-매화(대)	1	3,800	3,800	B몰	수익자				0			
8	7	떡가게 무대배경	3	29,600	88,800	B몰	수익자				0			
9	8	곰방다라	2	3,650	7,300	A마켓	수익자			합계	237,230			
10	9	배송비	1	3,000	3,000	A마켓	운영비							
11	10	모닥불 (4번)	2	3,190	6,380	B몰	운영비							
12	11	배송비	1	3,000	3,000	B몰	학비							
13	12	벽돌시트지(초코브	2	17,890	35,780	A마켓	운영비							
14	13	배송비	1	3,000	3,000	A마켓	운영비							
15	14	떡메	1	10,670	10,670	C사	학비							
16	15	배송비	1	3,000	3,000	C사	학비			공용아이디 구매처	사이트주소		비번	아이디
17	16	곰솥뚜껑	2	16,900	33,800	A마켓	학비							
18	17	배송비	1	3,000	3,000	A마켓	운영비							
19	18	나무절구와 절구공	1	14,900	14,900	C사	학비							
20	19	배송비	1	3,000	3,000	C사	학비							
21	20				-									
22	21				-									
23	22				-									

위 표는 어느 유아교육기관의 물품구입 및 품의 작성을 위한 공유 문서입니다. 왼쪽에는 구매하고자 하는 물품의 품명, 수량, 단가, 사이트, 사용예산 항목 등의 데이터가 있고, 오른쪽에는 왼쪽 표의 데이터를 기반으로 사이트별 총구매액과 예산별 총구매액을 표시해 줍니다. 왼쪽 표의 B1셀부터 E1셀까지의 양식이 에듀파인의 품의 작성의 품목내역 업로드 양식과 동일합니다. 그렇기에 이곳에 내용을 작성한 후 그대로 복사하여 품목내역에 바로 업로드시킬 수 있습니다. 이것이 앞서 말한 양식의 통일로 업무의 효율성을 높인 예시입니다. 또한 F1셀, G1셀의 양식은 실제 품의 작성에는 사용되지 않지만 물품구입 시 물품 구매사이트와 예산 항목을 확인할 수 있어 도움이 되는 양식입니다.

만약 위의 표를 토대로 K4셀 "C사 사이트의 총구매액"을 계산하고자 할 때 어떻게 수식을 작성하면 될까요? 이전에 배웠던 SUM 함수를 활용하여 값을 구해보겠습니다.

C사 사이트 총구매액 : =SUM(E15,E16,E19,E20) 〈K4의 값〉

SUM 함수를 사용하여 수식을 작성하면 위와 같은 방식으로 할 수 있습니다. C사에서 구입한 물건들이 연속한 범위 안에 들어 있지 않기 때문에 범위를 일일이 지정해 준 모습입니다. 그러면 이번에는 SUM 함수와 비슷하지만 단순 범위가 아닌 특정 조건을 기준으로 합산을 해주는 SUMIF라는 함수를 사용해 보겠습니다.

C사 사이트 총구매액 : =SUMIF(F:F,"C사",E:E) 〈K4의 값〉

함수명 조건범위 조건 합산범위

수식의 모양이 SUM 함수와는 확실히 달라졌습니다. SUMIF 함수는 SUM 함수와는 다르게 명령을 수행하기 위해 작성해 줄 요소도 더 늘어났습니다. 작성할 요소는 조건범위, 조건, 합산범위이며 괄호 안에서 쉼표로 구분되어 있습니다. 이전의 SUM 함수가 합산범위만으로 작동했다면 SUMIF 함수는 조건범위와 조건이 추가되었습니다. 즉, 조건에 따라 합산하는 항목을 다르게 하는 함수라고 이해하면 됩니다. 위의 함수를 문장으로 풀면 다음과 같습니다.

F셀(F1~F999...) 중에서 "C사"인 셀을 찾은 다음에

조건범위 조건

그에 해당하는 E셀(E1~E999...)의 값을 더해줘 〈K4의 값〉

합산범위

이렇게 풀어질 수 있는데요. 예를 들어, F15셀이 C사이므로 그에 해당하는 E15셀이 합산 금액에 포함되는 것입니다. F16, F19, F20셀도 C사이므로 E16, E19, E20셀도 합산 금

액에 포함되게 됩니다. 이처럼 스프레드시트에서는 특정 조건에 해당하는 셀의 값만 계산할 수도 있습니다.

함수 사용의 꽃! 수식 복사하기

그런데 SUMIF 함수를 보면서 의문이 생긴 분이 있을 것 같은데요. 이전 SUM 함수와 비교했을 때 뭔가 더 복잡해진 느낌이 듭니다. '함수는 분명 더 쉽고, 빠르게 업무를 하기 위해 사용한다고 하였는데 그러면 차라리 SUM 함수로 위에처럼 계산하는 게 나을 것 같은데?' 이렇게 생각할 분도 있을 수 있습니다. 하지만 이러한 함수 사용의 좋은 점은 수식을 한 번 만들어 두면 쉽게 적용할 수 있다는 점입니다. 이번에는 이어서 A마켓, B몰 사이트에서의 총구매액을 구해보겠습니다. SUM 함수와 SUMIF 함수를 사용해 수식을 작성하면 다음과 같습니다.

〈SUM 함수〉
A마켓 사이트 총구매액 : =SUM(E2,E3,E9,E10,E13,E14,E17,E18) 〈K2의 값〉
B몰 사이트 총구매액 : =SUM(E4,E7,E8,E11,E12) 〈K3의 값〉

〈SUMIF 함수〉
A마켓 사이트 총구매액 : =SUMIF(F:F,"A마켓",E:E) 〈K2의 값〉
B몰 사이트 총구매액 : =SUMIF(F:F,"B몰",E:E) 〈K3의 값〉

위의 수식을 보면 SUMIF 함수의 좋은 점을 한눈에 볼 수 있습니다. SUM 함수의 경우 사이트별 총구매액을 구하기 위해서 수식 전체를 수정했습니다. 하지만 SUMIF 함수의 경우, 수식에서 사이트명만 수정해도 손쉽게 합산 값을 얻을 수 있습니다. 이번에는 한 가지 더 수정해 볼 건데요. 앞서서 수식에 셀이름을 넣는 것도 가능하다고 했습니다. SUMIF 함수에서 사이트명을 직접 입력했었는데 이번에는 셀이름으로 바꿔서 표현해 보겠습니다.

C사 사이트 총구매액 : =SUMIF(F:F,J4,E:E) 〈K4의 값〉
A마켓 사이트 총구매액 : =SUMIF(F:F,J2,E:E) 〈K2의 값〉

위처럼 표현하면 J4셀에 C사가 입력되어 있기 때문에 C사에서 구입한 총구매액을 계산해 줍니다. J4 대신 J2를 입력하면 A마켓 사이트의 총구매액을 계산할 수 있습니다. 숫자 하나만 바꿔도 자동으로 원하는 조건에 따라 합산을 할 수 있는 것입니다. 이처럼 수식을 만들어서 활용하게 되면 적은 입력만으로도 어려운 계산을 손쉽게 할 수 있습니다.

위의 내용을 이해하셨다면 여러분이 속한 기관에 알맞은 방식으로 수정하여 사용하면 됩니다. 구매처, 예산내역, 요구자, 구매날짜, 부서 등 다양한 조건을 토대로 소요금액, 필요금액 등을 관리할 수 있습니다.

더 알아보기

SUMIF 함수, 조건 정하는 법 알아보자

SUMIF 함수는 특정 조건에 해당하는 셀의 값을 합산해 주는 함수입니다. 괄호 부분에 조건범위, 조건, 합산범위를 지정하면 자동으로 계산을 해줍니다. 다음은 조건을 나타내는 방법입니다.

조건을 어떻게 나타낼 수 있나요?

"문자열"	특정 문자열을 조건으로 정하려면 쌍따옴표 사이에 문자열을 입력하면 됩니다.
〈, 〉, 〈=, 〉=	부등호를 사용하면 초과, 미만, 이상, 이하 등의 조건을 설정할 수 있습니다.
셀이름	셀이름을 입력하면 특정 셀의 값을 조건으로 설정할 수 있습니다.

조건 표현 예시가 궁금해요!

	A	B	C	D	E	F	G
1	순번	품목	금액	구매처		수식	값
2	1	색연필	200	A마트		SUMIF(D2:D11,"A마트",C2:C11)	800
3	2	사인펜	100	B마트		SUMIF(C2:C11,100,C2:C11)	500
4	3	사인펜	100	C마트		SUMIF(C2:C11,">100",C2:C11)	1,100
5	4	색연필	200	B마트		SUMIF(C2:C11,">=200",C2:C11)	1,100
6	5	사인펜	100	A마트		SUMIF(B2:B11,B2,C2:C11)	800
7	6	색연필	200	B마트			
8	7	색연필	200	A마트			
9	8	사인펜	100	C마트			
10	9	사인펜	100	C마트			
11	10	매직	300	A마트			

수식	명령	값
SUMIF(D2:D11,"A마트",C2:C11)	A마트에서 구매한 금액만 합쳐라	800
SUMIF(C2:C11,100,C2:C11)	금액이 100원인 것만 합쳐라	500
SUMIF(C2:C11,"〉100",C2:C11)	금액이 100원보다 큰것만 합쳐라	1100
SUMIF(C2:C11,"〉=200",C2:C11)	금액이 200원 이상인것만 합쳐라	1100
SUMIF(B2:B11,B2,C2:C11)	색연필의 금액만 합쳐라	800

수식을 더 쉽게 복사할 수 있는 방법이 있나요?

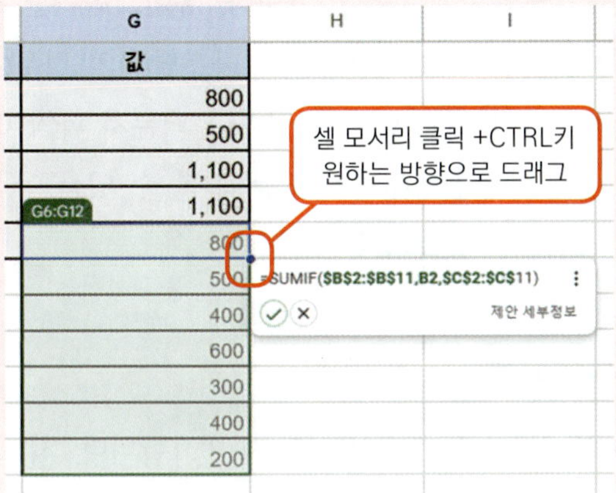

수식을 작성한 셀의 오른쪽 하단 모서리를 클릭한 후 CTRL(컨트롤)키와 함께 마우스로 드래그하면 수식이 자동으로 복사가 됩니다. 상하좌우 어느 방향으로든 복사할 수 있습니다. 위의 그림처럼 채워진 수식을 확인하고 체크 표시를 누르면 수식이 자동으로 복사되어 입력됩니다.

수식에 들어가는 "$" 기호는 무엇인가요?

수식의 "$" 기호는 절대 참조를 의미합니다. 어려운 용어 같지만 쉽게 생각하면 수식을 복사해도 수식이 적용되는 범위를 고정시킨다는 의미입니다. 스프레드시트에서 수식을 복사하면 자동으로 수식의 숫자가 셀의 숫자에 맞게 변하게 됩니다. 그러다 보면 결괏값이 의도한 것과 다르게 나오기도 하는데요. 그럴 때 범위에 $을 붙여주면 수식을 복사해도 범위가 변하지 않습니다. $A1 이렇게 입력하면 A열 고정, A$1 이렇게 입력하면 1행 고정, A1 이렇게 입력하면 A1셀의 값을 항상 수식에 적용하겠다는 의미입니다.

수익자부담금 집행내역 한눈에 보기

이제는 앞서 배웠던 내용을 토대로 유아교육기관에서의 수익자부담금 집행내역을 한눈에 볼 수 있는 시트를 만들어 보고자 합니다. 업무시스템(에듀파인)상에서 보여지는 숫자만으로 수익자부담금의 예산집행에 어려움을 느끼는 경우가 있습니다. 유아교육기관 자체 예산의 경우, 예산 계획부터 집행까지 정확한 숫자로 보이지만, 수익자부담금의 경우에는 세입, 세출이 어떻게 되는지 헷갈리거나, 실제 남아 있는 액수가 얼마나 되는지 파악이 어렵기도 합니다. 이러한 어려움을 해결하기 위해 예산집행내역을 한눈에 볼 수 있는 양식을 만들어두면 수익자부담금을 더 명확하게 관리할 수 있습니다.

시트를 추가해서 데이터 관리를 체계적으로

수익자부담금 집행내역을 손쉽게 관리하기 위해서는 2개의 시트가 필요합니다. 시트1은 수시로 변동되는 예산 데이터가 입력되는 영역, 시트2는 시트1의 데이터를 토대로 집행내역을 관리하는 영역이라고 보면 됩니다. 에듀파인에서는 사업예산집행내역을 다운받을 수 있는데요. 이를 다운받아 시트1에 붙여넣으면 현재 유아교육기관의 예산 데이터를 손쉽게 업데이트할 수 있습니다.

	A	B	C	D	E	F	G
1	세출예산집행현황목록						
2							
3	세부사업/세부항목/원가통계비목	산출내역	예산현액(A)	원인행위액(B)	집행률(B/A)	예산잔액(A-B)	정산제외
4	유치원 교과활동		55,547,000	32,315,270	58.18	23,231,730	45,647,000
5	[유]유치원교과운영		55,547,000	32,315,270	58.18	23,231,730	45,647,000
6	기타수당	보결수업수당	200,000	23,080	11.54	176,920	0
7	교육운영비	[외국인수익자]학습용품구입비	35,000,000	15,886,400	45.39	19,113,600	0
8	교육운영비	[외국인수익자]체험비	9,000,000	6,878,860	76.43	2,121,140	0
9	교육운영비	유아도서구입비	700,000	90,000	12.86	610,000	0
10	교육운영비	[목적]누리과정교육활동비(유아학비)	10,647,000	9,436,930	88.63	1,210,070	0
11	유치원방과후과정운영		54,953,000	30,038,520	54.66	24,914,480	54,953,000
12	[유]유치원방과후과정운영		47,943,000	26,261,420	54.78	21,681,580	47,943,000
13	운영수당	[외국인수익자]방과후강사비(유치원)	7,600,000	4,700,000	61.84	2,900,000	0
14	교육운영비	[외국인수익자]학습용품구입비(유치원)	2,400,000	2,328,200	97.01	71,800	0
15	교육운영비	[수익자]방과후학생간식비(유치원)	10,680,000	9,780,000	91.57	900,000	0
16	교육운영비	[수익자]방학중돌봄급간식비(유치원)	9,750,000	1,690,000	17.33	8,060,000	0

시트1 – 에듀파인에서 다운받은 예산집행내역

시트2에서는 에듀파인의 예산집행내역에서 보이지 않는 수익자부담금의 세입과 세출을 정리할 것입니다. 보통 예산은 "수입-지출"의 흐름이 드러나야 하는데 시트1의 양식에서는 그것이 잘 드러나지 않습니다. 그렇기에 각 수익자부담금 항목별로 〈세입-세출〉로 계산되게 한다면 한번에 남은 금액을 파악할 수 있습니다.

B3 =INDEX('시트1'!$D:$D,MATCH(A3,'시트1'!$B:$B,0))

	A	B	C	D	E	F
1	세출					
2	교육과정 외국인 수익자 부담금	원인행위 총액	방과후과정 외국인 수익자 부담금	원인행위 총액	방과후과정 간식비 수익자 부담금	원인행위 총액
3	[외국인수익자]학습용품구입비	15,886,400	[외국인수익자]방과후강사비(유치원)	4,700,000	[수익자]방과후학생간식비(유치원)	9,780,000
4	[외국인수익자]체험비	6,878,860	[외국인수익자]학습용품구입비(유치원)	2,328,200		
5	합계	22,765,260	합계	7,028,200	합계	9,780,000
6						
7						
8	세입					
9	교육과정 외국인 수익자 부담금	징수 금액	방과후과정 수익자 부담금	징수금액	방과후과정 간식비 수익자 부담금	징수금액
10	1분기 징수	11,000,000	1분기 징수	3,500,000	3월 징수	2,500,000
11	4월 추가 징수	400,000	4월 추가 징수	100,000	4월 징수	2,500,000
12	2분기 징수	11,600,000	5월 환급	-50,000	5월 징수	2,500,000
13			2분기 징수	3,500,000	6월 징수	2,500,000
14	합계	23,000,000	합계	7,050,000	합계	10,000,000
15						
16						
17	세입-세출					
18	교육과정 외국인 수익자 부담금	234,740				
19	방과후과정 수익자 부담금	21,800				
20	방과후과정 간식비 수익자 부담금	220,000				

시트2 - 시트1을 토대로 각 수익자부담금 세입-세출 정리

시트2의 표를 보면 "교육과정 외국인 수익자부담금"의 세출항목이 "학습용품구입비"와 "체험비"로 나누어진 것을 알 수 있습니다. "방과후과정 외국인 수익자부담금" 또한 세출 항목이 "학습용품구입비"와 "방과후강사비"로 나누어져 있습니다. 시트1에서는 명확히 보이지 않던 내용이 시트2에서는 더 잘 드러납니다.

VLOOKUP 함수로 다른 시트의 값 가져오기

그렇다면 어떻게 시트1의 내용을 시트2처럼 만들 수 있을까요? 시트1의 값을 그대로 복사하여 붙여넣기 할 수도 있지만 간단한 수식을 활용하는 법을 알아보겠습니다. 우선 수식에 셀이름을 입력하면 값을 나타내 준다는 것을 앞서 배웠습니다. 이는 다른 시트의 셀에도 적용이 되는데요. 다른 시트의 셀이름을 입력할 때는 셀이름 앞에 '시트이름'!를 붙이면 됩니다. 시트1의 D7, D8셀의 값을 나타내는 수식은 다음과 같습니다.

시트1의 D7셀의 값 : ='시트1'!D7 〈시트2 B3의 값〉
시트1의 D8셀의 값 : ='시트1'!D8 〈시트2 B4의 값〉

이처럼 시트이름과 셀이름을 조합하면 다른 시트에 있는 데이터도 수식에 활용할 수 있습니다. 이번에는 수식에 VLOOKUP 함수를 사용해서 값을 입력해 보겠습니다.

시트1의 D7셀의 값 : =VLOOKUP(A3,'시트1'!B3:G99,3,FALSE) 〈시트2 B3의 값〉
함수명 조건 조건범위 열위치

VLOOKUP 함수는 특정 조건(값)을 기준으로, 그에 해당하는 특정 열의 값을 나타내는 함수입니다. 위 수식을 말로 표현하면 다음과 같습니다.

시트1의 B3부터 G99까지의 셀 중에서 A3(시트2)의 값을 찾고 그에 대응하는 셀
조건범위 조건
중에서 3번째 열에 위치한 셀의 값을 구해줘 〈시트2 B3의 값〉
열위치

VLOOKUP 함수를 이용하여 조건만 잘 입력해 주면 원하는 셀의 값을 바로 불러올 수 있습니다. 내가 찾고 싶은 값을 입력하고, 범위를 입력한 후, 입력한 범위의 첫 번째 열을 기준으로 몇 번째 열의 값을 나타낼 것인지 입력하면 됩니다. 이전에 SUMIF 함수에서도 설명했지만 복잡해 보이는 VLOOKUP 함수를 사용하는 데에는 이유가 있습니다. 바로 수식을 만들어두면 업무의 자동화가 가능하기 때문입니다.

함수 사용의 꽃 두 번째, 업무 자동화!

예를 들어, VLOOKUP 함수를 사용하지 않고 "='시트1'!D7"과 같은 수식으로 시트1의 값들을 가져왔다고 생각해 봅시다. 한동안은 큰 어려움 없이 사용할 수 있을 것입니다. 그러다가 어느 순간 추경을 통해서 새로운 예산항목이 추가되면 전체적인 셀의 위치가 바뀌게 됩니다. 그렇게 되면 시트1의 D7셀의 값은 이전에 설정해 둔 예산의 금액이 아닌 다른 예산의 금액을 나타내게 됩니다. 그러면 다시 한번 수식을 수정해서 올바른 값을 찾도록 만들어 주는 과정을 거쳐야 합니다. 하지만 VLOOKUP 함수를 사용할 경우 시트1에 새로운 예산항목이 생기거나 사라지더라도 수식을 추가로 수정할 필요가 없습니다. VLOOKUP 함수가 입력한 조건을 기준으로 자동으로 데이터를 원하는 형식으로 찾아주기 때문입니다. 이처럼 함수를 사용하면 데이터가 바뀌더라도 자동으로 변환하고 값을 찾아주는 등의 업무 자동화를 할 수 있습니다.

더 알아보기

단순계산 및 수식작성 AI에게 도움을 받을 수 있어요

단순한 계산이나 수식작성은 BING이나 ChatGPT에게 도움을 받을 수 있습니다. 계산하고픈 숫자의 값을 묻거나 특정 값을 구하는 함수를 만들어달라고 요청하면 됩니다.

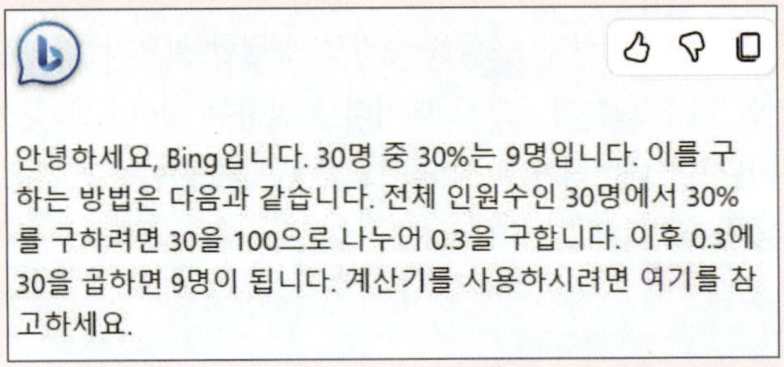

안녕하세요, Bing입니다. 30명 중 30%는 9명입니다. 이를 구하는 방법은 다음과 같습니다. 전체 인원수인 30명에서 30%를 구하려면 30을 100으로 나누어 0.3을 구합니다. 이후 0.3에 30을 곱하면 9명이 됩니다. 계산기를 사용하시려면 여기를 참고하세요.

BING에서 "30명의 30프로를 구해줘"에 대한 AI의 답변

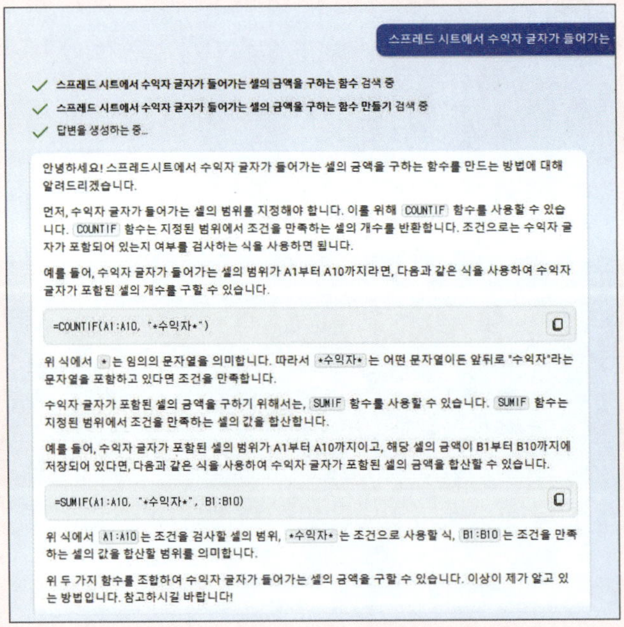

스프레드 시트에서 수익자 글자가 들어가는

스프레드 시트에서 수익자 글자가 들어가는 셀의 금액을 구하는 함수 검색 중

스프레드 시트에서 수익자 글자가 들어가는 셀의 금액을 구하는 함수 만들기 검색 중

답변을 생성하는 중...

안녕하세요! 스프레드시트에서 수익자 글자가 들어가는 셀의 금액을 구하는 함수를 만드는 방법에 대해 알려드리겠습니다.

먼저, 수익자 글자가 들어가는 셀의 범위를 지정해야 합니다. 이를 위해 COUNTIF 함수를 사용할 수 있습니다. COUNTIF 함수는 지정된 범위에서 조건을 만족하는 셀의 개수를 반환합니다. 조건으로는 수익자 글자가 포함되어 있는지 여부를 검사하는 식을 사용하면 됩니다.

예를 들어, 수익자 글자가 들어가는 셀의 범위가 A1부터 A10까지라면, 다음과 같은 식을 사용하여 수익자 글자가 포함된 셀의 개수를 구할 수 있습니다.

```
=COUNTIF(A1:A10, "*수익자*")
```

위 식에서 * 는 임의의 문자열을 의미합니다. 따라서 *수익자* 는 어떤 문자열이든 앞뒤로 "수익자"라는 문자열을 포함하고 있다면 조건을 만족합니다.

수익자 글자가 포함된 셀의 금액을 구하기 위해서는, SUMIF 함수를 사용할 수 있습니다. SUMIF 함수는 지정된 범위에서 조건을 만족하는 셀의 값을 합산합니다.

예를 들어, 수익자 글자가 포함된 셀의 범위가 A1부터 A10까지이고, 해당 셀의 금액이 B1부터 B10까지에 저장되어 있다면, 다음과 같은 식을 사용하여 수익자 글자가 포함된 셀의 금액을 합산할 수 있습니다.

```
=SUMIF(A1:A10, "*수익자*", B1:B10)
```

위 식에서 A1:A10 는 조건을 검사할 셀의 범위, *수익자* 는 조건으로 사용할 식, B1:B10 는 조건을 만족하는 셀의 값을 합산할 범위를 의미합니다.

위 두 가지 함수를 조합하여 수익자 글자가 들어가는 셀의 금액을 구할 수 있습니다. 이상이 제가 알고 있는 방법입니다. 참고하시길 바랍니다!

BING에서 "스프레드시트에서 수익자 글자가 들어가는 셀의 금액을 구하는 함수를 만들어줘"에 대한 AI의 답변

* 간혹 AI의 답변이 잘못될 수도 있기 때문에 검증을 위해 같은 질문을 여러 번 물어보고 답변 간에 비교를 하는 것이 좋습니다.

효율적인 예산 업무를 위한 작은 한 걸음

이번 "스프레드시트로 예산 관리를 손쉽게" 절을 통해 스프레드시트의 다양한 기능과 수식을 통해 예산을 관리하는 것을 배웠습니다. 사실 여기서 다룬 것은 아주 기초적이고 단순한 내용입니다. 그렇기에 누군가에게는 너무 쉽고 익숙할 수도 있지만 누군가에게는 굉장한 도전이었다고 여겨집니다. 만약 여러분이 후자라면 지금껏 한 번도 접해보지 않았던 미지의 영역에 용기 있는 한 걸음을 내디딘 것에 큰 응원과 박수를 보냅니다.

스프레드시트의 기능은 앞에서 다룬 것보다 더 많으며, 만약 여러분이 더 다양한 기능과 함수를 다룰 줄 안다면 예산 관리 업무의 많은 부분을 "자동화"시킬 수 있습니다. 하지만 이 책에서 안내하는 부분은 여기까지입니다. 이후의 발걸음은 여러분들에게 달려있습니다. 다양한 기능과 관련된 내용은 관련 서적 혹은 인터넷상의 자료를 통해 더 배울 수 있습니다.

중요한 것은 업무의 효율성입니다. 꼭 모든 기능을 알고 다루어야 할 필요는 없습니다. 이번 내용만으로도 효율적인 예산 업무가 이루어진다면 충분합니다. 반대로 여전히 업무에 있어서 불필요한 노동, 비효율적인 부분이 있다고 느껴진다면 배우고 개선해 나가면 됩니다. 작지만 가장 어려운 한 걸음을 내디뎠기에 이후의 배움들은 훨씬 수월할 것입니다.

교사들이 전하는 생생한 사용 후기!

"매번 계산기를 활용해 일일이 계산하지 않고 간단한 수식만으로도 손쉽게 계산이 가능해졌어요."

"물품구입장부를 사용해서 품의 작성의 효율도 높이고 행정실과의 업무 협력도 더 원활해졌어요."

"예산집행내역을 제가 원하는 항목별로 분류하고 총합을 계산하니 수익자부담금 관리하기가 더 쉬워졌어요."

2

디지털 날개 달고 날아오르는 유아평가!

01 디지털 도구를 활용해 놀이 들여다보기
02 디지털 도구로 잠들어 있는 기록 깨우기
03 디지털 도구의 도움받아 유아발달상황 작성하기

유아의 놀이를 관찰하고 기록하기만 하면 유아평가는 끝?

관찰, 기록, 해석, 지원, … 의미 있는 평가를 위한 과정 속에서 교사들의 노력이 계속되고 있습니다.

그동안 나는 어떤 관찰, 기록, 평가를 해왔는지 나의 모습도 한번 체크해 볼까요?

우리 교실 속 관찰, 기록, 평가의 모습 Check Check!

- ☐ 여러 명을 관찰하느라 정신없지만 그래도 꾸준히 관찰하고 있어.
- ☐ 나는 유아들의 놀이를 보자마자 손으로 기록하는 게 좋더라~
- ☐ 이제는 디지털을 활용해서 기록하는 것이 편한 것 같아.
- ☐ 유아의 시선으로 놀이를 직접 기록해 보아도 좋을 것 같아.
- ☐ 나는 유아별로 포트폴리오를 만들기도 해!
- ☐ 여기저기 기록한 것들을 그때 그때 정리해 두는 편이야.
- ☐ 관찰과 기록을 유아평가에 의미 있게 활용하려고 노력하고 있어.
- ☐ 관찰, 기록, 평가까지 꽤 많은 시간이 걸려서 쉽지는 않은 것 같아.
- ☐ 유아평가를 위해 최대한 많은 관찰, 기록의 결과들을 참고하고 있어.
- ☐ 유아의 발달 특성을 잘 표현할 수 있는 단어나 문장을 고민하곤 해.

교사는 유아의 놀이·일상생활·활동에서 나타나는 배움과 성장을 관찰·기록하고, 이를 바탕으로 유아를 평가하며 놀이와 배움이 순환되고 이어지도록 지원하고 있습니다. 어떠한 문장에 check 표시를 했든, 그 사실은 달라지지 않습니다. 다만, 지금까지 해오던 유아평가에 효율성과 편리함이라는 날개를 붙여주면 어떨까요?

'제2장 디지털 날개 달고 날아오르는 유아평가!'에서는 평가의 길잡이로서 디지털을 활용한 관찰과 기록을 통해 유아의 놀이를 담아내고 돌아보는 새로운 시도들을 소개하고 있습니다.

그럼 본격적으로 디지털이라는 날개를 달고 떠나는 유아평가의 여정에 함께해 볼까요?

01 디지털 도구를 활용해 놀이 들여다보기

유아는 늘 새로운 것을 발견하고 놀이를 하며 세상을 탐구해 나갑니다. 놀이하며 만나는 모든 것이 유아에게는 삶이자 배움입니다. 그러면서 유아는 놀이하며 배운 흔적을 대화, 그림, 표정, 노래 등 다양한 방법으로 남깁니다. 이러한 흔적이 곧 유아의 삶이며 성장의 모습이기 때문에 놀이하는 유아와 놀이의 흔적을 잘 담아내는 것이 중요합니다.

현장의 교사들은 이를 위해 노력하고 있지만 유아의 모든 놀이를 들여다보는 것이 쉽지만은 않습니다. 교사가 놀이를 자세히 보려고 하는 순간순간 예측할 수 없는 다양한 상황들이 펼쳐지기 때문입니다. 같이 놀자고 요청하는 유아들, 사소한 다툼으로 갈등을 겪고 있는 유아들, 화장실 도움이 필요한 유아들…. 그 속에서 유아의 놀이 이야기를 듣는 것도, 유아들의 표현이나 행동 등을 관찰하고 기록하는 것도 만만치 않습니다.

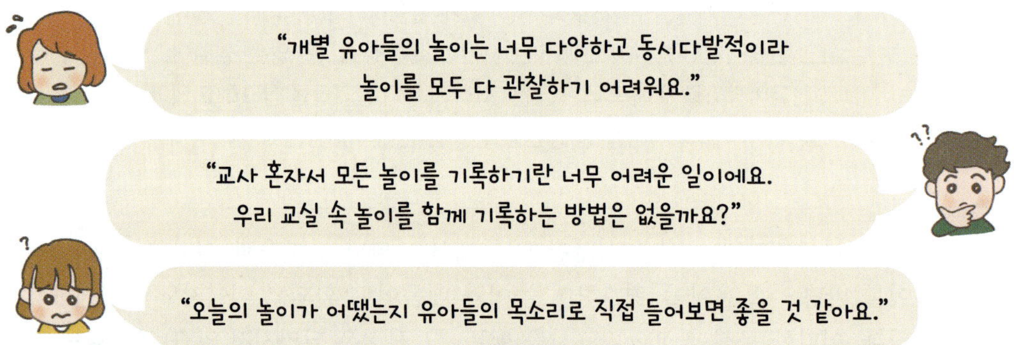

어떻게 하면 유아가 펼쳐가는 놀이의 장면들을 잘 담아낼 수 있을까요? 이번 1절에서는 순간 스쳐가는 유아의 놀이를 배움의 장면으로 기록하는 방법으로 디지털 도구를 활용해 보고자 합니다. 디지털 도구로 놀이 흔적을 정리해 보고, 유아 스스로 놀이 장면을 담아내며, 놀이에 담긴 이야기를 온전히 만날 수 있는 방법을 살펴볼까요?

이드로우마인드 앱으로 놀이 흔적 한눈에 살펴보기

놀이 흔적의 정리 끝판왕! 이드로우마인드 앱

이드로우마인드 앱은 다양한 색상과 디자인의 템플릿, 이모티콘 등을 활용하여 유아의 각 공간 속 놀이 사진을 배치하고 저장할 수 있는 마인드맵 기능을 가진 앱입니다. 다양한 포맷으로 파일 저장 및 공유가 가능하며 실시간 협업도 가능합니다. PC, 모바일, 태블릿PC의 자유로운 연동으로 업무의 효율성을 높일 수 있으며 유료(1개월, 연간, 영구 라이선스)이나 체험판으로 무료 사용이 가능합니다.

이드로우마인드맵으로 놀이 관찰하기

이드로우마인드맵은 다양한 마인드맵 템플릿을 제공하여 분절되어 있는 유아의 놀이 흔적 및 사진을 놀이의 흐름대로 구조화하거나 가시화하는 데 도움을 줍니다. 지금부터는 이드로우마인드맵을 사용하기 위한 기초 내용을 살펴보도록 하겠습니다.

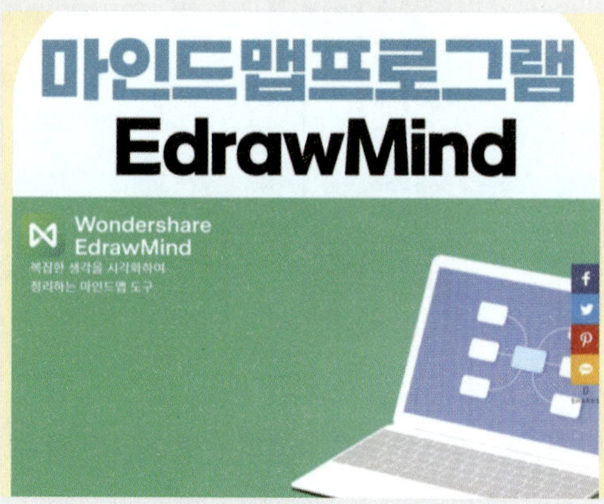

구글 스토어 또는 앱스토어에 접속하여 이드로우마인드맵 APP을 다운받습니다.

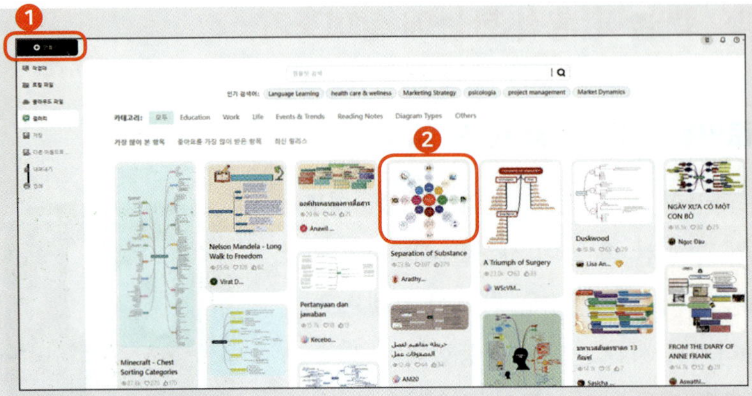

1 앱으로 들어가 '새로 만들기'를 클릭합니다.

2 마음에 드는 템플릿을 찾고 편집 모드로 들어갑니다.

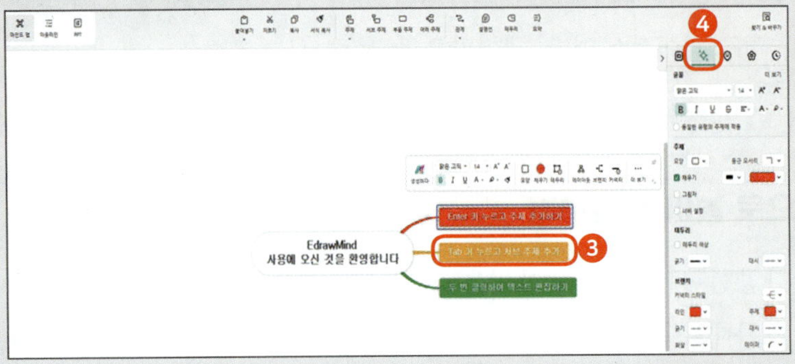

3 텍스트를 더블 클릭해서 내용을 바꿀 수 있습니다.

4 글자의 글꼴, 색, 크기, 굵기 등을 조정할 수 있습니다.

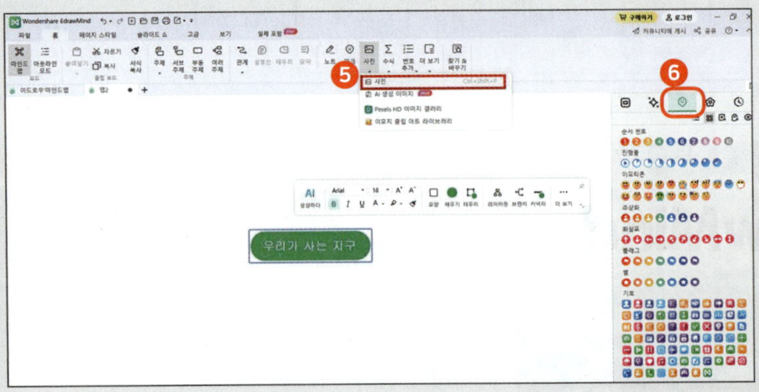

5 이미지 불러오기, 위치 바꾸기 등을 통해 사진 배치 작업을 손쉽게 할 수 있습니다.

6 도형, 화살표, 기호 등 주제 이모티콘을 이용하여 다양하고 독창적으로 나만의 관찰 틀을 만들 수 있습니다.

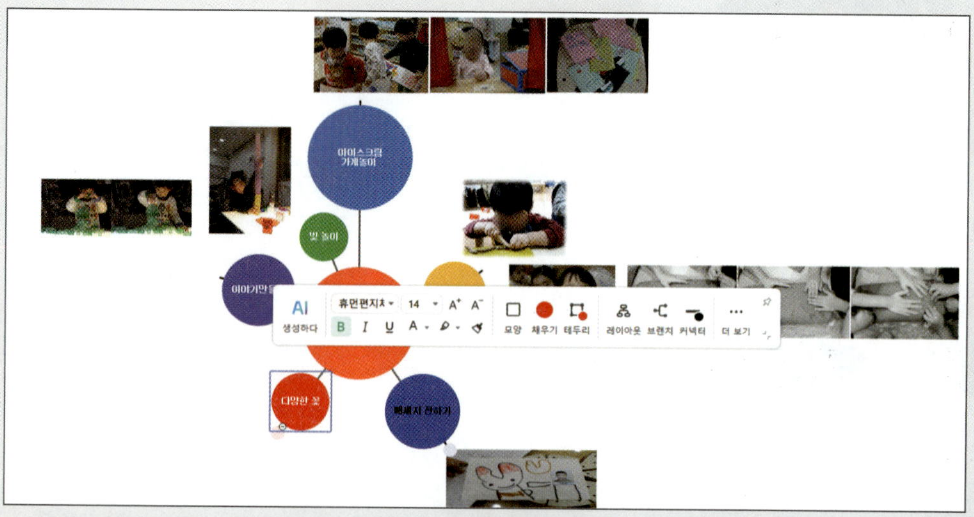

❼ 놀이의 영역(공간)으로 분류한 후 사진을 배열해 보면 유아들이 무엇에 관심을 갖고 있는지, 누구와 함께 놀이를 하는지 등을 가시화하여 관찰할 수 있습니다.

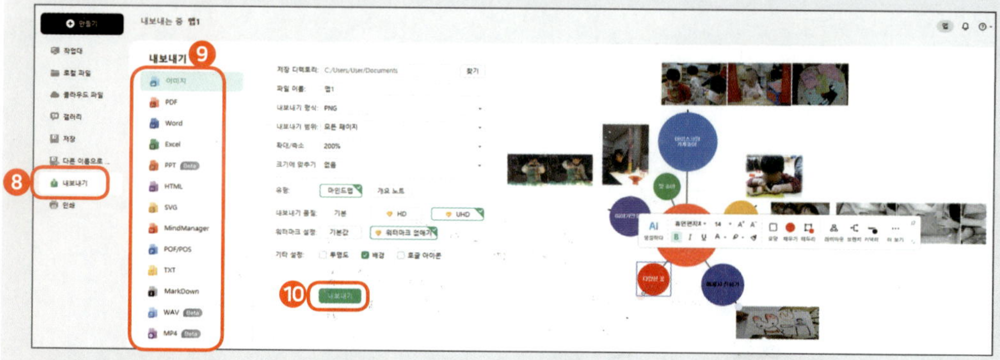

❽ 다른 형식으로 저장을 원하는 경우에는 '내보내기'를 클릭합니다.

❾ 저장하고 싶은 형식을 찾아 클릭합니다.

❿ '내보내기'를 누르면 저장이 완료됩니다.

이런 점이 좋아요

- 클라우드 동기화 기능이 있어서 데스크톱, 모바일, 웹 등 다양한 플랫폼에서의 접근 및 편집 가능
- 다양한 템플릿 유형을 활용하여 놀이 흔적 가시화할 수 있음
- 이후 관찰한 내용을 분석하고 놀이의 의미 찾아 서술하면 놀이기록으로 활용 가능

더 알아보기

놀이 관찰 기록지로 변신하기!

앞서 소개한 이드로우마인드맵은 유아 놀이 관찰지로 활용할 수 있으나, 이후 날짜와 유아의 이름을 쓰고 유아들의 상호작용 및 대화 내용을 기입하면 관찰 기록 틀이 바로 놀이기록지로 변신한답니다. 다양한 템플릿을 사용하여 나만의 독창적이고 창의적인 놀이기록지로 활용해 보세요.

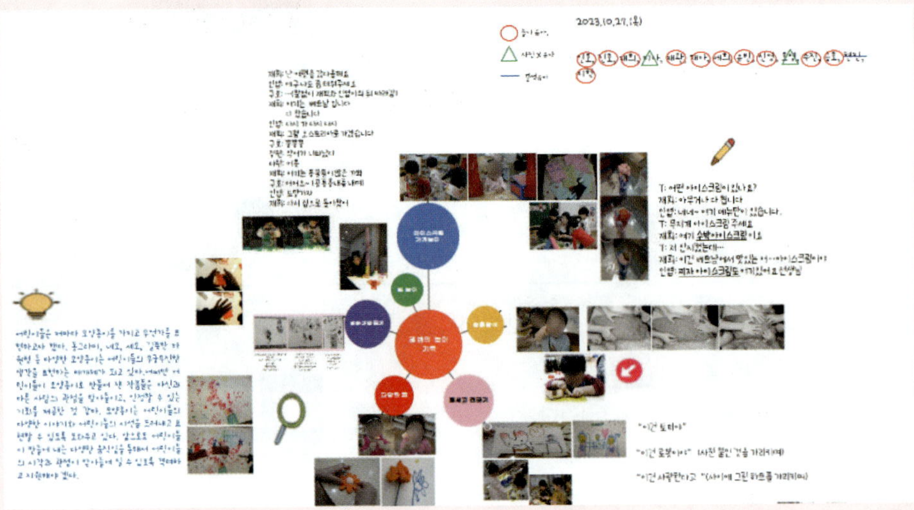

프린트 카메라로 유아 스스로 놀이 담아내기

스스로 기록하자! 유아용 프린트 카메라

프린트 카메라는 유아 스스로 자신의 놀이과정, 일상 등의 모습을 기록할 수 있도록 도와주는 디지털 도구입니다. 스티커 프레임과 필터, 사진의 농도조절까지도 자유롭게 조절할 수 있을 뿐만 아니라 10초 만에 즉석 인화가 가능하며 사진 인화지가 스티커로 되어 있어서 언제 어디서든 일상 및 놀이의 흔적을 남길 수 있습니다.

카메라에 찍힌 사진으로 유아는 그들이 보는 세상을 공유할 수 있고 교사는 유아들의 배움의 장면을 놓치지 않고 들여다볼 수 있습니다. 프린트 카메라를 통해 유아들은 무엇을, 또 어떻게 관찰하고 놀이의 흔적을 담아낼 수 있을까요?

유아용 프린트 카메라로 놀이 관찰하기

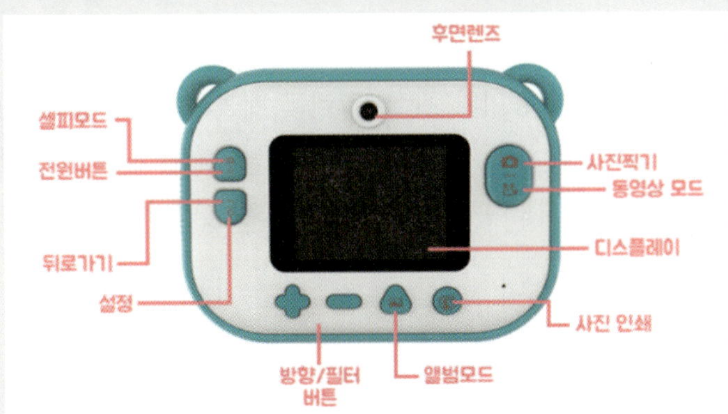

❶ 다양한 기능들이 그림으로 표시되어 있어 유아들이 손쉽게 사용할 수 있습니다.

❷ 렌즈 선택 버튼 하나로 셀카 촬영도 가능해 유아들이 자신의 모습을 담을 수도 있습니다.

❸ 원하는 농도로 조절할 수도 있고 사진을 꾸며줄 스티커나 프레임, 필터까지 내장되어 있습니다.

❹ 사진 인화지가 스티커로 되어 있어 쉽게 부착이 가능하고, 사진을 모아 유아가 자신만의 관찰 노트를 만들 수도 있습니다.

카메라 렌즈를 통해 기록된 개별 유아의 흥미와 관심, 그리고 배움의 내용, 방식, 과정을 알 수 있으며, 궁극적으로 유아 스스로 놀이 속 배움의 가치를 발견하게 되는 시간이 될 수 있습니다. 이번에는 실제 사례를 살펴보며 프린트 카메라의 활용방법을 살펴보도록 하겠습니다.

유아용 프린트 카메라, 생생한 활용 현장!

유아는 '카메라'라는 렌즈를 통해 친구의 작품을 들여다보기도 합니다. 시간이 지나면 없어질 수 있는 소중한 나만의 작품, 나만의 결과물을 남기기 위해 카메라를 활용하기도 합니다.

유아는 친구와 협력하여 만든 하나의 공통 결과물뿐만 아니라 '함께'라는 소중하고 의미 있는 시간을 카메라에 담아내기도 합니다.

유아는 자신의 삶과 일상, 놀이 등의 흔적을 카메라로 남기고 가시화하여 찰나의 순간을 기억하고자 합니다.

유아는 서로의 이야기에 관심을 갖고, 들여다보지 못했던 친구의 놀이 흔적과 관찰 렌즈를 공유하기도 합니다.

프린트 카메라의 사용방법뿐 아니라 활용방법에 대해서도 유아들과 이야기 나누어 보세요. 유아가 프린트된 사진으로 자신만의 관찰 기록을 남기는 모습도 볼 수 있습니다. 또한 유아의 관찰은 교육의 주체인 유아의 역동적인 배움과 성장을 이해하는 데 도움이 된답니다.

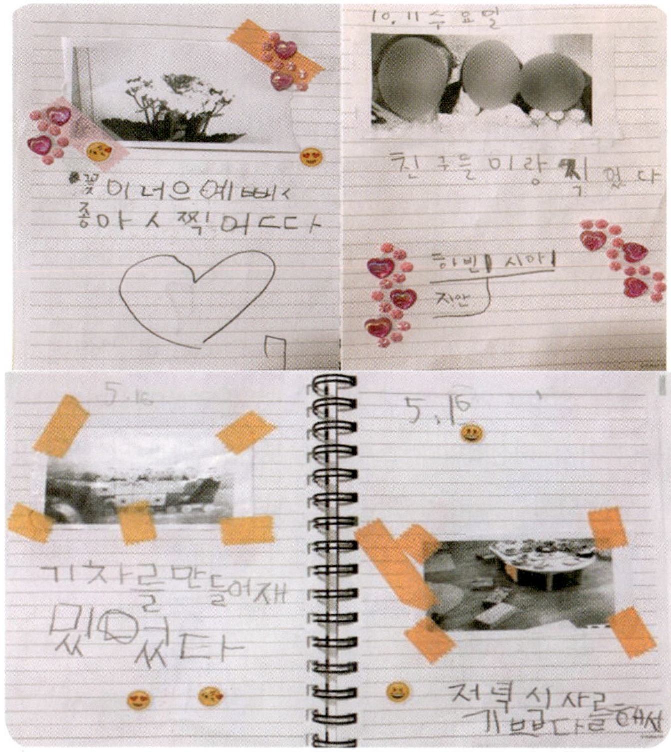

이런 점이 좋아요

- 카메라는 있는 그대로의 흔적을 남길 수 있는 생동감과 접근성이 매우 용이함
- 즉석 인화(10초)가 가능하며 필름이 스티커로 되어 있어서 인화 후 쉽게 부착 가능
- 유아가 담고자 하는 모습을 카메라로 쉽게 담을 수 있음
- 사진을 재미있게 촬영하고 즐길 수 있는 여러 스티커 프레임과 필터가 있음

네이버 클로바 노트로 생생한 놀이 장면 들여다보기

음성 기록이 가능한 네이버 클로바 노트

"네이버는 친숙한데, 클로바 노트는 처음이에요!"라는 분들을 위해 네이버 클로바 노트를 간략하게 소개해 봅니다. 네이버 클로바 노트는 AI 기술을 활용한 음성 기록 관리 서비스입니다. 대화, 연수, 놀이, 발표 등 다양한 상황에서 나타나는 음성을 녹음한 뒤 텍스트로 자동 변환시켜 주는 기능이 가장 핵심입니다. 스마트폰 모바일 앱과 PC를 활용해 언제 어디서든 녹음이 가능하며 AI가 주요 주제와 핵심 내용을 빠르게 정리해 주기도 합니다. 네이버 클로바 노트는 이야기 속 내용을 집중해서 듣거나 대화에 직접 참여해야 할 때 유용하게 쓰이며 학부모 상담 기록, 운영위원회 회의 등 교사의 다양한 업무에도 활용되고 있습니다.

클로바 노트 시작하기

네이버 클로바 노트는 PC버전(https://clovanote.naver.com)이나 스마트폰 모바일 앱에서 사용이 가능합니다. 두 가지 버전 모두 사용법이 간단하여 누구나 사용할 수 있지만 유아들의 놀이 속 음성을 담기 위해서는 스마트폰 모바일 앱을 활용하는 것이 좋습니다. 지금부터는 스마트폰 모바일 앱을 기준으로 네이버 클로바 노트를 사용하기 위한 기초 내용을 살펴보도록 하겠습니다.

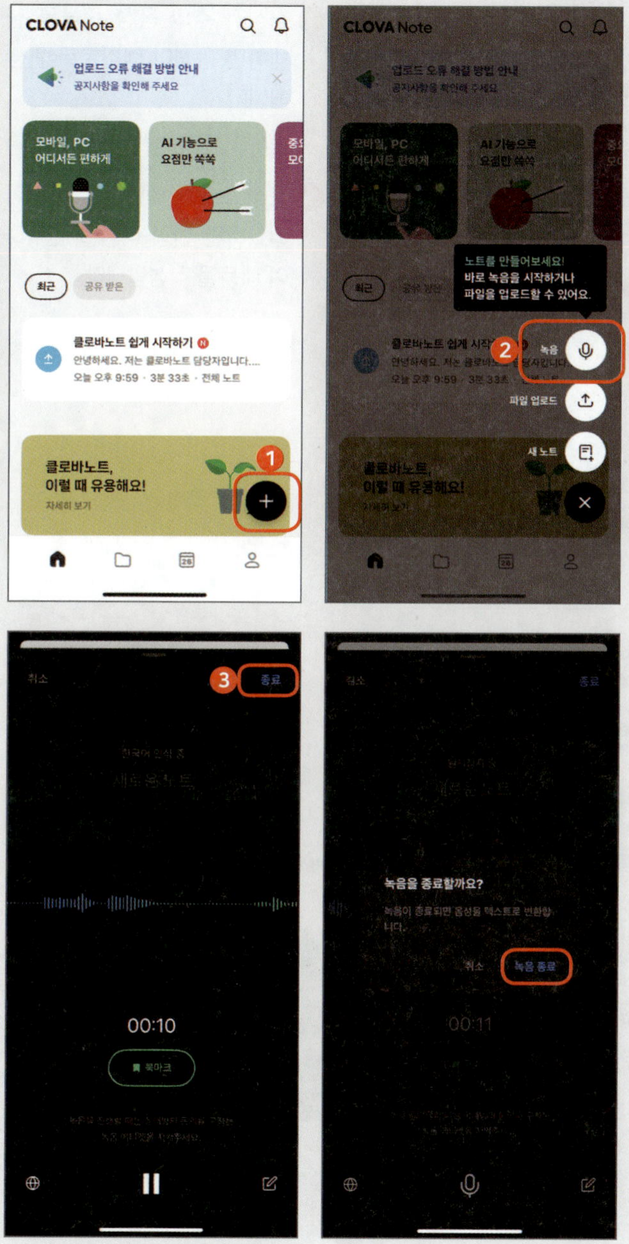

구글 스토어 또는 앱스토어에 접속하여 클로바 노트 APP을 다운 받습니다.

❶ 간단하게 로그인 과정을 거친 뒤, + 버튼을 클릭합니다.

❷ 녹음 버튼을 클릭합니다.

* 녹음 기능 : 실시간으로 음성을 녹음한 이후 텍스트로 출력합니다.
* 파일 업로드 : 기존에 저장되어 있는 음성파일을 텍스트로 출력합니다.

❸ 녹음을 한 후 종료 버튼을 누릅니다.

* 녹음이나 파일 업로드는 한 번에 최대 180분까지 가능합니다.

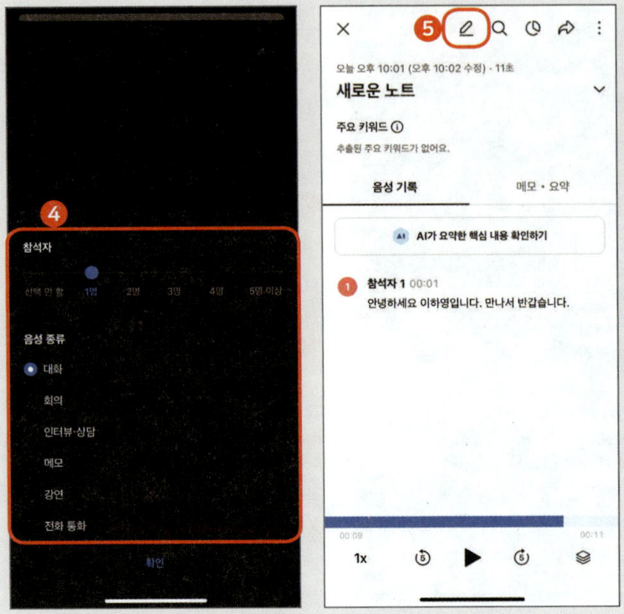

❹ 참석자 수와 음성 종류를 선택하면 음성이 텍스트로 변환됩니다.

❺ 음성 노트를 확인한 후 수정이 필요하면 편집 버튼을 선택하여 내용을 작성합니다.

네이버 클로바 노트, 생생한 활용 현장!

유아의 놀이 속에서 네이버 클로바 노트 활용하기

유아들의 대화를 생생하게 들여다보기 위해 네이버 클로바 노트를 유아들이 모여 있는 책상 위에 놓아볼까요? 기록된 놀이는 놀이의 모든 장면들을 관찰할 수 있는 데이터가 됩니다. 교사는 이후 놀이 현상에서 무엇에 주목하여 관찰할지, 관찰한 바에서 무엇을 선택하여 기록으로 남길지 판단과 의사결정을 할 수 있습니다.

C1:밤에 늑대가 찾아온대
C2:어떻게 어떻게
C3: 밤이 됐대
C3: 이거 여기 넣고 친구들도 넣구
C4: 재희가 벽돌 만들었어
C1: 이제 나타날 거 같아
C4: 이제 밤 됐어
C1: 음 정신... 아니 불켜라
C3: 아직 아침입니다
C5: 아침이 밝았는데,...잘때 늑대가 많나 봐

C2: 늑대 자고 있어
C1: 늑대 늑대 늑대
C6: ...
C1: 아니 아니 아직은 안돼
C6: 그럼 나도 집 나도 만들래
C1: 그래~

C1:늑대 나타나게 해줘
C6: 어흑~~ 어어어억 아흑
C4 : 아니 무섭게 말고 장난으로
C6: 아아~어흥
C3 : 세게 해서 부수면 안돼?
C6: 응
C6: 늑대를 가지고 움직이며... 아흑
C7: 가짜야 가짜~
C6: 이제 밤이야~
C4: 아니야~ 아침이야
C1: 빨리 빨리 만들자
C2: 여기 불을 만드는 거야 그럼 아뜨거워하잖아

자유놀이 평가 시 네이버 클로바 노트 활용하기

자유놀이 평가 때마다 “재밌었어요”로 끝나는 평가가 아닌 놀이에 대한 유아들의 솔직한 마음을 네이버 클로바 노트에 담아볼까요? 놀이 평가의 내용을 요약, 정리까지 해주는 클로바 노트의 모습을 살펴보세요. 모두가 모인 자리에서 발표가 어려운 유아에게는 개별적으로 네이버 클로바 노트에 자신의 놀이 평가를 녹음하여 흔적을 남기도록 안내할 수도 있습니다.

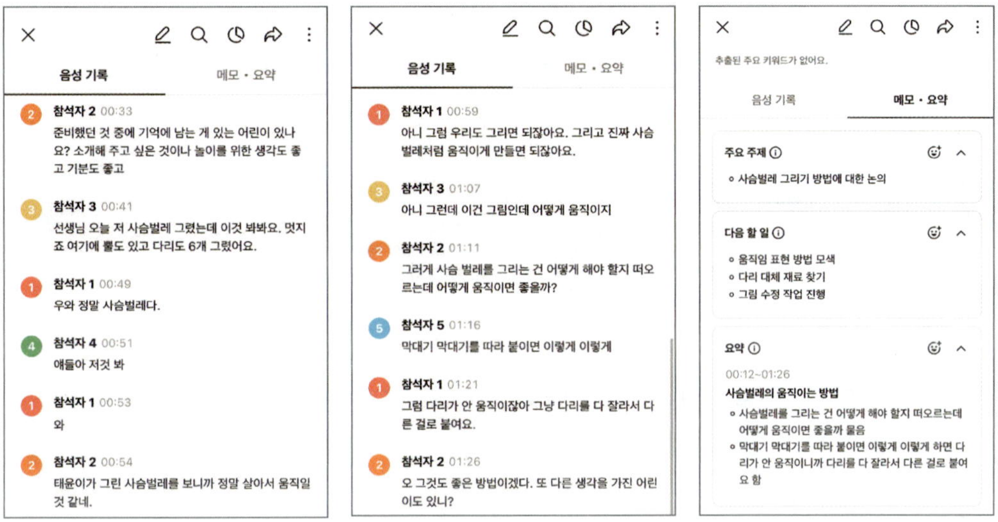

* AI가 그 내용을 요약, 정리해 주므로, 교사의 놀이기록 및 지원, 교육과정 운영에 도움을 받을 수 있습니다. **단, 요약된 내용은 참고용일 뿐 교사의 검토가 필요합니다.**

이런 점이 좋아요

- PC, 모바일 모두 다 지원이 되어 편리한 방법을 선택할 수 있음
- AI 기능으로 대화(녹음) 내용을 자동으로 요약해 줌
- 영어, 일본어, 중국어 변환 기능이 있어 다문화 유아들의 놀이도 관찰 가능
- 변환된 텍스트는 이후 유아 놀이기록 및 평가자료로 활용 가능
- 교실 속 유아 놀이의 모든 장면들을 관찰하기 어려운 교사의 한계를 보완

더 알아보기

네이버 클로바 노트와 형태소 분석기가 만난다면?!

클로바 노트를 통해 변환한 텍스트를 가지고 유아의 언어발달 수준도 알 수 있습니다. 형태소 분석기는 글의 다양한 속성의 구조를 파악하여 단어의 빈도수를 표시해 주는 툴입니다. 텍스트를 붙여넣기 한 후 분석을 클릭하면 유아들이 하는 말에서 어떤 형태소가 얼마나 사용되었는지를 확인할 수 있습니다.

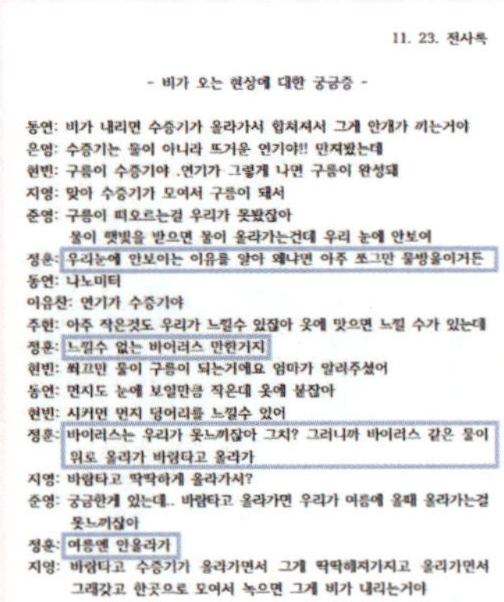

11. 23. 전사록

- 비가 오는 현상에 대한 궁금증 -

동연: 비가 내리면 수증기가 올라가서 합쳐져서 그게 안개가 끼는거야
은영: 수증기는 물이 아니라 뜨거운 연기야!! 만져봤는데
현빈: 구름이 수증기야 .연기가 그렇게 나면 구름이 완성돼
지영: 맞아 수증기가 모여서 구름이 돼서
준영: 구름이 피오르는걸 우리가 못봤잖아
물이 햇빛을 받으면 물이 올라가는건데 우리 눈에 안보여
정훈: 우리눈에 안보이는 이유를 알아 왜냐면 아주 쪼그만 물방울이거든
동연: 나노미터
이유찬: 연기가 수증기야
주현: 아주 작은것도 우리가 느낄수 있잖아 옷에 맞으면 느낄 수가 있는데
정훈: 느낄수 없는 바이러스 만한거지
현빈: 쬐끄만 물이 구름이 되는거예요 엄마가 알려주셨어
동연: 먼지도 눈에 보일만큼 작은데 옷에 붙잖아
현빈: 시커먼 먼지 덩어리를 느낄수 있어
정훈: 바이러스는 우리가 못느끼잖아 그치? 그러니까 바이러스 같은 물이 위로 올라가 바람타고 올라가
지영: 바람타고 딱딱하게 올라가서?
준영: 궁금한게 있는데.. 바람타고 올라가면 우리가 여름에 올때 올라가는걸 못느끼잖아
정훈: 여름엔 안올라가
지영: 바람타고 수증기가 올라가면서 그게 딱딱해지가지고 올라가면서 그래갖고 한곳으로 모여서 녹으면 그게 비가 내리는거야

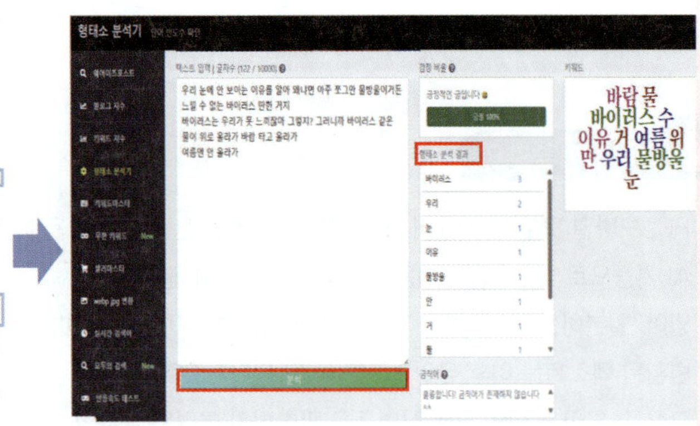

디지털 도구로 시작하는 놀이 들여다보기

지금까지 디지털 도구를 활용하여 놀이의 흔적을 남길 수 있는 다양한 방법을 살펴보았습니다. 유아의 행복과 전인적인 발달을 지원하기 위해서는 놀이를 들여다보고 그 흔적을 남기려는 노력이 필요합니다. 그러나 교사 혼자서 온전히 놀이의 흐름과 그 속에 담긴 이야기, 배움들을 담아내는 것은 결코 쉽지 않은 일입니다. 앞서 살펴본 것과 같이 디지털 도구를 적절히 활용한다면 찰나의 순간으로 흘러가 버릴 수 있는 유아들의 의미 있는 놀이의 과정과 배움을 효과적으로 담아내고 읽어낼 수 있을 것입니다.

교사 혼자서 놀이의 흔적을 담아내야 한다는 부담을 내려놓고 디지털 도구의 도움을 받아볼까요? 소개한 디지털 도구들은 각기 다른 장단점이 있으므로 자신에게 편리한 디지털 도구가 무엇일지 살펴본 후 놀이를 담아내는 과정에 활용해 보시기 바랍니다.

교사들이 전하는 생생한 사용 후기!

"이드로우마인드 앱을 활용해 보니까 우리 반 아이들이 어떻게 놀이하고 있는지 알 수 있어요. 놀이 주제별로 유아들의 사진을 배치해 두고 놀이 과정 가운데에 주고받는 유아들의 이야기, 그림 등을 함께 넣을 수 있어서 좋았습니다!"

"프린트 카메라는 아이들의 시각에서 그 놀이를 왜곡하지 않으니까 유아의 시선을 더 잘 담아낼 수 있는 것 같아요. 또 그 내용이 정리되니까 나중에 다시 살펴보기도 편리하고요."

"평가시간마다 매번 '좋았어요', '재밌었어요'로만 이야기가 나왔었는데, 아이들이 클로바 노트로 자신의 놀이가 기록된다는 것을 알고 나니 이야기가 더욱 풍성해졌어요."

02 디지털 도구로 잠들어 있는 기록 깨우기

유아의 놀이와 삶을 들여다보며 의미를 찾고, 오늘의 놀이를 내일의 놀이로 의미 있게 연결하기 위한 현장 교사들의 노력은 계속되고 있습니다. 유아들의 놀이 장면을 사진으로 담고, 유아들의 이야기를 적어보고, 작품을 수집하는 등 다양한 방법으로 기록합니다. 이렇게 남겨진 놀이기록을 다시 들여다보고 그 안에 담긴 의미를 발견하며 유아평가의 기초를 마련하게 되는 것입니다.

그런데 놀이기록, 어떻게 관리하고 계신가요? 대부분의 많은 교사들은 놀이의 과정, 결과물 등을 스마트폰으로 찍어 스마트폰 속 갤러리에 보관하고 있습니다. 그러다 보니 이러한 사진들은 하루하루 누적되어 그저 수백 장의 사진으로만 보관되어버리기도 합니다. 방대하게 수집된 수많은 놀이기록을 효율적으로 관리하기란 쉽지 않은 일이기도 하지요.

혹시 놀이기록은 놀이기록대로, 유아평가는 유아평가대로, 두 가지의 과정이 별도로 이루어지고 있지는 않았나요? 유아의 놀이를 기록한 자료들은 짧게는 한 달에서 길게는 1년까지 수집됩니다. 유아평가를 위해 교사는 기록된 우리 반의 놀이 순간들을 하나하나 모아 다시 유아별로 재조직하는 과정을 거치게 됩니다. 다수의 유아들이 있다 보니, 이 과정이 가볍게 느껴지지만은 않기도 합니다. 매일 주의를 기울여 기록한 놀이의 모습이 개별 유아의 평가로 용이하게 재구성될 수 있도록 할 수는 없을까요?

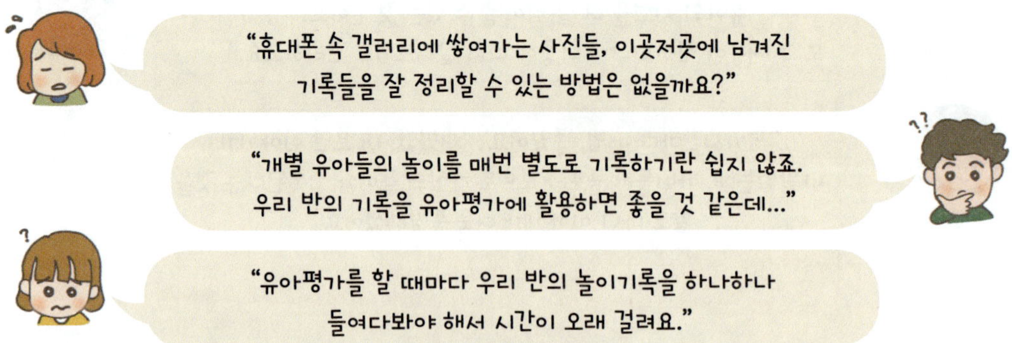

놀이를 이해하고 지원하고 유아를 평가하는 순환의 과정으로써 놀이기록을 어떻게 분석하고 활용하는지가 중요합니다. 어떻게 하면 평소에 관찰되고 기록된 놀이가 효율적이고 효과적으로 분석되고 활용될 수 있을까요? 이번 2절에서는 디지털 날개를 달고 날아가 서랍 속에 잠들어 있는 놀이기록을 깨워보도록 하겠습니다.

에버노트로 수집된 자료 조직화하고 범주화하기

효율적인 자료 관리가 가능한 에버노트

에버노트는 쉽게 말해 정보를 저장할 수 있는 메모, 노트 앱입니다. 메모 기능으로만 많이 알려져 있지만 알고 보면 자료관리에도 매우 유용한 기능을 갖추고 있는 디지털 도구입니다. 텍스트, 이미지, 오디오, PDF 등 다양한 문서 형태를 추가할 수 있으며 데이터를 잘 분류하고 조직화할 수 있다는 장점이 있습니다.

에버노트로 놀이기록 하기

에버노트는 PC버전(https://evernote.com/ko-kr)이나 스마트폰 모바일 앱에서 사용이 가능합니다. 구글이나 이메일로 간단하게 계정 생성 후 사용이 가능합니다. 지금부터는 PC버전으로 에버노트를 활용하여 놀이를 기록하는 방법을 알아보도록 하겠습니다.

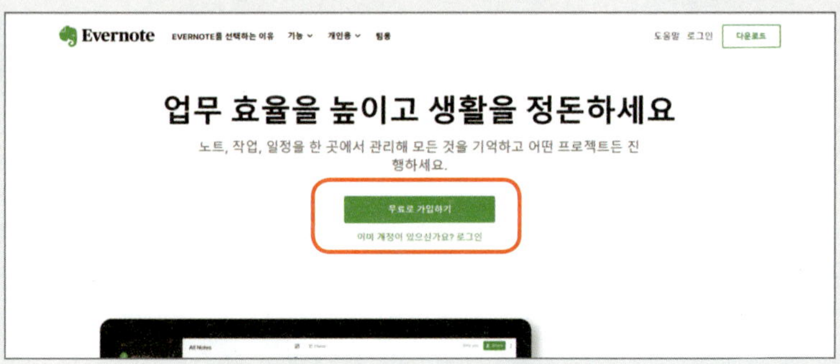

초기 화면입니다. 무료로 가입하거나 로그인을 하여 접속합니다.

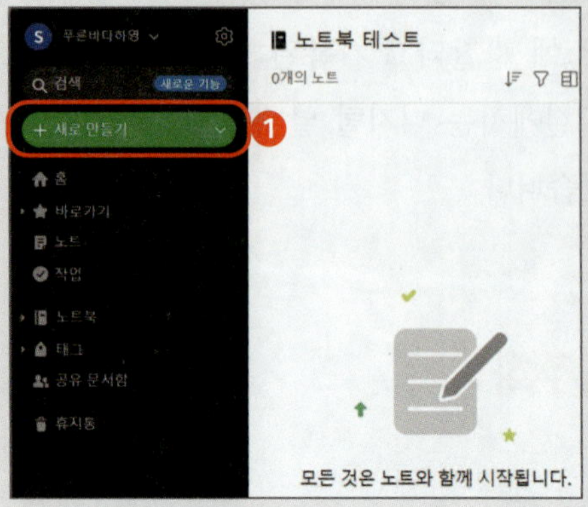

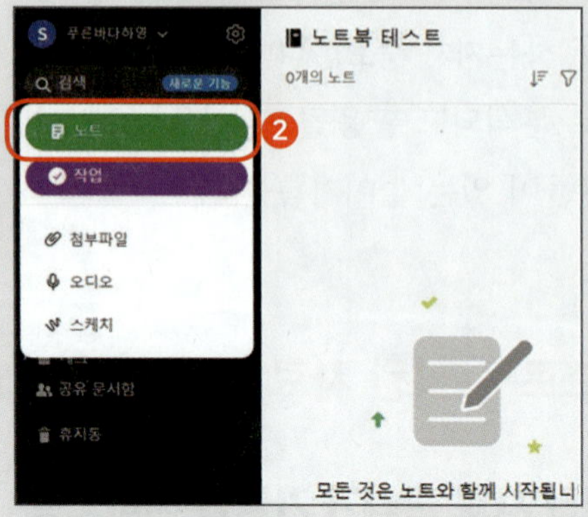

❶ 기록을 하기 위해서는 '새로 만들기'를 클릭합니다.

❷ '노트'를 클릭합니다.

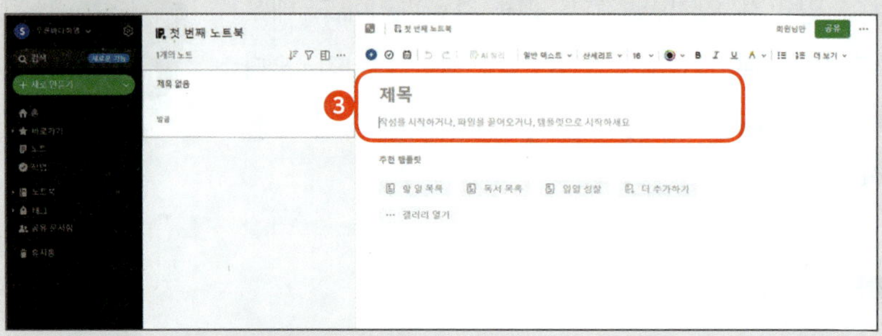

❸ 제목 및 내용을 기록해 줍니다.

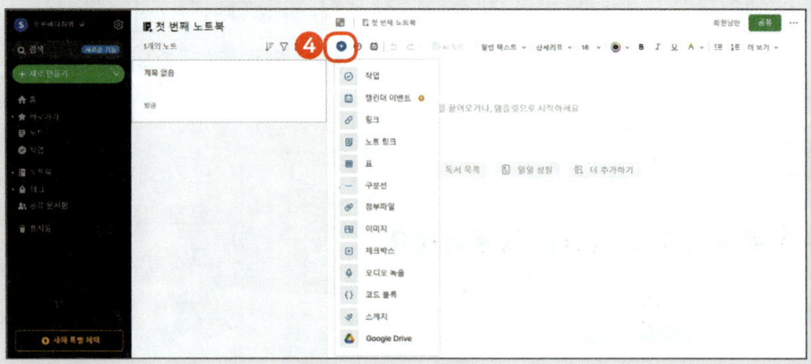

❹ 이미지, 녹음 등 더 다양한 유형의 기록을 위해 '+ 버튼'을 클릭한 후 원하는 유형을 클릭합니다.

5 이미지를 추가합니다.

6 연필 모양을 클릭하면 이미지를 바로 편집할 수 있습니다.

7 메뉴 순서대로 화살표, 텍스트, 도형, 그림 그리기, 스탬프, 모자이크, 자르기, 브러시 색, 브러시 크기입니다.

8 이미지 편집이 끝나면 저장을 클릭합니다.

9 작업 모양을 클릭하면 To do list처럼 기록할 수 있습니다.

10 태그를 입력하면 이후에 태그를 기준으로 놀이기록을 추출할 수 있습니다.

에버노트 속 놀이기록 활용하기

이렇게 놀이를 기록한 것만으로 유아평가가 이루어졌다고 할 수는 없을 것입니다. 유아평가를 위해서는 그동안의 놀이기록을 다시 꺼내어 돌아보는 과정이 필요합니다. 에버노트의 장점을 살려 잠들어 있던 놀이기록을 꺼내어 만날 수 있는 다양한 방법을 알아보도록 하겠습니다.

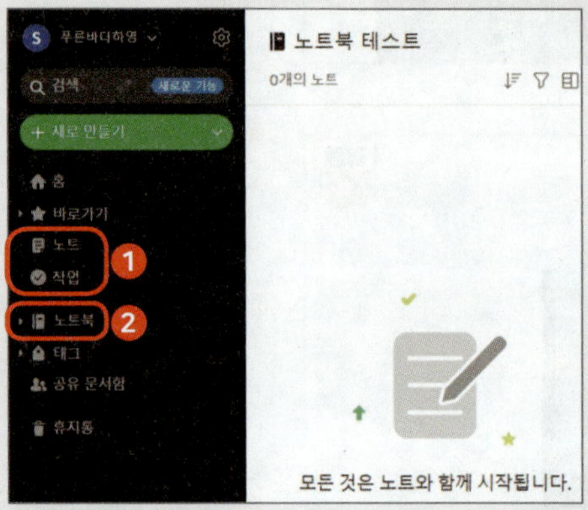

1 작성한 개별 노트(놀이기록)로 바로 연결이 필요할 때 사용하는 메뉴입니다.

2 작성된 놀이기록을 영역별, 유아별 폴더로 분류할 때 사용하는 메뉴입니다.

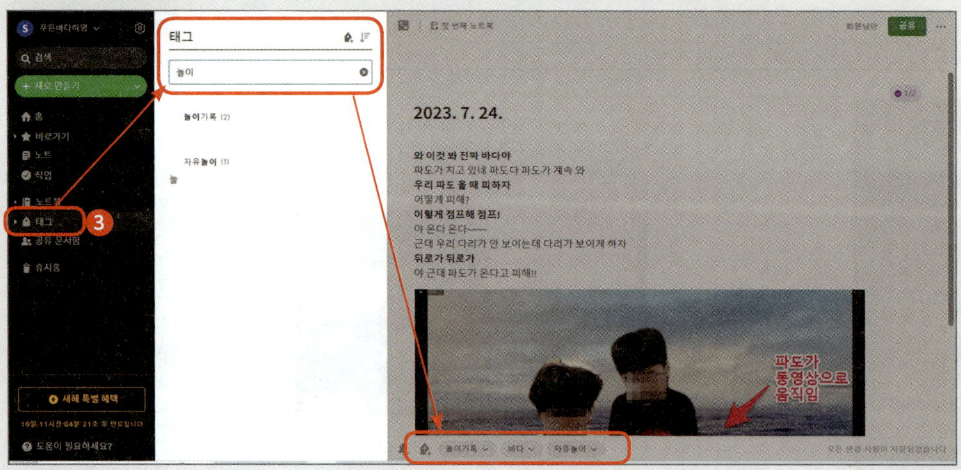

3 태그를 기준으로 흩어져 있는 놀이기록을 한 번에 확인할 수 있는 메뉴입니다.

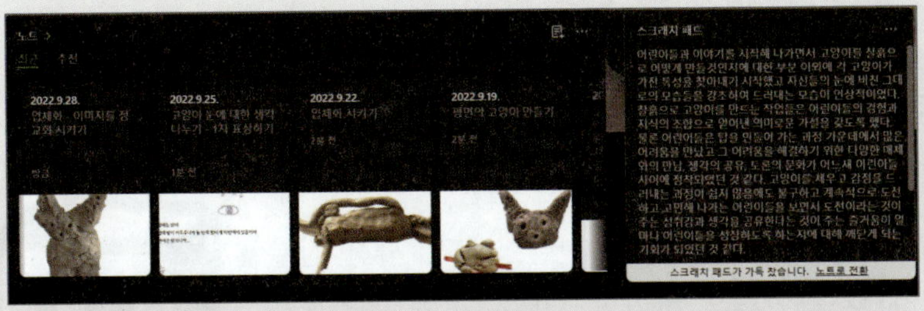

* 다양한 형태로 수집한 관찰 내용을 유목화해 볼 수 있습니다.

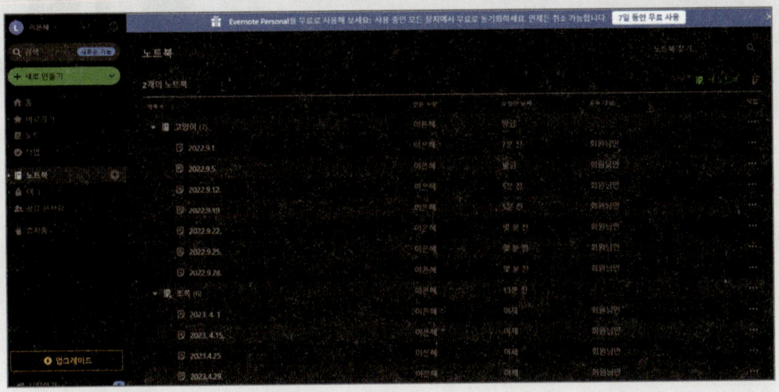

* 유아들의 놀이 흐름이나 유아마다의 표상 및 구성물의 변화과정을 한눈에 비교해 볼 수도 있습니다.

이런 점이 좋아요

- 다양한 형식의 콘텐츠 기록 가능 : 기억을 캡처할 수 있는 기능(이미지, 오디오, PDF 등)
- 클라우드 동기화 : 데스크톱, 모바일, 웹 등 다양한 플랫폼에서의 접근 및 편집 가능
- 효과적인 검색 기능 : 키워드 검색, 태그, 날짜, 첨부파일 유형 등의 조건으로 검색 가능
- 조직과 분류 : 노트북과 태그를 통해 노트를 조직화하고 분류
- 공동작업과 공유 가능
- 보안과 개인정보 보호(노트를 암호화 처리)

노션으로 우리 반 놀이기록 제대로 활용하기

문서 작성의 모든 것! 노션

노션(notion)을 알고 계신가요? 처음 들어보는 분들은 생소할 수 있지만, 노션은 우리가 이미 활용하고 있는 한글, 메모, 사진 첨부 등 문서 작성에 필요한 모든 기능을 합쳐둔 All-in-one 공간으로 메모, 업무, 데이터베이스 등을 지원하는 디지털 플랫폼입니다. 원하는 레이아웃을 설정하여 다양한 템플릿을 만들어 낼 수 있고, 공동 워크스페이스에서의 협업도 용이합니다. 또한 모바일 앱과의 호환도 잘 되어 언제 어디서나 기록을 남길 수도 있습니다. 최근 유아교육 현장에서도 놀이기록, 협의록, 연수기록, 학급 운영일지, 상담기록 등 노션이 다양하게 활용되고 있습니다.

노션 시작하기

노션은 Google 또는 이메일로 쉽게 계정을 생성할 수 있으며, 사용방법을 한 번만 익혀두면 어렵지 않게 활용할 수 있습니다. 지금부터는 노션을 사용하기 위한 기초 내용을 살펴보도록 하겠습니다.

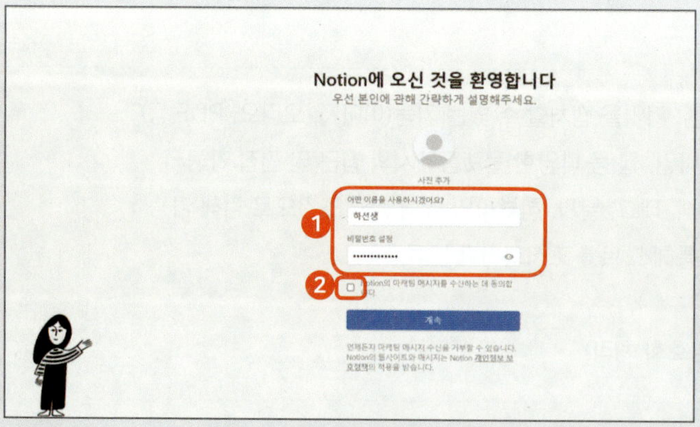

노션(www.notion.so)에 접속하여 Google 또는 이메일로 계정을 생성합니다.

❶ 사용자 이름과 비밀번호 입력 후 계속을 눌러줍니다.

❷ 이때 마케팅 메시지 수신 동의를 원하지 않는다면 체크를 해제해 두는 것이 좋습니다.

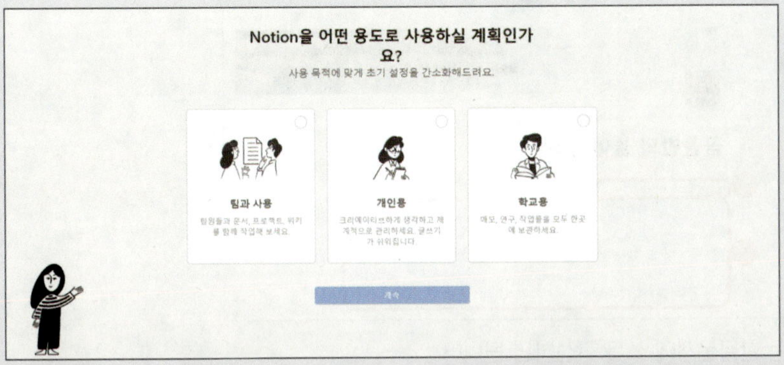

노션에서는 사용 목적에 맞게 초기 설정을 지원해 주고 있습니다. 팀과 사용, 개인용, 학교용 중 어느 것을 선택해도 괜찮습니다.

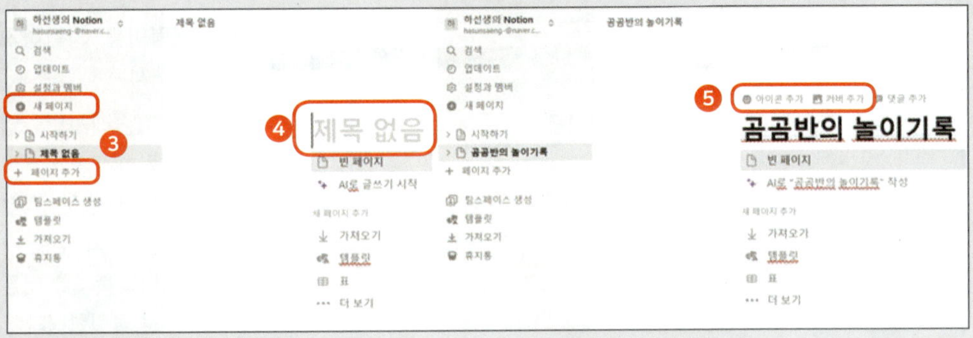

3 '페이지 추가(또는 새 페이지)'를 선택합니다.

4 제목을 입력합니다.

5 기호에 따라 아이콘 추가 및 커버 추가를 할 수 있습니다.

노션 작성의 기초 알아보기

노션을 활용한 기록에 있어서 가장 중요한 개념은 '블록'과 '명령어'입니다. '블록'은 한글 문서에서 엔터를 치면 넘어가는 '줄의 단위'와 같은 개념이며, '명령어'는 블록마다의 '속성'을 정해주는 기능입니다.

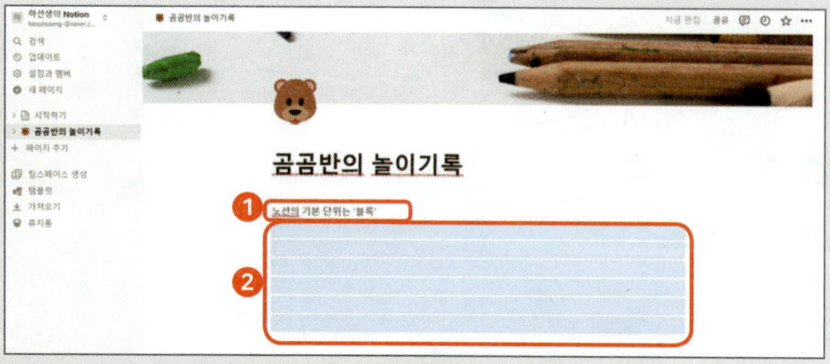

❶ 글을 작성할 때는 한글문서에 쓰듯 작성하면 됩니다.

❷ 글이나 엔터를 입력한 후 마우스로 화면을 드래그하면 긴 하늘색 직사각형이 보입니다. 이것이 바로 블록입니다. (위 화면에 블록이 몇 개 생성되어 있는지 세어보세요!)

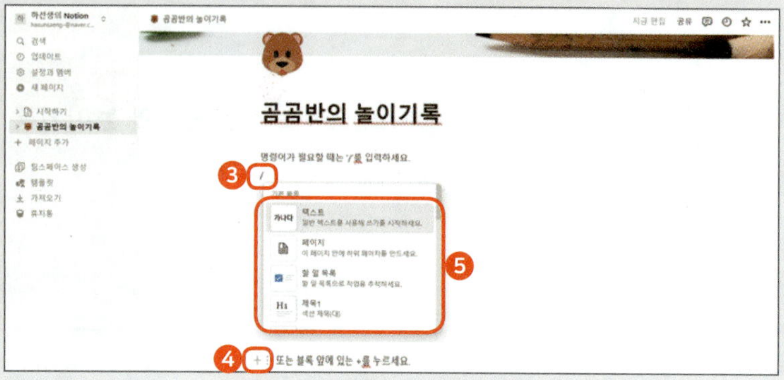

명령어를 입력하기 위해서는

❸ '/(슬래시)'를 입력하거나

❹ 블록 위에 커서를 올려 두면 나타나는 '+' 버튼을 클릭합니다.

❺ 이후 원하는 블록의 속성을 선택합니다.

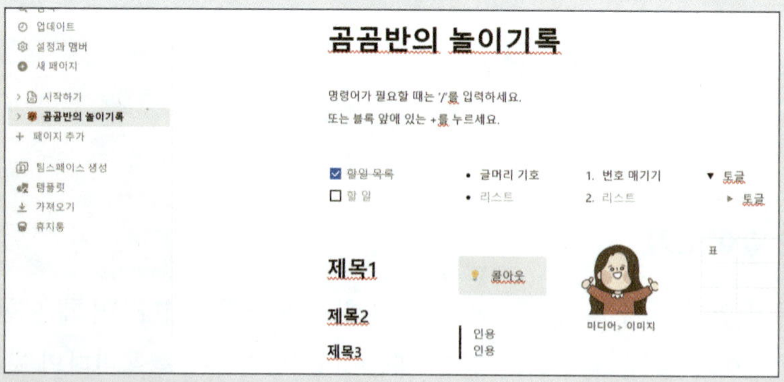

블록의 다양한 속성 : 텍스트, 할 일 목록, 글머리, 번호, 토글, 제목 123, 콜아웃, 미디어 업로드, 표 등 (하나씩 눌러보며 어떤 속성인지 살펴보세요!)

노션으로 만든 놀이기록지 살펴보기

지금까지 노션의 계정 생성방법과 기본 개념을 알아보았습니다. 이제 기본적인 기능을 익혔다면 놀이를 기록할 차례입니다. 노션의 블록을 어떤 속성으로 채우는지에 따라 다양한 템플릿이 생성되어 자신만의 놀이기록이 가능합니다. 이번에는 놀이기록에 활용할 수 있는 템플릿 구성 중 대표적인 예시를 살펴보도록 하겠습니다.

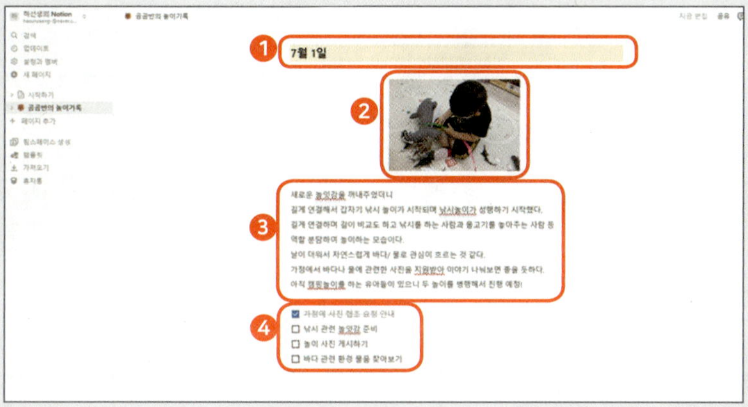

ver. A
기본 놀이기록지

1. 명령어 '/' → 제목
2. 명령어 '/' → 이미지
3. 텍스트 입력
4. 명령어 '/' → 할 일 목록

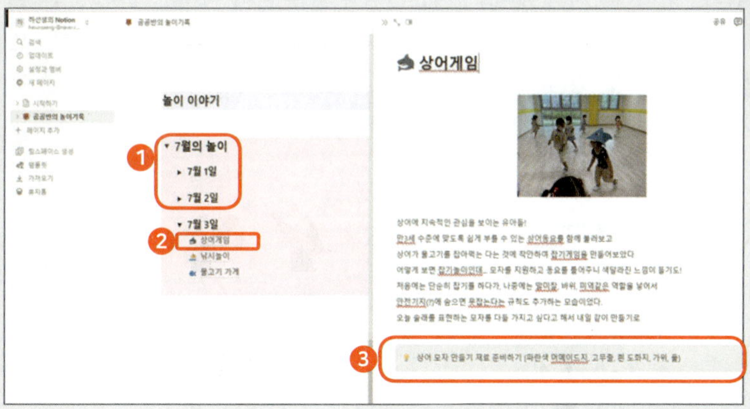

ver. B
토글 활용 놀이기록지

1. 명령어 '/' → 토글
2. 명령어 '/' → 페이지
3. 명령어 '/' → 콜아웃

* 토글(toggle, ▶)이란 삼각형 아이콘으로 되어 있는 버튼으로 필요에 따라 정보를 숨기거나 표시할 수 있는 기능입니다.

ver. C 데이터베이스 놀이기록지

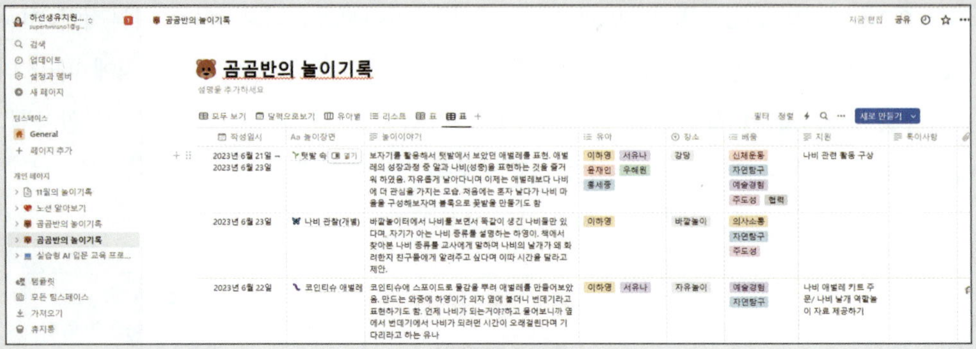

더 알아보기

노션 놀이기록지의 무궁무진한 변신!

앞서 소개한 놀이기록지는 가장 기본적인 방법으로 작성이 가능하거나 노션에 특화되어 있는 기능을 활용하기에 적합한 놀이기록지의 예시로, 자신만의 취향을 담아 더 많은 놀이기록지를 만들어 낼 수 있습니다. 또한 메인화면 좌측 하단의 '템플릿'을 클릭하면 다른 사용자들이 만든 템플릿을 가져와서 활용할 수도 있습니다. 템플릿 공간에는 다이어리, 업무, 가계부 등 다양한 용도의 템플릿이 공유되어 있으니 확인해 보세요.

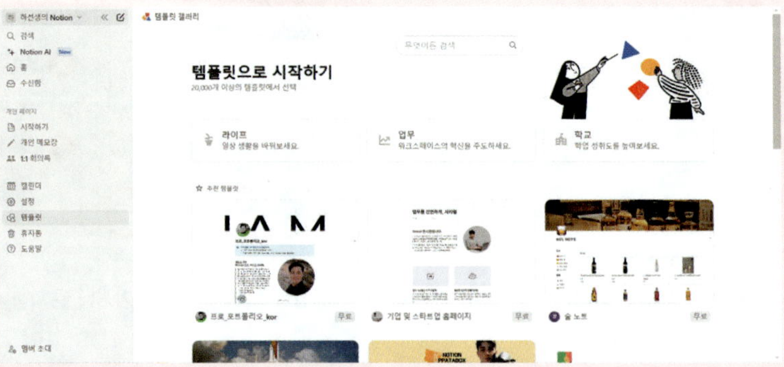

노션으로 놀이기록지 만들기

노션의 핵심 기능을 활용하기 위해서는 앞서 살펴보았던 놀이기록의 예시 중 'ver. C 데이터베이스 놀이기록지'에 기록하는 것이 좋습니다. 이번에는 놀이기록을 제대로 활용할 수 있도록 도와주는 '데이터베이스 놀이기록지'를 만들어 봅시다.

계속 '데이터베이스'라는 말이 등장합니다. '데이터베이스'는 도대체 무엇일까요? '데이터베이스'란 쉽게 말해 노션에 작성되어 있는 '자료'라고 할 수 있습니다. 이번 소절에서는 노션에 놀이기록을 작성하는 방법을 알아보고 있으므로 여기서 말하는 데이터베이스란 '놀이기록'을 의미한다고 이해하면 됩니다.

놀이기록이라는 데이터베이스를 자유자재로 추출하고 활용하기 위해서는 '데이터베이스 표'를 만들어 놀이를 기록하는 것이 필요합니다. '데이터베이스 표'를 만드는 다음 두 가지 방법 중 한 가지를 골라 만들어 보세요.

'페이지 추가'로 데이터베이스 표 만들기

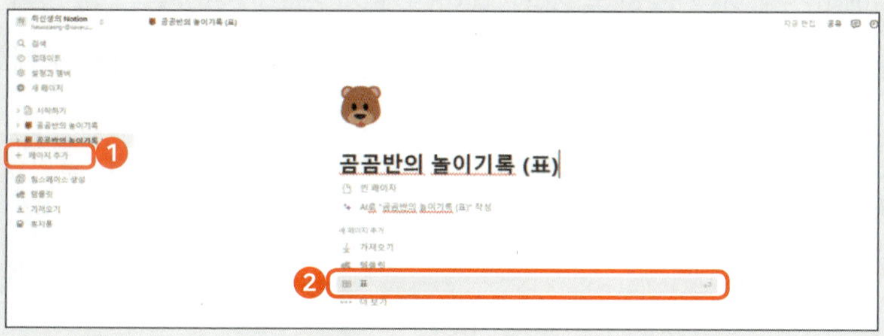

❶ 페이지 추가를 합니다.

❷ '표'를 선택합니다.

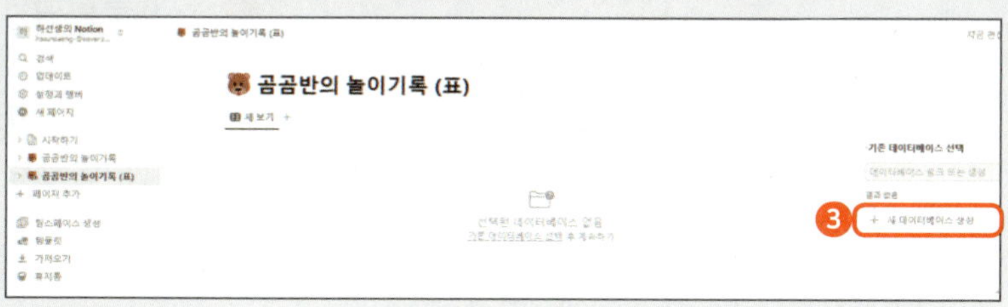

❸ '새 데이터베이스 생성'을 클릭합니다.

‘명령어’로 데이터베이스 표 만들기

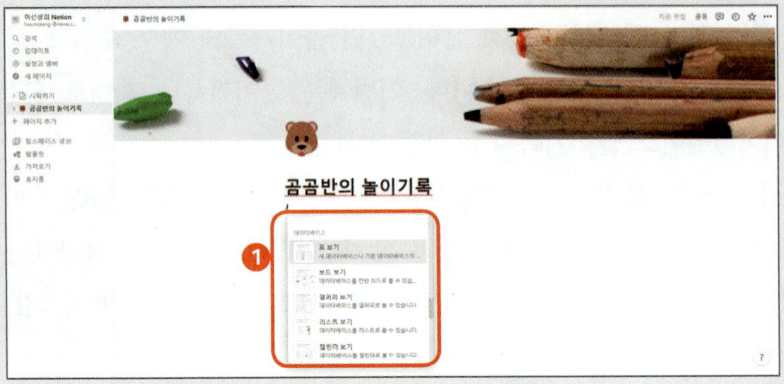

❶ 명령어(/)를 입력한 후 ‘데이터베이스 → 표 보기’를 선택합니다.

❷ ‘새 데이터베이스 생성’을 클릭합니다.

새로운 데이터베이스 표를 만들었다면, 이제부터는 놀이기록을 하기 위한 항목들을 지정해 주면 됩니다. 데이터베이스 표에 작성하는 경우, 유아평가 시 필요한 정보를 추출하기 위해서 어떤 항목들이 필요한지 생각해 본 후 다음 예시를 참고하여 항목들을 설정해 보세요.

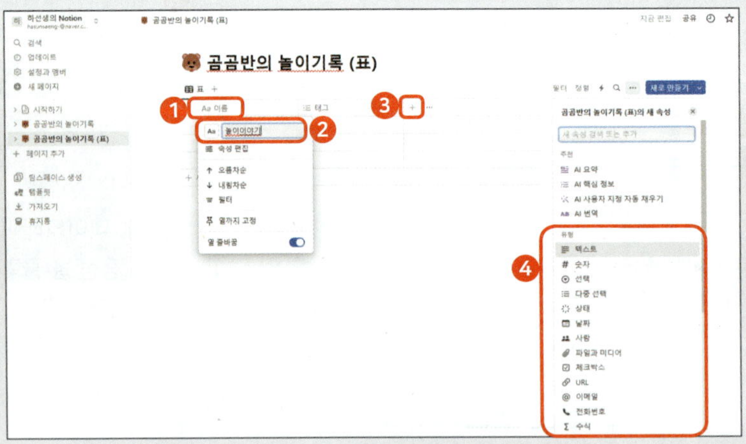

❶ 상단을 클릭합니다.
❷ 이름을 변경해 줍니다.
❸ ‘+’ 버튼을 클릭합니다.
❹ 다양한 속성을 선택할 수 있습니다.

* 표 최상단의 항목을 꾹 누른 채 드래그하여 원하는 순서대로 정렬할 수 있습니다. 또한 클릭하여 ‘속성 삭제’를 누르면 해당 열이 삭제됩니다.
* Aa라고 표시되어 있는 최상단의 항목은 가장 기본적인 항목으로 삭제가 불가능합니다.

더 알아보기

유형별 특징 알아보기

표의 항목을 채워주는 다양한 속성의 유형 중에서 놀이기록에 활용하기 좋은 유형을 중심으로 특징을 알아봅시다.

텍스트	놀이 내용 또는 지원 계획 등 글을 적기 좋습니다.
선택	여러 가지 항목 중 1개만 선택하여 표에 입력할 때 쓰기 좋습니다.
다중 선택	참여유아, 배움의 요소 등 여러 가지 항목 중 중복 선택이 필요할 때 사용하기 좋습니다.
날짜	놀이 날짜를 기록할 때 사용되며, 놀이기록이 끝난 후 전체적인 월별 놀이 흐름을 볼 때 필요한 유형입니다.
파일과 미디어	관련 사진, 영상 등 미디어를 넣을 때 사용합니다.

다중 선택 활용방법!

한 번만 입력해 두면 이후 표에 기록할 때 클릭만 하여 기록할 수 있습니다.

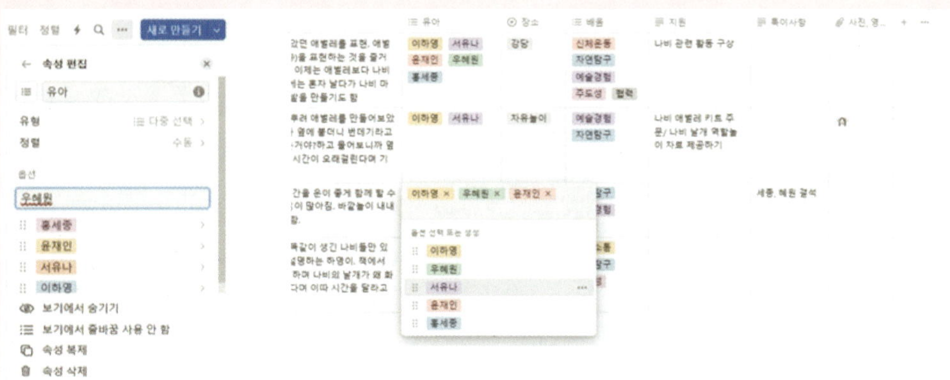

노션 기능으로 유아별 놀이기록 모아보기

전체적인 놀이 장면을 담아내는 놀이기록과는 다르게 유아평가는 유아 개별적으로 이루어진다는 점에서 우리 반 놀이기록을 교사가 하나하나 살펴보며 다시 유아별로 자료를 재조직화해야 한다는 번거로움이 생기기도 합니다. 이때 노션의 꽃이라고 할 수 있는 필터 기능과 보기 기능을 활용한다면 유아별로 놀이기록 내용을 추출하거나 달력으로 놀이의 흐름을 보는 등 교사가 필요한 기준에 따라 기록을 쉽게 재구성할 수 있습니다. 필터 기능과 보기 기능을 차근차근 따라 해보세요.

필터 기능 활용하여 유아별 기록 추출하기

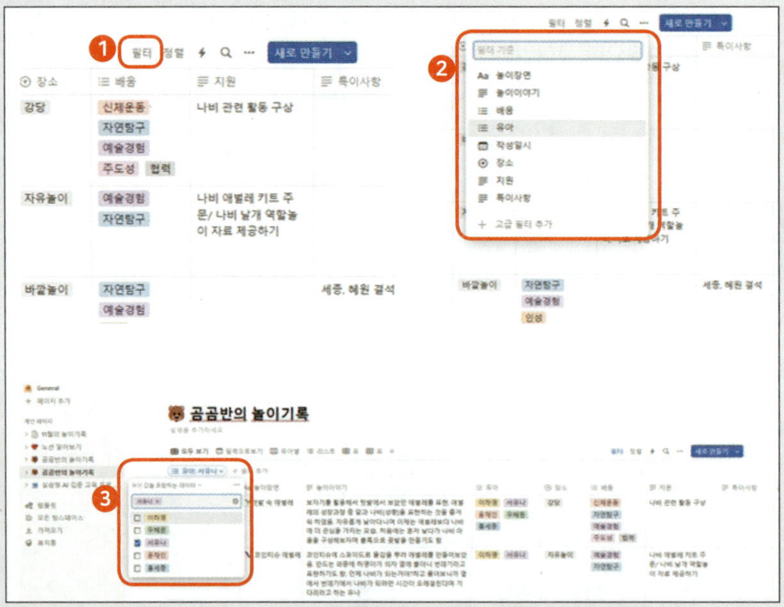

❶ '필터'를 클릭합니다.

❷ 필터 기준을 선택합니다.

❸ 추출하고 싶은 유아 이름을 선택합니다.

보기 설정으로 유아별 기록 추출하기

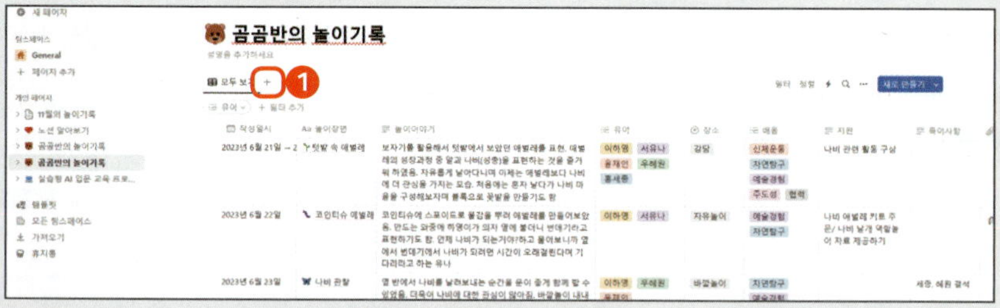

❶ 모두 보기 옆의 '+'를 클릭합니다.

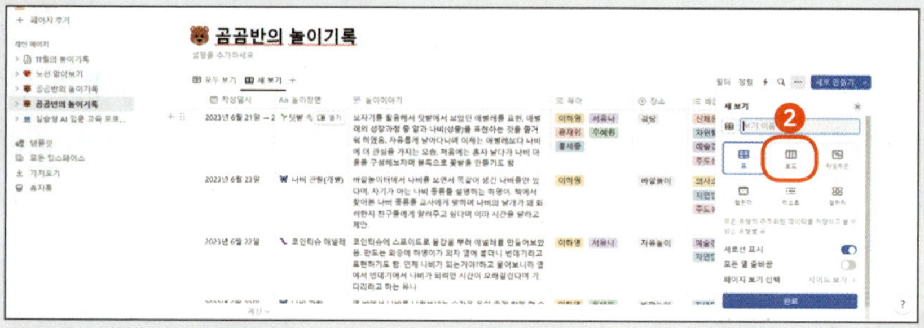

❷ 새 보기 중 '보드'를 선택합니다.

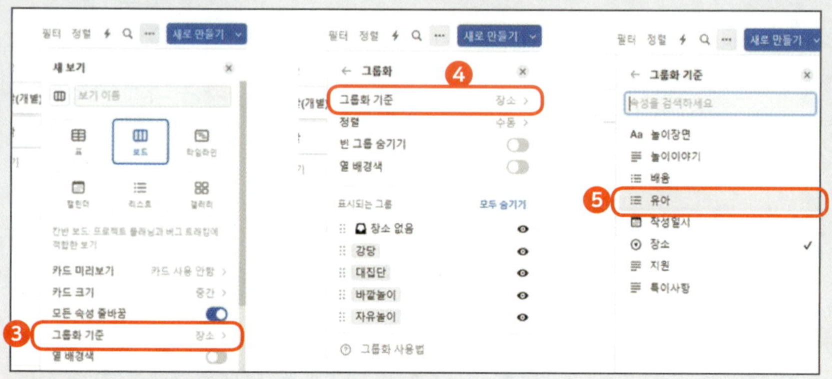

❸ '그룹화 기준'을 클릭합니다.
❹ '그룹화 기준'을 한 번 더 클릭합니다.
❺ 원하는 기준(예 유아)을 선택합니다.

여기까지 되었다면 이제 유아별로 어떤 놀이에 참여했는지를 한눈에 확인할 수 있습니다. 아래 예시에서는 하영이가 텃밭 속 애벌레, 나비 관찰, 코인티슈 애벌레 놀이에 참여하였으며, 특히 나비 관찰에서는 개별관찰 기록이 추가로 이루어졌음을 확인할 수 있습니다.

그러나 유아평가를 위해서는 더 많은 정보가 필요하기도 합니다. 이 상태에서 더 알고 싶은 정보를 추가하려면 어떻게 해야 할까요? 다음의 방법을 따라 하며 추가적인 정보를 한눈에 확인할 수 있도록 설정해 보세요.

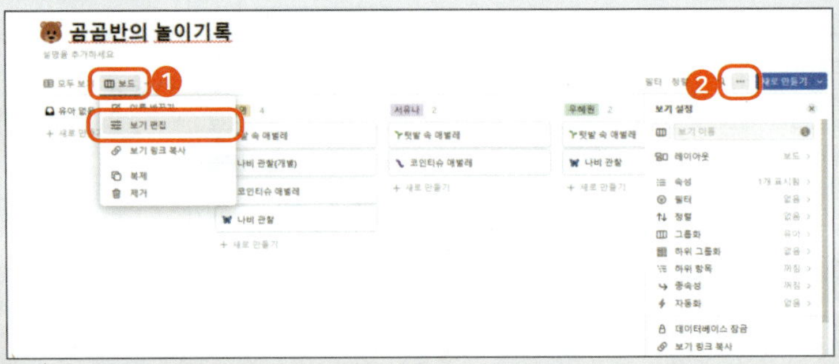

❶ 보드 아이콘 위에 커서를 두고 우클릭한 후 '보기 편집'을 클릭합니다.

❷ 또는 우측 상단의 ··· 버튼을 클릭하여 보기 설정을 열어줍니다.

❸ '속성'을 클릭합니다.

❹ '보드에서 숨기기' 하단에 있는 항목들 중 추가로 보고 싶은 항목의 👁 아이콘을 클릭합니다.

이제 유아별로 참여한 놀이를 알 수 있을 뿐만 아니라, 그 놀이를 통해 어떠한 배움을 얻게 되었는지까지 파악할 수 있습니다. 속성을 계속해서 더 추가하면 더 많은 정보를 파악할 수 있게 됩니다.

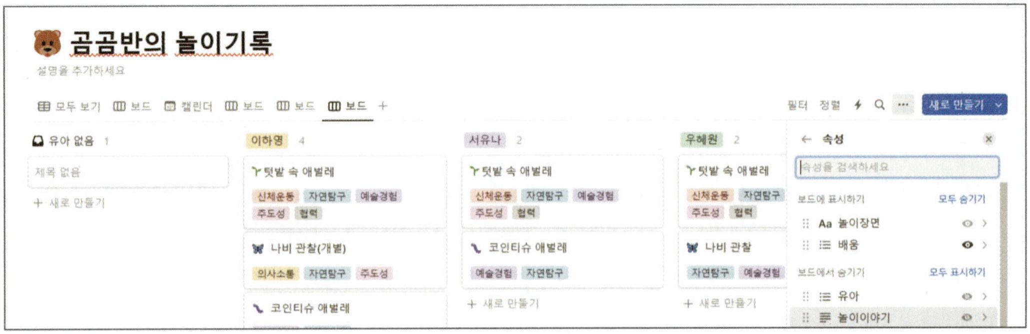

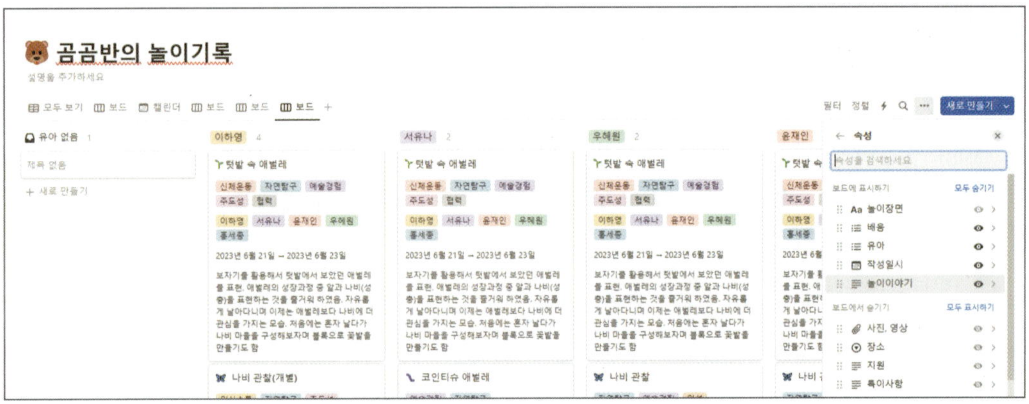

이런 점이 좋아요

- 다양한 형식의 기록이 가능하여 연수기록, 협의록, 학급 운영일지, 독서노트, 자료 공유 등 원하는 목적에 맞게 활용할 수 있음
- 앱에서 사진을 업로드하면 PC에 바로 반영되는 등 노션 모바일 앱과 연동이 용이함
- 공동작업과 공유 가능하여 동료와 함께 기록할 수 있음
- 기록의 양이 방대해도 검색, 저장 및 인쇄가 용이하며 효과적인 데이터 추출이 가능함

더 알아보기

놀이기록 유아평가에 제대로 활용하자!

디지털 도구를 활용하는 것은 유아평가의 과정에 있어 수집하고 기록한 자료들을 효율적으로 관리하고, 우리 반 전체의 놀이기록을 개별 유아평가의 목적에 맞게 재구성하여 놀이기록의 활용성을 높여줄 수 있습니다.

디지털 도구를 활용한 놀이기록과 재구성의 과정은, 부담스럽게만 느껴지던 유아평가의 과정에 한 걸음 더 다가가게 해줍니다. 디지털 도구들의 핵심 기능을 한 번만 알아두면 앞으로 수없이 하게 될 유아평가의 과정에 도움이 될 것입니다. 또는 앞서 살펴본 디지털 도구들 이외에도 나를 도와주는 디지털 도구가 무엇이 있을지 찾아보며 나만의 방법을 생각해 보는 것도 좋습니다.

우리가 기억해야 할 것도 있습니다. 바로 놀이기록을 바탕으로 하는 유아평가의 과정에 있어서 '디지털 도구를 반드시 사용하는 것이 좋다'가 아니라, '어떠한 방법이 되었든 놀이기록을 제대로 활용하는 것이 중요하다'라는 것입니다. 유아평가의 과정을 마주했던 지난날의 모습을 돌아보고 더 나은 유아평가의 방향을 고민해 본다면 교사에게도, 유아에게도 의미 있는 과정으로 다가올 것입니다.

교사들이 전하는 생생한 사용 후기!

"에버노트를 활용해 놀이기록을 폴더별(유아별, 놀이 주제별 등)로 정리해 두니까 우리 반의 놀이 흐름, 유아마다의 생각의 변화과정, 표상이나 구성물의 변화과정 등을 쉽게 비교해 볼 수 있더라고요."

"노션이 처음에는 낯설기도 하고 언뜻 보기에는 엑셀이랑 비슷해 보였는데, 하나의 놀이기록을 다양한 형태로 분류하다 보니 기록을 쉽고 빠르게 재구성할 수 있어서 유아평가에 잘 활용할 수 있었어요."

"놀이기록이 제대로 정리가 되니까 놀이중심 교육과정을 운영할 때도, 유아평가할 때도 너무 편리했어요!"

03 디지털 도구의 도움받아 유아발달상황 작성하기

교사는 평소 유아의 일상생활이나 놀이를 꾸준히 관찰하고 기록합니다. 이렇게 차곡차곡 쌓인 관찰 기록이 빛을 발하는 시기가 있지요. 바로 학년 말, 생활기록부 작성 시기입니다. 생활기록부를 작성할 때 교사는 평소 유아를 관찰하여 기록한 자료를 바탕으로 유아의 종합적인 발달상황을 작성합니다.

그러나 유아를 관찰하여 기술한 구체적인 일화 기록에서 유아의 주된 발달 특성을 추출해 문장으로 기술하는 과정 중에 종종 어려움을 마주하곤 하지요. 유아의 발달 특성을 명료하게 표현할 수 있는 단어나 문장이 있을 텐데, 머릿속에 잘 떠오르지 않아 고민해 보기도 합니다. 더불어 생활기록부 기재 조건에 맞게 문장을 재구성하는 일 또한 번거롭게 느껴지기도 합니다.

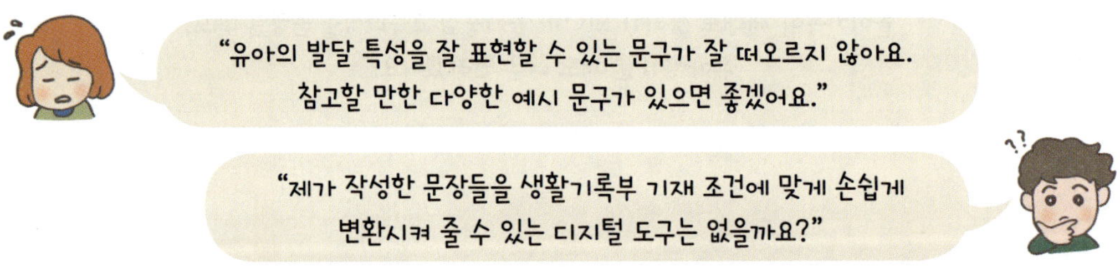

그렇다면 이러한 어려움을 덜어줄 수 있는 디지털 도구가 있을까요? 네, 있습니다! 바로 인공지능(AI)입니다. 인공지능(AI : Artificial Intelligence)은 인간의 지적 능력을 컴퓨터로 구현한 과학기술로 사고, 학습, 문제 해결과 같은 인간의 지능적인 작업을 수행할 수 있는 능력을 갖추고 있습니다. 최근 여러 기업들에서는 이러한 인공지능 기술을 활용한 다양한 서비스를 개발하여 사용자들에게 제공하고 있습니다.

자, 그렇다면 이제 인공지능(AI)의 날개를 달고 3절로 들어가 보도록 하겠습니다.

대화형 인공지능(AI)의 도움받아 유아발달상황 작성하기

'대화형 인공지능(AI)'이란 무엇일까요?

대화형 인공지능(AI)은 채팅(chatting), 즉 실시간으로 대화를 주고받는 형태로 사용자에게 도움을 제공하는 인공지능 시스템입니다. 채팅창에 사용자가 질문을 하거나 요청을 입력하면, 이에 적절한 답변이나 도움을 제공하는 형태이지요. 최근 한 판사가 판결문을 작성할 때 이 대화형 인공지능을 활용했다는 기사를 접해본 적이 있나요? 빅데이터를 기반으로 한 대화형 인공지능은, 판례 검색이나 법률 해석 등 특정 분야에 대한 전문적인 지식을 제공할 만큼 고도화된 서비스를 제공하고 있습니다. 이렇게 '똑똑한' 대화형 인공지능을 우리도 업무에 활용해 보면 어떨까요? 이 소절에서는 교사의 업무에 활용할 수 있는 대표적인 대화형 인공지능(AI) 플랫폼으로 '챗 지피티(ChatGPT)'와 '뤼튼(WRTN)'을 소개하고자 합니다.

대화형 인공지능(AI) '챗 지피티(ChatGPT)'

챗 지피티(ChatGPT)는 OpenAI라는 미국 개발사에서 제공하는 대화형 인공지능 서비스입니다. OpenAI 플랫폼 회원가입 후 이용할 수 있으며, GPT-3.5와 GPT-4라는 언어모델을 기반으로 하고 있습니다. GPT-3.5 모델은 무료로 이용할 수 있으며, 최신 언어모델인 GPT-4는 월 20달러의 유료 정액제인 ChatGPT Plus 가입자에게 제공됩니다.

ChatGPT

대화형 인공지능(AI) '뤼튼(WRTN)'

뤼튼(WRTN)은 ㈜뤼튼테크놀로지스라는 국내 기업에서 개발한 플랫폼이며, 뤼튼(WRTN)의 '채팅' 기능이 대화형 인공지능에 해당합니다. 챗 지피티(ChatGPT)와 마찬가지로 뤼튼(WRTN)의 채팅 또한 GPT-3.5와 GPT-4라는 언어모델을 기반으로 하고 있는데, GPT-4를 무료로 이용 가능하다는 점이 특징입니다.

wrtn

이제 이 똑똑한 대화형 인공지능(AI)과 대화를 시작해 보겠습니다. 대화형 인공지능(AI)에게 여러분이 어떤 '말'을 거느냐에 따라, 대화형 인공지능(AI)은 무궁무진하게 활용될 수 있습니다. 어떻게 말을 걸어야 할지, 어떤 말을 걸어야 할지 모르겠다고요? 아래의 설명과 예시를 살펴보면 누구나 쉽게 할 수 있습니다.

대화형 인공지능(AI), 한눈에 살펴보기

채팅(chatting), 즉 실시간으로 대화를 주고받는 형태로 사용자에게 도움을 제공하는 대화형 인공지능(AI)은 그 생김새도 채팅창의 모습을 하고 있습니다.

'챗 지피티(ChatGPT)' 한눈에 살펴보기

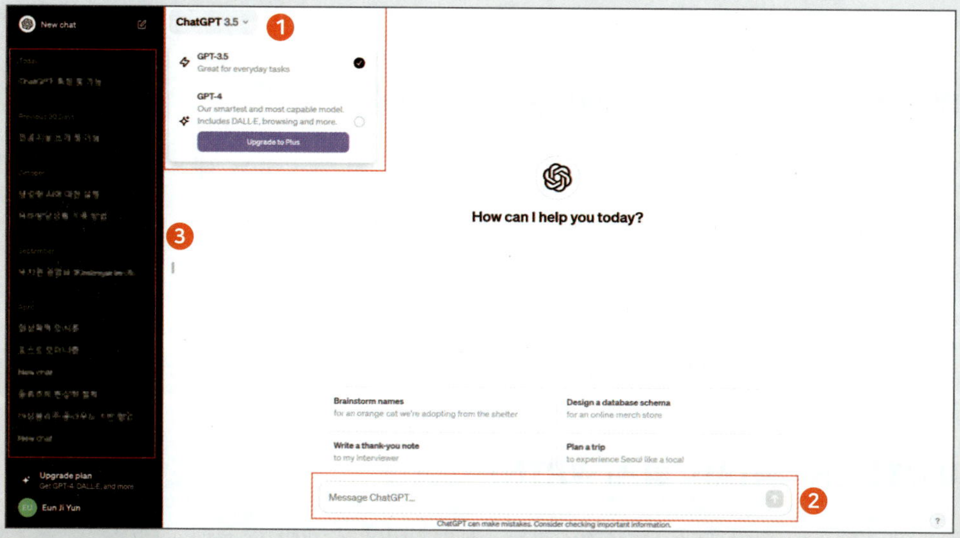

❶ **언어모델 :** GPT-3.5(무료)와 GPT-4(유료) 중에서 선택할 수 있습니다.

❷ **프롬프트(prompt) 입력창 :** 질문이나 요청을 입력합니다.

❸ **대화 기록 :** 과거에 주고받았던 대화 기록을 살펴볼 수 있습니다.

'뤼튼(WRTN)' 한눈에 살펴보기

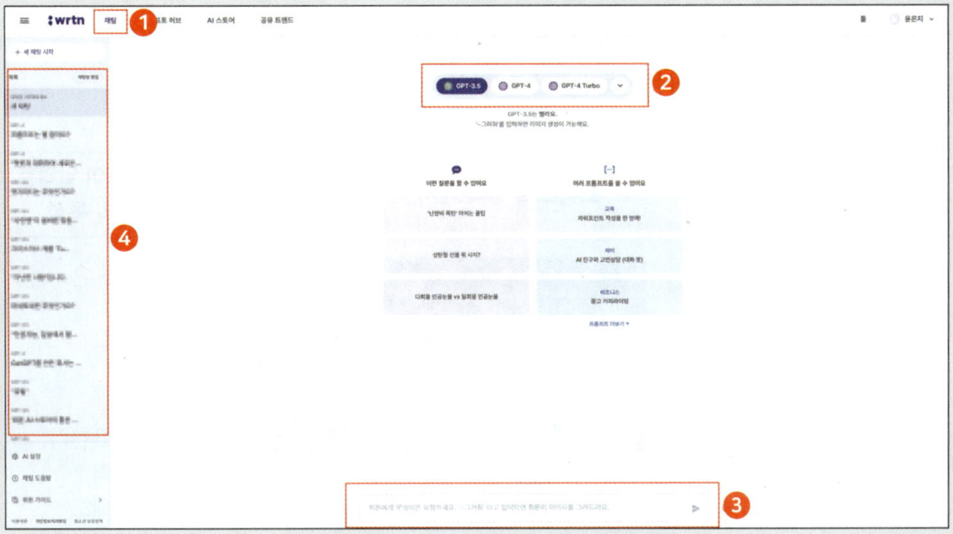

❶ **채팅 :** 뤼튼의 여러 가지 서비스 중 대화형 인공지능(AI)에 해당합니다.

❷ **언어모델 :** GPT-3.5(무료)와 GPT-4(무료) 중에서 선택할 수 있습니다.

❸ **프롬프트(prompt) 입력창 :** 질문이나 요청을 입력합니다.

❹ **대화 기록 :** 과거에 주고받았던 대화 기록을 살펴볼 수 있습니다.

프롬프트(Prompt) 입력하기

대화형 인공지능(AI)에게 거는 '말', 즉 채팅창에서 사용자가 입력하는 질문이나 요청을 '프롬프트(Prompt)'라고 합니다. 사용자가 자신의 목적에 맞게 어떤 프롬프트를 입력하느냐에 따라 대화형 인공지능은 무궁무진한 용도로 활용될 수 있지요. 이를 활용하는 우리에게 필요한 능력은 자신에게 필요한 도움이 무엇인지 인식하고 적절한 프롬프트를 입력하는 능력, 즉 '질문하는 능력'입니다.

유아를 관찰한 기록을 토대로 유아발달상황을 작성하려고 합니다. 이때 유아의 발달적 특성을 표현할 수 있는 적절한 단어나 문장이 잘 떠오르지 않는 설단 현상, 한 번쯤 경험해보지 않았나요? 이러한 부분에 있어서 도움을 받기 위해 우리는 어떤 질문을 해야 할까요? 다양한 프롬프트의 예시를 살펴보도록 합시다.

프롬프트 형식	프롬프트 입력 예시	인공지능이 알려준 유아의 특성
"관찰 기록과 관련된 주된 놀이 특성을 알려줘"	3월 학급 아이들과 만나게 된 지 얼마 안 되었을 때의 일이다. 얼굴 사진을 출력해 자유롭게 여러가지 재료를 활용해 몸을 구성해보는 활동을 했다. 그 중 누리의 표현이 참 인상적이었다. 그 이유는 먼저 투명 테이프라는 재료를 사용했던 점이다. 투명 테이프의 특성상 색상이 선명하게 보이지 않는데도 불구하고 몸통과 팔, 다리, 모자까지 세밀한 표현이 어렵다는 재료의 특성을 감안하더라도 매우 정교했다. 그 다음 입체로 구성했다는 점이었다. 테이프의 끈적거리는 특성을 알고 여러겹 쌓아 두툼하게 만들기도 하고, 붙는 면을 서로 맞닿게 겹쳐 끈적거리는 부분을 줄이고 남겨 평면에 붙이는 등 여러 과정을 거쳤다. 그렇게 팔, 다리는 얇은 입체, 몸통은 두툼한 입체로 구성해 자신의 몸을 표현했다. 재료의 특성을 여러 가지 방법으로 탐색해보고 자신만의 방법으로 창안해 내는 점이 참 인상적이었다. 이 기록에서 나타나는 유아의 주된 놀이 특성을 알려줘. 윤은지의 어시스턴트 GPT-4 이 기록에서는 유아의 주된 놀이 특성으로 다음과 같은 것들이 관찰됩니다: 1. 창의적인 표현력: 누리는 투명 테이프라는 특이한 재료를 활용하여 자신의 몸을 표현하였습니다. 이는 유아가 자신만의 독특한 방법으로 무언가를 표현하려는 창의적인 특성을 보여줍니다. 2. 문제 해결력: 테이프의 끈적거리는 특성을 이용하여 입체적인 몸통을 만들기 위해 여러 겹을 쌓는 등의 방법을 찾아냈습니다. 이는 유아가 문제 상황을 직면했을 때 해결책을 찾아내려는 능력을 보여줍니다. 3. 탐색적인 태도: 누리는 테이프의 특성을 여러 가지 방법으로 탐색해 보았습니다. 이는 유아가 주어진 환경이나 재료에 대해 깊이 이해하려는 탐색적인 태도를 보여줍니다. 4. 자기 주도적인 학습: 누리는 자신만의 방법으로 테이프를 활용하여 몸을 표현하였습니다. 이는 유아가 자기 주도적으로 무언가를 배우고 이해하려는 특성을 보여줍니다. gne.go.kr readread.or.kr dacon.io 더보기	• 창의적인 표현력 • 문제 해결력 • 탐색적인 태도 • 자기 주도적인 학습
"관찰 기록과 관련된 발달적 특성을 알려줘"	양말목 놀이가 시작되던 6월이었다. 양말목을 이어 연결하는 매듭짓기가 익숙해질 무렵 누리는 정해진 공예품 만들기 방법을 다양하게 활용하기 시작했다. 길게 매듭을 이어 귀에 걸고 코끼리라며 교실을 돌아다녔다. 그 모습을 본 학급 아이들은 누리가 생각해 낸 방법으로 함께 만들기 시작했다. 아이들이 누리에게 '코끼리 코' 만드는 방법을 배우고자 했고 누리는 그런 아이들에게 자신만의 방법을 알려주기도 한다. 그 후로 여러 날 동안 교실 안은 코끼리들로 가득했다. 이 놀이기록과 관련된 발달적 특성을 알려줘. 윤은지의 어시스턴트 GPT-3.5 이 놀이기록은 아이들의 발달적 특성과 관련된 다양한 측면을 보여줍니다. 먼저, 양말목 놀이를 시작하고 매듭짓기를 익히는 과정은 아이들의 손-눈-뇌의 조율 능력을 향상시키는 데 도움이 됩니다. 매듭을 이어 연결하고 공예품을 만들기 위해 손의 미세한 근육을 사용하고 손-눈 간의 협응을 발달시킵니다. 누리가 다양한 방법으로 양말목을 활용하며 코끼리를 만들었고, 아이들이 그 방법을 배우고 함께 만들었다는 점은 창의적 사고와 문제 해결 능력을 발달시키는 데 기여합니다. 아이들은 주어진 자료와 도구를 활용하여 새로운 아이디어를 생각하고 구체화시키는 과정에서 상상력과 창의성을 발휘할 수 있습니다. 또한, 교실 안이 코끼리들로 가득 차게 되면서 아이들 간의 협력과 사회적 상호작용도 촉진됩니다. 아이들은 서로의 아이디어를 공유하고 협력하여 공동의 목표를 달성하며, 이는 사회성과 소통능력을 발달시키는 데 도움이 됩니다. 이처럼 양말목 놀이와 관련된 놀이기록은 아이들의 손-눈 협응 능력, 창의적 사고, 문제 해결 능력, 협력과 사회성 등 다양한 발달적 특성을 동시에 지원하고 발전시키는 역할을 합니다. 문장 다듬기 gne.go.kr youtube.com youtube.com 더보기	• 눈-손의 협응력 • 창의적 사고 • 문제 해결 능력 • 협력과 사회성

이와 같이 유아 관찰 기록과 함께 이와 관련된 '놀이 특성' 또는 '발달적 특성'을 알려달라는 프롬프트를 입력하면, 인공지능은 교사가 입력한 관찰 기록 사례로부터 유아의 특성을 분석하여 적절한 단어와 문장으로 표현해 줍니다. 교사는 이러한 단어와 문장을 적절히 참고함으로써 유아발달상황을 작성하는 데에 도움을 받을 수 있습니다.

무엇보다 중요한 것은 이러한 프롬프트는 하나의 예시일 뿐이라는 것입니다. 대화형 인공지능에게 무엇을 질문하는지에 따라 우리는 이를 무궁무진한 용도로 활용할 수 있습니다. 또 무엇을 질문할 수 있을지 생각해 봅시다.

인공지능(AI) 도구의 도움받아 유아발달상황 작성하기

'인공지능(AI) 도구'가 무엇일까요?

유아발달상황 작성에 인공지능(AI) 도구를 활용할 수도 있습니다. 실시간 대화를 하며 유동적으로 프롬프트를 작성할 수 있는 대화형 인공지능과 달리, 인공지능(AI) 도구는 텍스트 생성, 질문에 대한 적절한 답변 제공, 문서 요약, 번역, 텍스트 완성 등 특정한 작업을 수행하는 데 초점을 맞추어 설계된 일정한 템플릿이 있다는 점이 특징입니다. 이러한 인공지능(AI) 도구는 사용자가 자신의 필요나 목적에 따라 직접 개발할 수도 있고, 다른 사람이 개발한 인공지능(AI) 도구를 선택하여 활용할 수도 있습니다. 교사가 업무에 활용할 수 있는 다양한 인공지능(AI) 도구를 살펴볼 수 있는 대표적인 플랫폼으로는 '겟 지피티(GetGPT)'와 '뤼튼(WRTN)'이 있습니다.

인공지능(AI) 도구 '겟 지피티(GetGPT)'

겟 지피티(GetGPT)는 챗 지피티(ChatGPT)를 개발한 OpenAI라는 미국 개발사에서 개발한 플랫폼입니다. 겟 지피티(GetGPT) 플랫폼상에서는 이러한 인공지능(AI) 도구를 '앱'이라는 용어로 지칭하고 있으며, 특히 '선생님용 도구', '교육'이라는 앱 메뉴가 개설되어 있을 만큼 현장의 교사들이 겟 지피티(GetGPT) 플랫폼을 통하여 업무에 필요한 다양한 도구를 개발·공유·이용하고 있습니다.

인공지능(AI) 도구 '뤼튼(WRTN)'

㈜뤼튼테크놀로지스라는 국내 기업에서 개발한 플랫폼인 뤼튼(WRTN)은 대화형 인공지능(AI) 서비스인 '채팅' 기능뿐만 아니라, '챗봇'과 '툴'이라는 두 가지 유형의 인공지능(AI) 도구를 제작하고 이용할 수 있는 플랫폼이기도 합니다. 여기서 뤼튼(WRTN)의 '툴'이 겟 지피티(GetGPT)의 '앱'과 동일한 기능을 가진 인공지능(AI) 도구에 해당하며, 현재 유치원 업무와 직접적으로 연관된 다양한 툴이 개발되어 있는 상태입니다.

현장의 교사들이 생활기록부 작성의 효율성을 높이기 위해 직접 개발한 창의적인 도구를 살펴보고, 자신에게 필요한 적절한 도구를 선택하여 활용할 수 있습니다. 겟 지피티(Get GPT)와 뤼튼(WRTN)을 하나씩 살펴보며 그 활용방법을 알아보도록 하겠습니다.

'겟 지피티(GetGPT)' 한눈에 살펴보기

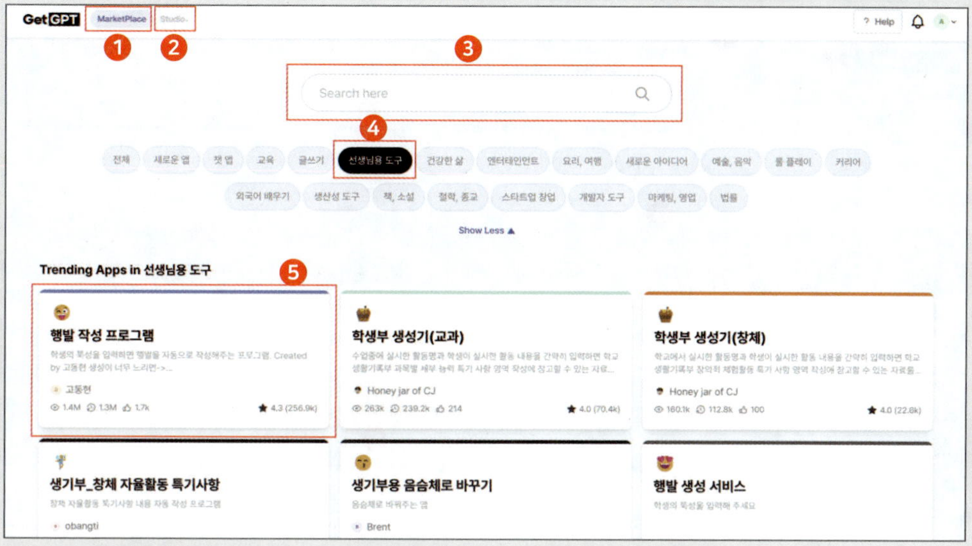

❶ **마켓플레이스(MarketPlace) :** 사용자들이 개발한 다양한 도구를 살펴보고 이용할 수 있습니다.

❷ **스튜디오(Studio) :** 자신의 목적에 필요한 도구를 직접 개발할 수 있습니다.

❸ **검색창 :** 자신에게 필요한 도구를 검색할 수 있습니다.

❹ **메뉴 :** 도구의 목적에 따라 분류되어 있는데, 특히 '선생님용 도구'에서는 교사의 업무와 관련된 도구를 살펴볼 수 있습니다.

❺ **도구 :** 자신의 업무에 필요한 도구를 클릭하여 선택합니다.

'뤼튼(WRTN)' 한눈에 살펴보기

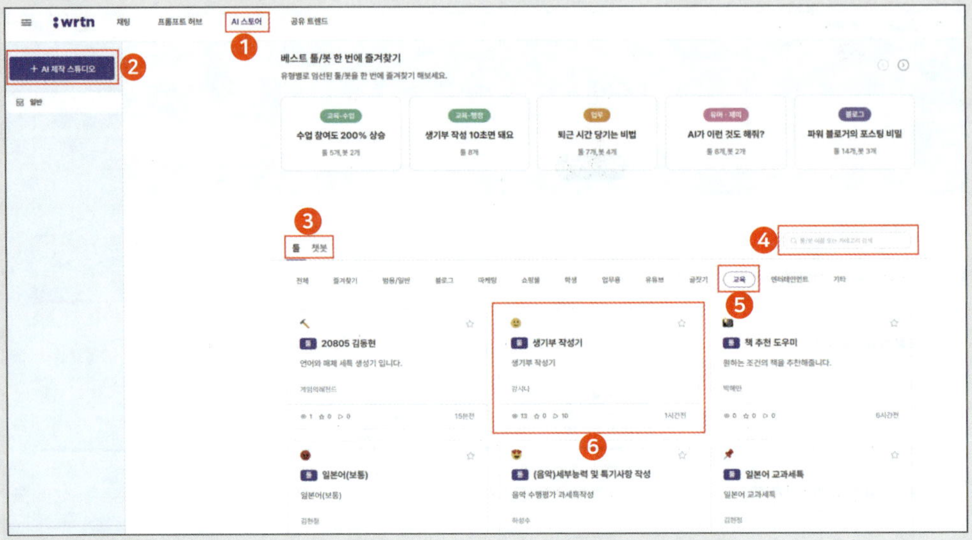

❶ **AI 스토어 :** 사용자들이 개발한 다양한 도구를 살펴보고 이용할 수 있습니다.

❷ **AI 제작 스튜디오 :** 자신의 목적에 필요한 도구를 직접 개발할 수 있습니다.

❸ **AI 도구 유형 :** 툴과 챗봇 중 필요한 유형의 도구를 선택할 수 있습니다.

❹ **검색창 :** 자신에게 필요한 도구를 검색할 수 있습니다.

❺ **메뉴 :** 도구의 목적에 따라 분류되어 있는데, 특히 '교육'에서는 교사의 업무와 관련된 도구를 살펴볼 수 있습니다.

❻ **도구 :** 자신의 업무에 필요한 도구를 클릭하여 선택합니다.

인공지능(AI) 도구에 입력하기

채팅창에 질문이나 요청사항을 입력하는 대화형 인공지능(AI)과 달리, 인공지능(AI) 도구에는 특정한 작업을 수행하는 데 초점을 맞추어 개발된 일정한 템플릿이 있습니다. 따라서 사용자는 자신의 목적에 적합한 도구를 선택하여 조건에 맞게 텍스트를 입력하기만 하면 입력한 텍스트를 바탕으로 인공지능(AI) 도구가 글을 생성합니다.

그렇다면 이제 유아발달상황을 작성하는 데 인공지능(AI) 도구의 도움을 받아봅시다. 현재 뤼튼(WRTN) 플랫폼에는 유치원 생활기록부와 직접적으로 연관된 도구가 개발된 상태입니다. 보다 많은 유아교사들이 인공지능(AI) 도구에 관심을 가지고 업무에 활용할 수 있는 창의적인 툴을 개발한다면, 우리는 인공지능(AI) 도구의 유용함을 더욱 풍성하게 누릴 수 있겠지요? 아래는 뤼튼(WRTN) 플랫폼에서 개발한 도구를 활용한 예시입니다.

1) 2023 유치원 챗기부

유아 관찰 내용을 입력하면 유아발달상황 예시 문장을 자동 생성해 줍니다.

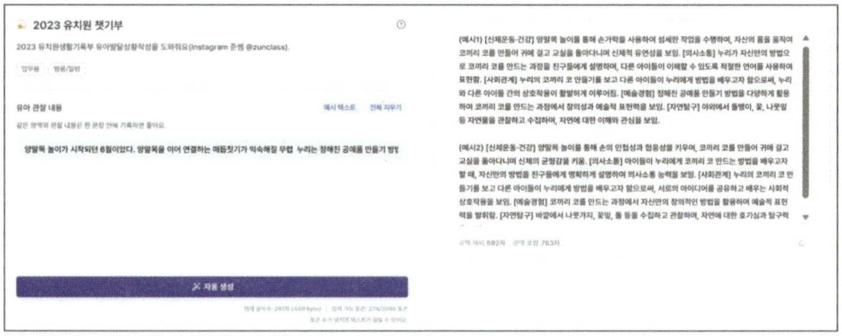

2) 음슴체 변환기

생활기록부 기재 조건 중 하나인 명사형 종결어미로 문장을 변환해 줍니다.

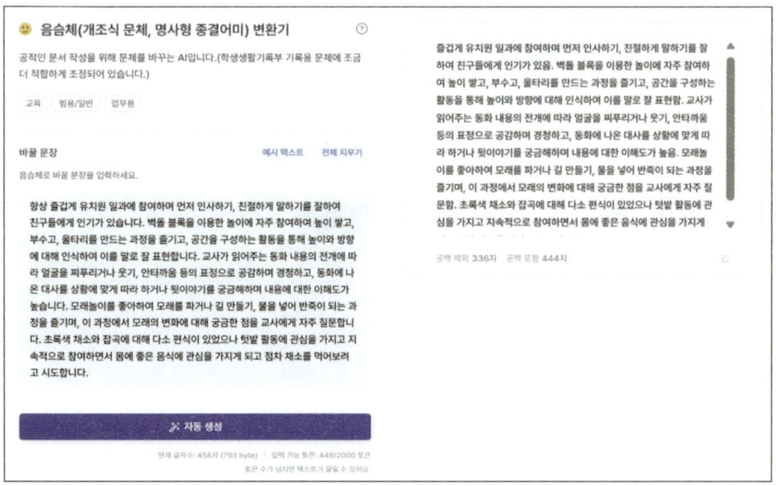

더 알아보기

인공지능(AI), 똑똑한 조수로 활용하기!

인공지능(AI) 기술은 비단 유아발달상황 작성뿐만이 아닌 유아교사의 업무 전반에 걸쳐 훨씬 더 넓은 범위에서 활용할 수 있습니다. 인공지능을 잘 활용한다면, 우리는 지금보다 훨씬 더 효율적이고 편리하게 업무를 해결해 나갈 수 있을 것입니다. 유아교육기관 업무에 활용할 수 있는 인공지능의 또 다른 예시로는 다음과 같은 것들이 있습니다.

1) 유아교육기관 홍보 문구 작성

유아교육기관명, 모집 분야, 모집 기간, 상담 전화 및 시간 등을 입력하면 유아교육기관 홍보 문구를 자동 생성해 주는 도구를 활용할 수 있습니다.

2) 유아교육기관 가정통신문 작성

가정통신문에 들어갈 핵심 내용을 입력하면 가정통신문 형식에 맞게 문장을 구성해 주는 도구를 활용할 수 있습니다.

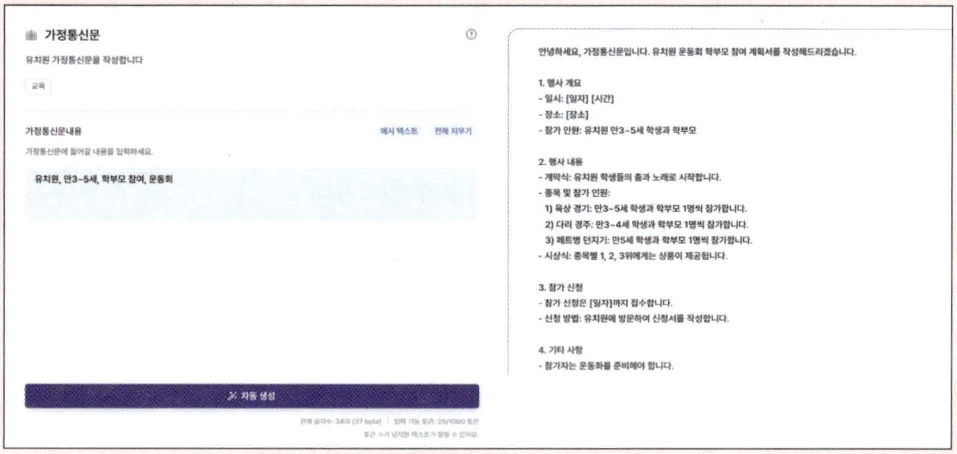

함께 생각해 볼까요?

- 현재 진행 중인 업무에서 겪고 있는 어려움/ 불편함이 무엇인가요?
- 그러한 어려움/ 불편함을 해결하기 위한 프롬프트(질문, 요청)를 생각해 봅시다.
- 그러한 어려움/ 불편함을 해결하기 위한 적절한 도구를 개발/ 검색해 봅시다.

인공지능(AI)의 날개를 달고, 높이 날아오르자!

눈부신 속도로 발전하고 있는 인공지능(AI) 기술. 이전까지 인공지능(AI) 기술은 일반인에게 접근하기 어려운 분야로 여겨졌지만, 앞서 살펴본 인공지능(AI) 플랫폼과 같이 이제는 쉽고 편리하게 이용할 수 있는 다양한 인공지능(AI) 서비스가 개발되어 누구나 인공지능(AI)의 유용함을 누릴 수 있는 시대가 되었습니다.

이러한 인공지능(AI) 서비스의 간단한 사용방법만 익혀도 조금 더 효율적인 업무가 가능해집니다. 이렇게 끌어올린 효율성을 바탕으로 교사는 학생의 정서적 지원, 창의적인 교육과정 개발 등과 같은 인공지능(AI)이 대체할 수 없는 업무, 즉 인간 고유의 업무에 더욱 집중할 수 있게 될 것입니다. 더불어 인공지능(AI)에게 질문하고 적절한 답변을 얻음으로써 여러 분야에 대한 전문성을 신장시키는 학습의 목적으로도 활용할 수 있겠지요.

유아발달상황 작성이라는 글쓰기 업무에도 인공지능(AI)의 도움을 받을 수 있다니, 정말 놀랍지 않나요? 이 책에 소개된 활용방법은 하나의 예시일 뿐, 이 책을 읽는 독자분들을 통해 더욱 더 창의적이고 유용한 인공지능(AI) 활용 꿀팁이 개발되고 공유되기를 바랍니다.

교사들이 전하는 생생한 사용 후기!

"교사가 수집한 유아 관찰 기록에서 유아의 발달적 특성을 분석하여 적절한 단어와 문장으로 표현해 주는 인공지능 기술이 놀라웠어요."

"인공지능이 알려준 유아발달상황 예시 문장을 참고해서 글을 쓰니 글쓰기에 대한 부담이 훨씬 줄어들었어요."

"명사형 종결 어미(~음, ~함)로 일일이 바꿔야 하는 기계적인 작업을 인공지능이 대신해 주니 정말 편리해요!"

Digital + PLUS 함께 생각해 봅시다

교사의 전문성과 교직 윤리, 그리고 인공지능(AI)

모든 과학 기술은 가치중립적입니다. 과학 기술은 인간의 활용 목적에 따라 선한 목적으로도, 악한 목적으로도 사용할 수 있는 도구인 것입니다. 예컨대, '칼'을 예로 들어봅시다. 요리사는 '칼'을 활용하여 사람에게 건강하고 맛있는 음식을 대접했습니다. 그러나 강도는 '칼'을 활용하여 사람을 해쳤습니다.

인공지능도 마찬가지입니다. 인공지능은 수많은 데이터를 학습하여 기능합니다. 이때 인공지능은 자신이 학습한 데이터가 진실인지 거짓인지, 편견으로 오염된 자료인지 판단을 할 수 없습니다. 이러한 판단은 사용자, 즉 인간의 몫으로 남겨지는 것입니다. 그렇기에 인공지능이 제공하는 정보를 무분별하게 받아들이기보다는, 주체적으로 판단하고 사고하여 분별 있게 수용하고 활용해야 할 것입니다.

더불어 인공지능의 사용자가 유아의 성장과 발달을 지원하는 '교사'라면, 인공지능이 선한 목적으로 잘 활용되고 있는지 스스로 잘 점검해 보아야 할 것입니다. **인공지능은 어디까지나 유아의 발달상황에 관한 문장을 작성함에 있어 참고 자료로 활용할 수 있는 '글쓰기 도구'입니다.** 만약 유아에 대한 정확한 관찰과 놀이기록이 제대로 이루어지지 않은 상태에서 무분별하게 인공지능을 활용하게 된다면 어떻게 될까요? **자동으로 문장을 생성해 준다고 하여 실제 유아의 개별적 특성에 대한 고려 없이 생성된 문장을 복사-붙여넣기 한다면 어떻게 될까요? 실제 유아의 발달상황과 서술된 내용이 일치하지 않는 크나큰 오류가 생길 수 있고, 이는 교사의 전문성을 스스로 깎아내리는 일이자 진실성과 정직성을 추구해야 하는 교직 윤리에도 위배되는 일일 것입니다.**

인공지능의 활용 목적과 범위를 잘 인식하고 교사로서의 책임감과 분별력을 가지고 사용할 때, 인공지능은 교사를 지원하는 훌륭한 '조수'가 되어줄 수 있을 것입니다.

3

놀이를 더 쉽게! 더 깊게! 지원하는 디지털 사다리

01 디지털로 놀이 확장하기
02 디지털을 활용하여 교육활동 자료에 생동감 더하기
03 놀이를 확장시키는 디지털 놀이 환경

오늘 하루, 어떤 업무를 하였나요? 교사가 해야 하는, 하고 있는 업무는 생각보다 많습니다. 그렇다면 많은 업무 중 비교적 정해진 틀 없이 새로운 문제를 해결해 나가야 하는 유연성이 높은 업무는 무엇일까요? 바로 놀이지원과 수업 준비입니다.

교사의 업무 중 어쩌면 가장 중요하다고 말할 수 있는 놀이를 지원하고 놀이와 연계된 활동을 준비하는 과정은 유아의 흥미를 따라가며 이루어집니다. 고정적인 주제가 아닌 오늘의 관찰을 바탕으로 내일의 교육과정을 운영하는 과정에서 한 번쯤 이런 고민에 빠진 적 있지 않았나요?

교육과정을 운영하며, 이런 고민이나 생각을 한 적 있나요?

- ☐ 나는 교실 속 놀이 공간이 좁다고 느낀 적이 있다.
- ☐ 나는 아이들과 명화 감상 활동을 특별하게 해 보고 싶다.
- ☐ 나는 아이들을 사로잡는 도입자료를 위해 고민해 본 적이 있다.
- ☐ 나는 아이들의 작품을 한 단계 더 업그레이드 시켜주고 싶다.
- ☐ 나는 동시에 많은 아이들이 도움을 요청하여 곤란했던 적이 있다.

제출 양식 지우기

'제3장 놀이를 더 쉽게! 더 깊게! 지원하는 디지털 사다리'에서는 여러분이 체크한 고민을 디지털을 활용하여 더 쉽게, 더 깊게 해결할 수 있는 길을 소개합니다.

함께 살펴볼까요?

01 디지털로 놀이 확장하기

유아교사는 유아와 함께 놀이하며 이루어진 관찰을 바탕으로 유아가 놀이에 더욱 몰입하고 놀이가 확장될 수 있도록 지원해 줍니다. 그러나 유아의 관심과 흥미에 따라 발현되는 놀이의 흐름은 교사가 예상하고 준비한 것과 전혀 다르게 진행되거나, 교사와 유아들에게 익숙한 주제의 놀이가 반복될 수 있습니다.

필요한 놀이 자료가 유아교육기관에 준비되어 있지 않아 적절한 순간에 제공하지 못했던 경험, 유아들의 놀이는 끝없이 확장되는데 공간의 제약으로 지원이 어려웠던 경험이 있나요? 또는 교사도 유아들도 너무 익숙한 놀이 주제를 어떻게 하면 더 새롭고 즐겁게 지원할 수 있을지 고민해 본 경험이 있나요?

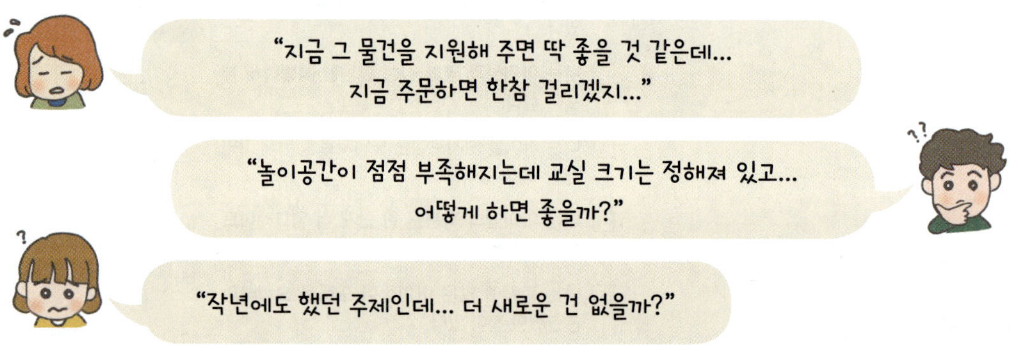

디지털 도구나 프로그램을 활용한 놀이 및 활동에 대한 교육 현장의 관심이 높은 요즘, 디지털을 활용한다면 유아교육기관에 모든 자료가 있지 않아도 적절한 시기에 적절한 지원을 할 수 있고, 공간의 제한을 넘어 유아의 놀이에 몰입감을 더할 수 있습니다. 또한 유아들에게 새로운 경험을 통해 즐거움을 느낄 수 있도록 지원할 수 있습니다.

이 절에서는 디지털을 활용해 새로운 놀이를 더 쉽게, 익숙한 놀이를 더 깊게 지원하는 사례를 소개하려 합니다. 디지털을 통해 놀이를 손쉽게 지원하며 교사의 고민은 덜고 유아의 배움은 확장될 수 있을 것입니다.

줌으로 유아의 놀이에 몰입감을 더하다!

놀이에 몰입감을 더하는 줌 활용하기

유아교육 현장에서도 비대면 수업을 위해 줌의 온라인 회의 기능을 많이 사용하기 시작했습니다. 줌은 2011년 미국에서 출시된 프로그램으로, 주요 기능인 온라인 회의와 함께 채팅, 전화, 이메일 등의 기능이 포함된 통합 커뮤니케이션 서비스 플랫폼입니다. 대면 수업이 다시 시작된 지금, 줌을 어떻게 사용하고 계신가요? 놀이의 유형에 따라, 참여하는 유아들의 수에 따라, 교실 속에서 이루어지는 놀이의 종류에 따라 넓어지기도 좁아지기도 하는 교실에서 줌을 활용한다면 공간의 제약을 뛰어넘은 놀이가 이어져 몰입감을 더할 수 있습니다.

줌 기본 사용방법 알아보기

줌은 데스크탑이나 모바일로 사이트에 접속하거나 모바일 앱을 다운받아 사용할 수 있습니다(https://zoom.us/ko). 구글 아이디 연동이나 이메일 인증을 통해 가입 후 이용이 가능합니다. 지금부터 데스크탑과 모바일로 줌을 이용하는 기본 방법을 알아보도록 하겠습니다.

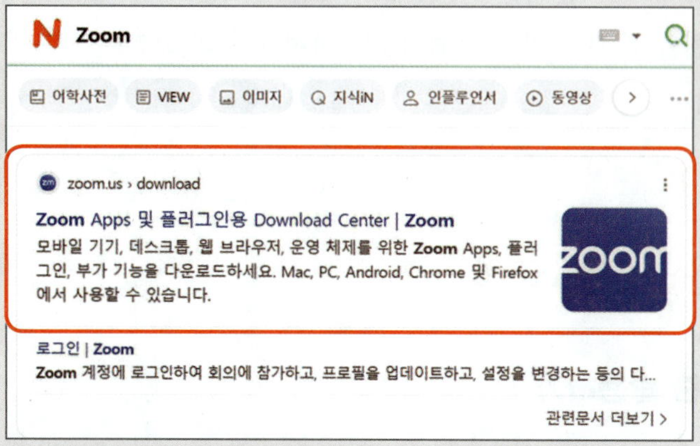

줌 다운로드하기

❶ 검색포털에서 줌 검색해서 다운로드하기

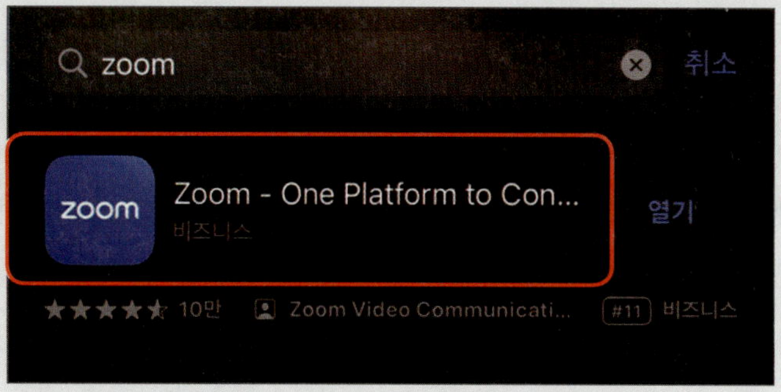

❷ 플레이스토어 또는 앱스토어에서 줌 검색해서 다운로드하기

회의 열기

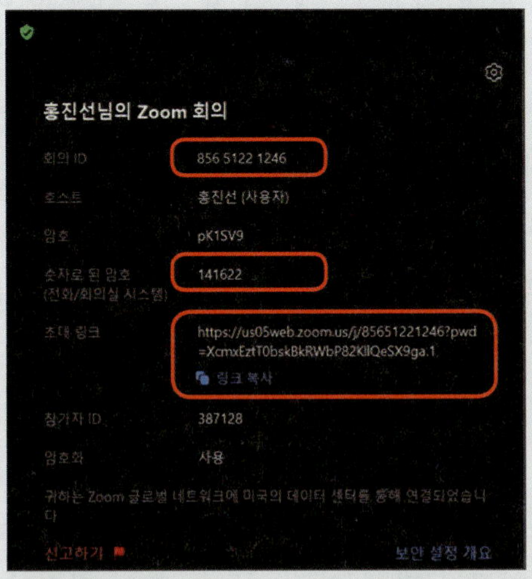

회의 초대하기

1. 회의 초대 링크 복사해 핸드폰으로 공유하기
2. 회의 ID와 암호 확인하기

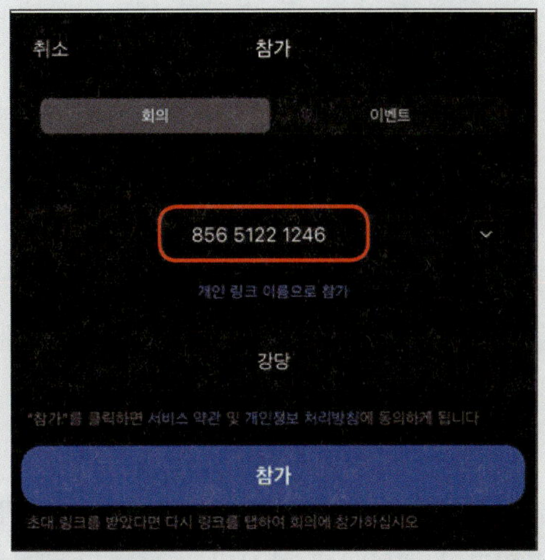

회의 입장하기

1. 회의 초대 링크로 입장하기
2. 회의 ID와 암호 입력해 입장하기

줌을 활용해서 놀이하기

친구들과 함께하고 싶은 첫 번째 놀이로 캠핑 놀이를 계획한 유아들이 텐트와 각종 캠핑 도구 놀잇감, 가정에서 준비한 캠핑 의자를 준비해 캠핑 놀이를 시작하였습니다. 각자 캠핑을 했던 경험을 떠올리며 캠핑 음식 만들기, 텐트 안에서 놀이하기, 캠핑 의자에 앉아 대화 나누기, 다쳤을 때 사용할 약 만들기 등 다양한 종류의 놀이 속 놀이가 생겨나며 놀이가 확장되었습니다.

이렇게 놀이가 지속되며 확장될수록 놀이 자료가 점점 많아지며 교실은 비좁아지기 시작했고, 텐트 밖에서 안이 보이지 않기 때문에 다른 놀이를 하던 유아들이 실수로 텐트를 밀어버리는 경우가 많아지면서 캠핑 놀이가 자주 중단되었습니다. 교사는 문제를 해결하기 위해 유아들과 함께 이야기를 나누었고, 유아들은 "진짜 캠핑은 캠핑장에 가야 하잖아요!", "맞아요. 진짜 밤에 캠핑하는 것처럼 놀고 싶어요!"라며 교실 외 공간인 지하 강당을 떠올렸습니다.

한 공간에서만 놀이하는 것이 아닌, 층이 다른 두 공간을 자유롭게 이동하며 놀이하고 싶어 하는 유아들과 지켜야 하는 안전 약속에 대해 이야기 나누었지만, 한 명의 교사가 두 공간 모두를 지켜볼 수 없는 상황에서 교사는 안전사고에 대한 걱정이 들었습니다. 교사는 다른 공간의 모습도 확인할 수 있는 방법을 고민하다 줌을 떠올리게 되었고, 강당에는 삼각대를 연결한 핸드폰을 두고 교실에는 컴퓨터에 웹카메라를 연결해 원격으로 놀이공간을 이어 주었습니다.

유아들이 안전하게 놀이하고 있는지 확인하기 위해 열었던 줌 회의는 잠시 후 또 하나의 놀이 도구로 활용되었습니다. 다른 곳에 어떤 친구가 있는지 확인하던 유아들은 화면 너머의 친구와 대화하며 자신의 놀이를 소개하거나 다른 공간에 있는 친구를 불러 자신이 놀이하는 공간에 초대하기도 하였습니다. 유아들은 "선생님! 이렇게 하니까 진짜 놀러 가서 영상통화 하는 것 같아요!"라고 말하며 놀이에 더욱 몰입하는 모습을 보였습니다.

유아들이 주로 놀이하는 공간인 교실은 각 유아교육기관에 따라, 학습 인원에 따라, 놀이에 따라 공간이 협소하게 느껴질 수 있습니다. 그러나 이런 문제를 해결하기 위해 다른 공간을 함께 사용한다는 것은 안전사고의 우려가 있어 혼자 학급을 담당하는 교사로서 불가능하다고 생각할 수 있습니다. 만약 그렇다면 디지털의 도움을 받아보면 어떨까요?

제한된 공간의 문제를 해결함과 동시에 스스로 놀이공간을 선택하고, 친구들과 소통하며 놀이를 확장하는 유아의 모습을 볼 수 있을 것입니다.

이매지너리 사운드스케이프로 상상력을 높이다

인공지능의 원리를 쉽게 체험해 보자!

이매지너리 사운드스케이프(Imaginary Soundscape)는 사진, 그림 등의 이미지 속에서 정보를 얻어 어울리는 소리를 인출해 주는 인공지능 프로그램입니다. 유아가 생활 속에서 촬영한 사진이나 명화와 같은 그림 등 다양한 이미지 속에 담긴 정보를 인공지능이 인식하여 이와 어울리는 소리로 인출해 줍니다. 예를 들어, 해변의 사진을 이 프로그램에 업로드하면 인공지능이 해당 사진이 '해변'임을 인식한 후 그 곳에서 들릴 법한 소리(㉠ 파도소리)를 인출해 주는 것입니다.

유아는 정보를 수집할 때, 문자보다는 이미지를 이용하는 것이 용이하기 때문에 이미지를 활용한 인공지능의 원리를 쉽게 활용할 수 있다는 장점이 있습니다.

"글을 읽고 얻는 정보보다 사진이나 그림 같은 이미지로 얻을 수 있는 정보가 더 많을 텐데 이를 활용하면 어떤 활동과 놀이를 할 수 있을까?"

이매지너리 사운드스케이프 메인화면

이매지너리 사운드스케이프 살펴보기

이매지너리 사운드스케이프는 크롬 브라우저(https://www.imaginarysoundscape.net/)를 통해 사용이 가능합니다. 이 사이트는 별도의 회원가입이 필요 없이 이용할 수 있습니다. 지금부터 이매지너리 사운드스케이프를 이용하는 방법을 알아보겠습니다.

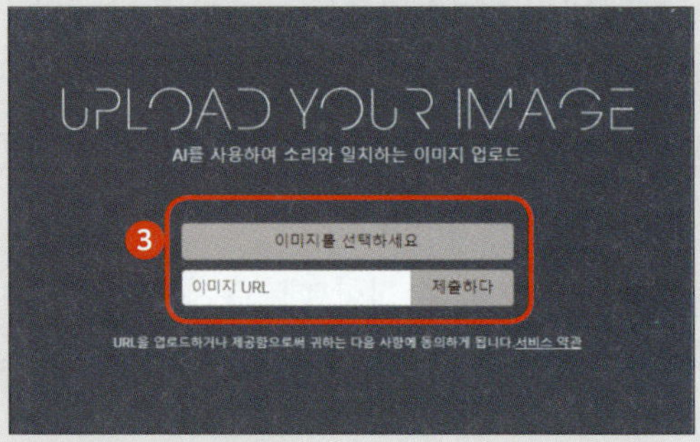

❶ 이매지너리 사운드스케이프 접속

❷ '지도 탐색'과 '이미지 업로드' 메뉴로 나뉨

❸ 원하는 이미지 업로드

해당 이미지와 어울리는 소리가 출력됨

'지도 탐색'에서는 특정 장소를 검색하여 활용 가능

이매지너리 사운드스케이프를 유아와 활용해 보기

명화를 감상하며 명화 속 인물이 되어보거나 그 상황에 대해 상상해 볼 수 있습니다. "우리가 이 어린이라면 훈장님과 어떤 대화를 나누고 있을까?"와 같은 질문을 통해 유아의 상상력을 자극할 수 있습니다. 그리고 실제로 이매지너리 사운드스케이프에 업로드하여 유아의 상상과 인공지능이 들려주는 소리를 비교해 볼 수도 있습니다.

"훈장님한테 혼나고 있는 것 같아요!"

"조용히 해! 이런 소리가 들릴 것 같아요~"

"만약 우리가 이 명화 속으로 들어간다면 어떤 대화가 들릴까?"

"우리가 명화 속에 들어간 모습도 인공지능이 같은 소리를 들려줄까?"

"공원에 소풍을 나온 모습 같아!"

"우리도 진짜 소풍 간 것처럼 도시락을 들고 명화 속으로 들어가 보자."

"난 잔디밭 위에 누워있어 볼래~"

또한 이매지너리 사운드스케이프의 원리를 거꾸로 이용하는 활동도 해볼 수 있습니다. 이미지 속의 정보를 수집하여 들릴법한 소리를 상상해 보는 것이 아니라 여러 가지 소리를 미리 들어보고, 어떤 이미지와 관련이 있는지 추측해 보는 것입니다.

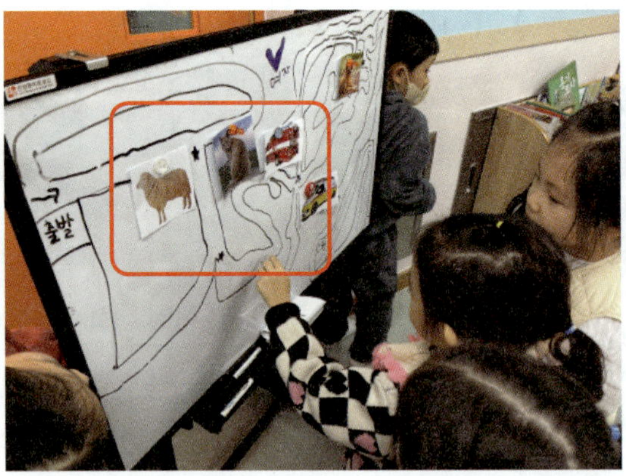

미로의 갈림길에서 소리의 힌트를 듣고, 어떤 이미지와 연결된 소리인지 추측하여 길을 찾아가는 유아들

이매지너리 사운드스케이프를 통해 인공지능의 원리를 유아들의 눈높이에 맞게 탐색해 볼 수 있고, 이미지와 소리를 연결해 주는 프로그램의 특성을 이용하여 다양한 활동을 해 볼 수 있습니다.

이매지너리 사운드스케이프를 활용할 때는 모든 놀이나 활동의 시작이 그러하듯, 유아가 탐색해 보는 과정이 필요합니다. 유아가 다양한 이미지를 프로그램에 업로드해 보고 출력되는 소리와 업로드한 이미지 사이의 관계를 추측해 보는 시간을 충분히 가져봅니다. 이미지가 직관적이고 명확할수록 맞춘 듯 어울리는 소리를 들려주기 때문에 유아가 프로그램의 원리를 쉽게 이해할 수 있는 이미지를 찾는 것도 중요합니다.

더 알아보기

유아의 놀이를 확장해 주고 상상력을 더해주는 디지털 도구

유아의 놀이를 확장해 주고, 놀이와 연계된 활동으로 이어질 수 있도록 고민하는 분들이 많습니다. 다양한 디지털 프로그램은 유아의 놀이와 활동을 다채롭게 지원할 수 있습니다.
지금까지 줌, 이매지너리 사운드스케이프를 통해 유아의 놀이공간이 확장되고, 유아가 주도적으로 활용할 수 있는 디지털 놀이 사례를 소개하였습니다. 이 책에서 소개한 사례 이외에 다양한 방법을 활용하여 유아의 놀이와 활동이 깊어질 수 있는 지원을 해보길 바랍니다.

교사들이 전하는 생생한 사용 후기!

"공간을 많이 필요로 하는 놀이를 할 때 아이들이 서로 많이 부딪쳤는데, 다른 공간을 줌으로 이어주니 놀이공간이 더 넓어졌어요!"

"서로 다른 공간에 있는 친구와 원격으로 소통하며 새로운 방식의 놀이를 즐길 수 있었어요!"

"이미지 정보를 바탕으로 결괏값을 출력하기 때문에 유아들이 생각해 보고 표현하기가 쉬워요!"

"탐색하는 과정 속에서 인공지능의 원리를 이해할 수 있어요!"

02 디지털을 활용하여 교육활동 자료에 생동감 더하기

「2019 개정 누리과정」에서의 놀이는 배움 그 자체입니다. 유아는 관심 있는 주제를 스스로 선정하고, 주도적으로 놀이를 진행해 나가는 가운데 의미 있는 배움을 경험하게 됩니다. 하지만 유아는 놀이시간을 통해서만 배우는 것은 아닙니다. 이야기 나누기, 새노래, 동화, 미술활동 등과 같이 놀이와 연계한 다양한 활동들을 통해서도 유아는 놀이 주제에 대해 알아보고, 탐구하고, 배움을 확장해 나가게 됩니다. 더불어 교사는 유아가 만든 다양한 교육활동 결과물들을 여러 가지 방법으로 변화시켜 줌으로써 유아의 상상력과 창의성을 증진시켜 줄 수 있습니다.

이러한 활동을 전개해 나갈 때 교사는 유아가 활동에 몰입해서 참여할 수 있도록 여러 가지 교육자료를 제작하게 됩니다. 특히 유아는 시각적인 정보를 잘 받아들이고, 큰 흥미를 느끼기에 교사는 활동을 하면서 실물자료를 제공해 주거나, 사진이나 그림과 같은 자료를 보여주게 됩니다. 이때 만약에 가만히 있던 사진 속 인물이 갑자기 살아서 말을 하게 된다면 어떨까요? 유아가 그린 캐릭터가 상황에 맞게 움직이게 된다면 어떨까요? 아마 유아는 주제에 더 큰 흥미를 느끼고 활동에 참여할 수 있게 될 것입니다. 예전부터 이러한 기술들이 없었던 것은 아니지만, 현장에 있는 교사들이 접근하기에는 어려움이 있었습니다. 하지만 이제는 전문적인 지식이 필요하지 않아도, 오랜 시간 자료 제작에 공을 들이지 않아도 쉽게 제작할 수 있는 디지털 플랫폼들이 많이 생겼습니다.

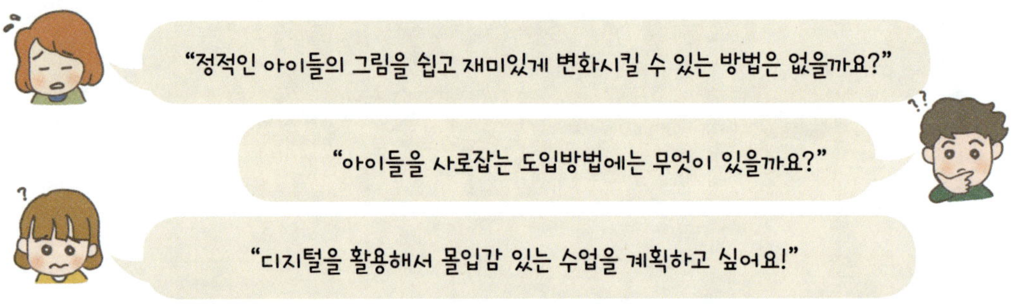

이 절에서는 다양한 사진 속 인물이나 유아의 그림 속 캐릭터를 아주 쉽게, 그리고 빠르게 움직임이 있는 영상으로 만들어 주는 사이트들을 소개하고자 합니다. 이러한 매력적인 교육활동 자료를 통해 유아가 주제에 대한 활동에 더욱 몰입하여, 배움이 확장되는 경험을 하게 될 것입니다.

애니메이티드 드로잉으로 유아의 작품에 생명력을 더하기!

아이들의 그림이 살아 움직이다! 애니메이티드 드로잉

애니메이티드 드로잉(Animated Drawings)은 메타AI팀에서 개발한 애니메이션 제작 사이트입니다. 이 사이트는 사용자가 업로드한 그림이나 사진 이미지를 특별한 기술 없이 몇 번의 클릭만으로 동영상을 만들어줍니다. 회원가입이나 프로그램 설치가 필요 없기에 누구나 쉽게 접속해서 결과물을 만들어 낼 수 있다는 장점이 있습니다.

유아의 그림을 쉽게 움직여주는 사이트 '애니메이티드 드로잉'

애니메이티드 드로잉 시작하기

애니메이티드 드로잉은 데스크탑이나 모바일 모두 사이트에 접속하여 사용 가능합니다(https://sketch.metademolab.com/canvas). 이 사이트는 회원가입이 필요 없이 누구나 간편하고 빠르게 활용할 수 있습니다. 지금부터 PC버전으로 애니메이티드 드로잉을 활용하기 위한 기초내용을 살펴보도록 하겠습니다.

애니메이티드 드로잉 접속하기

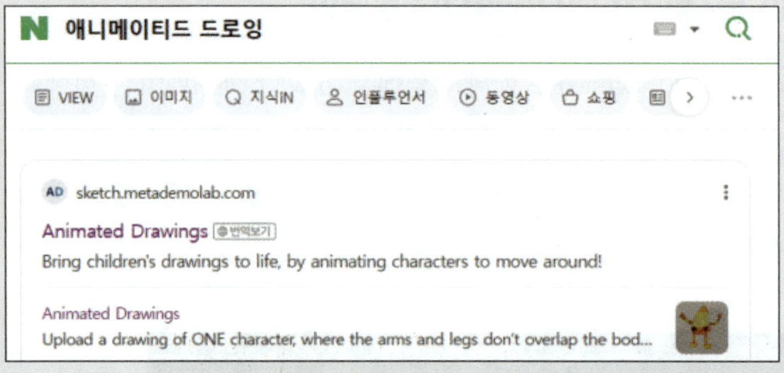

검색포털에서 애니메이티드 드로잉을 검색, 제일 첫 번째 나오는 사이트에 접속

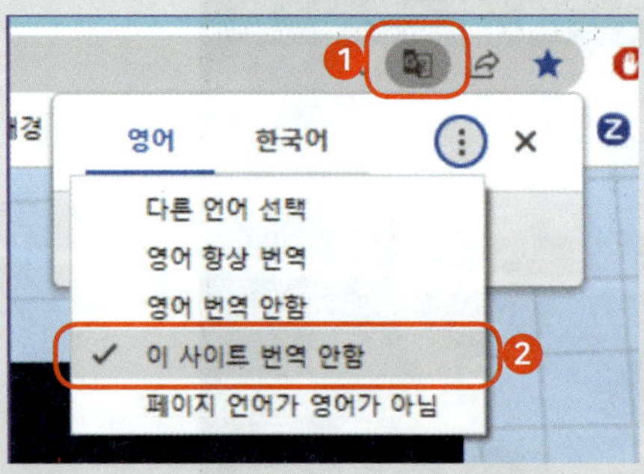

크롬접속 권장

사전설정으로 크롬의 자동번역 기능을 비활성화

❶ 자동번역 아이콘 클릭
❷ 이 사이트 번역 안함 클릭

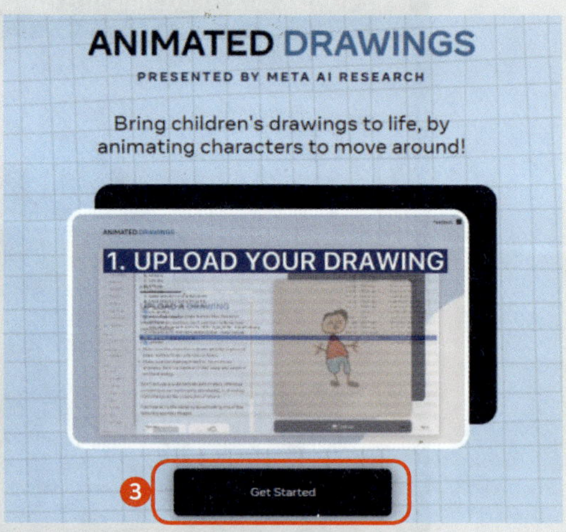

❸ Get Started 버튼 클릭

애니메이티드 드로잉으로 사진 업로드하기

애니메이티드 드로잉에 접속해서 체크리스트를 확인한 후 움직일 사진을 불러오는 단계입니다.

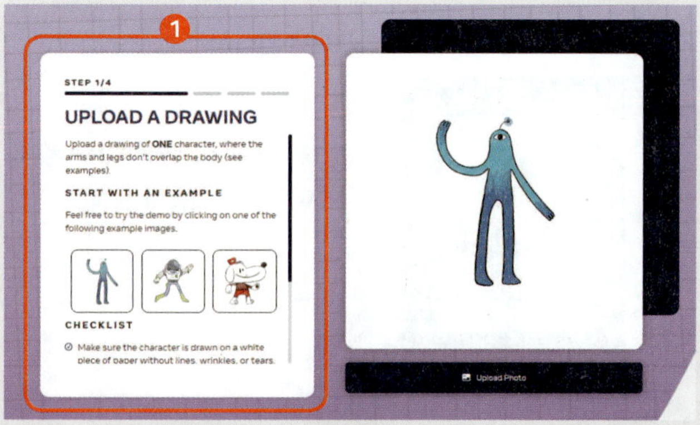

❶ 체크리스트 확인
- 깨끗한 흰종이에 그렸는지
- 배경의 밝기가 적당한지
- 불쾌감을 주는 그림 혹은 저작권 침해의 그림은 아닌지
- 팔, 다리가 잘 구별된 그림인지

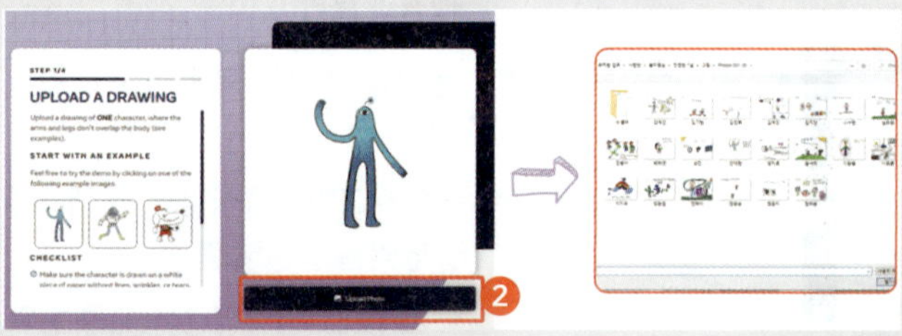

❷ Upload Photo를 클릭하여 움직이고 싶은 사진 업로드하기

사진 업로드

❸ Next 버튼 클릭

애니메이티드 드로잉으로 그림 움직이기

그림 업로드 후 캐릭터 인식, 배경 분리, 관절 및 모션 설정 등과 같은 단계를 거치면 실감나는 유아의 그림 결과물을 볼 수 있습니다.

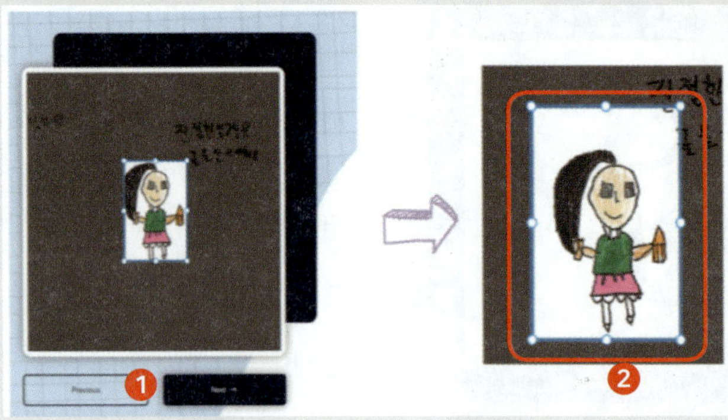

캐릭터 인식시키기

❶ 그림인식 확인

❷ 네모칸과 8개의 포인트를 활용하여 인식범위 설정

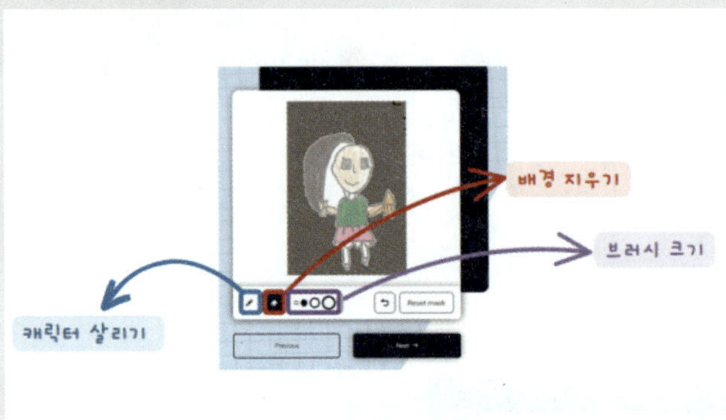

배경과 분리하기

움직일 영역을 제외하고 배경을 지움

- **연필그림** : 움직임을 줄 캐릭터 영역을 설정해 줌
- **지우개그림** : 배경을 지울 영역을 설정해 줌
- **브러시 크기** : 영역 설정 시 작업할 브러시의 크기

캐릭터 관절 설정하기

- 얼굴, 팔, 다리가 잘 구분되었는지 확인
- 필요시 각 관절 포인트 조절

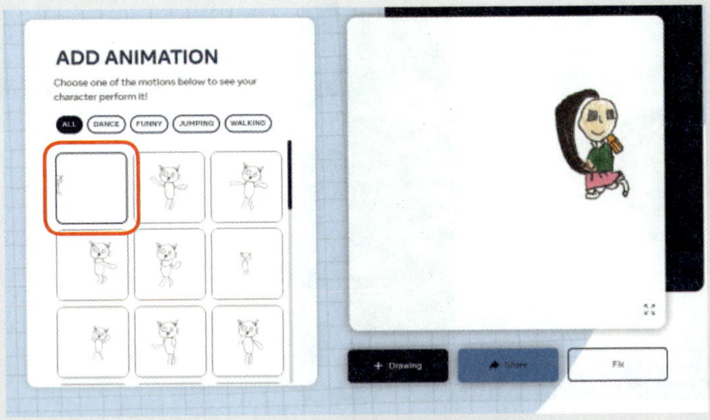

캐릭터 모션 적용하기

32개의 모션 효과 중 적용하고 싶은 모션 클릭

애니메이티드 드로잉으로 만든 영상 다운로드하기

만들어진 영상을 다운로드하는 단계입니다. IOS 기기(아이폰, 아이패드)의 경우 안드로이드 기기와 다운로드하는 방법이 다르니 참고하세요.

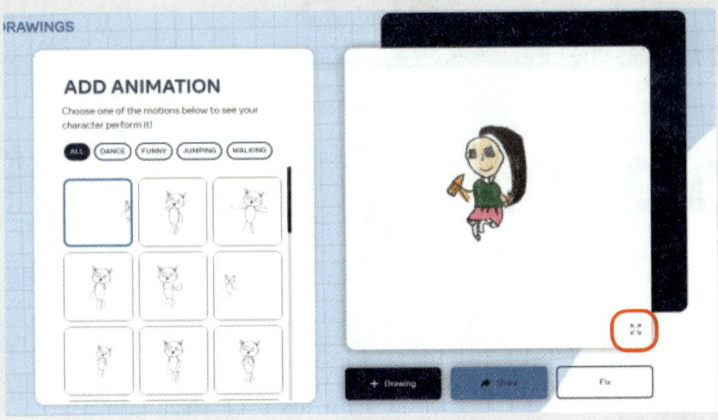

캐릭터 영상 다운로드하기 1

오른쪽 하단의 대각선 화살표 버튼 클릭

캐릭터 영상 다운로드하기 2

오른쪽 하단의 세로점 3개 버튼 클릭

캐릭터 영상 다운로드하기 3

오른쪽 하단의 다운로드 버튼 클릭

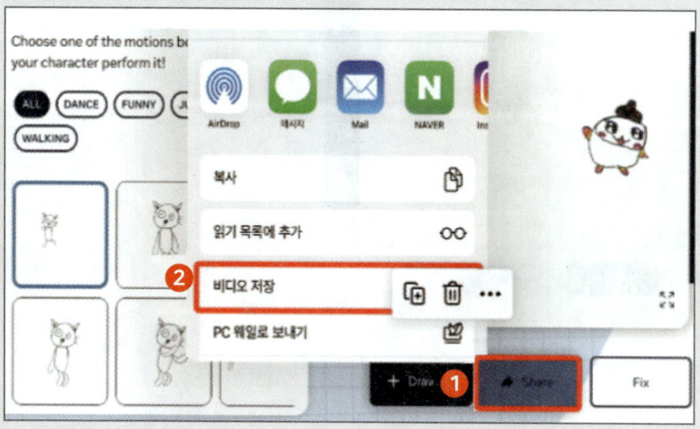

아이폰, 아이패드에서 다운로드

1. Share 버튼 클릭
2. 비디오 저장 버튼 클릭

유의해야 할 점

애니메이티드 드로잉의 경우 캐릭터의 팔다리와 신체구조가 명확하게 그려져 있어야 최상의 결과물을 얻을 수 있습니다. 아래와 같은 캐릭터는 좋은 결과물이 나오지 않으니 유의하세요!

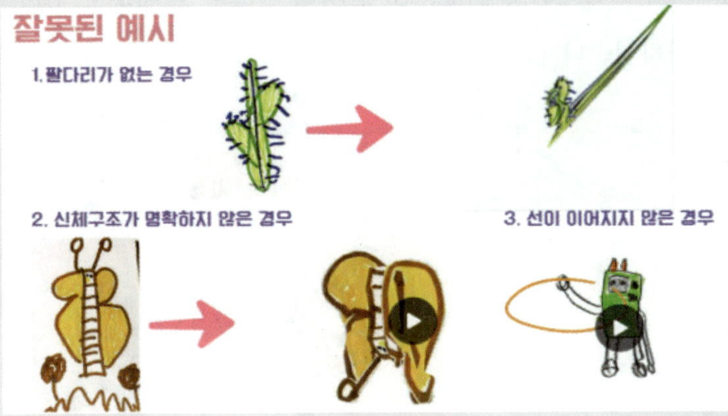

〈잘못된 예시〉

① 팔다리가 없음

② 신체구조가 명확하지 않음

③ 몸통과 팔이 이어지지 않음

애니메이티드 드로잉으로 만든 동화 살펴보기

5세 유초이음 활동으로 〈진정한 일곱 살〉 동화를 듣고 내가 생각하는 일곱 살다운 행동을 그림으로 표현해 보았습니다. 유아의 그림에는 모두 자신의 캐릭터가 그려졌다는 공통점이 있었는데 교사는 이 캐릭터가 유아 그림의 상황처럼 움직이면 좋겠다는 생각을 갖게 되었습니다. 이에 '애니메이티드 드로잉'을 활용하여 유아의 그림을 움직여 우리 반만의 〈진정한 일곱 살〉 동화를 제작하였습니다.

유아가 그린 단순한 그림

그림의 주제에 맞는 영상으로 변환

유아는 자신이 정적으로 그린 그림이 생동감 있게 움직이는 것에 큰 흥미를 보였고, 다른 그림들을 그려 움직여보고 싶어 했습니다. 유아의 작품을 학부모들에게 공유하였더니 "그림이 움직이니 신기하다", "영상으로 보니 유아의 생각이 더 실감나게 전달되는 것 같다" 등 매우 긍정적인 반응을 보여주었습니다. 더불어 이전에는 그림 그리는 것에 소극적인 모습을 보이던 유아도 자신의 캐릭터가 움직이는 것에 흥미를 보이며 미술활동에 이전보다 더 잘 참여하는 모습을 보였습니다. 왜냐하면 그림 실력의 뛰어남과 상관없이 팔다리만 잘 표현된 소위 말하는 선 형태의 그림도 잘 움직였기 때문입니다. 결국 애니메이티드 드로잉을 활용함으로써 유아는 더욱 주도적으로 주제에 몰입하게 되었고, 이러한 자료들을 학부모들에게 공유하여 교육활동에 대한 이해도를 증진하는 계기도 되었습니다.

애니메이티드 드로잉으로 만든 〈진정한 일곱 살〉 동화 자료

더 알아보기

vFlat(스캔어플 활용하기)

- 유아의 작품을 고화질 이미지로 저장할 수 있음
- 실제 스캐너에서 스캔할 수 없는 큰 사이즈나 입체작품 스캔 가능
- 작품 뒤 배경이 흰색 처리되어 원본 그림을 제거하는 등 동영상 편집 시 도움
- IOS, 안드로이드 모두 지원

스튜디오 디아이디로 활동 도입 시 몰입감을 더하기!

사진을 영상으로 만들다! 스튜디오 디아이디

최근 AI 기술의 발달로 이를 활용한 다양한 영상 제작이 가능해지고 있습니다. 그중 스튜디오 디아이디(Studio D-ID)는 초보자들도 쉽고 빠르게 AI 영상 제작을 가능하게 해주는 플랫폼입니다. 자체 제공되는 AI 이미지나 보이스를 사용할 수 있을 뿐 아니라 사용자가 직접 원하는 이미지나 음성을 업로드하여 여러 목적에 따라 말하는 AI 아바타를 제작할 수 있습니다. 이를 교실 속에서 잘 활용한다면 유아에게 몰입감 있는 수업 자료를 제작할 수 있게 될 것입니다.

사진 속 인물을 생동감 있는 영상으로 만들어 주는 AI 사이트 '스튜디오 디아이디'

AI 영상 제작방법 살펴보기

스튜디오 디아이디 접속하기

스튜디오 디아이디는 PC버전(https://studio.d-id.com)이나 모바일 앱에서 사용이 가능합니다. 구글 아이디 연동가입이나 이메일 인증을 통한 가입을 통해 이용이 가능하며 PC로 가입 시 무료로 만들 수 있는 크레딧 20개를 제공해 주기 때문에 데스크탑 가입을 권장드립니다. 지금부터 PC버전 스튜디오 디아이디로 AI 영상을 제작하는 방법에 대해 알아보도록 하겠습니다.

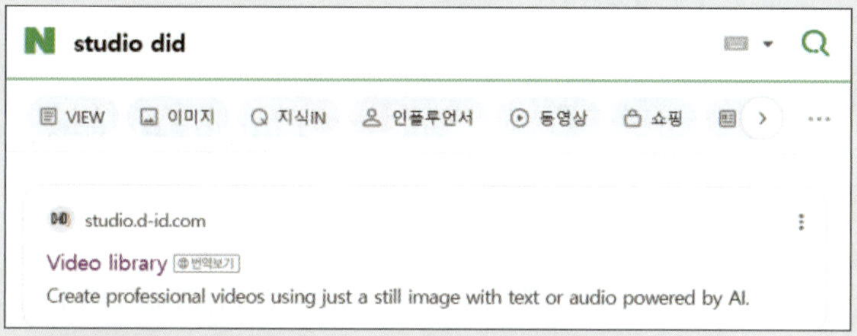

검색포털에서 studio did를 검색(영문검색), 제일 첫 번째 나오는 사이트에 접속

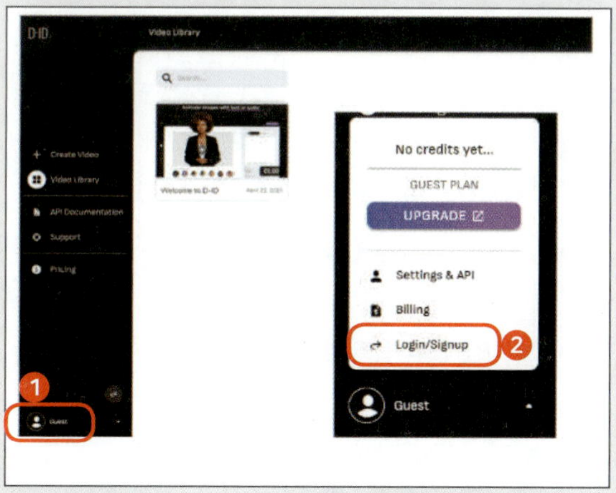

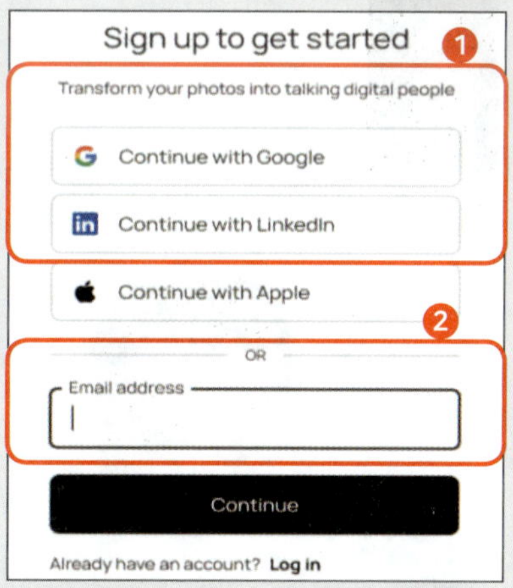

회원가입하기 1

1. 왼쪽 하단 'Guest' 버튼 클릭
2. 'Login/Signup' 클릭

회원가입하기 2

1. 기존 계정 이용 가입
2. 이메일을 통한 신규가입

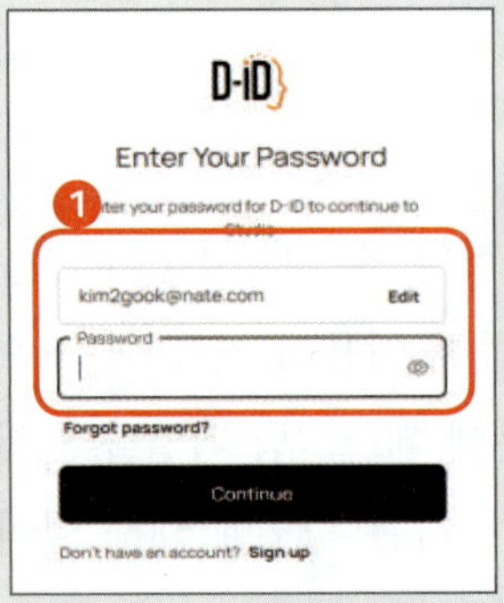

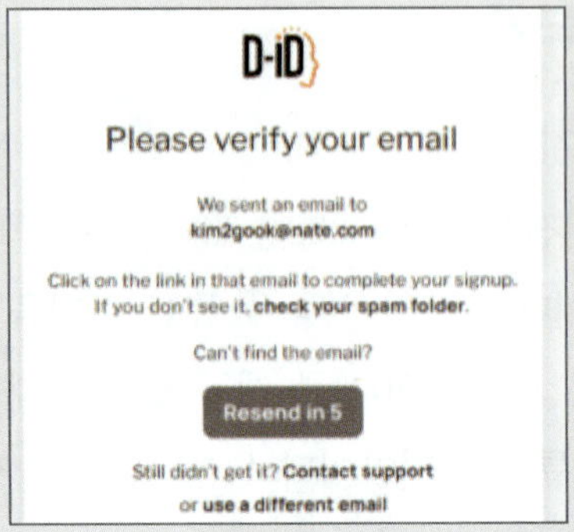

회원가입하기 3

1. 이메일과 패스워드 입력
2. 작성한 이메일 주소로 전송된 메일 확인 후 승인

스튜디오 디아이디로 생동감 넘치는 인물영상 제작하기

사진으로 영상 제작하기 1

'Create video' 클릭

사진으로 영상 제작하기 2

'ADD' 클릭 후 업로드할 사진 선택

* 최상의 결과물을 얻기 위한 사진 조건

- 정면방향 사진
- 닫힌 입, 무표정
- 너무 작지 않은 머리 크기
- 밝고 선명한 조명
- 10MB를 초과하지 않는 파일
- 얼굴을 가리지 않음

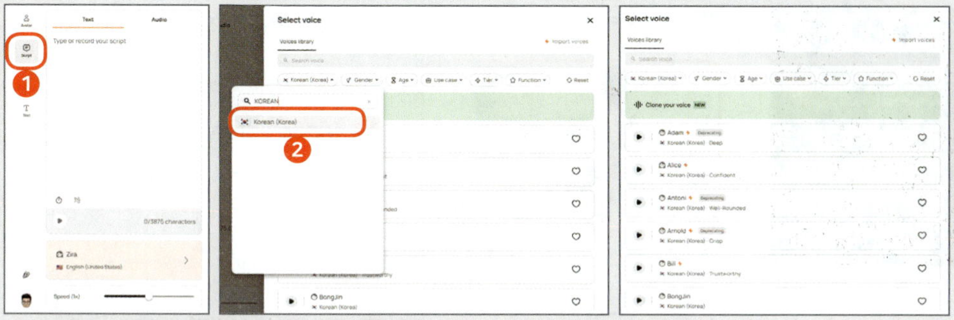

사진으로 영상 제작하기 3

음성파일이 없는 경우

1. 'Script' 클릭 후 원하는 내용 작성
2. 하단 자막 언더바 클릭 후 Korean 설정
3. 목소리 선택

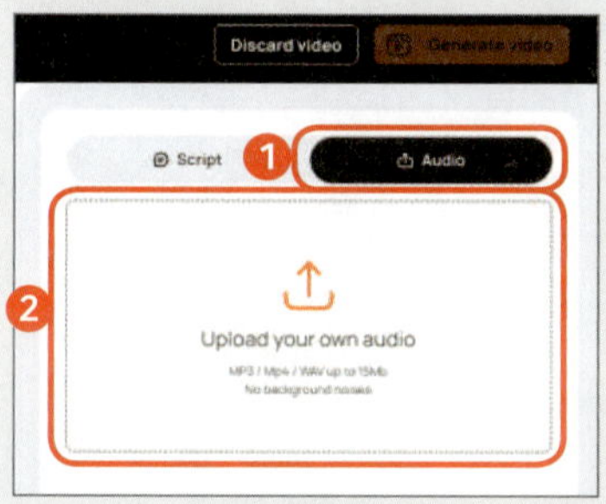

사진으로 영상 제작하기 4

음성파일이 있는 경우

1. 'Audio' 클릭
2. Upload 창으로 음성파일 끌어오기

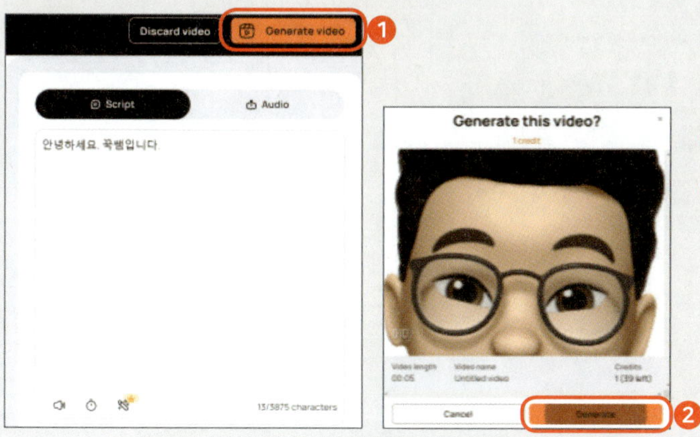

사진으로 영상 제작하기 5

음성파일이 없는 경우

1. 'Generate video' 클릭
2. 'Generate' 클릭

사진으로 영상 제작하기 6

음성파일이 없는 경우

❶ 'Video library' 클릭

❷ 영상으로 만들 파일 클릭

❸ 'Download' 클릭

스튜디오 디아이디로 한글날 계기교육 자료 제작하기

5세 2학기가 되면 한글 교육에 대한 학부모의 관심이 높아지면서 교사도 한글 지도에 대한 고민을 하게 됩니다. 보통 한글날을 계기로 유아들과 함께 세종대왕과 한글에 대해 알아보는 시간을 가지는 경우가 많은데, 이때 유아들이 조금 더 생동감 있게 세종대왕을 만나면 더 관심을 갖고 몰입하지 않을까 생각했습니다. 이에 인공지능 사이트를 활용하여 지폐 속 세종대왕의 움직임을 도입자료로 제작하게 되었습니다.

단순 이미지

AI 기술을 통해 말을 하는 영상으로 변환

스튜디오 디아이디로 만든 〈한글날〉 계기교육 이야기 나누기 자료

사진이나 그림 속 정적인 인물을 움직이기 위해서 활용한 사이트는 바로 스튜디오 디아이디입니다. 원래 그림 이미지를 영상으로 바꿀 수 있는 프로그램은 어도비사의 에프터 이펙트가 있지만, 사용료가 비싸고 사용방법을 익히는 데 오래 걸린다는 단점이 있습니다. 하지만 스튜디오 디아이디는 움직이고 싶은 사진과 목소리만 있다면 누구든 쉽게 제작할 수 있습니다. 유아들은 입을 꾹 닫고 사진 속에서 인자한 미소만 보이셨던 세종대왕이 근엄한 목소리로 말을 하며 실감나게 움직이는 영상을 통해 한글에 대한 흥미를 더욱 확장해 나갔고, 이후 전개되는 활동에 몰입할 수 있었습니다.

더 알아보기

AI 더빙 사이트 이용하기(클로바 더빙, 타입캐스트)

typecast

- AI 더빙 캐릭터가 다양함(연령, 성별, 캐릭터)
- 세부적인 목소리 조절이 가능

스튜디오 디아이디 사이트 사용 시 유의점

- 스튜디오 디아이디 업로드 규정상 유명인물의 이미지 업로드 금지
- 실제 초상화가 아닌 일러스트 형태의 그림을 활용하면 업로드 가능

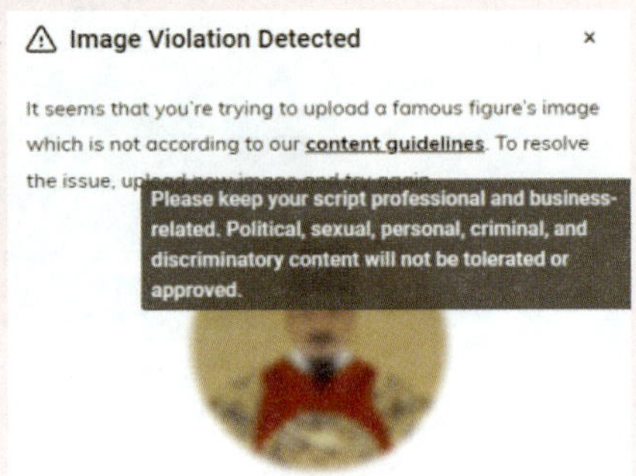

AI 플랫폼을 활용하여 활동에 생동감 더하기

매력적인 교육자료와 활동자료는 유아들의 배움을 촉진시키고 흥미를 자극합니다. 따라서 교사들은 다양한 방법들을 사용합니다. 교사는 유아들이 놀이 주제에 보다 흥미를 느낄 수 있도록 자신이 만든 작품 혹은 움직이지 못하는 대상이 살아 움직이는 듯한 애니메이션 효과를 줄 수 있는 프로그램을 소개하였습니다.

앞서 소개한 사례들처럼 애니메이티드 드로잉과 스튜디오 디아이디를 통해 생동감 있는 교육활동 자료를 만들어 보면 어떨까요?

교사들이 전하는 생생한 사용 후기!

" 그림을 그리는 것에 소극적인 아이들이 내 캐릭터를 움직여보고 싶어서 그림을 열심히 그리기 시작했어요!"

"사용방법이 간단해서, 디지털 매체를 잘 다루지 못하는 교사들도 쉽게 접근할 수 있을 것 같아요!!"

" 지금은 사진이나 그림으로밖에 만나지 못하는 이순신 장군이나 세종대왕 등 역사적 인물을 영상으로 만날 수 있어서 아이들의 수업 몰입도가 더욱 올라갔습니다!"

"그림 속 인물을 움직이는 것은 영상 전문가들이나 할 수 있는 고급 기술인 줄 알았는데 간편하게 만들 수 있어서 좋았어요!"

03 놀이를 확장시키는 디지털 놀이 환경

유아교육기관 교실 내 환경구성은 교사들에게 늘 고민이며 부담이 큰 업무 중 하나입니다. 환경구성이라고 하면 보통 벽면 게시만 생각할 수 있겠지만 다양한 형태로 놀이를 지원하는 환경을 구성할 수 있습니다.

놀이 환경을 구성할 때는 놀이중심 교육과정에 맞게 유아의 놀이가 더 확장될 수 있도록 구성합니다. 교실 벽면에 유아의 작품을 게시한다고 해도 어떤 방법으로 게시할 것인지 기획해야 하며 게시할 위치 선정부터 게시 후 교실 환경 내의 여러 구성물의 조화로움까지 고려해야 합니다. 이러한 과정에 유아교사의 고민과 노력이 필요하기 때문에 놀이 환경을 구성하고 지원하는 시간이 많이 소요됩니다.

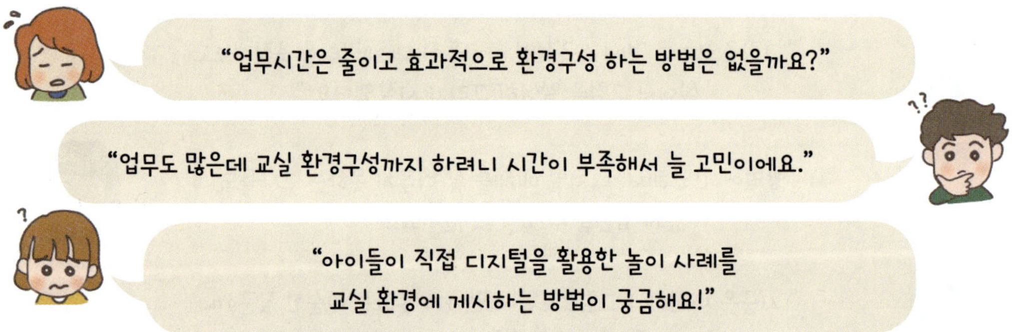

이 절에서는 디지털을 활용하여 놀이 환경을 쉽고 빠르게, 효율적으로 구성하는 방법을 소개하고자 합니다. 디지털 드로잉을 통해 유아는 디지털 조작 기술 능력을 기르고 환경 게시를 통해 자아성취감과 예술 감각을 기를 수 있습니다. 놀이 영역별 교구장에는 QR코드를 활용하여 유아가 주도적으로 놀이를 확장해 나갈 수 있도록 지원하는 환경구성 방법을 소개합니다.

이러한 놀이 환경 지원을 통해 교사는 효율적인 업무를 수행할 수 있으며 유아는 디지털 놀이를 확장해 나갈 수 있습니다.

디지털 드로잉으로 피카소의 꿈을 그리다

프로크리에이트로 디지털 드로잉하기

프로크리에이트(Procreate)는 아이패드(iPad)에서 사용할 수 있는 디지털 드로잉 앱입니다. 다양한 브러시를 사용하여 그림을 그리고 채색을 할 수 있으며, 여러 개의 레이어를 만들어 고해상도 작업이 가능합니다. JPG, PNG, PSD 등을 포함한 다양한 파일 형식으로 저장하여 인쇄할 수 있습니다.

유아는 그리고 싶은 그림 도안을 바탕으로 두고 위에 레이어를 만들어 그림을 쉽게 따라 그릴 수 있습니다. 디지털 드로잉 작품을 인쇄하여 액자로 만들어 교실 환경에 게시하면 색다른 환경구성으로 예술적 감성을 더한 작품 감상이 이루어집니다.

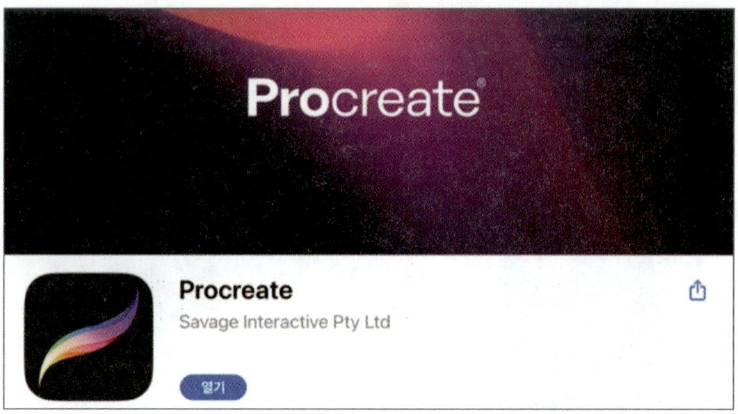

아이패드 그리기 앱 '프로크리에이트'

디지털 드로잉 시작하기

프로크리에이트는 아이패드(iPad)에서 유료 앱으로 설치 후 사용이 가능합니다. 아이패드용 펜슬을 사용하면 더욱 섬세한 드로잉 활동을 할 수 있습니다. 지금부터 유아와 활용할 수 있는 프로크리에이트 기본 사용방법을 알아보도록 하겠습니다.

프로크리에이트 기본 사용방법

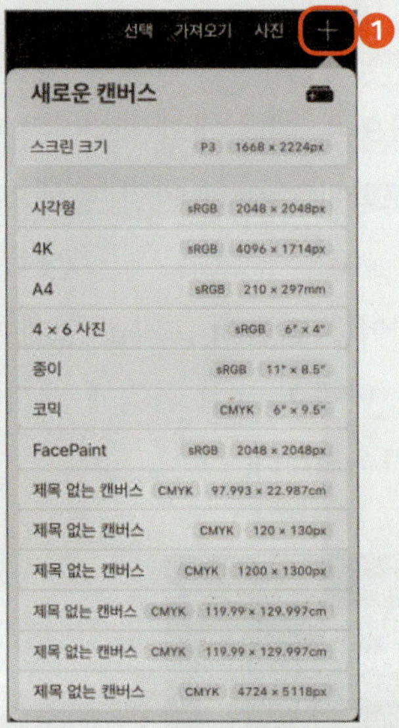

캔버스 만들기

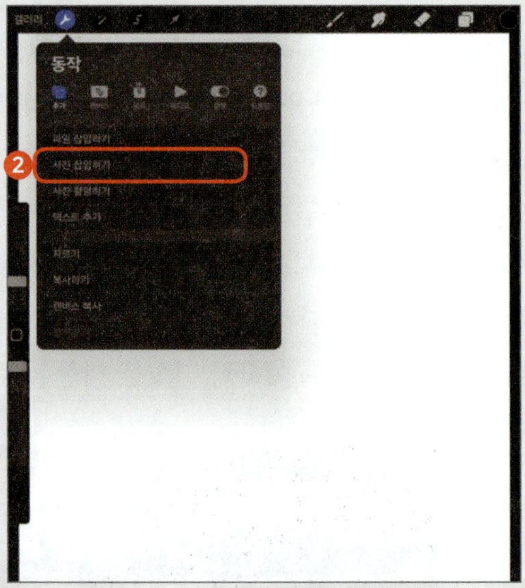

사진 불러오기

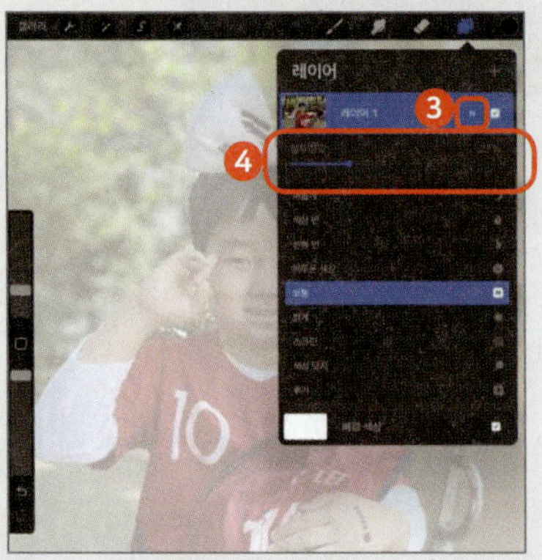

참고 사진 투명도 낮추기

레이어 만들기

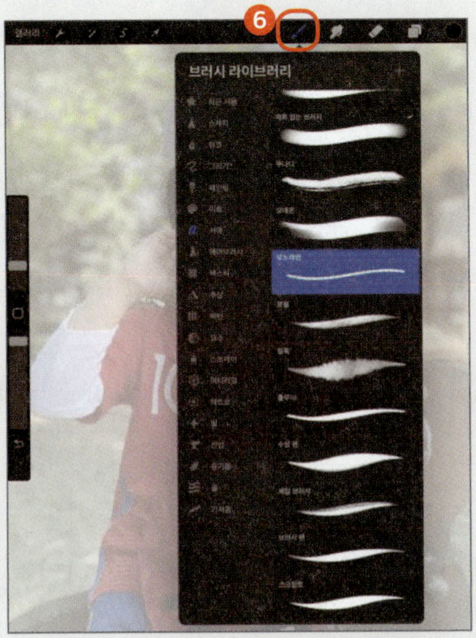

브러시 선택하기

따라 그리기

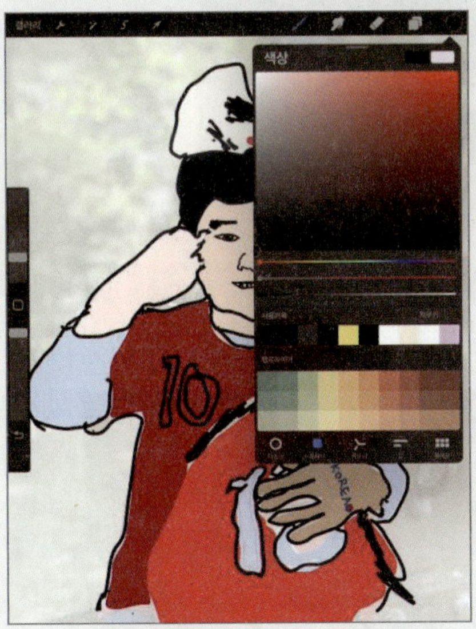

색 입히기

저장하기

디지털 드로잉 놀이 사례

교사는 그림 그리기를 좋아하는 유아들을 관찰하며 어떻게 지원해 줄 수 있을지 고민하였습니다. 크레용을 주고 자연물에 그리기 놀이, 보드마커로 그린 그림을 물에 띄우기, 윈도우 마커로 창문에 그리기, OHP에 유성매직으로 그리기, 전지에 그림 그리기 등 다양한 방법으로 지원해 보았습니다. 놀이 활동마다 작품 게시 방법과 교육적 효과가 다양하게 나타난다는 것을 알게 되었습니다.

'나와 가족'을 주제로 내 얼굴 초상화 그리기를 하게 되었는데, 유아들의 모습을 그대로 담아 그릴 수 있는 방법을 고민하던 교사는 아이패드의 '프로크리에이트' 앱을 활용하게 되었습니다. 유아의 사진을 띄워놓고 그 위에 아이펜슬로 따라 그릴 수 있도록 놀이를 지원하였습니다. 디지털 도구의 사용법과 기능을 소개하니 유아들은 직접 놀이하며 디지털 드로잉의 장점들을 경험할 수 있었습니다.

디지털 드로잉 하는 모습

유아가 직접 그린 디지털 드로잉 작품

디지털 드로잉 환경구성

QR코드로 만능 놀이박사가 될 수 있어!

궁금할 때마다 열어보는 마법의 그림 QR코드

QR코드 생성은 원하는 정보를 QR코드 형태로 쉽게 만들 수 있는 서비스입니다. QR코드를 인식하여 영상, 사진, 글 등의 정보를 전달할 수 있으며, 태블릿PC, 스마트폰 카메라로 스캔합니다. QR코드는 생성 방법이 간편하여 효과적으로 사용할 수 있습니다.

유아의 흥미와 수준에 따라 교사의 개별적 지원이 필요할 때 QR코드를 유용하게 사용합니다. 유아가 필요한 정보를 얻을 때 태블릿PC의 카메라로 QR코드를 스캔하여 스스로 문제를 해결하고 놀이를 확장해 나갈 수 있도록 지원합니다.

QR코드 생성 플랫폼 '네이버 QR코드 만들기'

네이버 QR코드 만들기

네이버 QR코드는 PC버전(https://qr.naver.com/)이나 스마트폰 모바일 네이버 앱에서 사용이 가능합니다. 지금부터 유아의 놀이 확장을 위해 지원이 가능한 네이버 QR코드 생성 방법을 알아보도록 하겠습니다.

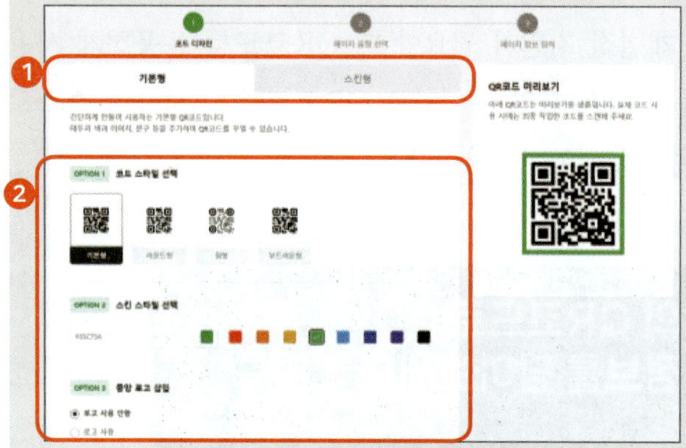

코드 디자인

❶ 기본형, 스킨형 선택

❷ 코드 스타일 디자인

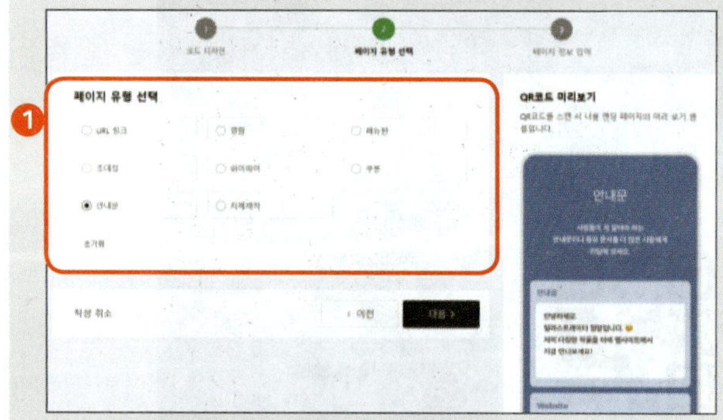

페이지 유형 선택

❶ 페이지 유형 선택

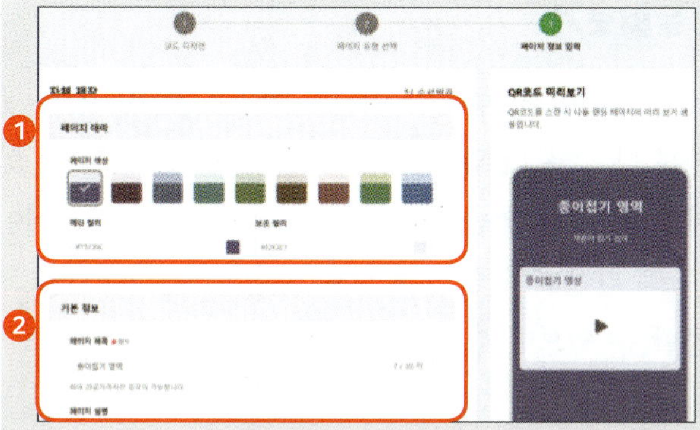

페이지 정보 입력

❶ 페이지 테마

❷ 기본 정보

QR코드 생성

❶ 코드 인쇄 및 수정

❷ 코드 저장 및 공유

놀이 영역별 QR코드 지원 사례 살펴보기

유아의 작품을 실물로 게시하여 감상하는 방법도 좋지만 이미지 파일을 열어보거나 웹사이트를 방문하는 등 디지털로 감상하게 될 경우 더 많고 다양한 작품을 쉽게 접할 수 있으며 시각적, 청각적 감각요소를 동시에 사용할 수 있습니다. 교사는 유아들이 북크리에이터로 직접 만든 전자 그림책을 QR코드로 다운받아 놀이 자료로 지원하였습니다. QR코드를 초대장, 포스터, 작품에 넣어 사용할 수 있으며 부모님이나 다른 학급 친구들을 초대하여 작품 전시회를 열기도 하였습니다.

또한 교사는 색종이 접기를 유독 좋아하는 유아들을 관찰하고 종이접기책을 영역에 지원하였습니다. 이때 글을 모르거나 그림을 보아도 이해가 어려운 유아들은 교사에게 도움을 요청하였습니다. 교사가 직접 알려주어 해결하는 경우도 있지만 다른 유아들을 먼저 지원해야 하기 때문에 도움을 줄 수 없는 상황도 있었습니다. 이러한 문제상황을 해결하고자 색종이 접는 방법의 영상을 바로 볼 수 있는 QR코드를 색종이 접기 영역에 게시하고, 유아들이 태블릿PC로 손쉽게 QR코드를 스캔하여, 영상을 보며 색종이를 접을 수 있게 하였습니다.

유아들이 만든 그림책 QR코드

QR코드 영역별 놀이 환경 지원

더 알아보기

디지털로 완성하는 교실환경

디지털 드로잉과 QR코드를 활용하여 교실 속 놀이 환경을 보다 빠르고 쉽게 구성하고, 유아들이 주도적으로 놀이하도록 지원하는 사례를 소개했습니다. 스마트폰이나 태블릿PC와 같은 디지털 기기와 각종 디지털 기술들은 더 이상 어른들만의 것이 아니라 유아들도 자연스럽게 사용할 만큼 유아들의 삶에 가깝습니다.

다양한 방법으로 자신의 작품을 만들고 교사의 도움 없이도 스스로 놀이방법을 찾아낼 수 있는 디지털 드로잉과 QR코드를 사용해 보면 어떨까요?

교사들이 전하는 생생한 사용 후기!

"여러 가지 재료를 구비해 주지 않아도 유아가 스스로 다양한 표현기법을 활용하여 작품을 만들 수 있어요."

"유아가 쉽게 QR코드를 활용하는 모습을 관찰할 수 있었어요!"

"전달하고 싶은 정보를 QR코드 하나에 모두 담을 수 있어서 좋았어요!"

4

특별한 날엔 디지털 한 스푼

AI로 드로잉한 그림
(캔바 AI 이미지 생성기 활용)

유아교육기관에서 잊을만하면 돌아오는 것은 무엇일까요? 바로 행사입니다. 본격적인 새 학기 시작 전, 예비 유아들과 학부모들을 만나는 오리엔테이션을 시작으로 기관 생활을 마무리하고 축하받는 졸업식까지 기관에서 일 년 동안 이루어지는 행사는 참 다양합니다. 지역적 특색이나 기관의 철학에 따라 특색 있는 행사가 이루어지기도 하지만 보편적으로 이루어지는 행사의 종류로는 신입생 오리엔테이션, 입학식, 현장체험학습, 참여수업, 교육과정 설명회, 졸업식 등이 있습니다.

그럼 행사를 계획하고 실행했던 경험을 떠올려 볼까요? 어떤 준비를 하고, 어떤 방법을 사용하였나요? 행사를 위한 업무를 나눈다면 어떻게 나눌 수 있을까요?

- 사전 정보 수집
- 행사 자료 제작
- 포토존 준비
- 영상 제작

무엇을 하든지 많은 시간과 노력이 들어갈 수밖에 없는 행사 준비! 그렇지만 디지털 도구를 활용하면 훨씬 더 효율적으로 준비하고 진행할 수 있습니다. '제4장 특별한 날엔 디지털 한 스푼'에서는 시간은 줄이고 특별함은 더하는 행사 준비 방법을 소개합니다.

특별한 날엔 디지털 한 스푼, 함께 더해볼까요?

01 행사의 시작, 각종 정보 쉽게 수집하기

유아교육기관 행사는 기획, 준비, 진행, 평가로 이루어집니다. 행사 주제에 맞게 활동안을 계획하고 필요한 물품을 준비하고 가정통신문으로 행사를 안내하는 과정까지 다양한 업무를 하게 됩니다. 유아, 가정, 기관의 관심사에 따라 주제가 매년 새로워질 수 있기 때문에 동일한 행사여도 다른 방법으로 준비가 이루어집니다. 이 과정에서 교사는 행사를 기획하기 위해 필요한 정보를 수집하게 됩니다.

예전에는 가정에 배부되는 설문조사를 종이 안내문으로 배부하여 수집하다 보니 분실되거나 결석 유아가 있다면 수집이 늦어지는 등 시간적, 공간적 제약이 있었습니다.

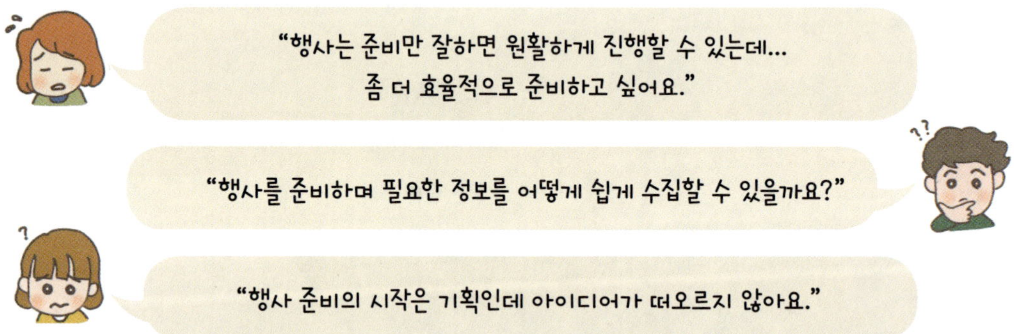

이러한 고민들을 디지털로 해결하고 쉽게 정보를 수집하여 시공간적 제약 없이 행사를 준비할 수 있습니다. 이 절에서는 디지털을 활용하여 필요한 정보를 쉽고 간편하게 수집하는 방법들을 소개합니다. 구글 폼즈를 활용하면 유아의 정보를 쉽게 수집하고 현장학습지 미리보기로 네이버맵을 활용하여 행사 준비의 효율성을 높일 수 있습니다.

구글 폼즈로 유아의 정보 쉽게 수집하기

구글 폼즈 알아보기

구글 폼즈(Google Forms)는 온라인 양식 제작 도구로, 다양한 질문 유형의 설문을 만들 수 있으며 온라인 기기를 통해 실시간으로 결과를 분석 및 공유할 수 있습니다.

유아와 관련된 각종 동의서나 서류를 구글 폼즈 설문지로 만들어 가정으로 배부하면, 가정에서는 스마트폰을 이용해 쉽게 회신할 수 있고 기관에서는 그 결과를 실시간으로 공유할 수 있어 유용합니다.

구글 폼즈 메인화면

구글 폼즈 기본기능 알아보기

구글 폼즈는 스마트폰 모바일 앱과 PC버전(https://www.google.com/intl/ko_kr/forms/about/) 모두 사용이 가능합니다. 지금부터 구글 폼즈를 활용하여 온라인 설문지를 만들고, 그 결과를 확인하는 방법을 알아보겠습니다.

구글 폼즈 접속 및 설문지 만들기

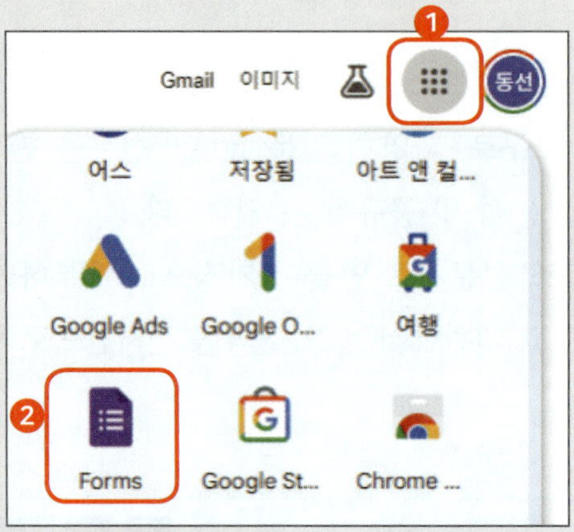

구글 폼즈 접속하기

1. 크롬을 통해 구글에 접속 후 오른쪽 상단 9개의 점이 그려진 아이콘 선택
2. Forms 아이콘 선택 혹은 검색창에 'Google Forms'를 검색하여 접속 가능

설문지 만들기

1. '새 양식 시작하기'를 통해 설문지 활성화

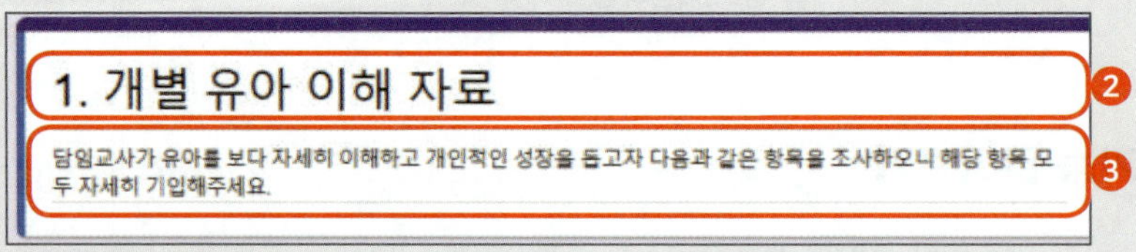

2. 설문지 제목 입력
3. 해당 설문지에 대한 설명 입력

질문 만들기

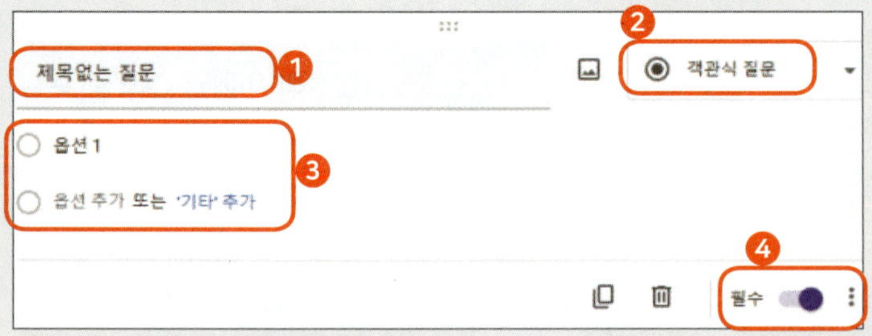

❶ 질문 입력

❷ 적합한 답변 유형을 선택(보통 객관식 유형이 많음)

❸ '옵션'에 답변자가 선택할 보기를 입력. '기타'를 옵션에 추가하면 기타 답변을 단답형으로 입력 가능

❹ 필수응답 문항으로 설정한 질문은 답변자가 반드시 답변을 해야 설문을 제출할 수 있음

❺ 사진이나 이미지를 넣고 싶을 때 사용

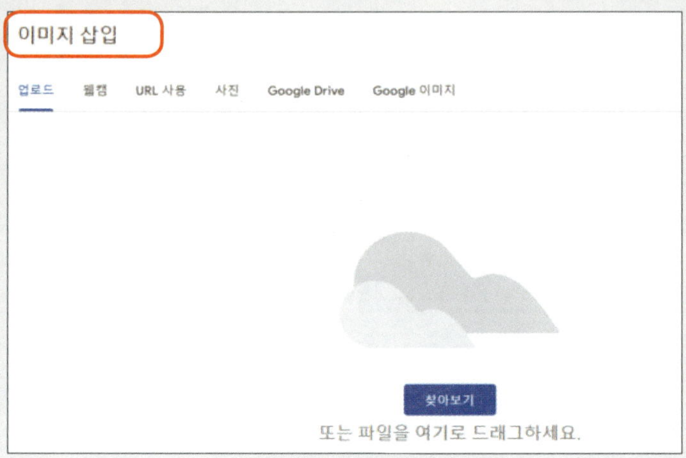

완성된 설문 내보내기

1. 오른쪽 상단에서 '보내기' 선택
2. 답변자의 이메일 정보를 수집 여부에 따라 선택
3. 해당 아이콘을 선택하여 링크 확인
4. 'URL 단축'을 선택하여 링크를 짧게 만들어 사용

설문 응답 확인하고 스프레드시트로 연동하기

1. 응답 결과 확인
2. 해당 내용을 Sheets에 연결

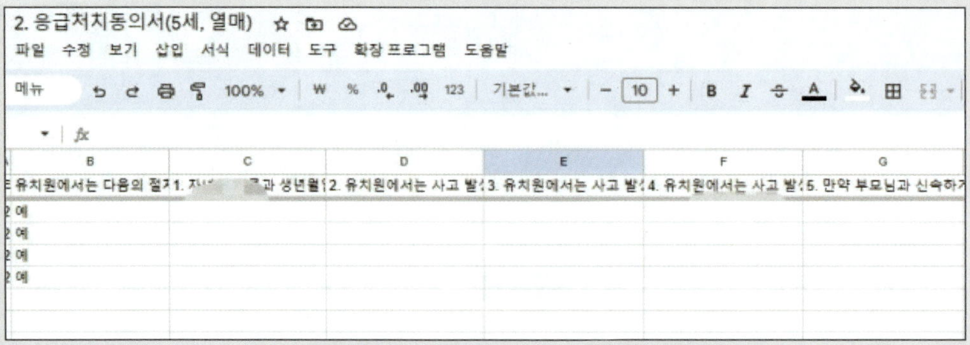

응급처치동의서 및 비상연락망 양식을 스프레드시트로 연동

학기 초 서류 구글 폼즈로 정리하기

입학 전 오리엔테이션에서는 신입생으로 기관에 올 유아에 대한 각종 동의서와 서류들이 배부됩니다. 개인정보 관련 동의서, 식품 알러지 정보, 비상연락망, 수익자부담금 징수를 위한 계좌번호까지 손으로 작성하여 제출해야 할 것들입니다. 한 유아당 십여 장의 동의서와 서류가 배부되기 때문에 오리엔테이션에 참석한 학부모들은 서류의 빈칸을 채워야 합니다.

서면으로 받은 십여 장의 서류는 교사가 각자 자신의 PC나 태블릿PC 등에 한눈에 보기 편하도록 다시 정리하고 그 후 학급별로 서류철에 묶어 캐비넷에 보관되는 것이 보편적입니다.

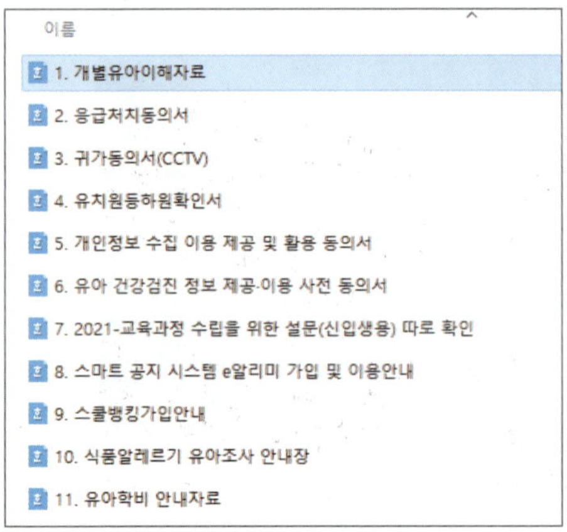

신입생들에게 받을 각종 서류들

서면으로 작성되어 보관되는 서류들

학부모는 작성이 편리하고, 교사는 유아에 대한 정보를 한 번에 수집·정리할 수 있으면서 종이와 시간도 아낄 수 있는 방법은 없을까?

이때 구글 폼즈를 사용하면 온라인 양식 및 다양한 질문 유형의 설문조사를 만들 수 있으며 실시간으로 응답한 결과를 확인하고, 바로 디지털화된 자료를 저장할 수 있습니다.

네이버맵으로 현장학습지 미리 다녀오기

네이버맵을 활용해 현장학습 전 기대감 키우기

어떤 장소가 궁금하거나 처음 가는 장소를 가기 위해서 자연스럽게 사용하게 되는 지도 검색. 기관에서는 어떻게 활용할 수 있을까요? 여러 지도 서비스 중 네이버맵은 2002년부터 시작된 서비스로 거리뷰, 항공뷰, 위성사진을 볼 수 있으며, 고속/ 시외버스와 일반철도의 운행시간표 및 가격을 확인할 수 있습니다. 현장학습 전 현장학습 장소에 대한 궁금증이 높은 유아들과 함께 현장학습지를 미리 살펴보며 탐색한다면 현장학습 전 기대감을 키울 수 있습니다.

네이버맵 기본 사용방법 알아보기

네이버맵은 데스크탑이나 모바일로 사이트에 접속하거나 모바일 앱을 다운받아 사용할 수 있습니다(https://map.naver.com/). 이 사이트는 회원가입 없이 누구나 간편하고 빠르게 활용할 수 있고, 네이버 로그인 시 필요한 장소를 저장하는 등의 추가 기능을 활용할 수 있습니다. 지금부터 PC버전으로 네이버맵을 활용하기 위한 기본 사용방법을 알아보도록 하겠습니다.

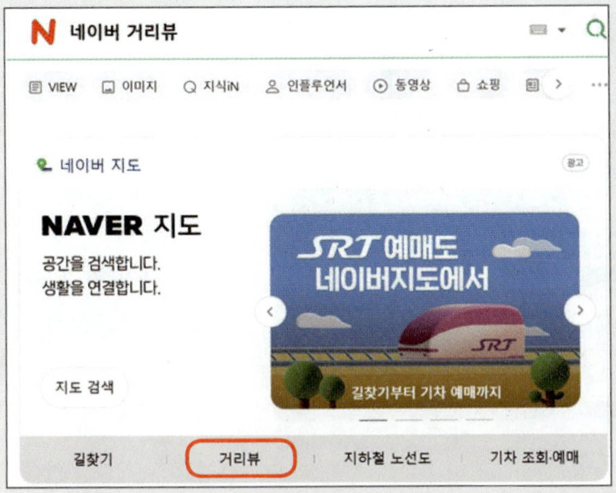

검색포털에서 네이버 거리뷰 검색하기

거리뷰 검색창에 목적지 입력하기

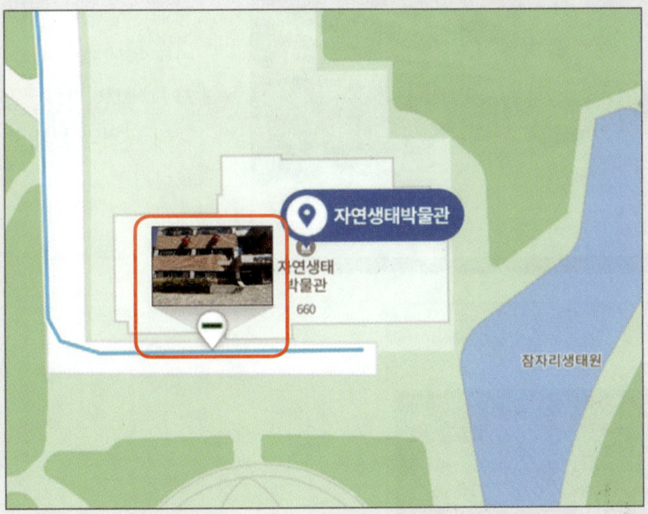

거리뷰 아이콘을 클릭하거나 지도상의 파란 선을 선택해 거리뷰 보기

거리뷰 둘러보기

❶ 마우스 클릭 후 움직이며 주변 둘러보기

❷ 원형 아이콘을 클릭해 이동하기

❸ 지도상의 파란 선을 클릭해 이동하기

더 활용하기

❶ 항공뷰 아이콘을 클릭해 하늘에서 찍은 모습 둘러보기

❷ 사진 촬영 시기 선택해 과거와 현재 비교하기

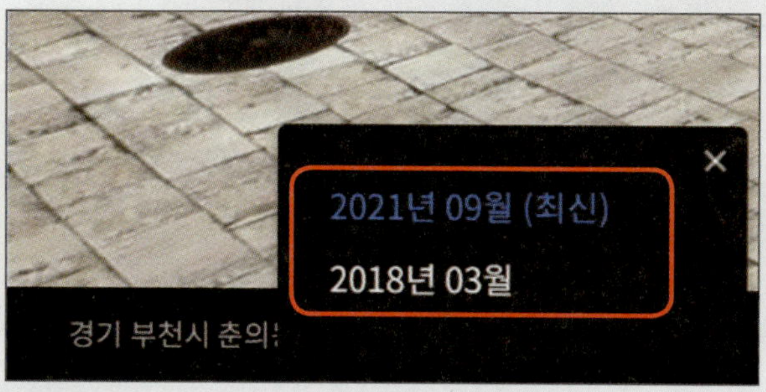

네이버맵 놀이 활동 사례

유아들과 함께 현장학습지를 살펴보며 탐색하기 위해 네이버 거리뷰를 활용하였습니다. 현장학습지를 검색한 후 거리뷰 아이콘을 클릭하여 현장학습지 모습을 살펴보고, 사진 속 아이콘을 클릭하며 현장학습지 주변을 둘러보았습니다. 실외 현장학습의 경우 거리뷰로 좀 더 자세히 탐색할 수 있어서 우리가 가고 싶은 길을 함께 정해볼 수 있었습니다. 화면 하단에 날짜를 선택할 수 있어 다른 시기에 찍힌 사진을 보며 현장학습지의 변화를 확인할 수 있었고, 항공뷰로 하늘에서 보이는 현장학습지의 모습을 살펴보며 새로움을 느껴보았습니다.

더 알아보기

- 거리뷰에서 현장학습지가 얼마나 자세하게 나오는지 사전에 확인
- 현장학습지의 누리집이 있다면 함께 살펴보며 현장학습지 정보를 알아보기 좋음

태블릿PC를 활용해 네이버맵 활용하기

촬영 날짜를 변경하며 달라진 점 찾아보기

시작이 반이다. 디지털로 행사 준비하기

지금까지 행사의 시작인 '정보 수집'을 디지털을 활용하여 쉽게 할 수 있는 방법을 소개했습니다. 구글 폼즈를 활용하면 종이로 인쇄된 자료들을 수기로 작성하고 다시 정리하여 보관하는 대신 디지털로 수집한 정보를 쉽게 처리할 수 있으며, 우리에게 익숙한 모바일지도는 유아에게 특정 장소에 대한 정보를 시각적으로 생생하게 전달해 줍니다. 사용법이 간단하니 한번 시도해 보면 어떨까요?

교사들이 전하는 생생한 사용 후기!

"링크만 배부하면, 언제 어디서든 학부모님들이 답변해 주실 수 있어요."

"수집한 정보를 정리하는 교사도 문항별로 저장해둘 수 있어 편리해요."

"현장학습지 주변을 미리 살펴보며 현장학습에 대한 기대감을 가질 수 있었어요"

"다양한 장소를 직접 가보지 않고 둘러볼 수 있었어요!"

02 디지털로 교육행사 계획하기

우리 기관을 다니는 유아를 위해, 때로는 우리 기관을 다니게 될 유아를 위해 준비하는 기관에서의 행사의 종류는 유사하게 반복되지만, 그 내용은 해마다 다른 구성원과 특색을 반영하여 달라집니다. 이를 위해선 교직원 모두가 함께 고민하고 협업해 자료를 제작합니다.

자료를 제작할 때 다수가 하나의 자료를 릴레이 형태로 제작하면서 순서를 기다리느라 더 많은 시간이 들었던 경험이 있나요? 매번 하는 행사에 조금 더 특별한 요소를 넣고 싶어 고민해 본 경험이 있나요?

"디지털을 활용하여 쉽게 행사를 준비할 수 있는 방법이 궁금해요."

"행사를 기획하고 준비하는 과정을 효율적으로 진행하고 싶어요."

"참여수업을 재미있게 하고 싶은데 쉽게 활용할 수 있는 디지털 플랫폼이 궁금해요."

이 절에서는 실시간으로 소통 및 계획 수립이 가능한 협업툴과 디지털 기기를 활용해 온라인으로 퀴즈게임을 진행하는 플랫폼을 소개합니다. 다양한 디지털 기능 플랫폼을 활용하면 장소와 시간적 제약을 줄일 수 있으며, 공동체가 함께 교육과정을 실현해 나갈 수 있을 것입니다.

캔바를 활용하여 행사업무 효율성 높이기

누구나 쉽게 웹디자이너로 만들어주는 캔바 활용하기

교육자료를 제작할 때 가장 큰 어려움은 교육내용과 어울리는 템플릿, 일러스트, 사진 등을 모으는 것입니다. 이때 저작권 걱정 없이 누구나 쉽게 사용할 수 있는 디자인 플랫폼이 있으니 바로 캔바(Canva)입니다. 캔바는 2012년 호주에서 설립된 그래픽 디자인 플랫폼으로 다양한 종류의 PPT, 동영상, 카드뉴스, 활동지 등을 제작할 수 있는 사이트입니다. 캔바는 다양한 무료 템플릿, 이미지, 영상, 음악 자료를 제공해 줄 뿐 아니라 최근에는 AI 기업들과 협업하여 여러 가지 인공지능 기능들도 활용할 수 있다는 장점도 갖고 있습니다.

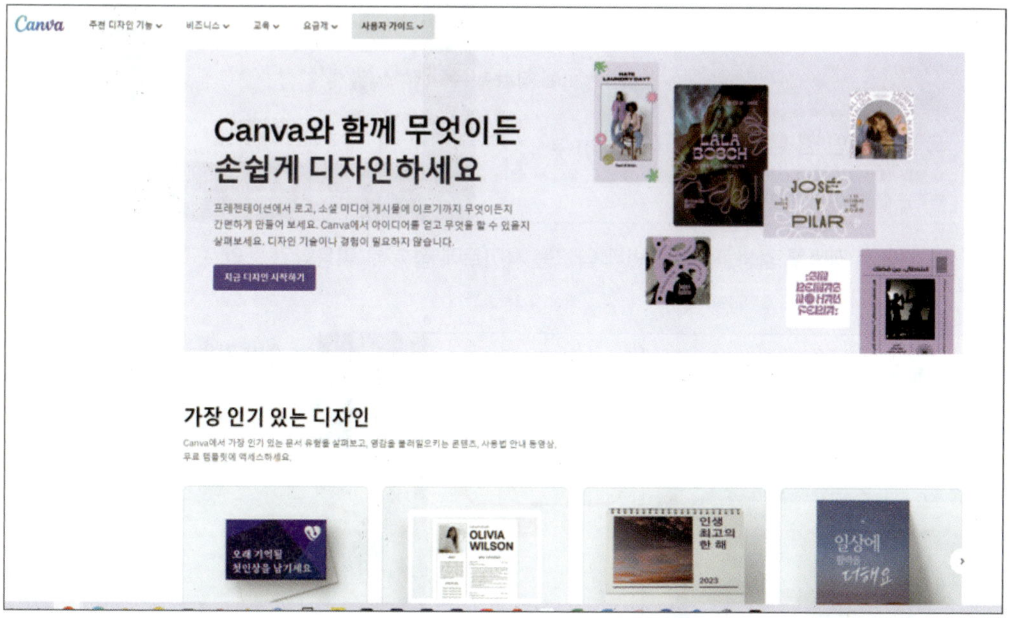

웹사이트 기반의 공동협업 기능을 제공하는 디자인 플랫폼 '캔바'

캔바 협업기능 살펴보기

캔바는 PC버전(https://www.canva.com/ko_kr/create)이나 모바일 앱에서 사용이 가능합니다. 구글 및 페이스북 계정을 연동하거나, 이메일 인증을 통한 가입을 할 수 있습니다. 특히 교사의 경우 교직원 인증을 통해 캔바 프로의 기능을 모두 활용할 수 있습니다. 지금부터 PC버전으로 캔바에 가입하고 교직원 인증을 하는 방법에 대해 살펴보도록 하겠습니다.

캔바 접속 및 교육용 캔바 프로 가입하기

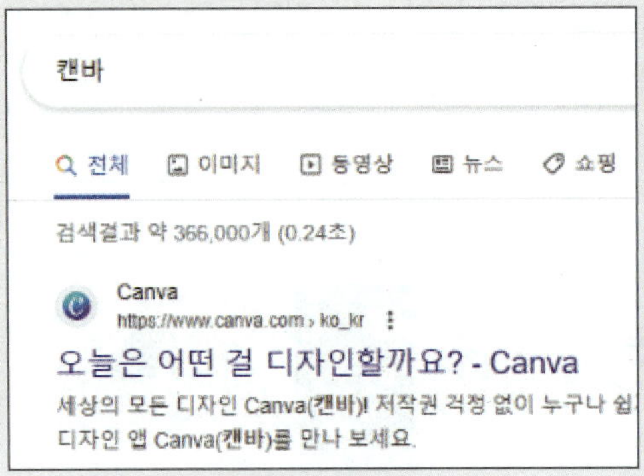

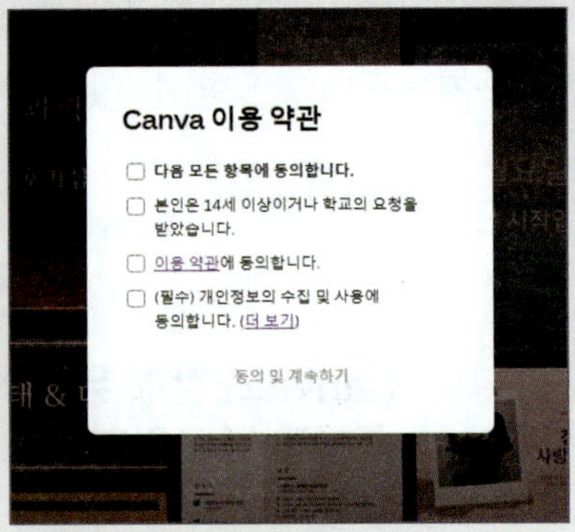

검색포털에서 캔바를 검색, 제일 첫 번째 나오는 사이트에 접속 후 이용약관 동의

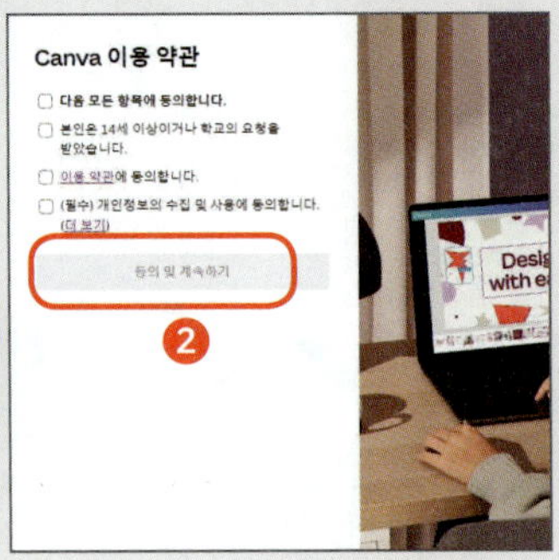

캔바 가입하기

1. '무료로 가입하기' 클릭
2. Canva 이용 약관 동의

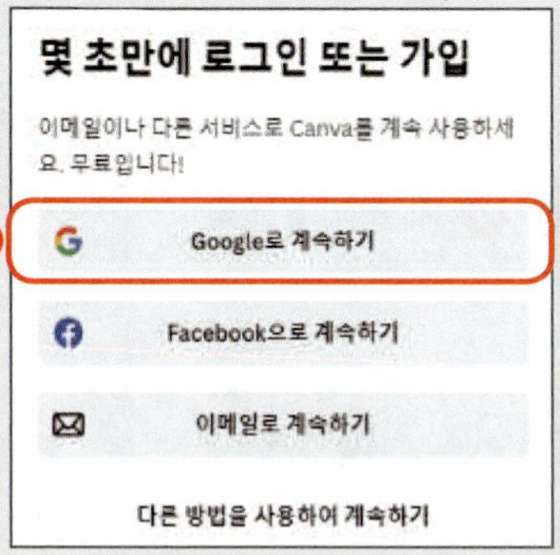

❸ 연계되어 있는 플랫폼 활용 가입하거나 이메일로 가입

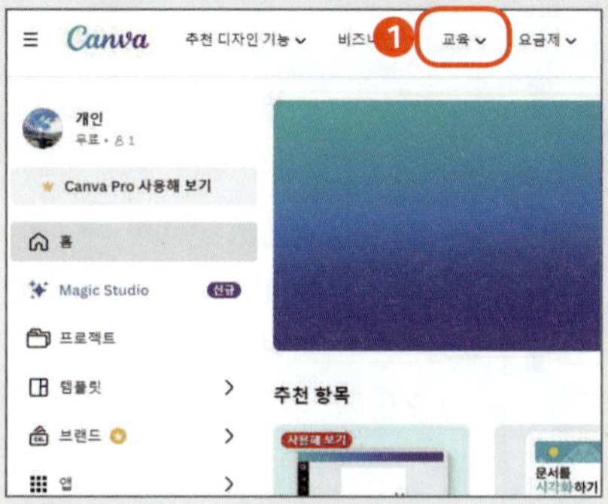

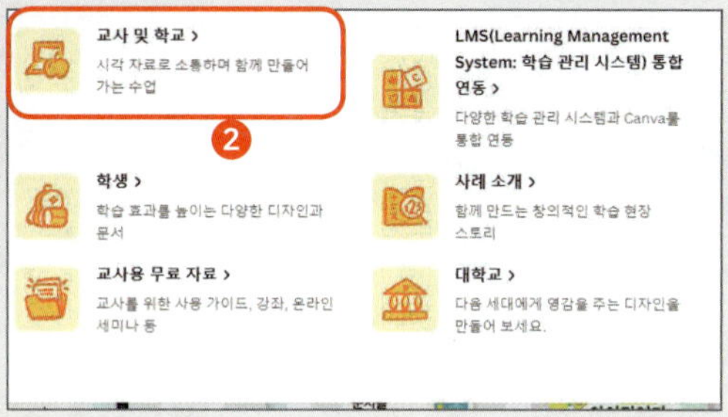

교육용 캔바 프로 사용하기 1

❶ 상단 카테고리 '교육' 클릭

❷ 카테고리 안 '교사 및 학교' 클릭

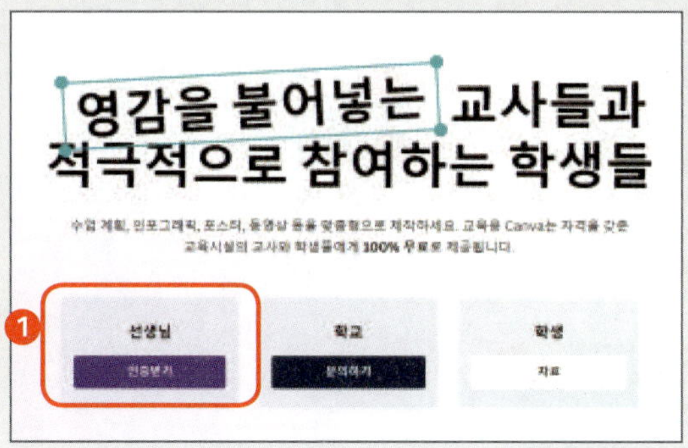

교육용 캔바 프로 사용하기 2

❶ '인증받기' 클릭

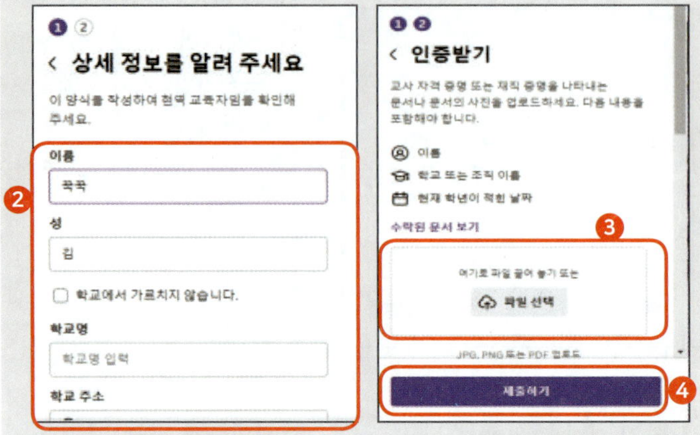

② 상세정보 입력

③ 교사 자격 증명 서류 업로드

④ '제출하기' 클릭

공동협업 기능 사용하기

① 템플릿 정하기

② 담당 파트 페이지명 작성

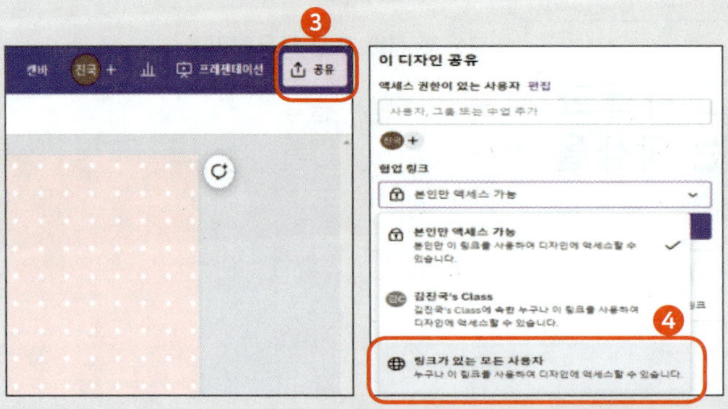

③ 오른쪽 상단 '공유' 버튼 클릭

④ '협업 링크' 클릭 및 '링크가 있는 모든 사용자'로 설정 변경

캔바 공동협업 기능으로 업무 효율 높이기

학기말이 되면 신입 학부모 대상 교육과정 설명회를 위해 프레젠테이션 자료를 제작하게 됩니다. 프레젠테이션 자료를 제작할 때 가장 첫 난관은 템플릿을 구하는 일입니다. 교사가 직접 템플릿을 제작하는 것은 어렵기에 보통의 경우 인터넷 검색을 통해 얻는 방법을 택하는데, 행사의 목적에 맞는 템플릿을 찾기가 어려울뿐더러, 발견하더라도 저작권 문제, 예산사용 문제 등의 어려움을 겪게 됩니다. 또한 발표자료는 결국 각 기관의 담당자가 내용을 구성해야 하는데, 일반 PPT의 경우 한 사람이 입력이 끝나면 그 다음 사람이 자료를 입력하는 식의 릴레이 형태로 자료를 제작하여 비효율적인 면이 있었습니다.

더불어 일반적으로 발표자료는 이해를 돕기 위한 사진이나 영상자료가 많이 첨부되는데 이 점 때문인지 자료 제작을 하다가 오류가 발생하는 경우도 적지 않았습니다. 그뿐만 아니라 발표파일은 이동식 디스크를 통해서 자료 이동이 이루어지는 경우가 많은데 이러한 USB 저장매체를 통한 자료 이동은 분실되거나 오류가 날 수 있다는 불안정성을 항상 갖고 있어야 했습니다.

"함께 만들어야 하는 설명회 자료, 동시에 작업해서 시간을 절약할 수는 없을까?"

이에 디자인 플랫폼 '캔바'를 활용함으로써 위에서 언급한 단점을 모두 보완할 수 있었습니다. 우선 첫째로 캔바는 저작권으로부터 자유로운 디자인 플랫폼으로 교사는 모두 무료로 캔바 프로 버전을 사용할 수 있습니다. 또한 캔바 내에 있는 모든 템플릿, 이미지, 영상, 사운드, 폰트 등을 제약 없이 사용할 수 있다는 큰 장점이 있습니다.

둘째는 공동협업 기능입니다. 이 기능을 통해 교사들 간에 주소만 공유되면 모두가 한 PPT 내에서 동시에 작업을 할 수 있고, 서로의 자료를 실시간으로 모니터링하면서 조언이나 검토를 할 수 있습니다.

셋째는 클라우드 기반의 저장 기능입니다. 앞서 말한 것처럼 이런 행사자료에는 사진이나 영상자료가 첨부되는 경우들이 많은데 기관 컴퓨터의 특성상 높은 사양을 지원하지는 않기 때문에 자료의 양이 많아질수록 오류가 생길 수 있습니다. 하지만 캔바는 실시간으로 클라우드 내에 자동저장을 해주기에, 실수로 컴퓨터가 꺼지거나 오류가 나도 크게 걱정할 것이 없습니다. 이와 더불어서 로그인만 하면 어느 컴퓨터에서든지 자신이 작업했던 자료를 열람 및 편집을 할 수 있기에 따로 저장매체를 들고 다닐 필요가 없다는 장점도 있습니다.

결국 캔바를 통해서 자료 제작의 질을 높일 수 있었고, 제작에 필요한 시간은 줄일 수 있었습니다.

카훗 퀴즈로 흥미로운 참여수업 만들기

온라인 퀴즈 사이트 카훗 활용하기

카훗(Kahoot!)은 교육용 게임 기반 학습 플랫폼으로 교사와 유아가 재미있게 활동할 수 있도록 지원합니다. 주로 퀴즈 형식으로 진행되며 유아가 실시간으로 참여할 수 있습니다. 웹 브라우저와 모바일 앱을 통해 언제 어디서나 접근할 수 있어 유연한 학습 환경을 제공합니다. 유아의 참여도를 높이고 흥미 중심으로 놀이활동을 지원할 수 있습니다.

참여수업 행사 때 부모님을 초대하여 모바일로 재미있게 활동할 수 있습니다. 온라인 퀴즈 게임 속에서 나만의 캐릭터를 꾸밀 수 있고, 문제마다 정답자, 순위, 점수를 실시간으로 확인할 수 있어서 유아가 적극적으로 참여합니다.

퀴즈 플랫폼 '카훗'

카훗 퀴즈 만들기

카훗은 PC버전(https://kahoot.com/)에서 퀴즈 만들기가 가능하며 스마트폰 모바일과 태블릿PC에서 게임 참여가 가능합니다. 준비 화면에 나오는 참여 QR코드를 지원하면 유아가 쉽게 접속할 수 있습니다.

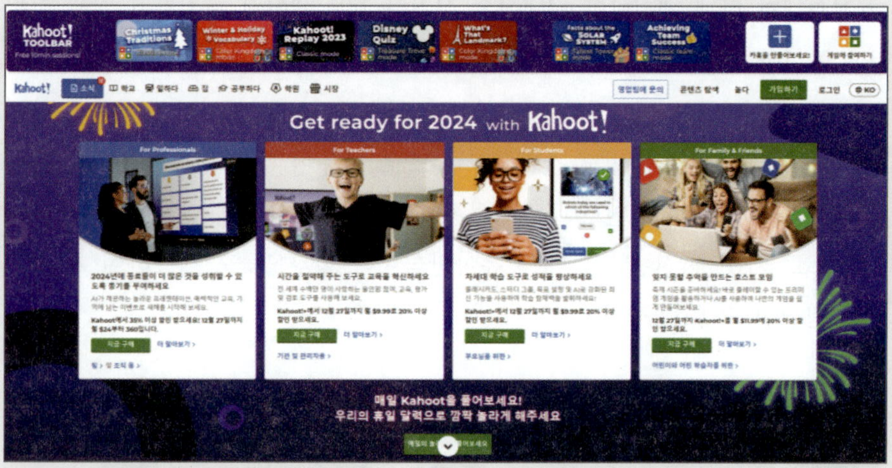

카훗 로그인하기

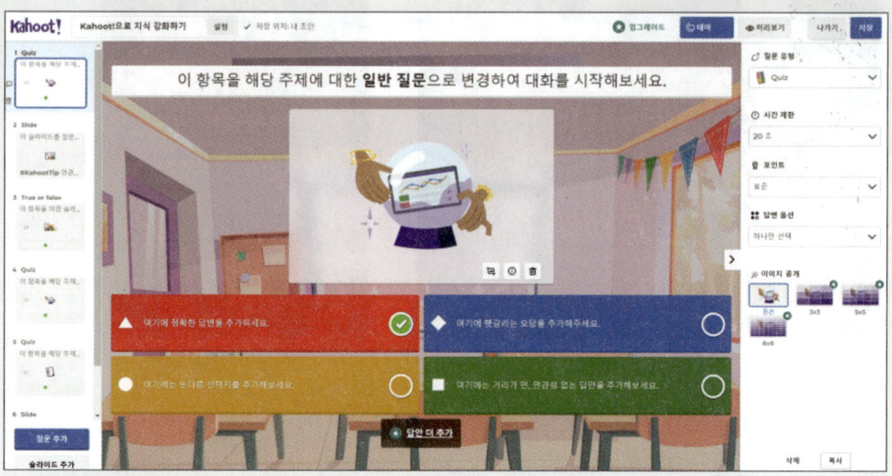

퀴즈 템플릿 만들기

카훗 퀴즈 참여수업에 활용하기

참여수업을 준비하면서 유아만 참여하는 활동이 아닌 학부모도 함께 적극적으로 참여하는 재미있는 활동을 해야겠다고 생각하여 디지털을 활용한 카훗 플랫폼을 활용하게 되었습니다.

모두가 가지고 있는 디지털 기기 중 하나인 핸드폰을 활용하여 유아들이 직접 QR코드 인식을 하고 부모님과 함께 캐릭터와 닉네임을 설정합니다. 게임에 접속하면 진행 화면을 통해 미러링을 확인합니다. 퀴즈가 시작되면 문제를 보고 알맞은 정답을 찾아 입력합니다. 시간 내에 퀴즈를 풀어야 하며, 문제마다 정답자와 점수를 볼 수 있어서 재미있게 참여가 가능합니다. 카훗 퀴즈 만드는 방법도 간단하고 무료로 사용이 가능하여 활용도가 높습니다. 다양한 게임 형식과 효과, 포인트 두 배 설정이 가능하며 상황에 맞게 진행이 가능합니다. 참여수업으로 카훗을 진행했을 때는 유아만큼이나 학부모들도 집중하여 게임에 참여하는 모습을 관찰할 수 있었습니다.

카훗 활동 모습

카훗 퀴즈 진행 화면

더 알아보기

디지털을 통해 함께 그리고 동시에 행사 참여하기

함께 기관의 행사를 진행하다 보면 여러 사람이 협업하고 해당 자료들을 공유해야 할 때가 많습니다. 캔바의 협업기능은 이를 완벽하게 지원해 주고 있습니다. 유아교육기관의 수많은 교육 정보를 여러 사람이 함께 편집하고 공유할 수 있지요. 카훗은 퀴즈를 만들어 함께 풀어볼 수 있어 유아뿐 아니라 학부모의 참여를 쉽게 높일 수 있는 프로그램입니다. 자녀의 수업에 참여하는 학부모가 덜 부담스럽게, 편안하게 참여할 수 있도록 도와줍니다.
캔바와 카훗 같은 디지털 프로그램을 통해 함께 그리고 동시에 행사를 만들어가면 어떨까요?

교사들이 전하는 생생한 사용 후기!

"예전에는 발표자료 템플릿을 구하는 데 굉장히 많은 시간이 걸렸는데
캔바를 사용하고 나선 아주 손쉽게 정할 수 있어요!"

"게임 핀 번호나 QR코드를 활용하여 입장이 쉽게 가능했어요."

"퀴즈 활동 진행 화면이 핸드폰에 연동되어
문제를 함께 볼 수 있어서 좋았어요!"

03 추억과 나눔 공유하기

유아교육기관에서 교육 행사를 기획하고 실시하는 가장 큰 이유는 기관의 교육내용을 가정과 공유하고 교육과정을 심도 있게 운영하기 위해서입니다. 또한 행사에 참여하는 교사, 유아, 학부모가 함께 시간을 보내고 추억을 쌓는 기능도 있습니다.

행사 프로그램 기획, 환경구성, 소품 챙기기 등 이를 준비하는 과정에서 교사는 시간과 노력을 많이 쏟습니다. 학부모의 기관에 대한 신뢰를 다지고 만족도를 높일 수 있는 중요한 기회이기 때문입니다.

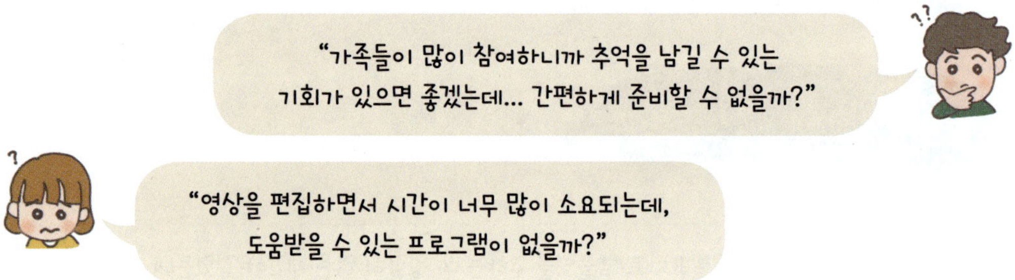

이 절에서는 행사 운영에서 추억을 나누고 공유하기 위해 필요한 포토존을 쉽게 준비하는 앱과 영상 편집에서 도움을 받을 수 있는 프로그램을 소개합니다.

스노우 앱을 활용하여 소품 없이 행사 사진 만들기

얼굴인식 및 다양한 효과를 적용할 수 있는 스노우 앱 활용하기

스노우(SNOW) 앱은 사진과 동영상을 재미있게 편집하고 공유할 수 있는 미디어 플랫폼입니다. 사진에 필터와 효과를 제공하여 창의적인 콘텐츠를 만들 수 있습니다.

유아교육기관 행사에 필요한 유아의 사진을 촬영하기 위해 교사의 촬영 기술이 필요합니다. 이때 디지털을 활용하면 만족도가 높은 유아 사진을 남길 수 있습니다. 실제 소품이 없이 디지털로 합성이 가능하기 때문에 환경적, 시간적 제한 없이 편리하게 지원할 수 있습니다.

스노우 앱 'AI 사진 촬영하기'

스노우 앱 AI 촬영 시작하기

스노우 앱은 스마트폰 모바일 앱에서 설치 후 사용이 가능합니다. 유아가 스스로 AI 소품을 선택하여 쉽게 사용할 수 있습니다.

스노우 앱 설치하기

AI 소품 활용하기

스노우 앱 AI 촬영으로 어버이날 포토존 완성하기

어버이날 가정에 보낼 감사편지에 유아의 사진을 넣고자 하였습니다. 이때 사진 촬영을 하기 위해 실시간으로 밝기, 채도, 명도, 대비 등의 보정 효과가 가능한 스노우 앱을 사용하였습니다. 이 앱에는 AI 합성 촬영도 가능하여 다양한 문구와 그림, 애니메이션 효과를 넣어 촬영할 수 있습니다. 어버이날을 검색하면 어버이날과 관련된 문구와 AI 소품, 그림, 애니메이션 합성 효과들이 나옵니다. 유아의 얼굴을 인식하면 자동으로 AI 합성이 이루어지기 때문에 촬영 전에 확인이 가능합니다. 어울리는 AI 소품을 찾았다면 촬영 버튼을 한 번만 누르면 멋진 행사 사진이 완성됩니다.

스노우 앱은 사진을 출력하여 행사 소품에 꾸미기 자료로 사용이 가능하기 때문에 누구나 어디서든 손쉽게 접근할 수 있는 디지털 앱입니다. 유아 스스로 자신의 선호도에 따라 AI 기능을 자유롭게 설정하여 촬영도 가능합니다. 친구와 선생님의 모습을 촬영해 주는 놀이로 확장이 가능하며 촬영한 사진들을 함께 보며 이야기를 나누기도 합니다. 이처럼 행사 준비뿐만 아니라 다양한 방법으로도 놀이 확장이 가능한 앱입니다.

AI 소품 검색 및 활용 사진

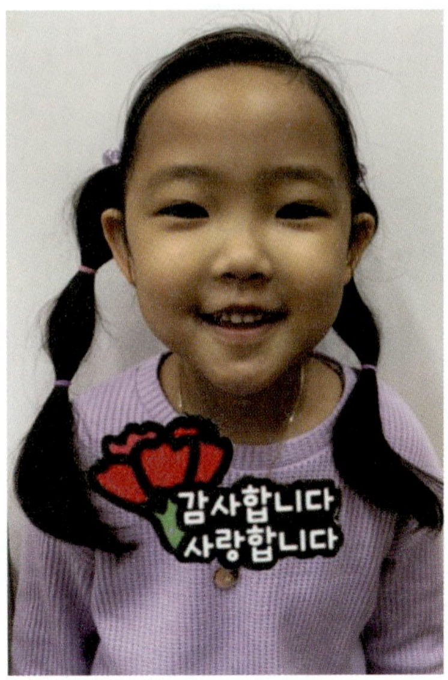

카네이션 AI 소품 촬영 사진

브루의 자동자막 기능으로 졸업식 영상 쉽게 제작하기

AI 기반의 영상 편집 프로그램 브루 활용하기

브루(Vrew)는 보이저엑스라는 한국의 스타트업에서 개발한 영상 편집 프로그램입니다. 브루가 가지는 영상 편집 프로그램으로서의 특징은 바로 AI 기반의 영상 제작이 가능하다는 점입니다. 브루는 마치 문서 편집하듯이 글이나 PDF를 활용한 영상 제작이 가능하며, AI 보이스나 자동자막 등 다양한 기능들을 제공하고 있습니다. 이제 유아교사들에게 필요한 업무가 되고 있는 영상 편집을 브루를 활용하여 쉽고 재미있게 제작해 보기 바랍니다.

AI 기반의 쉽고 빠른 영상 편집 프로그램 '브루'

브루로 영상에 자동자막 적용하기

브루는 홈페이지(https://vrew.ai/ko)나 모바일 앱을 통해 다운로드가 가능하며, 회원가입이 필수입니다. 무료회원도 프로그램의 주된 기능은 사용이 가능하나, 워터마크를 지우려면 라이트 플랜 이상을 사용하거나 업로드 시 브루로 제작한 영상임을 표기하겠다는 약속을 해야 합니다. 지금부터 PC버전으로 브루를 다운로드하는 방법 및 자동자막을 적용하는 방법에 대해 알아보겠습니다.

브루 프로그램 다운로드 및 회원가입하기

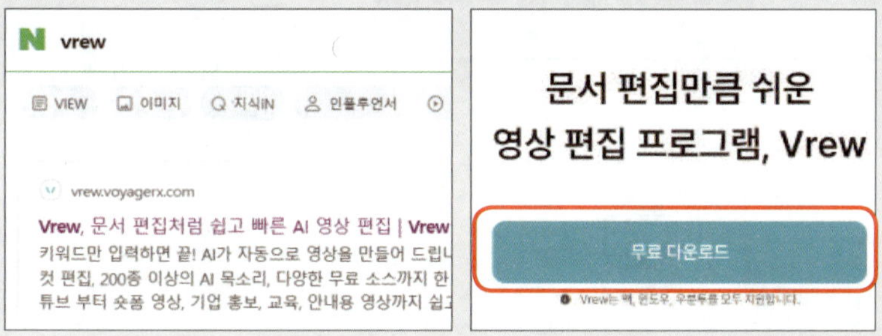

검색포털에서 Vrew를 검색(영문검색), 제일 첫 번째 나오는 사이트에 접속 후 '무료 다운로드' 클릭

회원가입 방법

1. '회원가입' 클릭
2. 이름, 이메일, 비밀번호 입력
3. 작성한 이메일에서 인증

브루 시작하기 및 자동자막 생성하기

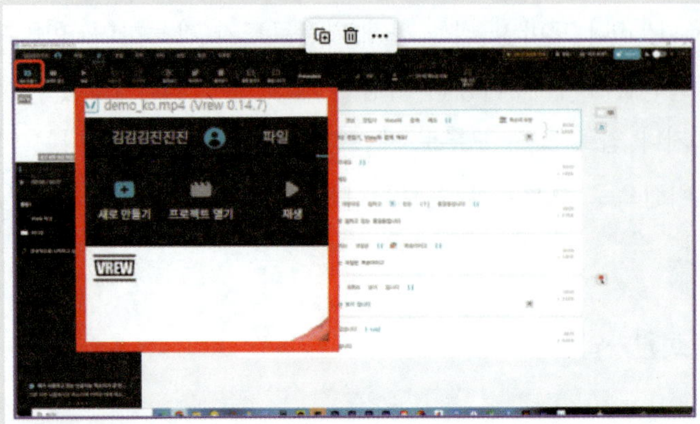

홈 화면에서 '새로 만들기' 버튼 클릭

'영상 및 음성 파일로 시작하기' 버튼 클릭

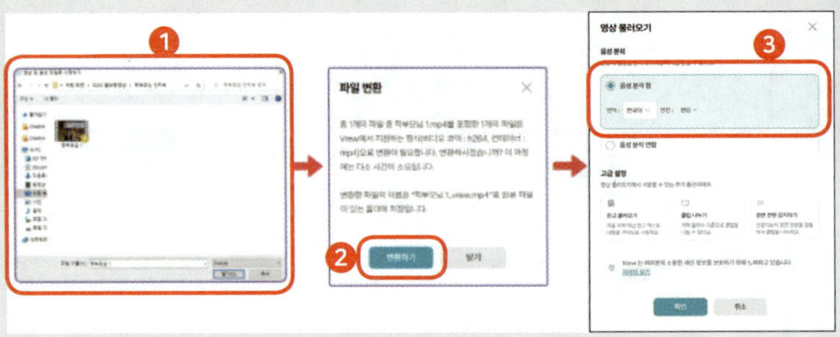

자동자막 생성하기

1. 작업 영상 업로드
2. '변환하기' 클릭
3. '음성분석함'을 클릭하여 자동자막 생성하기

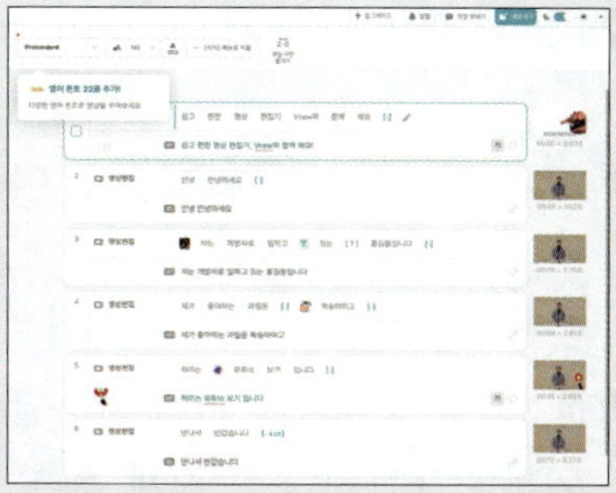

음성분석 후 오른쪽 창 자막수정 탭에서 오타 수정

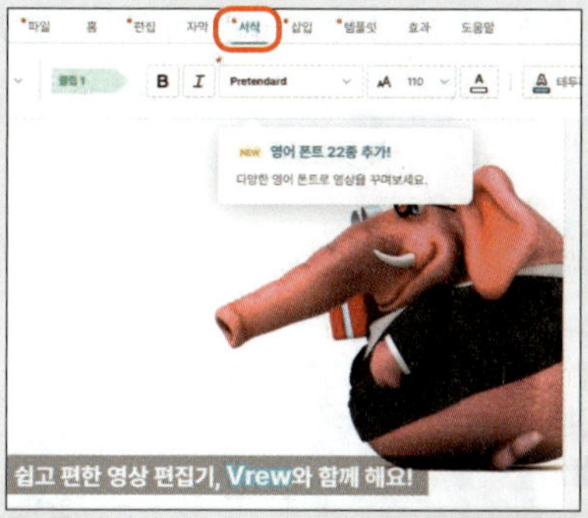

상단에 폰트 변경 탭 '서식' 메뉴로 이동
(테두리, 배경, 그림자 등과 같은 자막 옵션 변경 가능)

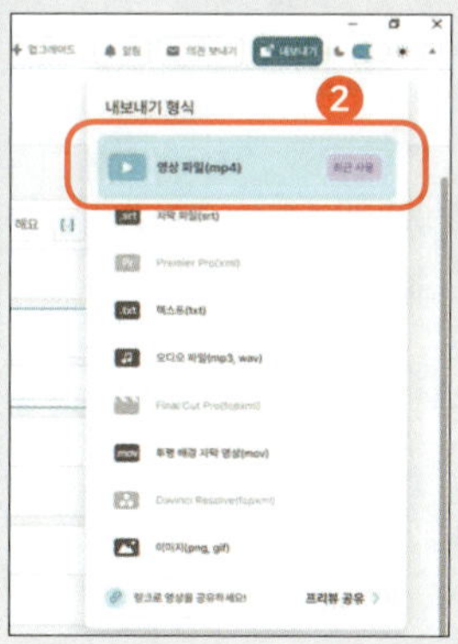

영상 저장하기

❶ 오른쪽 상단 '내보내기' 클릭

❷ 내보내기 형식에서 영상파일(mp4) 선택

❸ 대상 클립, 해상도, 화질 등을 선택하고 '내보내기' 클릭

브루로 쉽고 빠르게 졸업영상 만들기

"영상을 되돌려 듣고 또 듣고 지겨운 자막 작업을 좀 더 빠르고 편하게 할 수는 없을까?"

영상 편집 프로그램 '브루'를 활용한다면 영상 제작의 소요시간을 획기적으로 단축시킬 수 있습니다. 브루는 회원가입을 통해 간단하게 사용할 수 있고, 자체 사이트 내에 AI 보이스를 제작할 수 있는 기능도 존재합니다. 실제 사용 결과 자동생성된 자막의 정확도가 거의 90% 이상일 정도로 잘 생성되었고, 혹시 잘못된 부분이 있더라도 수정하기가 굉장히 간편합니다. 또한 자막의 폰트, 배경 테두리 등과 같은 디자인적인 요소도 한 번 설정하면 자동으로 적용되어 감각적인 영상을 만들 수 있습니다.

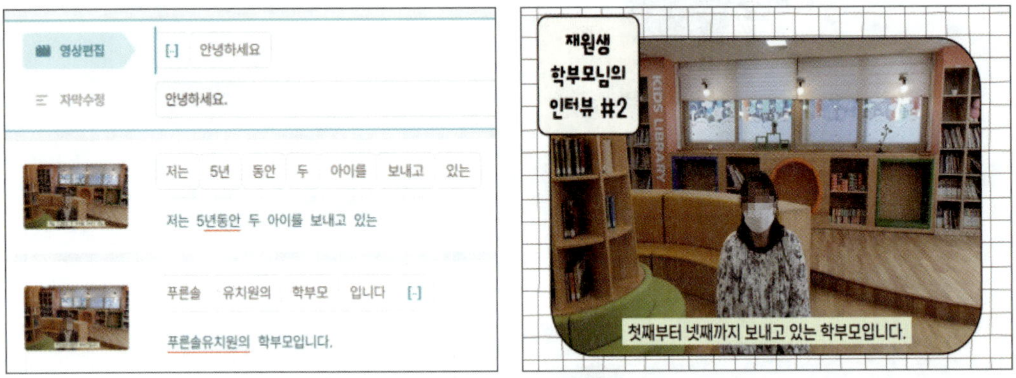

브루의 자동자막 기능 활용 영상 제작하기

더 알아보기

브루 기능 더 활용하기

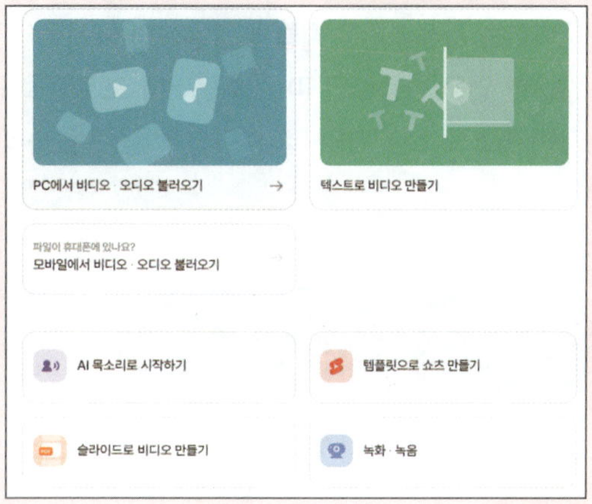

- 스마트폰에 있는 파일을 QR코드를 통해 품질 저하 없이 원본 그대로의 파일로 PC에 가져올 수 있음
- 그 밖에 텍스트로 비디오 만들기, 슬라이드로 비디오 만들기 등과 같은 AI 동영상 편집 기술을 제공함

행사를 더 특별하게, 더 쉽게 만드는 디지털 활용하기

교육행사를 기획하고 실행하는 가장 큰 목적은 우리 기관의 교육내용을 가정과 공유하고 나누기 위함입니다. 그렇기 때문에 행사마다 빠지지 않고 활용되는 사진 촬영을 하거나 영상을 준비하는 과정에서 디지털을 활용하면 교사들의 부담을 덜 수 있습니다.

간단한 앱을 활용하면 따로 소품이나 포토존을 만들지 않아도 되고, 영상 편집 시 가장 많은 시간이 소요되는 '자막 달기'도 쉽게 할 수 있습니다. 여러분도 도움을 받아보면 어떨까요?

교사들이 전하는 생생한 사용 후기!

"사용 기능법이 어렵지 않아 누구나 쉽게 접근할 수 있어서 활용도가 높아요."

"주제별로 다양하게 선택할 수 있어서 좋았어요."

"영상작업 시 가장 큰 시간이 소요되는 자막작업을 AI 음성인식으로 자동으로 자막을 만들어주니 영상 제작 시간이 반으로 줄었어요."

"프로그램 내의 chatGPT를 활용하면 글만 작성해도 자동으로 영상을 제작해 주어 아이들의 이야기를 동화로 만들어줄 수 있었습니다."

5

디지털로 한걸음 가까워지는
학부모 마음 나누기 레시피

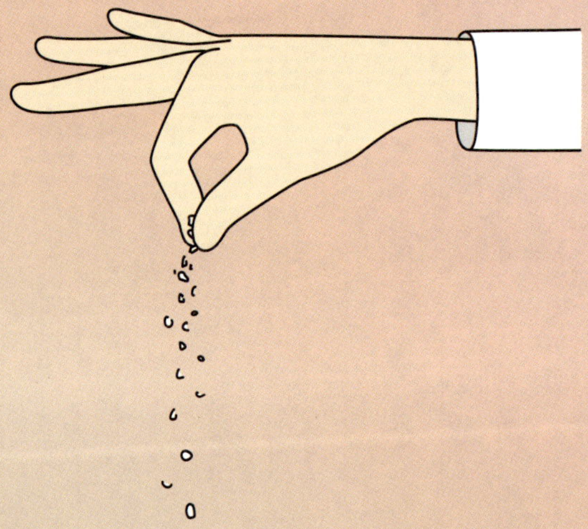

01 신속하면서도 편리한 가정과의 소통

02 디지털 비서와 함께하는 학부모 상담하기

03 시공간을 뛰어넘는 유아교육기관 홍보하기

학급 운영에 빼놓을 수 없는 재료인 필수 요건인 가정과의 소통.

가정과의 소통은 기관에 대한 신뢰감을 형성하고 유아가 일관성 있는 교육을 받도록 돕기 때문에 매우 중요합니다.

여러분은 가정과 어떤 방식으로 소통하고 계신가요?

우리 반에서 이루어지는 가정 연계 방법을 적어볼까요?

가정과의 소통은 다양한 방식으로 이루어집니다. 그러나 때로는 교사 개인 전화번호를 공개해야 하는 부담을 갖게 되거나, 교사의 노력에도 소통이 부족하다고 느끼는 학부모들로 인해 많은 어려움이 발생하기도 합니다.

'제5장 학부모 마음 나누기 레시피'는 일상적인 소통부터 학부모 상담, 유치원 홍보까지 디지털을 활용한 다양한 소통 방법을 제시해 주어 이러한 여러분의 고민을 덜어줄 수 있도록 지원하고자 합니다.

그럼 지금부터 함께 살펴볼까요?

01 신속하면서도 편리한 가정과의 소통

교육은 교사 혼자만의 노력으로 이루어질 수 없습니다. 교육의 효과를 높이려면 가정과 긴밀한 소통 및 연계를 이루어야 합니다. 그래서 유아교사의 업무 중 가정과의 소통은 중요한 부분이라고 할 수 있습니다. 유아의 기관 생활, 놀이와 배움, 성장과 발달, 출결 상황, 투약, 또래 관계, 각종 공지사항 안내에 이르기까지 유아와 관련된 유아교육기관의 크고 작은 모든 일상은 학부모와 공유됩니다.

가정과 소통하는 방법에는 여러 가지가 있습니다. 과거에는 유아교육기관에서 유선상 통화를 하거나 유아 수첩 메모를 통한 소통이 일반적이었습니다. 최근에는 디지털 미디어가 발달하면서 한 손에 들어오는 휴대전화로 사람과의 소통은 물론 정보 공유가 이루어지고 있습니다. 이러한 시대의 변화에 따라 유아교육기관에서도 디지털을 활용하여 보다 간편하게 가정과 연계하고 소통하는 방법을 모색하고 있습니다.

여러분도 한 번쯤 가정과의 효율적인 소통에 대해 고민한 적이 있을 것입니다. 이 절에서는 여러분의 이러한 고민을 해결하면서도 간편하고 편리하게 소통 및 연계할 수 있는 디지털 도구들을 소개해 보고자 합니다.

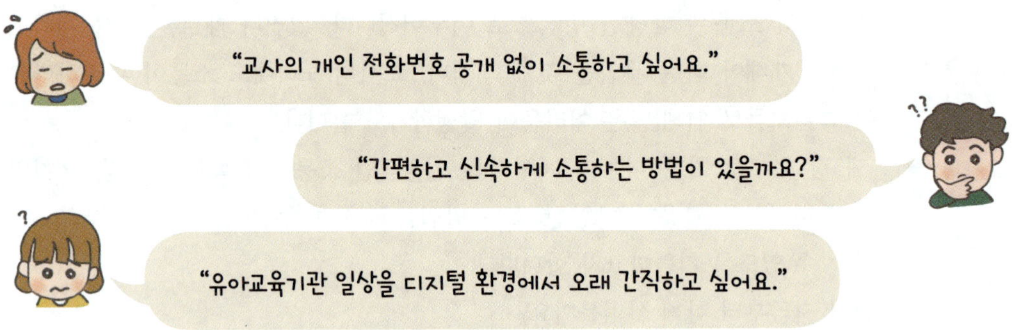

카카오톡 채널로 똑똑하게 소통하기

먼저 소통의 기본은 학부모와 대화를 나누는 것입니다. 그러나 학부모와의 대화가 모두 대면으로 이루어질 필요는 없습니다. 출결, 투약, 그 밖의 전달사항 등은 문자 형식으로 전달되는 것이 훨씬 효율적입니다. 전달을 받는 교사는 물론 학부모도 이러한 사소한 부분은 교사에게 간단히 문자로 전달하는 것을 더 선호합니다. 따라서 교사와 학부모가 문자로 소통하는 창구가 하나쯤 있으면 원활한 소통에 도움이 됩니다.

! 잠깐! 확인하셨나요?

교사와 학부모가 문자로 소통하는 창구를 마련하기 위해서는 따져 봐야 할 전제조건이 몇 가지 있습니다.

1. 교사와 학부모 모두 모바일로 간편하게 이용이 가능한가?
2. 모바일 이용 시 교사의 개인정보(전화번호)가 보호되는가?
3. 주고받는 내용이 저장 및 보관 가능한가?

이용의 간편성, 교사의 개인정보 보호, 저장 및 보관 가능성은 교사가 학부모와 문자로 소통할 때 고려해야 할 기본적인 사항들입니다. 위 조건을 모두 충족하는 디지털 매체가 있습니다. 바로 카카오톡 채널입니다.

카카오톡 채널을 활용한 소통

카카오톡 채널은 소통에 특화된 플랫폼입니다. 개인 전화번호 공개 없이도 관리자가 개설한 채널에만 가입하면 간편하게 소통할 수 있다는 점이 매력적이지요. 카카오톡 채널은 문자를 활용한 소통뿐만 아니라 소식 기능으로 유아교육기관의 일상도 공유할 수 있다는 특징이 있습니다.

지금부터 카카오톡 채널 개설부터 학부모와 소통하기까지의 전 과정을 함께 살펴보겠습니다.

카카오톡 채널 개설 및 소통에 활용하기

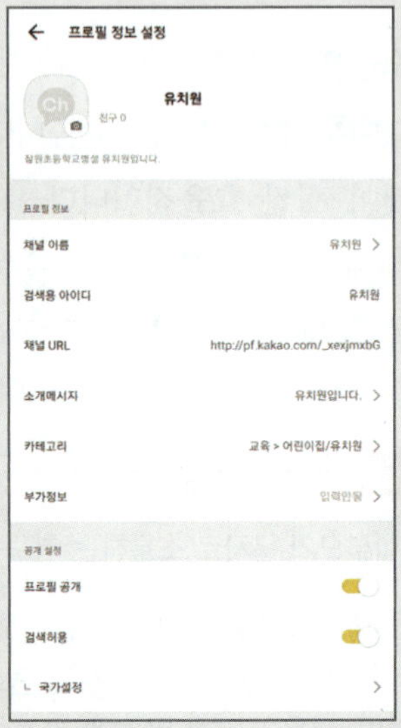

❶ '카카오톡 채널 관리자센터' 앱을 다운로드합니다. 로그인을 하면 새 채널 만들기 버튼이 활성화됩니다. 채널 이름, 카테고리, 소개글 등을 입력하여 새 채널을 만들 수 있습니다.

❷ 채널 개설 후에는 프로필 정보 설정에서 '홈 공개' 상태를 on으로 변경한 후, '홈 탭 카드 설정'에서 채팅을 on으로 설정하면 1:1 채팅이 개설됩니다.

❸ 채팅 세부 설정을 합니다. 특히 카카오톡 채널은 '운영 시간'을 설정할 수 있습니다. 운영 시간은 요일별로 동일하게 또는 다르게 설정할 수 있고, 미운영하는 기간도 설정 가능합니다.

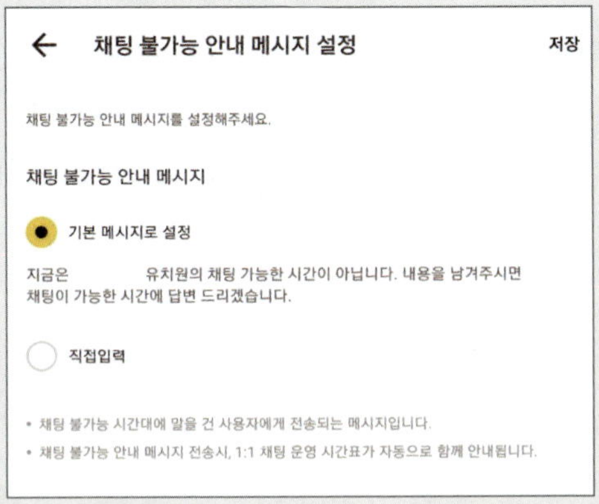

❹ 채팅 안내 메시지, 채팅 불가능 안내 메시지를 설정합니다. 기본 메시지를 활용할 수도 있고, 직접 메시지를 입력할 수도 있습니다.

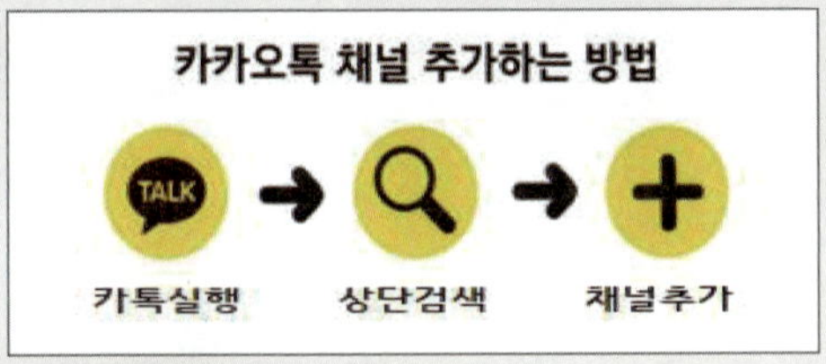

❺ 채널을 개설한 이후에는 학부모에게 카카오톡 채널을 안내합니다. 채널 URL 또는 카카오톡 채널 검색을 통해 가입할 수 있습니다.

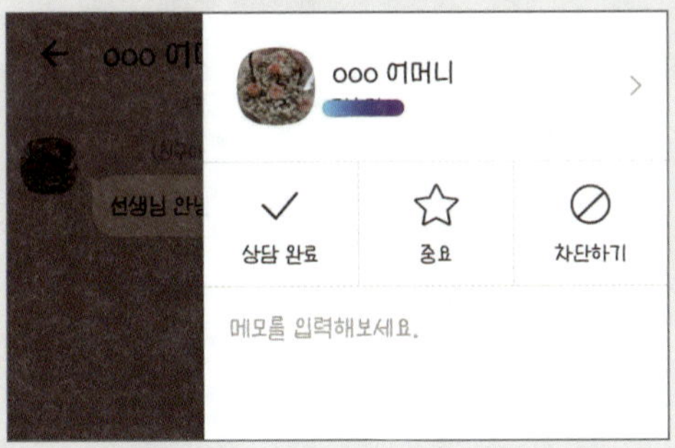

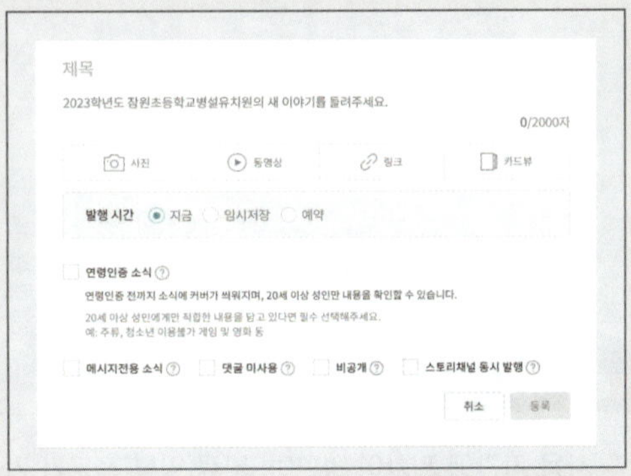

❻ 채널에 학부모가 가입하면 1:1 채팅방을 만들 수 있습니다. 이때 학부모 명으로 채팅방이 설정되는데, 조금 번거롭더라도 채팅방 이름을 유아 명으로 변경하는 것이 좋습니다.

❼ PC 버전으로 카카오톡 채널에 들어가면 [소식]을 볼 수 있습니다. 소식 기능을 활용하면 동영상, 사진, 공지글 등을 게시할 수 있고, 채널에 가입한 학부모와 공유할 수 있습니다.

카카오톡 채널의 또 다른 기능, 소식

카카오톡 채널은 학부모와 문자 소통뿐만 아니라 일상 공유도 가능합니다. PC 버전으로 카카오톡 채널에 들어가면 [소식]을 볼 수 있습니다. 소식 안에 사진, 영상, 공지글 등을 올릴 수 있어서 소통 창구뿐만 아니라 학급 내 일상을 공유하는 공간도 필요하다면, 카카오톡 채널을 통해 두 마리의 토끼를 모두 잡을 수 있습니다.

이런 점이 좋아요

- 사용 기간에 제한이 없으며, 무료(일부 전문가 기능 유료)
- 소통(채팅)과 공유(소식) 모두 가능한 편리함과 유용성
- 소통 시간 설정 가능하며, 미운영 시간에도 메시지 열람 가능
- 휴대전화를 활용하되, 개인 전화번호를 공개하지 않아도 되는 편리함
- 교사 개인이 자유롭게 설정하고 운영할 수 있는 자율성과 융통성

네이버 밴드로 편리하게 소통하기

학부모는 유아의 일상을 늘 궁금해합니다. 등원부터 하원까지 유아교육기관에서 유아가 보낸 일상이 어떠했는지 알고 싶어 합니다. 그래서 교사는 놀이계획안, 놀이보고서, 놀이 모습이 담긴 사진과 영상 등 여러 수단을 활용하여 학부모에게 유아교육기관의 일상을 공유합니다. 이 과정에서 설명이 필요한 부분은 개별적인 메시지를 통해 전달하기도 합니다.

유아교육기관의 일상 공유와 소통이 동시에 가능한 플랫폼이 있으면 더할 나위 없이 편리하겠지요? 이러한 필요를 충족해 주는 적합한 플랫폼이 있습니다. 바로 네이버 밴드입니다.

네이버 밴드를 활용한 소통

네이버 밴드는 우리 학급만의 프라이빗한 소통 공간을 만들기에 적합한 플랫폼입니다. 네이버 밴드를 개설하면 그 안에 학급의 일상을 사진, 영상, 카드뉴스, 공지, 파일 등으로 게시하여 공유할 수 있습니다. 밴드 미공개 설정을 통해 우리 학급 학부모만 별도로 초대하여 운영할 수 있어서 우리 학급 특색을 반영한 독창적인 공간을 운영할 수 있다는 것이 큰 매력입니다. 교사가 올린 게시물에 댓글과 감정 이모티콘을 덧붙일 수 있고, 비밀 댓글 기능도 활용할 수 있습니다. 방해금지 설정 기능이 있어서 원하는 시간 외에는 알림을 받지 않을 수 있습니다. 또 미션 인증과 같은 재미있는 기능도 있어서, 학부모들과 특별한 미션을 설정하고 함께 인증할 수 있습니다. 그뿐만 아니라 네이버 밴드 내에 채팅방을 개설할 수 있어서 학부모와 대화를 나눌 수 있습니다. 1:1 채팅뿐만 아니라 단체 채팅도 가능합니다.

지금부터 네이버 밴드 개설부터 일상을 공유하기까지의 전 과정을 함께 살펴보겠습니다.

네이버 밴드 개설 및 소통에 활용하기

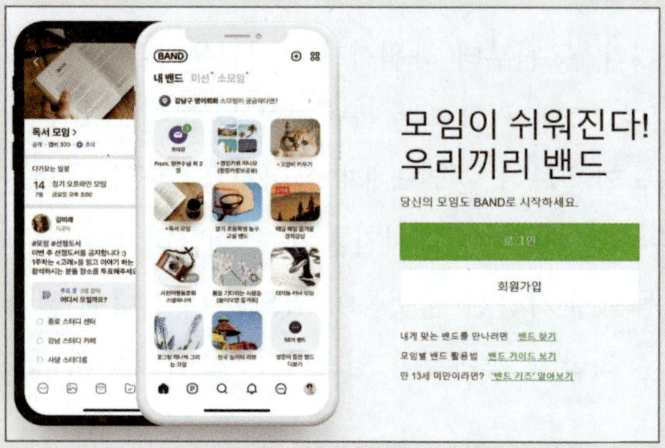

❶ '네이버 밴드' 앱을 다운로드합니다. 네이버에 가입되어 있더라도 네이버 밴드에 별도로 가입해야 합니다.

❷ 밴드 만들기를 클릭합니다. '학교, 우리반' 탭은 초, 중, 고등학교만 있습니다. 유치원은 '직접 만들기' 탭을 선택하면 됩니다.

❸ 밴드 이름, 커버 디자인, 밴드 공개 유형을 선택할 수 있습니다. 학급 밴드는 유아의 사진과 영상이 공유되는 공간이기 때문에 개인정보 보호를 위해 '비공개 밴드'로 설정하는 것이 좋습니다.

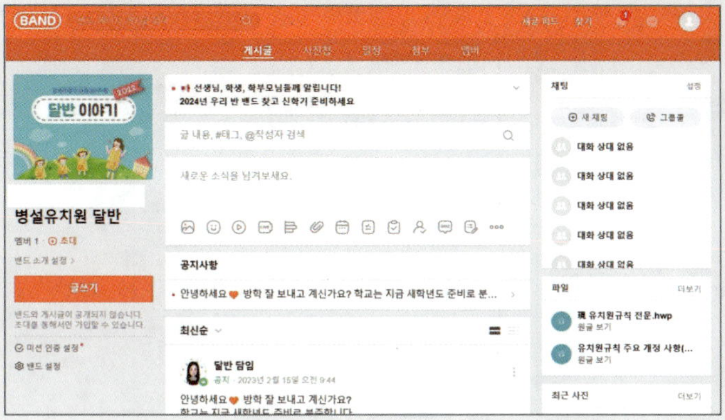

❹ 밴드가 만들어지면 '밴드 설정'을 통해 세부 기능을 설정할 수 있습니다. 알림설정, 채팅설정, 멤버관리, 일정관리, 메뉴관리 등 유용한 기능이 많기 때문에 필요에 따라 설정하면 됩니다.

네이버 밴드 소통 사례 엿보기

네이버 밴드는 정보의 저장과 보관이 용이하고, 밴드 개설에 제약이 없습니다.

해마다 네이버 밴드를 학급 소통 공간으로 개설하여 운영할 수 있습니다.
밴드 운영 기간에 제한이 없기 때문에 밴드를 삭제하지 않는 이상
중요한 정보를 오래도록 저장하고 보관할 수 있습니다.

또한 글, 사진, 영상, 파일 등 다양한 유형의 자료를 게시하기 편리합니다.

네이버 밴드에는 글, 사진, 영상, 파일을 자유롭게 게시할 수 있습니다.
게시물 아래에는 댓글 또는 감정 이모티콘을 달 수 있어서 활발한 소통이 가능합니다.

네이버 밴드의 채팅 기능은 문자처럼 1:1 또는 1:다수 간 소통을 가능하게 합니다.

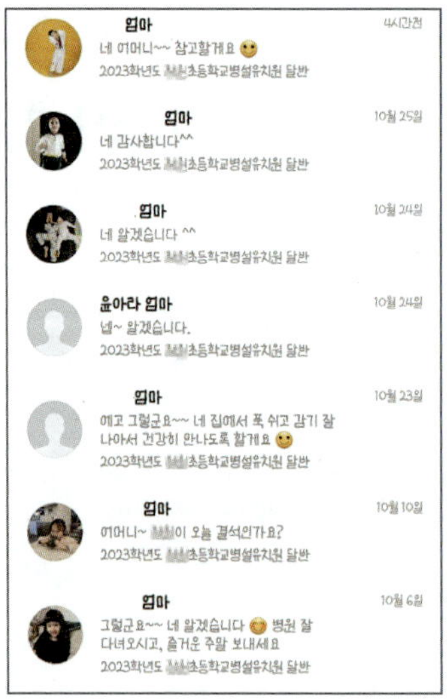

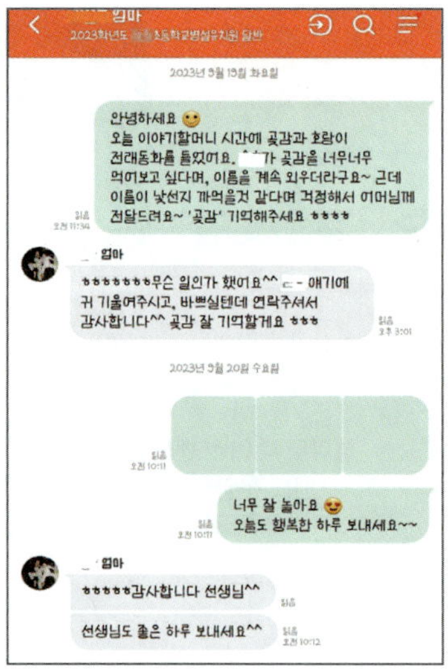

채팅을 통해 학부모와 소통이 가능합니다. 교사가 1:1 또는 1:다수 채팅방을 개설하여 문자처럼 자유롭게 소통할 수 있습니다. 알림 기능을 사용하면 채팅이 오는 즉시 확인이 가능하며, 밴드 설정에서 방해금지 설정을 하면 업무 외 시간에는 채팅 알림이 오지 않습니다.

이런 점이 좋아요

- 사용 기간에 제한이 없으며, 무료
- 소통(채팅)과 공유(포스트) 모두 가능한 편리함과 유용성
- 소통 미운영 시간은 없지만, 방해금지 설정으로 원치 않을 땐 알림 off
- 휴대전화를 활용하되, 개인 전화번호를 공개하지 않아도 되는 편리함
- 개별 채팅뿐만 아니라 단체 채팅도 가능
- 우리 학급만의 프라이빗한 소통과 공유 공간 연출

퀴즈앤으로 재미있게 소통하기

유아교육기관은 하루에도 여러 번 가정과 소통합니다. 유아교육기관의 일상과 소식을 전달하는 것은 늘상 이루어지는 방식의 소통이지요. 이렇게 소식을 전달하는 단순한 방식에서 벗어나 조금 더 기발하고 재미있게 소통할 수는 없을까요? '퀴즈앤(QuizN)'을 활용하면 재미있는 소통뿐만 아니라 보다 적극적인 가정의 참여를 이끌 수 있습니다.

퀴즈앤을 활용한 소통

QuizN

퀴즈앤은 여러 플랫폼의 유용한 기능이 합쳐진 종합적인 협업 플랫폼입니다. 담벼락 기능, 그룹화 기능, 퀴즈를 풀어 탈출하는 방탈출 기능, 미션을 수행하고 인증하는 챌린지 기능, 자료를 저장하는 컬렉션 기능, 순서에 따라 글을 쓸 수 있는 타임라인 기능, 워드 클라우드 기능, 투표와 의견 취합 결과를 실시간으로 확인해 볼 수 있는 풀(Poll) 기능, 낙서나 메모를 할 수 있는 화이트보드 기능이 모두 가능합니다. 다만, 퀴즈앤은 유료로 이용 가능하며, 별도의 구독 없이 무료로 이용할 경우 기능이 제한적입니다. 일상에서 가끔씩 특별하고 재미있는 소통을 하고자 한다면 무료 기능(플레이, 미션, 보드) 정도만 활용해도 충분히 좋습니다.

퀴즈앤의 여러 가지 기능들

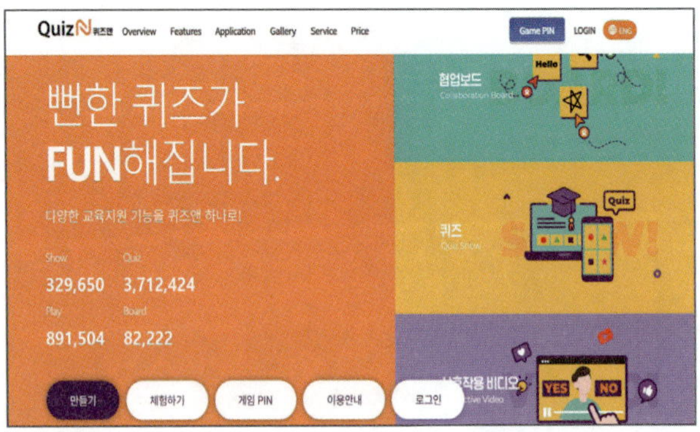

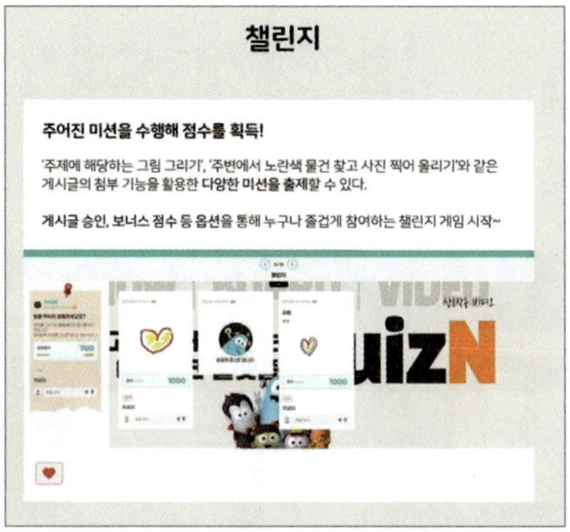

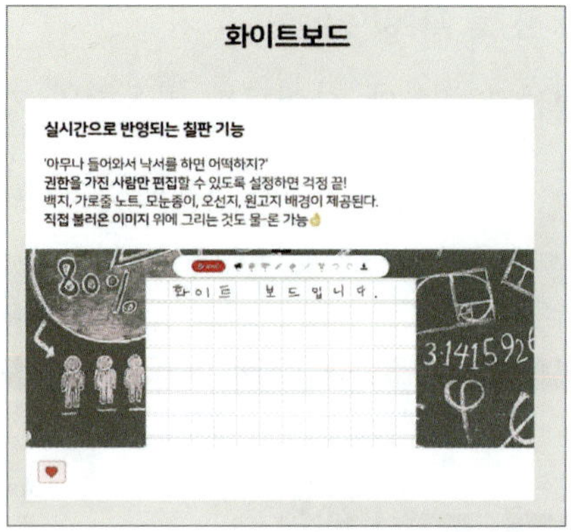

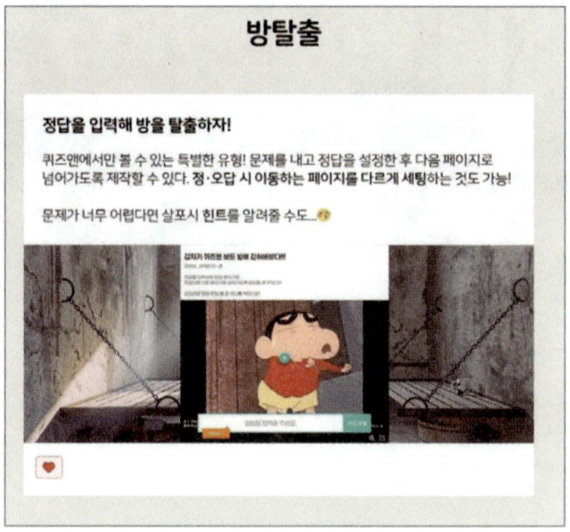

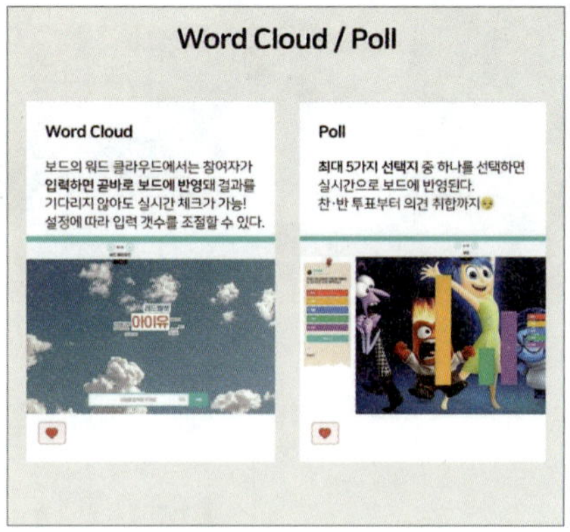

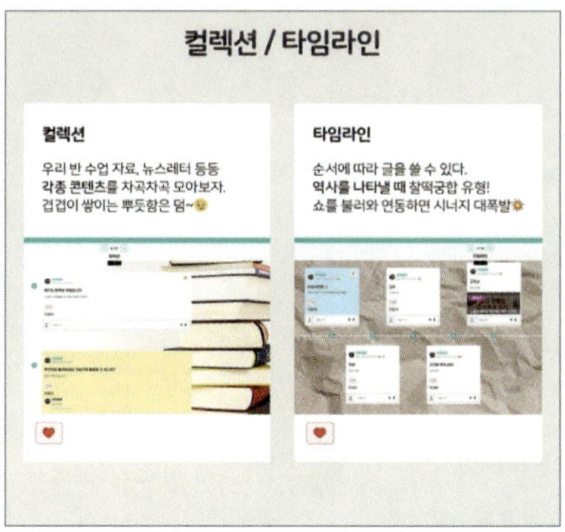

퀴즈앤 사이트에는 다양한 기능이 있습니다. 여러 교육용 플랫폼에서 사용하는 대부분의 기능이 이 플랫폼에 집결되어 있다고 볼 수 있어요. 다만, 일부 기능(챌린지, 미션, 보드)에 한해서만 무료이고, 나머지 기능은 유료로 운영되기 때문에 필요에 따라 선택적인 활용이 요구됩니다.

퀴즈앤 소통 사례 엿보기

학부모들과 퀴즈앤 사이트를 공유하면 가정에서도 다양한 퀴즈, 미션 등을 수행할 수 있습니다.

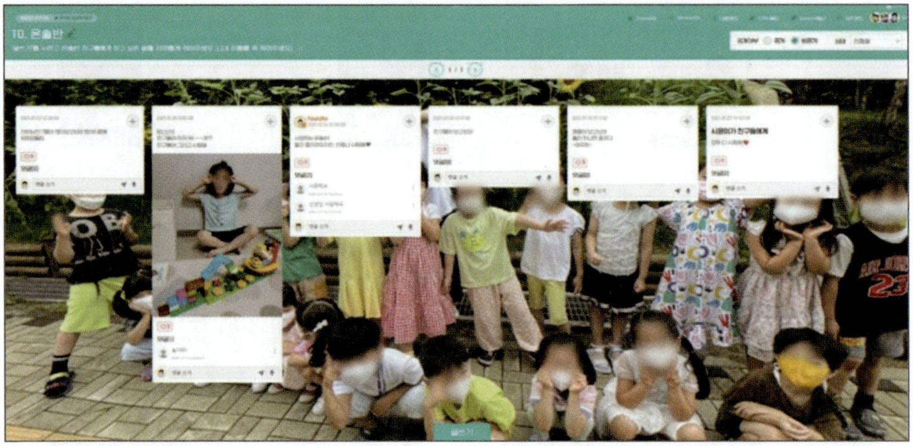

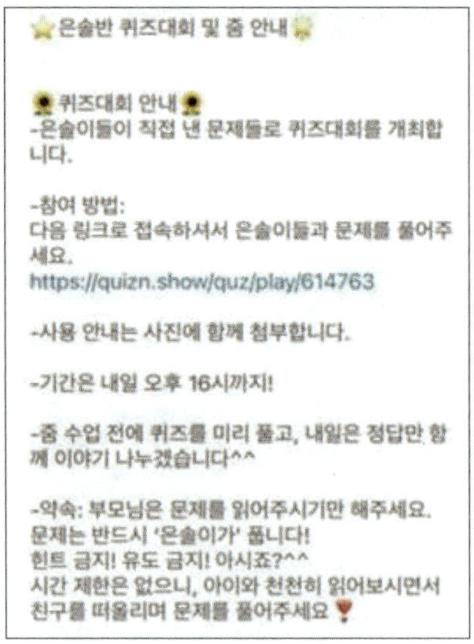

⭐온솔반 퀴즈대회 및 줌 안내⭐

🌻퀴즈대회 안내🌻
-온솔이들이 직접 낸 문제들로 퀴즈대회를 개최합니다.

-참여 방법:
다음 링크로 접속하셔서 온솔이들과 문제를 풀어주세요.
https://quizn.show/quz/play/614763

-사용 안내는 사진에 함께 첨부합니다.

-기간은 내일 오후 16시까지!

-줌 수업 전에 퀴즈를 미리 풀고, 내일은 정답만 함께 이야기 나누겠습니다^^

-약속: 부모님은 문제를 읽어주시기만 해주세요.
문제는 반드시 '온솔이가' 풉니다!
힌트 금지! 유도 금지! 아시죠?^^
시간 제한은 없으니, 아이와 천천히 읽어보시면서 친구를 떠올리며 문제를 풀어주세요🌹

교사가 퀴즈를 낸 뒤 URL을 전달하면 가정에서 참여할 수 있습니다.

더 알아보기

퀴즈앤과 비슷한 기능의 플랫폼, 카훗

퀴즈앤과 비슷한 문제내기 기능을 가진 플랫폼이 또 있습니다.
바로 "카훗"인데요. 퀴즈앤과 카훗 모두 무료기능, 유료기능이 있으니 두 플랫폼의 기능들을 비교해 보고 필요에 따라 선택적으로 활용해 볼 수 있습니다.
카훗의 퀴즈 형식은 다음과 같습니다.

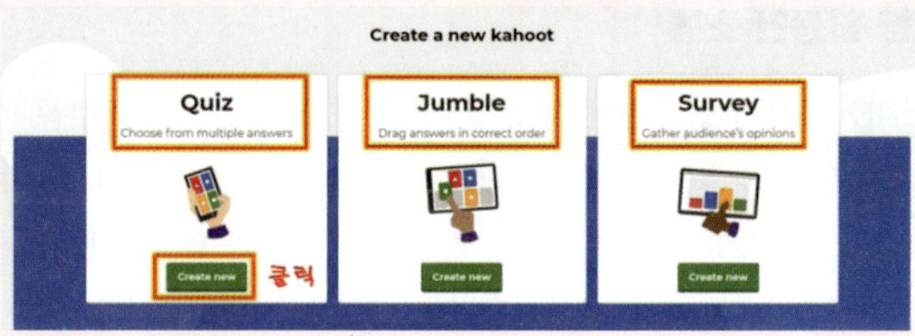

1. **Quiz :** 4지선다의 문항
2. **Jumble :** 4개 항목의 순서를 옳게 배열하는 형식의 문항
3. **Survey :** 4개 보기 중 설문조사를 하는 형식의 문항

참여자 별도의 회원가입이 필요 없으며, 제한시간 설정, 닉네임 사용, 모바일 문제 출제 가능 등 유용한 기능들이 많으니 함께 살펴보기 바랍니다(또 다른 활용법은 264~266쪽 참고).

이런 점이 좋아요

- 여러 플랫폼의 장점을 모아 만든 교육용 협업 플랫폼
- 다양한 기능을 한 사이트에서 활용할 수 있는 편리함
- 학부모는 사이트에 가입하지 않아도 URL로 참여 가능

아트스텝스로 가상전시회 열기

유아가 만든 작품은 어떻게 전시하고 있나요? 가끔 교실에 전시된 작품을 가정에도 소개하고 싶지는 않았나요? 유아의 작품을 그대로 가정에 보내기보다는 조금 특별한 방법으로 전시하고 감상하도록 하면 어떨까요? 디지털 매체를 적절히 활용하면 유아의 작품도 특별한 방식으로 가정과 공유할 수 있습니다. 특별한 방식의 디지털 전시회, '아트스텝스(Artsteps)'를 소개합니다.

아트스텝스를 활용한 소통

아트스텝스는 3D 가상현실 공간에 VR 전시회를 만들 수 있는 플랫폼입니다. PC 또는 앱을 통해 이용할 수 있습니다. 아트스텝스는 COVID-19로 인해 많은 학교들이 교육활동 전시행사를 할 수 없을 때 유용하게 활용되었습니다. 온라인 가상 공간에 전시회를 구현할 수 있어서 시간적, 공간적 제약으로부터 자유롭다는 장점이 있기 때문입니다.

만드는 사람의 취향에 따라 전시 공간을 설계하고, 공간의 콘셉트와 분위기를 조정하며, 접속자의 이동 경로를 설정하는 등 컨텐츠가 다양합니다. 또 작품 사진뿐만 아니라 동영상도 추가할 수 있고, 전시 공간에 3D 오브제를 놓거나 배경음악도 넣을 수 있어서 실제 전시장 못지 않은 분위기를 구현할 수 있습니다.

아트스텝스를 통해 가상 공간을 만들고, 유아의 작품을 전시하기까지의 과정을 함께 살펴보겠습니다.

아트스텝스 가입 및 가상현실 전시장 꾸미기

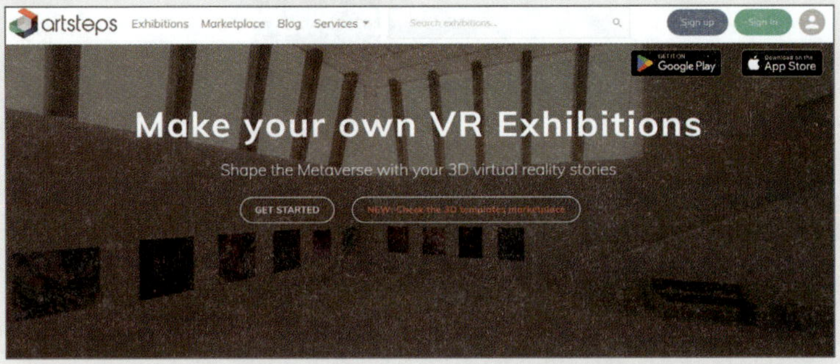

❶ '아트스텝스' 사이트에 가입합니다. 회원가입을 마치면 상단의 메뉴가 바뀌며, 전시회를 디자인할 수 있는 공간이 형성됩니다.

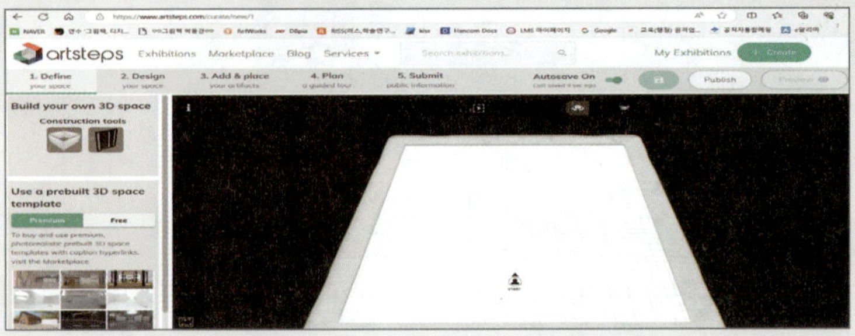

❷ 우상단의 '창조하기' 버튼을 누르면 가상 공간이 만들어지며, 좌측의 건설도구 메뉴를 활용하여 공간을 꾸밀 수 있습니다. 빈 템플릿에 공간을 설계하는 것이 어려울 경우, 미리 세워진 공간 템플릿을 활용해도 됩니다.

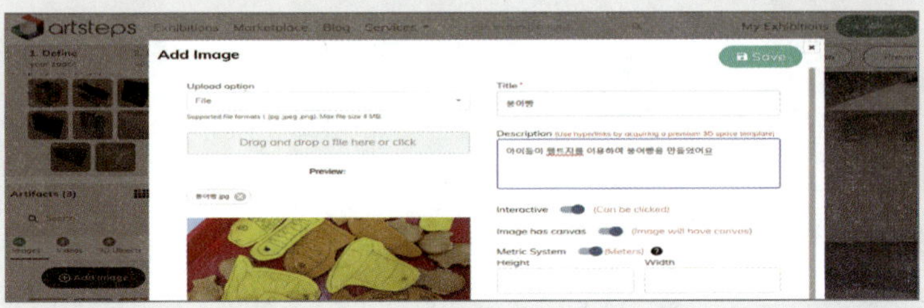

❸ 전시 공간이 마련되면, 좌측 '이미지 추가' 버튼을 눌러 유아의 작품사진을 입력합니다. 작품 타이틀과 설명을 덧붙일 수 있습니다.

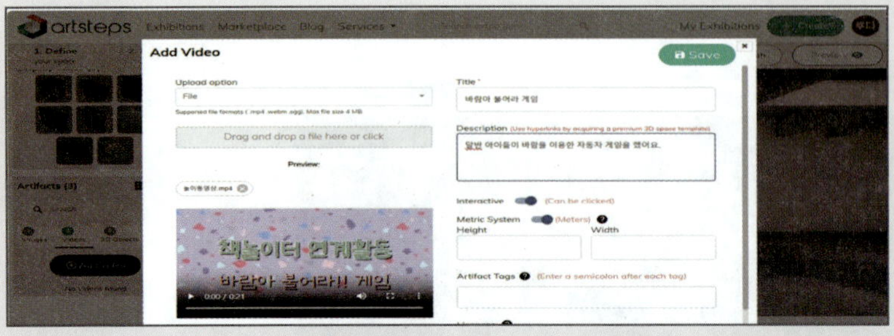

❹ 이미지 추가뿐만 아니라 '동영상 추가'도 가능합니다. 4MB 이하의 짧은 동영상을 추가하여 전시 공간에 게시할 수 있습니다.

❺ 추가된 동영상과 이미지는 가상 전시 공간에 전시할 수 있습니다. 마우스를 움직여 작품을 원하는 위치로 옮길 수 있습니다.

❻ 전시를 마친 뒤 '제출'을 하면, '내 전시회' 탭에서 전시 공간에 들어가 볼 수 있습니다. 관람자가 되어 전시 공간을 마음껏 이동하며 감상하고, 원하는 작품은 클릭해서 타이틀과 설명을 살펴볼 수 있습니다.

이런 점이 좋아요

- 시간과 공간을 초월한 가상 전시 공간 구현
- 전시 환경구성의 자율성
- 유아의 작품을 오래 보관, 저장 가능하며 언제든 관람 가능
- 사진, 동영상 모두 전시 가능
- 일부 기능은 유료이므로 선택적인 활용 필요
- 기능을 익히기까지 노력이 필요

더 알아보기

디지털로 실현하는 신속하고 편리한 가정과의 소통

지금까지 디지털을 활용하여 가정과 신속하면서도 편리하게 소통하는 방법을 알아보았습니다. 가정과 소통하는 일은 유아교육기관에서 빼놓을 수 없는 중요한 업무입니다. 하지만 소통 방법에 대한 특별한 매뉴얼 없이, 교사 개개인의 재량과 역량에 따라 운영되고 있는 실정이지요. 그렇기 때문에 디지털 플랫폼을 적절히 활용한다면 가정과의 소통을 보다 편리하면서도 똑똑하게 해낼 수 있을 것입니다.
가정과 소통할 때 고려해야 할 것들이 몇 가지 있습니다.

- 교사 개인의 사생활 보호
- 업무 외 시간에 대한 보호
- 유아 개인정보(사진, 영상 등)에 대한 보호
- 자료의 저장과 보존
- 쌍방향 소통의 편리함

가정과 소통하는 데 활용할 수 있는 디지털 플랫폼마다 가지고 있는 특징과 장단점이 다르므로, 여러분에게 필요한 요소가 갖추어진 디지털 플랫폼을 잘 선택하는 게 중요합니다. 또 시간이 지남에 따라 플랫폼의 기능이 업그레이드되거나 새로운 종류의 플랫폼이 개발되기도 하니, 소통을 위한 플랫폼에 지속적으로 관심을 가져보는 것은 어떨까요?

교사들이 전하는 생생한 사용 후기!

"개인 전화번호를 공개하지 않고도 언제 어느 때라도 소통할 수 있어서 편리해요."

"평소 가지고 다니는 휴대전화로 학급의 일상을 간편하게 공유하면서 오래도록 간직할 수 있어서 좋아요."

"여러 방법으로 가정과 소통할 수 있어서 만족해요. 함께 퀴즈를 나누거나 가상 공간을 누리는 등의 특별한 소통이 가능해서 좋아요."

02 디지털 비서와 함께하는 학부모 상담하기

학부모와의 우호적인 관계 조성을 위해 가장 기본이 되는 학부모 상담을 효과적으로 실시하는 것은 교사에게 아주 중요한 업무입니다. 그러나 학부모를 대하며 긍정적인 관계를 조성하고, 학부모 상담을 위한 사전, 사후의 업무는 교사에게 어렵고 부담스럽게 느껴지기도 합니다. 학부모 상담을 진행하기 위해서는 상담을 시작하기 전 준비부터, 실제 상담 운영, 상담 후 기록 및 활용까지 수많은 과정들이 존재하기 때문입니다.

이 절에서는 학부모 상담을 시작하기 전, 상담 내용을 정하고 상담 일정을 조율하는 과정에서 디지털 도구를 활용해 효과적으로 하는 방법을 소개합니다. 또한 유아교육기관 상황에서 다양한 방법으로 이루어지는 일상적인 상담의 내용을 디지털 도구를 활용해 제대로 기록하고 간편하게 저장하는 방법을 나누고자 합니다. 아래와 같이 학부모 상담에 대한 고민거리가 하나라도 있다면 여러분이 어려움을 느낀 부분에 도움이 되는 디지털 도구를 선택하여 활용하시면 좋겠습니다.

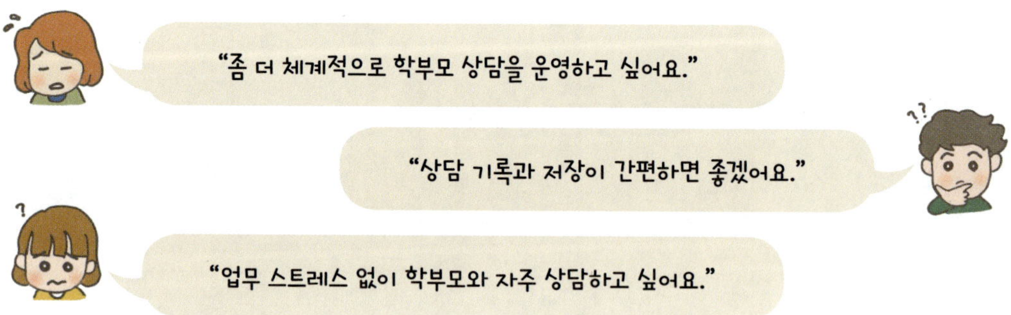

구글 폼즈로 유아의 마음 알기

학부모 상담의 치트키, 유아에게 마음 묻기

막막하고 어렵게만 느껴지는 학부모 상담 상황에서 유아에 대한 일상적인 이야기를 나누며 분위기를 풀어갈 수 있습니다. 물론 교사의 유아 관찰도 중요하지만, 가끔은 유아에게 직접 마음을 물어보며 유아에 대해 더 깊이 이해할 수 있습니다.

예를 들어, 구글 폼즈를 통해 유아에게 '같이 놀고 싶은 친구는?'과 같은 질문을 하고 유아가 직접 친구 사진을 눌러 응답하거나, 교사와의 대화를 통해 '최근에 했던 재미있는 놀이', '요즘 힘든 일' 등을 알아볼 수 있습니다.

이런 점이 좋아요

- 하나의 질문지를 개별 유아 대상으로 실시함
- 자동 통계 처리 가능(학급별, 개인별)
- 저장한 질문지는 매년 사용 가능

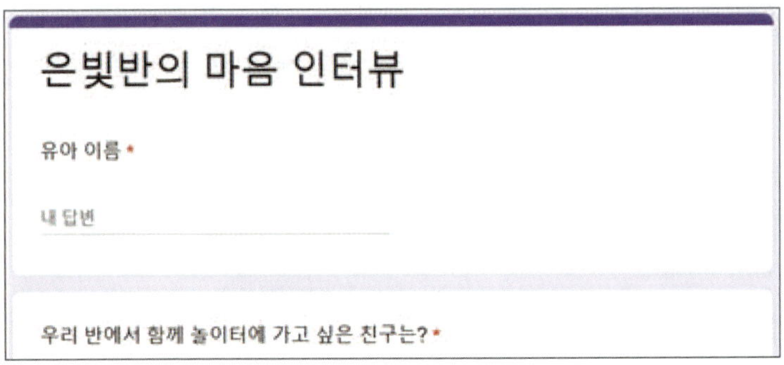

구글 폼즈를 활용한 '유아 질문지'

이런 점이 좋아요

- 유아가 직접 친구들의 사진을 보며 자신의 마음과 생각을 말할 수 있음
- 1:1로 진행하여 유아의 솔직한 마음을 알 수 있음

유아 마음 인터뷰 모습

구글 폼즈 시작하기

구글 폼즈는 구글 클라우드 기반의 설문조사 디지털 플랫폼입니다. 간편하게 설문 문항을 작성할 수 있으며, 객관식, 주관식, 체크박스, 날짜 등의 다양한 설문 양식을 지원하고, 사진, 동영상 등 미디어 삽입, 자료 업로드도 가능합니다. 구글 폼즈를 통해 조사한 설문 응답은 응답자(유아)별로 조회가 가능하고 전체(학급) 통계로도 조회가 가능하여 자료로 활용하기 좋습니다.

교육용 계정으로 구글 시작하기

구글 클라우드 기반의 구글 폼즈나 다음 소절에 등장할 구글 캘린더 같은 경우에는 반드시 구글에 가입해야만 사용할 수 있습니다. 이때 교사는 학교용 계정을 부여받아 사용하거나 교사 스스로 교육용 계정을 만들어 활용하는 것이 개인정보 보호에 좋습니다.

구글 폼즈로 유아 대상 질문지 만들기

유아에게 어떤 질문을 하면 좋을까요?

유아의 마음을 알아보기 위하여 유아에게 어떤 질문을 하면 좋을까요?
유아에게 활용하기 좋은 질문 예시를 소개합니다.

〈상담에 도움이 되는 유아 질문 목록의 예〉

- 함께 놀이터에 가고 싶은 친구는?
- 내가 좋아하는 친구 3명
- 좋아하는 놀이는?
- 나중에 커서 되고 싶은 것은?
- 화가 날 때는 언제인가요?
- '엄마' 하면 떠오르는 생각
- '아빠' 하면 떠오르는 생각
- 우리 가족이 행복해 보일 때는?
- 요즘 힘든 것은?
- 소원 3가지를 들어준다면 말하고 싶은 것은?

구글 폼즈로 유아 질문지 만들기

그럼 지금부터 유아의 마음을 알아보는 구글 폼즈를 함께 만들어 볼까요?

❶ 구글에 접속하여 계정 로그인을 하거나 회원가입을 합니다. (https://www.google.co.kr)

❷ 오른쪽 상단에 점 9개 아이콘 (앱스 버튼)을 클릭하고, 아래로 내려 'Forms' 아이콘 을 클릭합니다.

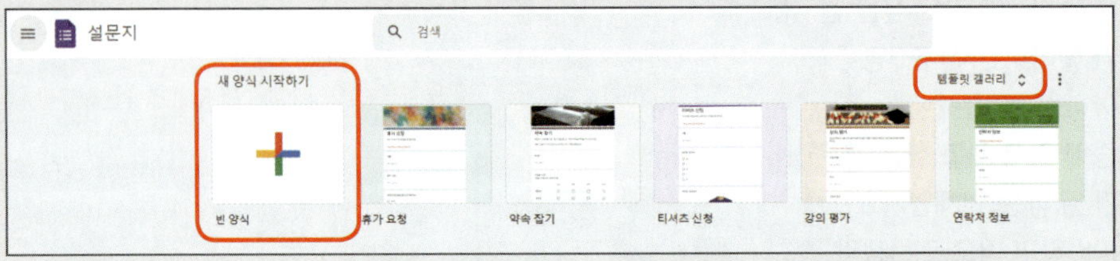

❸ 메인화면의 '새 양식 시작하기-빈 양식'을 클릭합니다. '템플릿 갤러리'를 클릭하여 사용하고 싶은 양식을 선택해도 좋습니다.

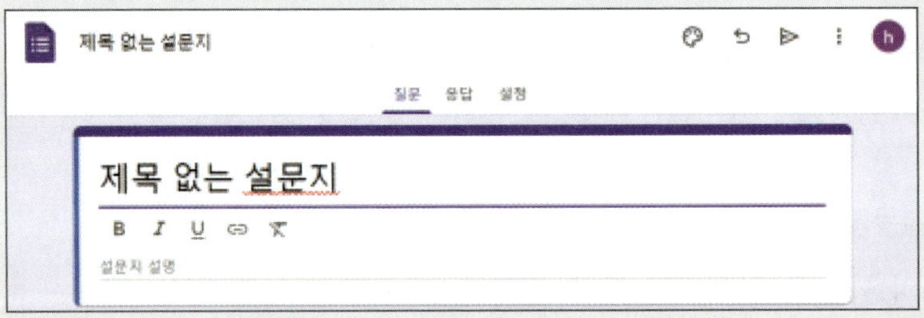

❹ 설문 제목을 작성합니다. (예시 : OO반의 마음 인터뷰)

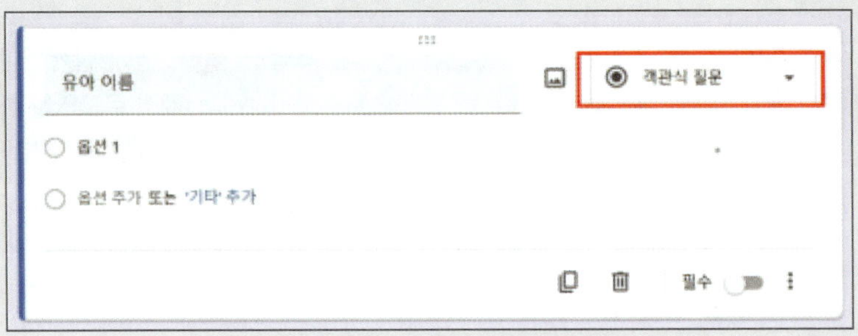

❺ 첫 번째 질문 제목은 '유아 이름'으로 적고, 제목 옆 네모 창을 클릭합니다.

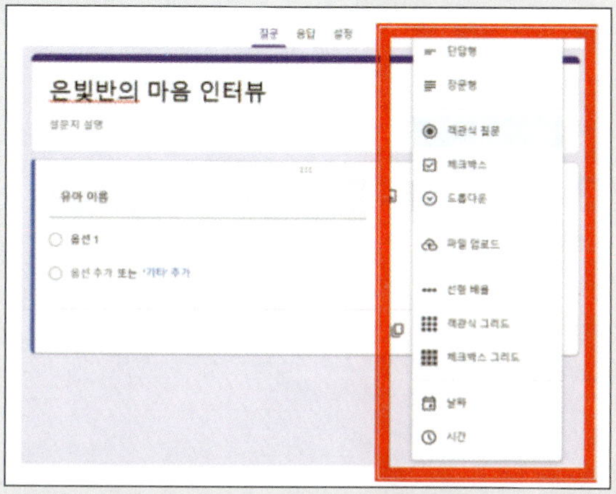

❻ 질문 양식을 '단답형'으로 선택합니다.

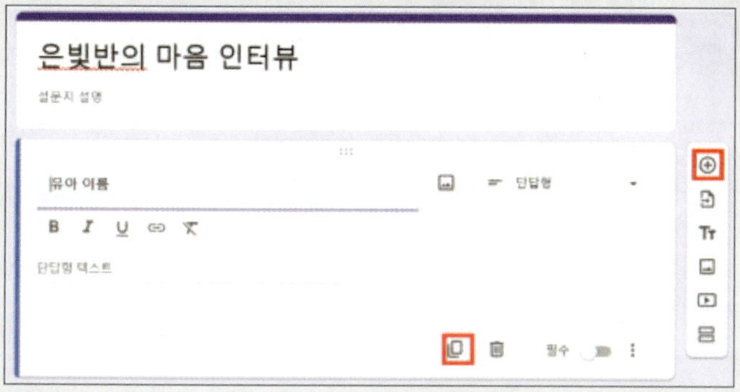

❼ 새로운 질문을 만들 때는 우측 바의 ⊕를 클릭하거나 '복사' 아이콘 ⧉을 눌러 현재 질문을 복사합니다.

❽ 두 번째 질문 제목에 '우리 반에서 함께 놀이터에 가고 싶은 친구는?'을 적고, 제목 옆 박스를 클릭하여 질문 양식을 '체크박스'로 선택합니다. 옵션에 유아의 이름을 적고, '이미지 추가' 아이콘 🖼을 클릭하여 유아의 사진을 넣습니다.

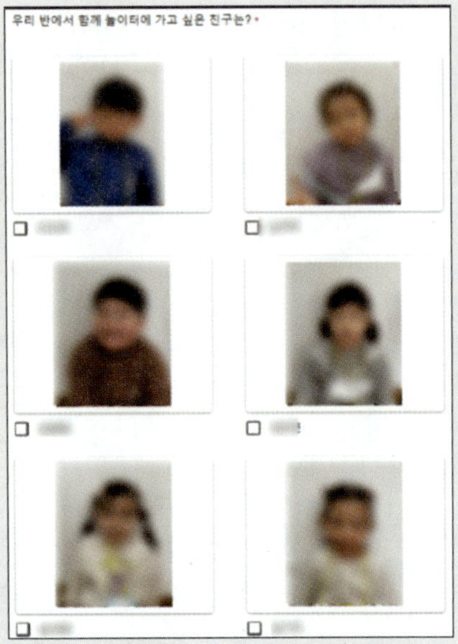

❾ 유아가 스스로 선택할 수 있도록 반 유아의 이름과 사진을 넣습니다.

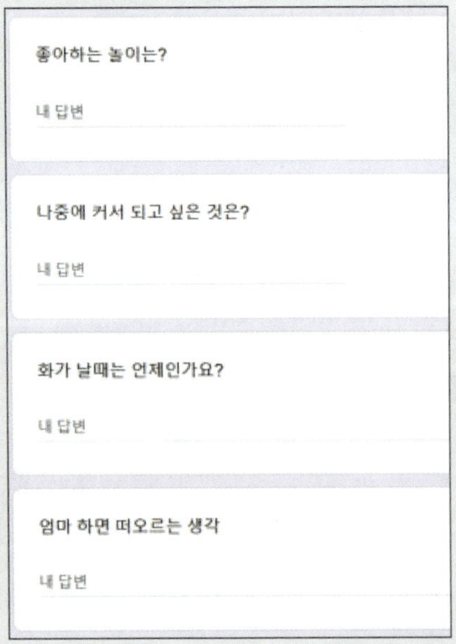

질문 작성 및 질문 양식 선택하기

그 밖에도 유아에게 궁금한 질문을 작성하고, 질문의 성격에 따라 질문 양식을 선택합니다.

질문 양식

- 주관식 : 단답형, 장문형
- 객관식
- 체크박스, 드롭다운
- 선형배율
- 객관식 그리드, 체크박스 그리드
- 날짜, 시간

구글 폼즈와 구글 캘린더로 학부모 상담 체계적으로 준비하기

구글 폼즈와 구글 캘린더로 스마트하게 학부모 상담 시작하기

앞서 살펴본 구글 폼즈를 통해 학부모에게 상담과 관련된 다양한 설문을 할 수 있습니다. 대면 또는 비대면 상담 유형을 선택하게 하고 상담 날짜와 시간을 선택합니다. 또한 자녀의 유아교육기관 생활, 교우관계, 유아발달상황 등 학부모가 교사와 상담하기 원하는 내용을 자세히 작성하도록 합니다.

구글 폼즈로 학부모 상담 관련 사전 설문 작성하기

구글 폼즈를 활용하여 학부모에게 상담 전 사전 설문조사를 할 수 있습니다. 학부모에게 상담 전에 좋은 설문으로 상담의 시작을 여는 것이 좋습니다.

학부모 상담 설문 예시는 다음과 같습니다.

〈학부모 상담 사전 설문 예〉

- 상담 신청 여부
- 상담 유형(대면 상담, 비대면 화상 상담, 비대면 전화 상담)
- 지난해 혹은 1학기에 비해 달라진 점
- 자녀의 유아교육기관 생활에 대해 궁금한 점
- 그 밖에 상담하고 싶은 내용
- 담임교사 및 유아교육기관에 하고 싶은 말

또한 구글 캘린더 링크를 구글 폼즈 작성 시 첨부하면 번거롭지 않게 학부모에게 한 번에 설문과 일정 조율을 할 수 있도록 전달할 수 있습니다.

구글 캘린더로 학부모 상담 일정 정하기

구글 캘린더를 소개합니다

구글 캘린더는 구글 클라우드 기반의 일정 및 달력 기능의 디지털 플랫폼입니다. 구글 캘린더는 구글 계정이 필요하며, 구글 계정 생성 시 인터넷, 모바일 기반에서 자유롭게 연동하여 사용할 수 있습니다. 구글 계정 생성 및 캘린더 사용은 무료이나 아래에 소개하는 상담 일정을 정하는 '약속 기능'은 1회에 한해 무료로 제공되며, 유료 업그레이드 시 자유롭게 사용 가능합니다.

학부모 상담 약속을 잡는 데 구글 캘린더를 사용한다면?

학부모가 구글 캘린더에 선택한 상담 날짜와 시간은 교사의 구글 캘린더에 바로 입력됩니다. 학부모가 상담 일정을 수정할 경우에도 바로 적용됩니다. 교사가 하나씩 상담 일정을 확인해야 했던 전에 비해 학부모가 직접 가능한 날짜와 시간을 선택하고 이 데이터가 자동으로 교사의 구글 캘린더에 입력되기 때문에 불필요한 교사의 업무를 줄여줄 수 있습니다.

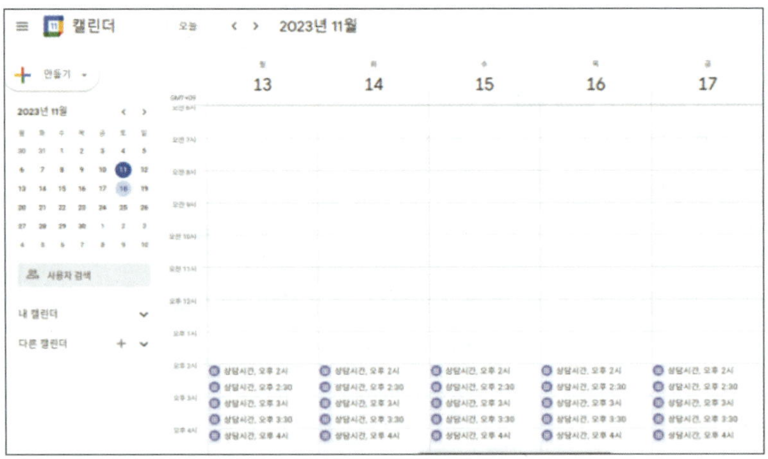

구글 캘린더를 활용한 상담 일정 설정

구글 캘린더로 상담 일정 준비 시작하기

학부모 상담의 포문을 여는 상담 일정 조율 과정에서 구글 캘린더를 활용해 좀 더 체계적인 상담 준비를 시작해 볼까요?

구글 캘린더 시작하기

❶ 구글에 접속하여 계정 로그인을 하거나 회원가입을 합니다. (https://www.google.co.kr)

❷ '캘린더'를 클릭합니다.

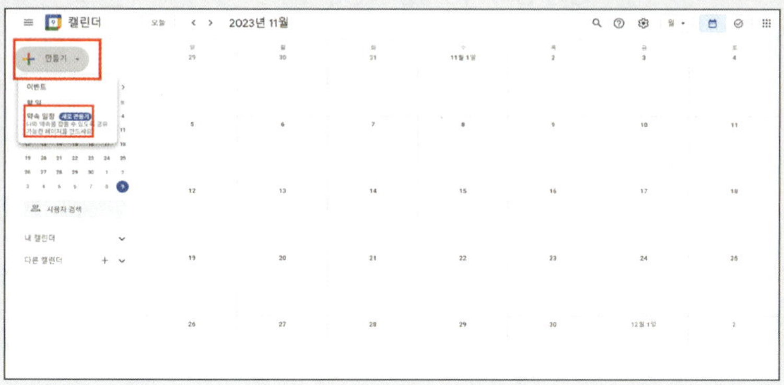

❸ 좌측 상단에 '+ 만들기'를 클릭하고, 세 번째 탭인 '약속 일정'을 클릭합니다.

약속 일정 세부사항 정하기

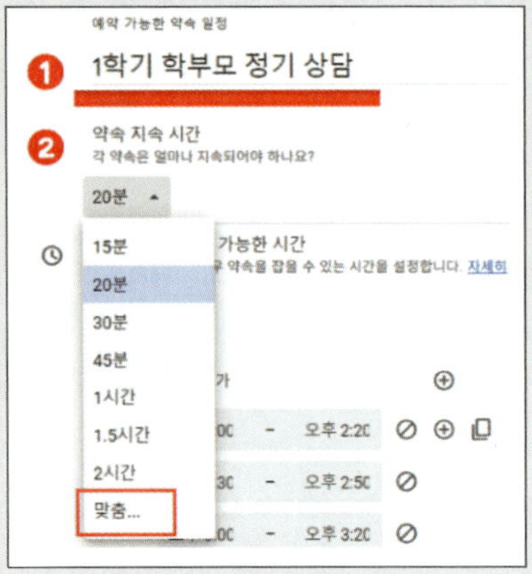

상담 일정 제목과 약속 지속 시간을 설정합니다.

❶ 약속 제목 : 1학기 학부모 정기 상담

❷ 약속 지속 시간 : 탭을 눌러 원하는 시간을 선택함. 원하는 시간이 없을 경우 '맞춤'을 선택한 뒤 개별적으로 설정함

〈상담 일정이 7일 이상일 때〉

〈반복되는 시간대가 적을 때〉

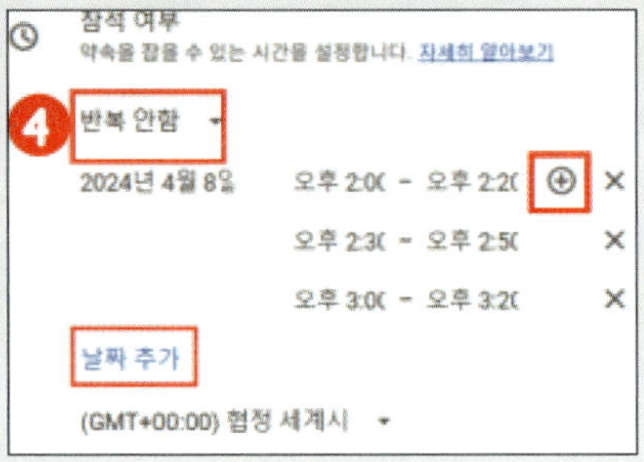

상담 참여 시간대를 설정합니다.

❸ 일반적으로 참여 가능한 시간 탭을 '매주 반복' 선택 : 시간대를 탭에서 선택하거나 hh:mm 형식으로 직접 입력 → ⊕ 아이콘을 눌러 시간대 추가 → 하루의 시간대를 모두 입력하면 '모든 요일에 시간 복사' 아이콘 ⧉ 을 눌러 같은 시간대를 모든 요일에 복사함 → 불필요한 시간대는 '예약 불가' 아이콘 ⊘ 을 눌러 없애줌

❹ 탭을 '반복 안함' 선택 : 개별 날짜 선택 가능/ 개별 시간, 날짜 추가 가능

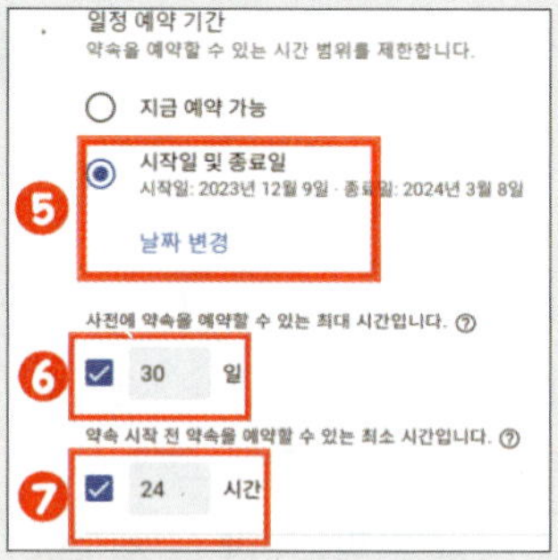

일정 예약 기간을 설정하고 아래에 '다음' 탭을 클릭합니다.

5 시작일 및 종료일 : 상담 기간 설정

6 사전에 약속을 예약할 수 있는 최대 일수 : 상담 일정 예약 시작일 설정

7 사전에 약속을 예약할 수 있는 최소 시간 : 상담 일정 예약 종료 시간 설정

추가 사항 설정하기 및 공유

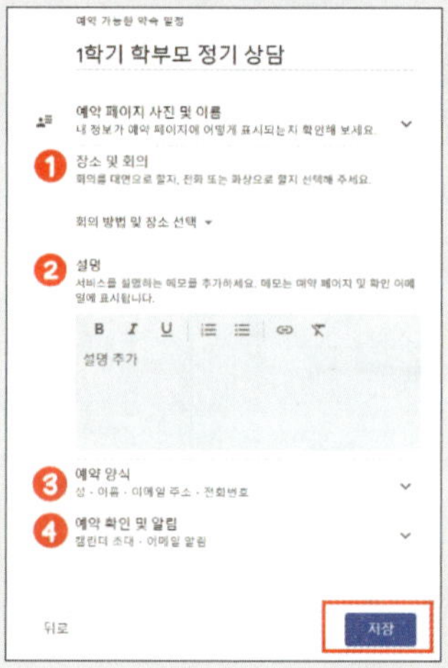

추가 사항을 설정하고 '저장' 탭을 클릭합니다.

1 장소 및 회의 : 비대면 회의(구글 미트), 대면 회의(장소 위치) 설정

2 설명 : 상담 내용에 대한 메모

3 예약 양식 : 학부모가 상담 일정 예약 시 반드시 기록해야 할 것 → 성/ 이름/ 이메일/ 전화번호 + 항목 추가 가능(예 유아 이름 등)

4 예약 확인 및 알림(유료 요금제 기능) : 캘린더 초대 체크박스 활성화 → 학부모, 교사 모두에게 구글 캘린더 초대 메일 발송

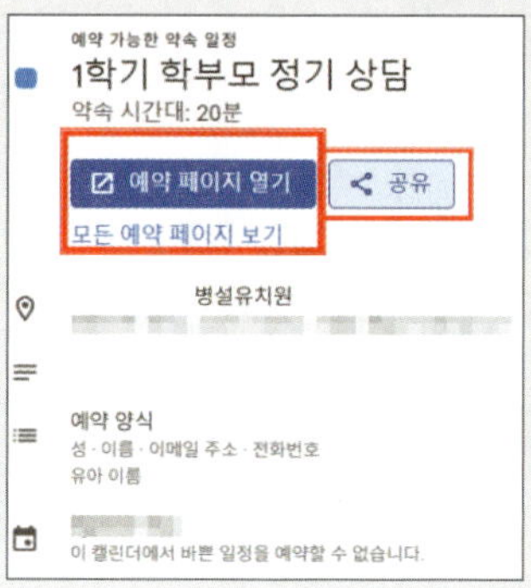

별도의 예약 페이지가 생성되며, 링크를 공유할 수 있습니다.

더 알아보기

e알리미의 상담기능 활용해 보기

교육 현장에서 많이 사용하고 있는 앱인 e알리미의 기능 중 하나인 상담기능을 활용해 볼 수 있습니다. 학부모 대상으로 가정통신문이나 알림장 작성에 용이한 앱인 e알리미에 최근 상담 기능이 추가되었습니다. 학부모에게 상담 가정통신문을 전송하며 상담 날짜, 시간, 구체적인 상담 내용에 대한 설문을 함께 실시할 수 있습니다. e알리미의 상담기능은 상담 일정을 학부모가 스스로 선택 가능하고, 추후 엑셀로 다운로드가 가능하여 2차 자료 가공이 쉽다는 장점이 있습니다.

이런 점이 좋아요

- 학부모 상담에 관한 가정통신문을 전송하면서 함께 설문을 실시할 수 있음

e알리미의 상담기능을 활용한 가정통신문

대면 상담 같은 비대면 상담, 줌 화상 상담

대면 상담 VS 비대면 상담

학부모 상담 방법은 크게 대면 상담과 비대면 상담으로 나뉩니다. 그런데 최근 COVID−19를 거치면서 줌, 웨일온, 구글 미트 등의 화상회의 프로그램이 많이 활용되면서 유아교육 현장에도 이러한 화상회의 프로그램을 활용한 화상상담 방법이 시도되었습니다. 이는 맞벌이 등 가정 사정으로 유아교육기관에 방문할 여건이 되지 않는 학부모들에게 교사의 얼굴을 보며 상담할 수 있는 좋은 기회가 되었습니다. 디지털 도구가 학부모와 소통하고 상담하는 데 또 다른 기회를 열어준 사례라고 할 수 있습니다.

이런 점이 좋아요

- 비대면 상담이지만 서로 얼굴을 마주 보며 언어적·비언어적 소통이 가능하여 대면 상담 효과를 누릴 수 있음

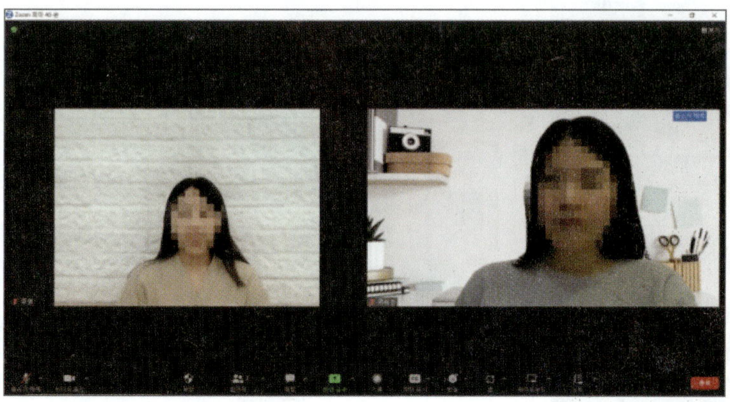

줌 화상 학부모 상담 모습

줌으로 비대면 상담 시작하기

줌을 소개합니다

줌은 대표적인 비대면 화상 미팅 디지털 플랫폼입니다. 누구든 링크가 있으면 별도의 로그인 없이도 화상 미팅에 참여할 수 있으며, 비밀번호 지정이 가능하여 원하는 대상과 대면하며 소통할 수 있습니다.

잠깐! 확인하셨나요?

줌 무료 프로그램의 화상 미팅은 '최대 40분'이라는 시간 제한이 있습니다.

줌으로 비대면 화상 상담 시작하기

그러면 줌으로 비대면 화상 상담을 위한 준비를 시작해 볼까요?

❶ 줌에 접속하여 계정 로그인을 하거나 회원가입을 합니다.(www.zoom.com)

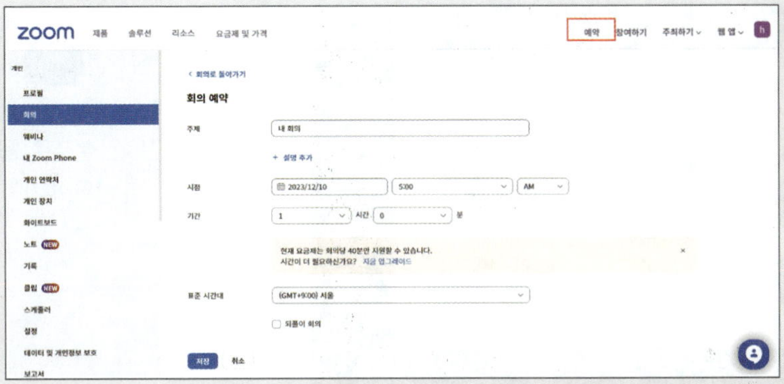

❷ '예약' 탭을 클릭하여 회의 주제, 날짜, 시간을 설정하고 '저장' 탭을 클릭합니다. 무료 사용자의 경우에는 최대 40분 사용할 수 있습니다.

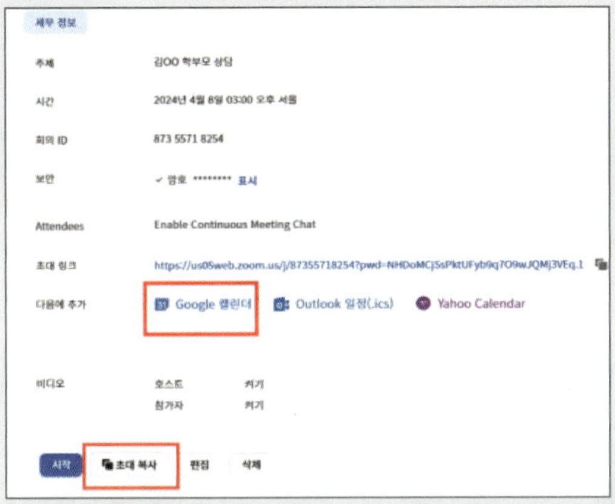

❸ Google 캘린더에 추가하거나 초대 링크를 복사해 학부모에게 전달합니다.

* 구글 캘린더에 추가할 경우 알림 기능을 활용할 수 있습니다.

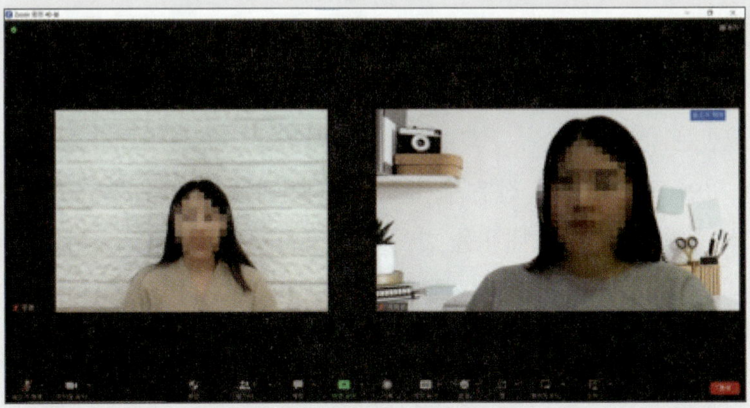

❹ 시공간에 제약 없이 비대면 화상 상담이 가능합니다.

5 추가적으로 하단 바에 '화면 공유' 탭 을 클릭하여 유아의 활동자료나 사진, 관찰자료 등을 공유하며 상담이 가능합니다.

디지털 도구를 활용한 상담 일지 작성하기

학부모 상담 기록이 힘들다면? 디지털로 해결하기!

학부모와 상담을 실제로 하는 것만큼 사후에 상담 내용을 기록하는 것도 중요합니다. 상담 내용은 추후 개별적으로 유아의 생활지도나 놀이 활동 시 반영하며 지속적으로 학부모와 피드백을 주고받아야 합니다. 그런 의미에서 상담 내용을 기록하는 것은 매우 중요합니다.

하지만 학부모와 주고받은 문자 메시지, 전화, 쪽지, 등·하원 시 나눈 이야기 등에도 다양한 상담 내용이 담겨 있어 교사가 이를 전부 수기로 기록하기에는 힘에 부치기도 합니다.

디지털 도구를 활용하여 흩어진 상담 내용을 한 곳으로 모아 기록하여 저장하고, 이를 활용하기 좋게 가공한다면 교사의 일거리 하나가 덜어짐과 동시에 개별 유아와 학부모에게 활용 가능한 유의미한 상담자료가 만들어질 것입니다.

나만의 상담 일지 만들기

노션으로 학부모 상담 일지 만들기

상담을 기록하고 활용하기 좋은 디지털 도구 '노션'으로 학부모 상담 일지를 만들 수 있습니다. 2장에서 유아 관찰과 평가에 유용한 디지털 도구로 소개했던 노션은 흩어진 상담 내용을 한 곳에 모아 의미 있는 자료를 만드는 학부모 상담 일지에서도 빛을 발합니다.

노션

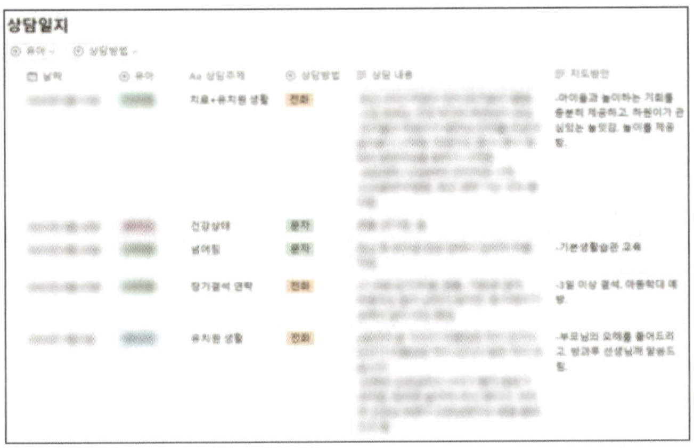

노션을 학급 상담 일지로 활용

〈주요 특징〉

- 사진, 동영상, 다양한 자료 탑재
- 누적적인 상담 기록으로 가치를 지님
- 필터 기능을 활용하여 유아별 상담 내용을 유목화
- 레이아웃 변형 기능을 활용하여 다양한 보기 방식으로 상담 기록 활용

우리에게 친숙한 디지털 도구를 상담 일지로 활용해 보기

디지털 도구를 활용하여 교사의 업무를 쉽게 한다는 것이 꼭 내가 모르는 도구를 활용해야만 가능한 것은 아닙니다. 생활 속에서 여러분이 이미 사용했던 디지털 도구로 상담 내용을 수집하고 기록하는 데 활용해 보는 것도 좋은 방법입니다. 각 플랫폼의 장단점과 특징을 고려하여 여러분의 필요에 알맞은 디지털 도구를 활용해 보기 바랍니다.

엑셀

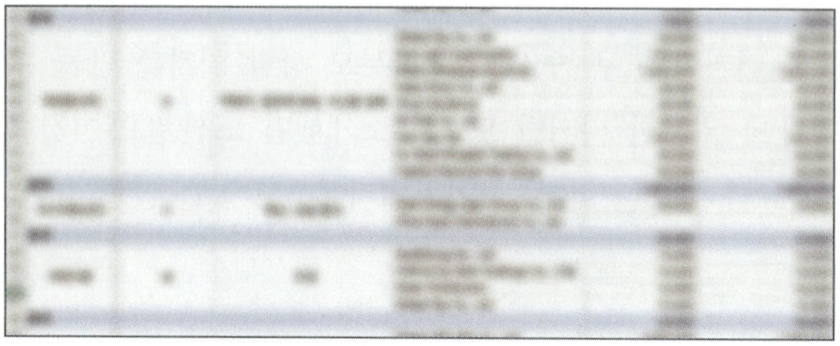

웹용 엑셀을 상담 기록 시트로 활용

〈주요 특징〉

- 웹용 엑셀의 자동저장 기능을 활용하면 실시간으로 저장되므로 편리하게 사용할 수 있음
- 유아별, 상황별로 시트를 생성하여 관리 가능

네이버 카페

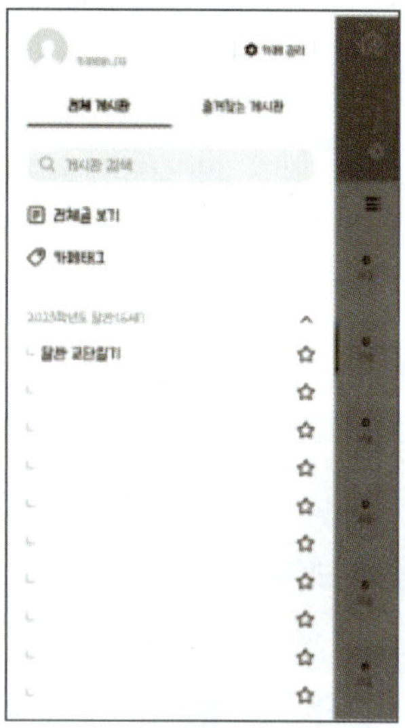

네이버 카페 게시판을 유아별 상담 일지로 활용

〈주요 특징〉

- 유아별로 게시판 생성 가능
- 사진, 동영상, 다양한 자료 탑재 가능
- 매년 학급별로 게시판을 생성하며 자료를 쌓아가면 누적적인 상담 기록으로 가치를 지님

더 알아보기

디지털 비서가 도와주는 학부모 상담 업무 쉽게 하기!

지금까지 디지털 도구를 활용하여 학부모 상담 업무를 좀 더 효율적으로 하는 방법을 알아보았습니다. 학부모 상담의 궁극적인 목적은 학부모와의 협력적 관계 형성을 통한 유아의 성장과 배움 지원입니다. 디지털 도구를 활용하여 좀 더 체계적이고 효율적인 상담 시스템을 구축할 수 있습니다. 학부모 상담의 흐름을 따라 상담 내용을 마련하고, 상담 설문과 일정을 조율하며, 실제 상담과 기록, 활용까지 디지털 한 스푼을 더해 교사들의 상담 업무를 도울 수 있습니다.

학부모 상담의 모든 과정에 디지털 도구를 활용해야 하는 것은 아니지만 디지털 도구는 학부모 상담 업무의 어려움을 도와주는 유능한 디지털 비서가 될 수 있습니다.

교사들이 전하는 생생한 사용 후기!

"상담 과정에서 디지털을 활용하니 상담결과 보고, 학급 통계 등 2차 자료 가공이 훨씬 쉬워졌어요."

"컴퓨터와 휴대폰이 실시간으로 연동되어 자유롭게 상담 내용을 기록, 조회, 편집할 수 있어 좋아요. 특히 자동저장 기능이 정말 편하더라고요."

"상담 과정의 불필요한 업무가 줄어드니 학부모와의 깊은 대화 자체에 집중할 수 있었어요."

03 시공간을 뛰어넘는 유아교육기관 홍보하기

유아교육기관에서는 각 기관의 교육 이념을 실천하고 유아들의 성장과 배움을 돕는 교육과정을 운영하기 위해 다양한 노력을 합니다. 그러나 이러한 노력에도 불구하고 유아교육기관에서 이루어지는 교육의 내용이나 노력이 제대로 홍보되지 않는 경우도 많습니다.

유아교육기관 홍보는 교육과정에 대한 인식을 높일 뿐 아니라 학부모들의 신뢰를 높일 수 있으므로 중요합니다. 따라서 각 기관의 교육철학과 실정에 적합한 방법을 활용하여 단위 유아교육기관을 홍보하려는 노력이 필요합니다.

그러나 현장에서는 우리 기관의 교육을 더욱 매력적으로 알릴 수 있는 방법을 모르거나, 다양한 홍보 활용 매체에 대한 정보가 부족하여 막막한 교사들이 많습니다. 매년 설명회를 개최하거나 전단지를 배부하는 등의 오프라인 홍보를 진행하고 있지만, 시공간의 제약을 받지 않고 유아교육기관을 홍보하기 어려운 것이 아쉽기도 합니다.

디지털을 활용한다면 우리 기관에 맞는 다양한 홍보 방법을 취사선택하고, 시공간의 제약에서 벗어나 생동감 있는 홍보 자료를 제작할 수 있습니다. 디지털을 활용한 유아교육기관 홍보 방법에는 무엇이 있을까요?

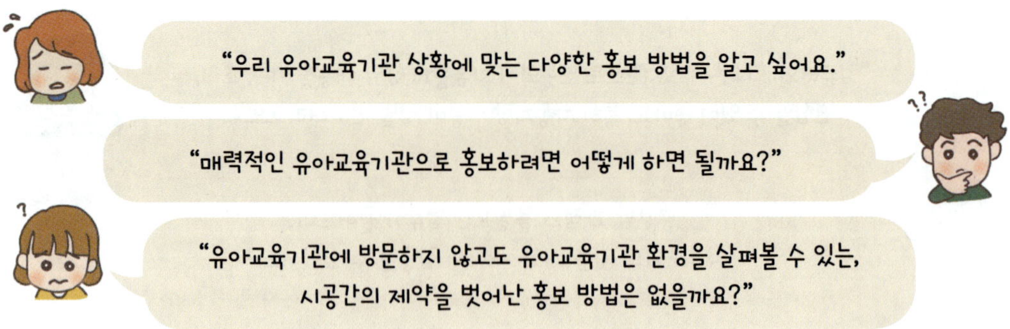

북 크리에이터로 홍보 책자 만들기

북 크리에이터를 소개합니다

북 크리에이터(Book Creator)는 온라인 책을 만들 수 있는 플랫폼입니다. 그림, 동영상, 글자, 녹음 등을 삽입할 수 있으므로, 자신만의 특별한 책을 디자인하고 만들 수 있습니다. 무료와 유료 버전으로 나뉘어 있지만, 무료의 경우 책을 40권까지 제작할 수 있으므로 무료 버전을 사용하여도 충분히 활용 가능합니다.

북 크리에이터로 홍보 책자 만들기

유아들과 함께한 이야기가 담긴 홍보 자료를 만들고 싶다면, 전자책 플랫폼을 활용할 수 있습니다. '북 크리에이터' 사이트를 활용한다면 넘기는 형식의 전자책 제작이 가능합니다. 전자책 형식의 홍보 자료는 유아교육기관에 대한 정보를 하나의 책처럼 구현하므로, 학부모가 편리하게 넘기며 정보를 얻을 수 있다는 장점이 있습니다. 특히 사진과 동영상을 모두 넣을 수 있고, 디자인 사이트 캔바와 연동되어 매력적인 디자인을 할 수 있어 더욱 편리합니다. 우리 유아교육기관의 환경 사진이나 놀이 사례 등을 함께 담으면 더욱 풍성한 전자책을 만들 수 있습니다.

그럼 지금부터 우리 유아교육기관 홍보 책자를 함께 만들어 볼까요?

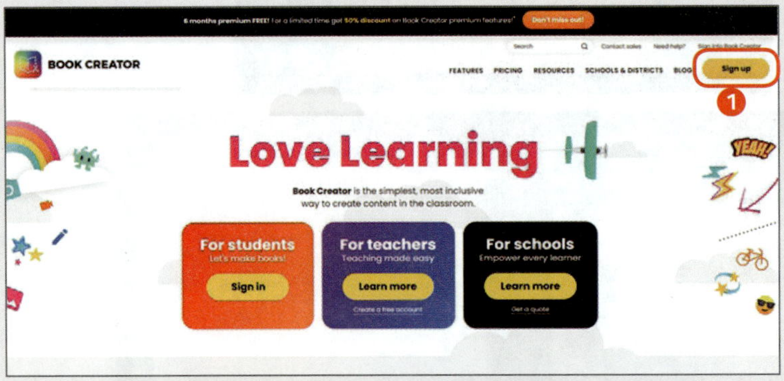

❶ 북 크리에이터 사이트에 접속한 뒤 오른쪽 상단의 'Sign up'을 클릭합니다. (https://bookcreator.com/)

❷ 회원가입 및 로그인을 합니다. 이때 왼쪽의 노란색 창은 학생용 계정 로그인, 오른쪽의 파란색 창은 교사용 계정 로그인입니다. 학생용 로그인 창으로 접속되었다면 'Switch to teacher' 버튼을 눌러 교사용으로 전환한 뒤 로그인을 진행합니다.

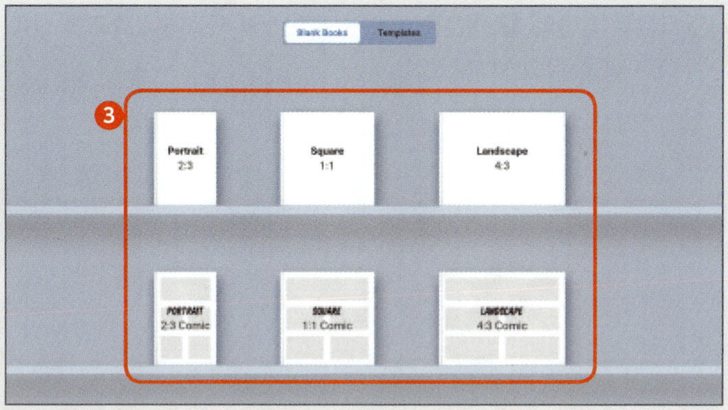

❸ 내가 원하는 전자책의 크기를 선택합니다.

❹ 오른쪽 상단의 '+' 버튼을 누르면, 내가 원하는 요소를 넣을 수 있습니다.

① Media
- Images : 이미지 검색 및 삽입
- Camera : 사진 혹은 동영상 촬영 및 삽입
- Pen : 그림 그리기
- Text : 글자 삽입
- Record : 오디오 녹음 및 삽입

② Shapes : 각종 모양 삽입

③ More : 앱 연계 가능
- Add Apps 〉 Canva를 클릭하면 캔바와 연동이 가능

5 오른쪽 상단의 ⓘ 버튼을 누르면, 페이지의 색깔이나 효과를 선택하여 넣을 수 있습니다.

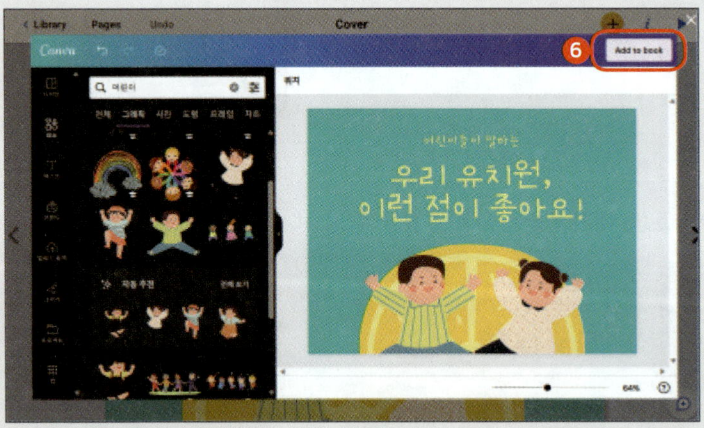

6 오른쪽 상단 + 버튼 〉 More 〉 Canva를 클릭하여 원하는 템플릿을 선택합니다. 원하는 그림과 사진 등을 넣어 디자인한 뒤, 오른쪽 상단의 'Add to book' 버튼을 클릭하면 북 크리에이터에 페이지가 삽입됩니다.

* 우리 유아교육기관을 소개하는 페이지를 디자인하여 만들어보세요!

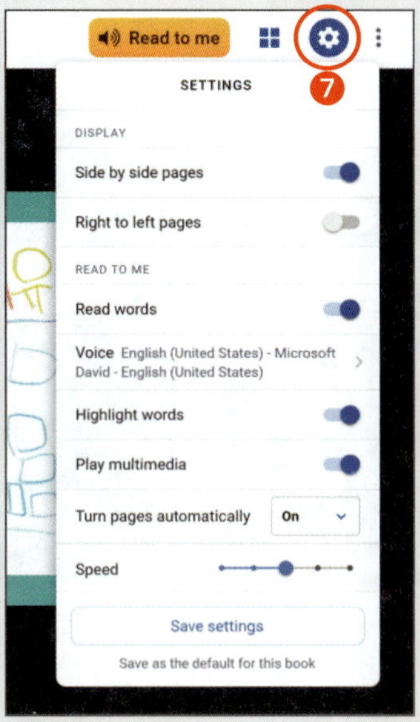

❼ 모든 페이지가 완성되었다면, 오른쪽 상단의 ▶ 버튼을 눌러 확인할 수 있습니다. 톱니바퀴 모양 아이콘을 누르면 책의 양면 효과, 글자 읽기 설정, 멀티미디어 재생, 자동 넘기기 등의 효과를 설정할 수 있습니다.

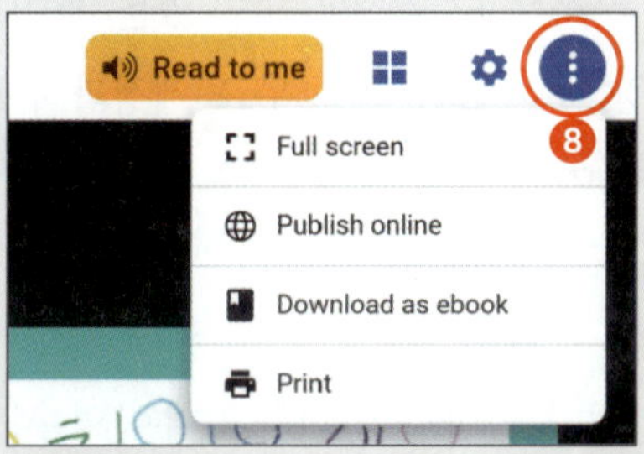

❽ ⋮ 버튼을 누른 뒤 'Publish online'을 클릭하면 공유 링크를 생성할 수 있습니다. 이때 'Private'을 클릭하면 링크가 있는 사람만 열람할 수 있습니다. 'Public'을 클릭하면 검색 엔진을 통하여 자유롭게 열람할 수 있게 됩니다.

❾ 링크를 클릭하면, 완성된 전자책을 감상할 수 있습니다.

코스페이시스로 우리 유아교육기관 가상 공간 만들기

코스페이시스를 소개합니다

코스페이시스(Cospaces)는 물건이나 사진을 배치하여 가상 공간을 만들 수 있는 사이트입니다. 만든 가상 공간은 QR코드나 링크를 통해 공유할 수 있습니다. 무료 계정과 유료 계정으로 나뉘어 있으나, 무료 계정으로도 사진을 활용하여 공간을 구성할 수 있습니다.

가상 공간에 지은 우리 유아교육기관, 코스페이시스로 만들기

유아들이 다닐 기관을 선택할 때는, 유아교육기관 환경이 얼마나 안전하고 유아의 성장과 배움에 적합한지가 우선적인 고려대상이 됩니다. 그러나 홈페이지에 게시되는 환경 사진만으로는 유아교육기관의 공간을 전부 담아내기 어렵고, 학부모가 수시로 유아교육기관에 방문하여 둘러볼 수 있도록 공간을 개방하기에도 어려움이 있기 마련입니다. 이러한 한계를 보완해 주는 것이 바로 가상 공간입니다. 가상 공간에 유아교육기관 환경을 구현해 놓은 뒤 학부모가 자유롭게 둘러볼 수 있도록 한다면, 시공간의 제약을 뛰어넘는 홍보 자료를 만들 수 있습니다.

그럼 지금부터 우리 유아교육기관 공간을 구현해 볼까요?

❶ 코스페이시스 사이트에 접속 후 로그인합니다. (https://www.cospaces.io/)

❷ '코스페이시스' - '코스페이스 만들기'를 클릭합니다.

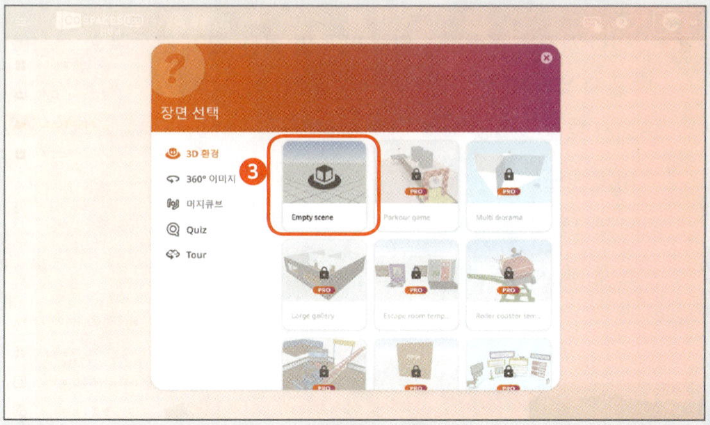

❸ 'Empty scene(빈 공간)'을 클릭합니다.

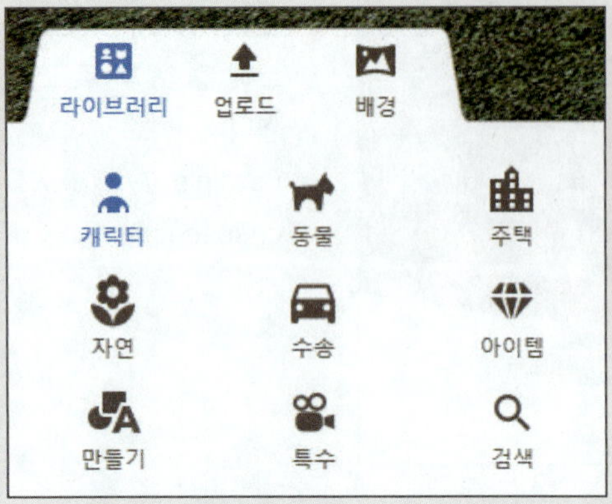

❹ 내가 원하는 요소를 선택하여 삽입합니다. 요소를 삽입할 때는 클릭하거나 드래그할 수 있습니다.

- 라이브러리 : 내가 배치하고 싶은 요소를 선택하고 배치할 수 있는 곳
- 업로드 : 내가 삽입하고 싶은 사진이나 동영상을 올리는 곳
- 배경 : 공간의 바닥이나 배경, 배경음악을 선택할 수 있는 곳

❺ '업로드'를 클릭하면 내가 원하는 이미지나 비디오를 삽입할 수 있습니다. 우리 유아교육기관 사진을 삽입합니다.

❻ 삽입한 사진을 클릭하면 위치 이동 및 회전, 크기 조정 등의 속성을 바꿀 수 있습니다.

- 회전 모드
- 이동 모드
- 드래그해서 올리기
- 드래그해서 크기 바꾸기

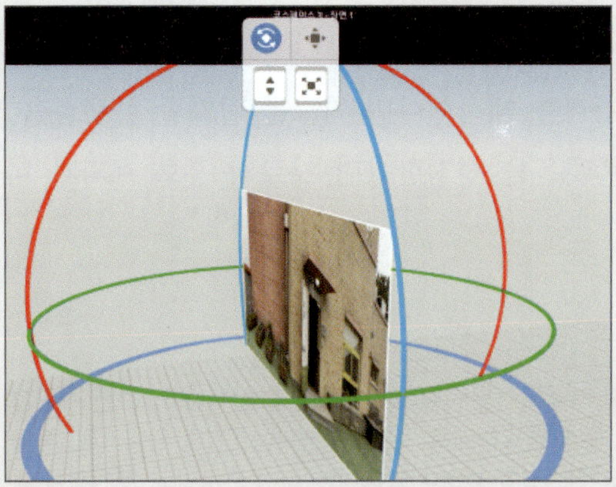

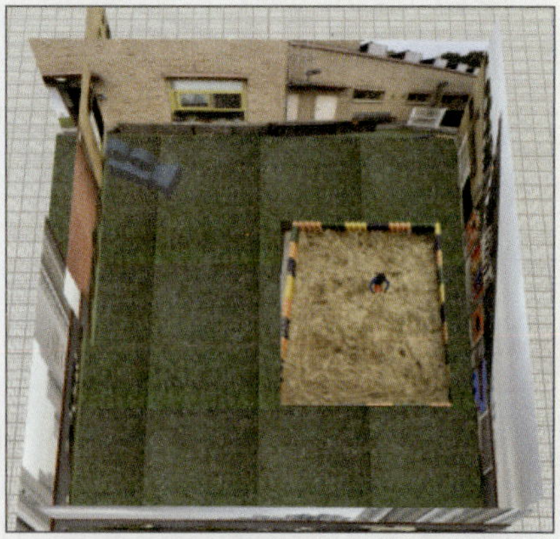

❼ '드래그해서 크기 바꾸기'를 눌러 사진의 크기를 확대하고 '회전모드'를 클릭. 초록색, 빨간색 선을 드래그하여 사진의 구도를 조절합니다.

❽ 사진을 여러 장 이어 붙여 상자처럼 위의 사진과 같이 배치합니다.

❾ 내가 원하는 요소를 추가로 배치하면 완성!

❿ 우측 상단의 '공유' 〉 '공유 링크'를 선택하면 링크가 있는 사용자들이 자유롭게 유치원 공간을 관람할 수 있습니다.

* 무료 계정은 1000번만 조회가 가능하다는 한계가 있습니다.

플랫폼을 활용하여 유아교육기관 홍보물 탑재하기

우리 유아교육기관의 특성에 맞는 홍보 자료를 제작했다면 자료를 탑재할 플랫폼을 탐색해야 합니다. 내가 만든 자료에 적합한 플랫폼을 선정한다면 자료의 홍보 효과가 더욱 높아지겠죠?

! 잠깐! 확인하셨나요?

어떤 형태로든지 우리 유아교육기관을 매력적이게 드러낼 수 있는 형태의 홍보물을 선택하고, 이를 적절한 SNS나 플랫폼을 통해 홍보합니다. 유아교육기관 홈페이지, 유아교육기관이 운영하는 SNS, 지역카페, 지역 커뮤니티, 유아교육기관 현수막 등 다양한 곳에 QR코드나 링크 형태로 공유하는 것이 좋습니다. 재원생을 대상으로 한 학급 SNS에도 홍보하여 우리 유아교육기관에 대해 가장 잘 알고 긍정적인 재원생 학부모들의 파급력을 활용하는 것도 좋습니다.

언제나 열려있는 공간, SNS

인스타그램, 유튜브와 같은 SNS 채널은 접근성이 용이하며 유아교육기관의 교육과정을 수시로 홍보할 수 있다는 장점이 있습니다. 언제나 열려있는 공간, SNS를 활용한 홍보 방법은 다음과 같습니다.

① 인스타그램

유아교육기관 홍보에 인스타그램을 활용한다면, 평상시에 교육과정 사진을 촬영하여 업로드하거나 카드뉴스를 제작하여 탑재하는 방법을 사용할 수 있습니다. 특히 업로드한 스토리를 모두 모아 '하이라이트'로 정리한다면, 유아교육기관에서 진행되는 특색교육이나 행사 등 필요한 정보를 모아놓을 수 있으므로 방문자가 원하는 자료를 쉽게 찾도록 할 수 있습니다.

② 유튜브

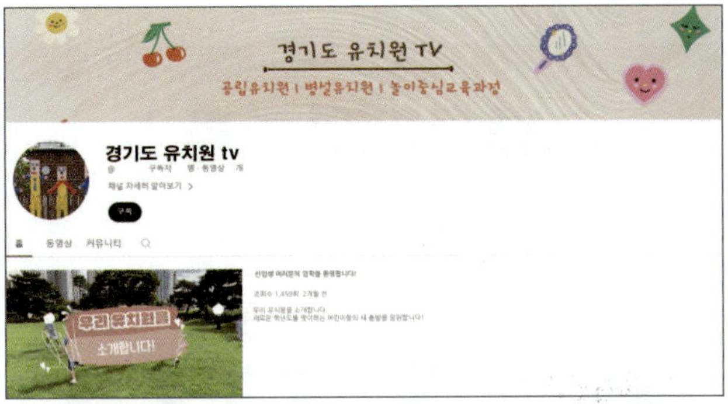

카드뉴스나 사진에서 나아가 영상을 활용한 생동감 있는 홍보 자료를 탑재하고 싶다면 유튜브 채널을 활용할 수 있습니다. 유튜브 채널은 누적 정보를 AI가 분석하여 알고리즘 영상으로 뜰 수 있도록 하기 때문에, 유아교육기관에 관심이 있는 방문자에게 자동으로 홍보가 가능합니다. 유튜브에는 유아교육기관 홍보 동영상뿐 아니라 다양한 온라인 수업 자료를 함께 탑재하여 평상시에 이루어지는 교육과정이 자연스럽게 홍보될 수 있도록 도울 수도 있습니다.

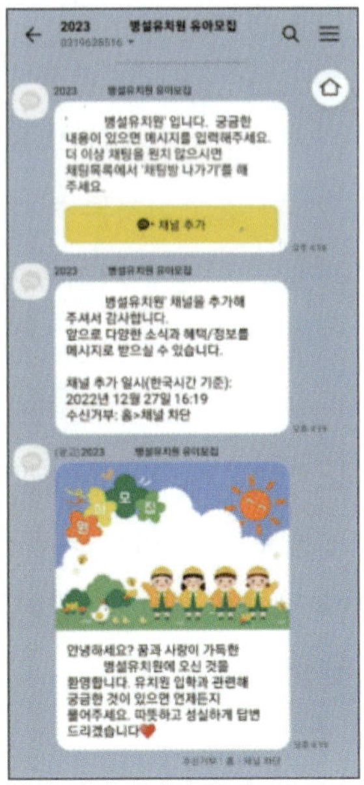

③ 카카오톡 채널

카카오톡 기능 중 '채널' 기능은 유아교육기관 홍보 자료가 게시되었을 때 알림이 가도록 도와 관심 있는 사람들이 접속할 수 있도록 합니다. 또한 유아교육기관과 관련하여 상담을 원하는 학부모가 있다면 대화를 신청할 수 있으므로 접근성이 용이하다는 장점이 있습니다. 카카오톡 채널을 운영하면 채널 관리나 통계, 소식 작성을 할 수 있는데, 이때 채널 통계를 활용하면 홍보 효과를 디지털화하여 실시간으로 확인이 가능합니다.

자료의 보물창고, 홈페이지 만들어 활용하기

인스타그램, 유튜브 등 여러 채널을 동시에 활용하여 홍보를 하다보면, 각 채널에 맞는 홍보 자료를 탑재하다 보니 그 채널에 접속해야지만 홍보 자료를 볼 수 있어 내용 간 연동성이 떨어진다는 단점이 있습니다.

이러한 단점을 보완해 주는 것이 유아교육기관 홈페이지나 블로그입니다. 그러나 유아교육기관 홈페이지는 카테고리의 수가 많을 뿐 아니라 유아 개인정보로 인하여 모든 정보를 공개하는 것에 어려움이 있으므로, 유아교육기관 홍보에 적극적으로 활용하는 것은 망설이게 됩니다.

이러한 점을 보완하기 위해 '구글 사이트' 기능을 활용할 수 있습니다. 구글 사이트는 전문적인 기술 없이도 내가 원하는 사이트를 직접 제작할 수 있기 때문에, 유아교육기관 홍보를 위한 사이트를 별도로 만들어 운영할 수 있습니다. 특히 유아교육기관의 홍보 자료를 한 곳에 탑재하여 관리할 수 있으므로 자료들 간의 연계와 홍보 효과가 더욱 높아진다는 장점이 있습니다.

더 알아보기

디지털을 활용한 유아교육기관 홍보!

현수막부터 동영상, 전자책, 가상 공간까지... 우리 유아교육기관을 홍보할 수 있는 방법은 무궁무진 합니다. 디지털을 활용한다면 시공간의 제약을 받지 않고 우리 유아교육기관을 홍보할 수 있지만, 중요한 것은 우리 유아교육기관의 실정에 맞는 도구를 활용하는 것입니다. 우리 유아교육기관만이 가진 특색과 교육과정을 홍보하기 위해 적합한 방법을 찾아보고 적용해 보면, 직접 교육 현장을 공개할 수 없어 생기는 아쉬움을 보완할 수 있을 것입니다.

교사들이 전하는 생생한 사용 후기!

"유아교육기관의 장점과 특징을 강조할 수 있어 가독성과 정보 전달력이 높아졌어요!"

"유아교육기관 정보를 얻기 위해 직접 전화하거나 공간에 방문할 필요가 없어 접근성이 높아요!"

6

디지털로 달라진
의사소통 문화!

유아교육기관에서는 교육과정을 운영하기 위해 다양한 의사결정 과정이 필요합니다. 특히 교육기관에 2인 이상이 함께 근무하는 대다수의 경우 구성원 간의 소통이 꼭 필요하지요. 이를 위해 회의나 협의회를 통해 서로 의견을 듣고 말하며, 더 좋은 합의점을 찾아나갑니다.

그렇다면 여러분이 속한 유아교육기관에서는 다양한 형식의 소통을 통해 민주적인 의사결정이 잘 이루어지고 있나요? 민주적인 의사소통이란 어떤 모습을 의미할까요?

아래의 항목을 통해 우리 유아교육기관의 의사소통 문화를 구체적으로 떠올려 보고 점검해 봅시다.

유아교육기관 구성원들이 중요하다고 이야기한 '민주주의 요소'

- ☐ 열린마음
- ☐ 존중
- ☐ 신뢰
- ☐ 반영
- ☐ 책임 의식
- ☐ 공동체 의식

출처 : 경기도교육청(2021). 유치원 자치 2021.

'제6장 디지털로 달라진 의사소통 문화'는 유아교육기관에서 자주 경험하는 '회의'와 가장 중요한 협의회라고도 볼 수 있는 '교육과정 평가·계획'에서 소통 과정의 어려움을 떠올려 보고, 보다 효율적이고 민주적인 의사소통을 위해 디지털의 도움을 받아 긍정적인 변화를 만들어 가게 된 내용과 정보를 담았습니다.

그럼 지금부터 본격적으로 달라진 의사소통 문화를 살펴볼까요?

01 디지털로 달라진 회의

우리는 업무를 하면서 다양한 회의를 합니다. 구성원들의 의견을 모아 문제를 해결해 나가기도 하고, 새로운 아이디어로 보다 효과적인 유아교육기관 운영과 교육활동에 내실을 기하기도 합니다. 회의를 통해 의사결정을 해나가며 조직을 운영하게 되므로 회의의 방식과 형태는 민주적 기관 운영에 매우 중요합니다.

그러나 가끔, 혹은 빈번하게, 회의를 '잘'하기보다 '자주'만 하게 되지는 않았는지 생각해 봅시다. 회의 시간 정하기와 안건, 자료 준비, 기록에 더 많은 시간이 소요되지는 않았나요?

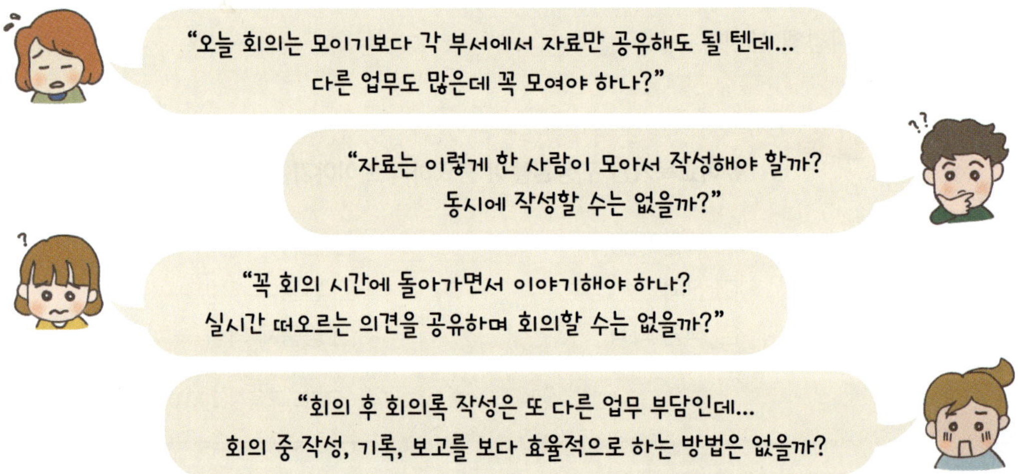

우리는 이러한 고민을 안고 회의를 되풀이합니다.

효율화, 디지털화되어 가는 시대에 민주적인 소통과 의견 나누기를 지원하는 플랫폼은 없을까요?

그럼 이제부터 '잘'하는 회의를 하기 위해 ✓ **팩트 체크**를 해보기로 합시다!

스마트한 회의를 위한 현재 회의 점검하기

Q 회의를 운영하는 데 있어서 우리는 어떠한 어려움과 불편함을 느끼고 있을까요?

회의 시간 정하기의 어려움

- 교사별 각종 출장, 담임 업무, 수시 상담, 긴급 보고 공문
- 잦은 회의, 긴 회의, 사전 준비 없는 회의 → 교육연구 시간 확보의 어려움
- 각기 다른 교사 개인 연차, 연가, 휴가 → 공동업무시간 확보의 어려움

회의 자료 준비의 어려움

- 종이 자료 회람, 메신저 자료 수합, 담당자 혼자 수합한 자료 작성으로 시간 소요
- 회의 전 구성원들의 회의 안건에 대해 고민, 조사하고 참여하는 시간적 여유 갖기 어려움
- 안건에 대한 사전 공유 시간이 충분치 못해 실제 회의에 몰입하지 못하는 어려움

회의 운영의 어려움

- 긴 회의라고 좋은 의견이 나오는 것이 아님
- 회의에서 의견 수렴보다 지시하는 말을 전달하느라 회의 시간을 허비
- 회의 시작과 동시에 배부되는 회의 자료는 몰입과 사전 검토 시간 부재

현재 우리 유아교육기관의 회의 운영 방식은 어떠한가요? 위와 같은 어려움에 공감하나요? 업무를 잘 추진하기 위해 실시하는 회의가 너무 긴 시간을 소비하거나 회의 자료 작성 및 운영 방식이 효율적이지 못해 오히려 업무시간을 허비하게 되는 결과를 경험하게 되지는 않았나 생각해 봅시다.

이제 수업 연구 시간과 퇴근 시간을 늦추는 단순 되풀이 회의의 굴레에서 벗어나 스마트한 회의 자료 작성과 효율적인 회의 운영을 위해, 디지털을 활용하여 달라진 회의를 경험해 보기로 해요!

디지털로 스마트한 회의 운영하기

Q 온라인 플랫폼과 디바이스를 활용한 스마트한 회의는 어떤 편리함이 있을까요?

실시간 협업 작성

- 클라우드, 플랫폼을 활용한 회의 자료 실시간 작성 및 협업으로 시간 절약 및 현행화 용이

다양한 플랫폼을 활용한 회의 및 자료

- 구글 워크스페이스, 알로, 노션 등의 플랫폼은 그 특징에 따라 다양한 아이디어와 의견을 수렴하여 신박한 회의 가능
- 언제 어디서나 접근 가능하고 명확하게 작성된 회의 자료는 열람만으로도 의견 수렴과 공유가 가능하여 회의 횟수 절감 가능

지속발전 가능한 페이퍼리스 회의로의 전환

- 클라우드, 플랫폼, 앱, 태블릿PC 활용으로 공유, 보고, 기록, 저장, 삭제 용이
- 프린터기, 종이, 파쇄기 사용 절감

시간 절감과 편리함

- 회의 자료 배부 및 확인에 소요되는 시간 절감
- 회의 후 자료 수거의 번거로움이 줄어듦

정보 보호

- 개인정보 및 업무상 정보 유출 예방
- 구성원의 회의 안건에 대해 숙지할 시간 제공 용이

앱을 활용한 회의 기록 및 요약

- 클로바 노트 앱 등을 활용하여 회의 내용 녹음 및 AI 요약 활용
- 회의 특성에 따라 전사, 발언자 구분, 인터뷰 형식, 개조식 요약 용이

회의 성격에 따라 회의 자료 준비 및 기록

- 운영위원회 회의 : 정해진 형식이 명확하게 있으므로 심의 부분에 PDF, 한글의 '책갈피' 기능 활용
- 기자재 또는 교재교구 선정위원회 회의 : 기자재 종류에 따른 특성, 단가, 할인율 등 제시를 위해 온라인 엑셀 활용
- 업무분장 또는 담임 배정 회의 : 교직원별 의사의 비밀 보장을 위해 개별 파일 제출 활용
- 교원인사위원회, 업무 협의, 컨설팅, 연구 인터뷰 등

Q 그럼 지금부터 스마트한 회의를 운영해 볼까요?

'자주'하는 회의보다 '잘'하는 회의하기

Tip

A. 회의 내용에 따라 운영 방식을 정합니다.

COVID-19에 따른 모임 제한은 없어졌지만 현재는 많은 교사들이 화상회의에 익숙해졌습니다. 클라우드를 활용하여 회의 자료만 공유하거나, 원격 화상회의, 대면 회의 등 다양하게 생각해 봅시다.

B. 회의 자료 사전 작성과 공유로 사전에 고민하는 시간을 갖습니다.

회의 안건과 내용에 대해 충분히 고민하는 시간이 회의 시간에 몰입을 가져와 효과적인 운영이 이루어질 수 있습니다.

C. 회의의 몰입을 위해 온라인 플랫폼을 활용합니다.

회의 질보다 양, 먼저 나온 의견이 나중에 나온 의견에 영향을 미치지 않는 경우의 회의일 경우에는 화이트보드 기능의 플랫폼 등을 활용하고, 서로의 의견이 영향을 미치거나 개별적인 의견 제출이 중요할 경우에는 직접 리더에게 파일을 제출하는 방식이 좋습니다.

회의 운영 절차 예시

① 회의 특성에 따른 방식 결정(대면/비대면) 및 일시 정하기
- 회의실 조회(장소 섭외), 사용 예약 및 안내 : 참석 여부 회신

② 회의 개최 및 참석자 안내(공문, 알리미, 메신저 등)

③ 부서별 회의 안건 상신 안내 : 구글 시트 등으로 내용 및 데이터 수합, 수치화
- 회의 자료 실시간 협업 작성 : 활용 클라우드, 협업 플랫폼, 앱 등 활용

④ 회의 개최/시작/종료 알림(대면/비대면) : 알리미 앱, 메신저 활용
- 회의 출석자 조회

⑤ 녹음 또는 기록 저장(클로바 노트 앱)/요약, 메모, 조회

⑥ 회의록 공유(또는 보고) : 공유 클라우드, 태블릿PC 활용

⑦ 문서 삭제/저장/관리 : 회의 후 필요시 공유 제한, 자료 요약 및 저장, 홈페이지 공지 등

① 회의 방식 및 일시 결정, 장소 섭외

관내 각 기관의 교원학습공동체 교사들이 공감과 정서적 교류 활동과 수업 사례 나눔을 하고자 한다면 대면 회의가 좋을 것입니다. 그러나 이제 원격회의가 익숙해진 지금은 회의 성격과 거리, 소요 시간 등을 고려하여 화상회의 플랫폼을 이용한 회의가 더 적합할 수 있습니다. 회의 방식이 결정되면 구성원들과 협의하여 회의 일시를 정하고 그에 따른 장소를 섭외, 사용 계획을 알립니다.

대면

- 특징
  - 회의 집중도가 높고, 정서적 교류도 가능함
  - 회의 장소에 오는 시간과 비용이 소모될 수 있음
- 회의 자료 : 링크, 화면, 파일 공유

비대면

- 특징
  - 인터넷이 가능하면 어디서나 가능
  - 회의 집중도가 떨어질 수 있음
- 화상회의 플랫폼: 줌, 네이버 웨일온 등
- 회의 자료: 링크, 화면, 파일 공유

② 회의 개최 및 참석자 안내

회의 일시와 회의 개최는 회의 참석 대상에 따라 공문, 사용하는 알리미 앱, SNS, 메신저, 이메일 등으로 알릴 수 있습니다. 회의 개최를 알리며 참석 여부도 함께 회신을 받습니다.

③ 부서별 회의 안건 및 사전 회의 자료 작성 링크 안내

회의에서 회의 몰입도와 시간을 효율적으로 사용하려면 회의 자료를 만드는 과정부터 고려합니다. 회의 진행자나 담당자 1인이 모든 안건이나 자료를 모아 작성하기보다, 각 안건의 발의자 또는 부서별 담당자가 직접 자료를 작성하는 것이 정확하고 효율적입니다. 그러기 위해서는 회의 자료를 실시간으로 작성할 수 있는 웹기반 협업 플랫폼을 활용하면 좋습니다.

회의 참여 인원을 고려하여 노션 등을 사용할 수 있고 원내에서 정기적으로 진행하는 회의일 경우 하나의 문서 공유링크를 계속 활용하면 누적된 회의 자료를 관리할 수 있습니다. 회의 내용에 따라 구글 워크스페이스, 오피스 365, 패들렛, 노션, 니어팟 등으로 협업이 가능하며, 회의 시작 전까지 수정이 가능하여 자료의 현행화가 용이합니다(**1장의 '온라인 원팀'**을 참고해 보세요).

구글 워크스페이스로 실시간 협업 자료 작성하기

〈유아교육기관 내 정기적인 회의 활용 예〉

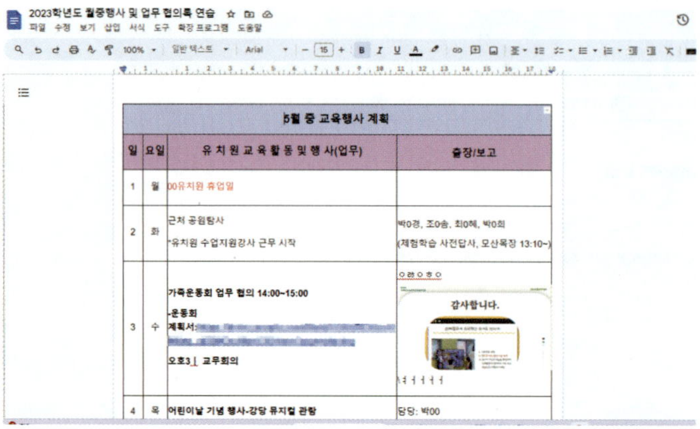

구글 문서로 월중행사, 일일 업무 등 실시간으로 동시에 회의록을 작성하여 각 부서별 교육행사 일정 수합이 용이

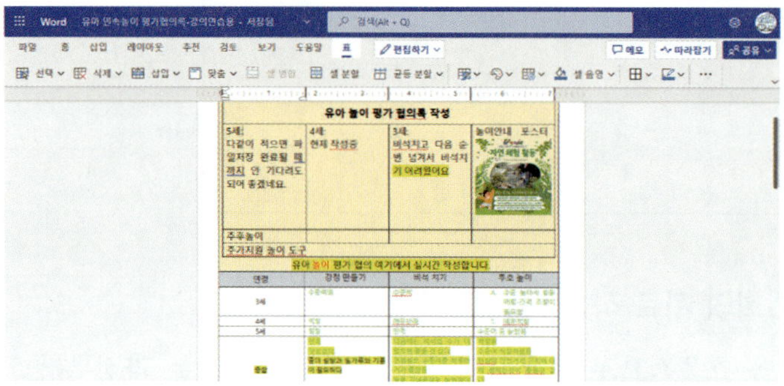

MS WORD로 사전 동료장학 협의록 작성 후 평가 협의실시로 회의 몰입과 요약적 의견 나누기가 용이, 회의 중 추가 의견 기록으로 회의 종료와 동시에 평가 협의록 작성 완료

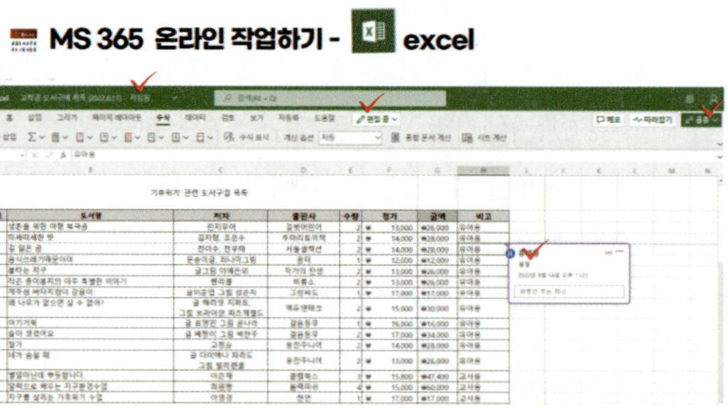

엑셀, 구글 스프레드시트를 활용하여 예산, 구입 도서 목록 등 수치화된 자료를 작성하여 의사결정에 도움이 되는 자료 제공과 회의 중 변경사항을 실시간 반영하여 효율적인 회의 운영 가능

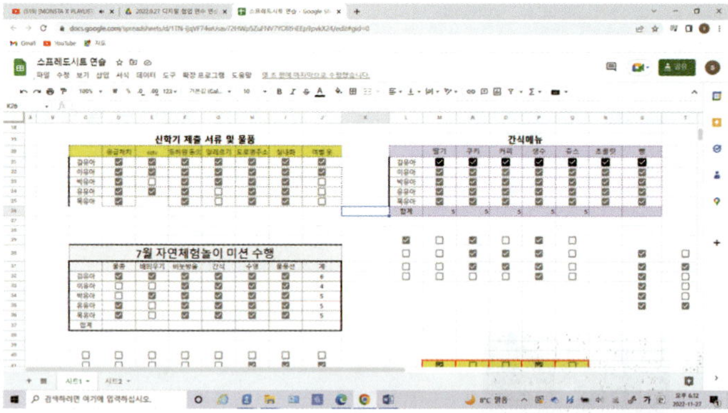

구글 스프레드시트의 체크박스 기능을 활용하여 현장학습 신청자 명단, 신학기 입학서류 제출 확인, 영역활동 확인 등 체크가 가능하고 체크된 데이터의 수량 계산이 가능하여 상황 파악이 용이

화이트보드 플랫폼으로 스마트하게 회의 운영하기

〈브레인스토밍 회의에 활용〉

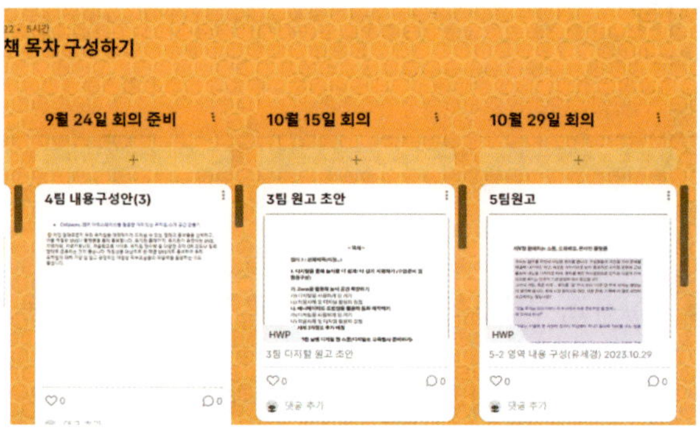

패들렛을 활용하여 텍스트, 파일 및 이미지, 동영상 업로드, 링크 공유, 자료에 대한 댓글 작성 등이 가능하여 다양한 자료를 보며 회의 가능

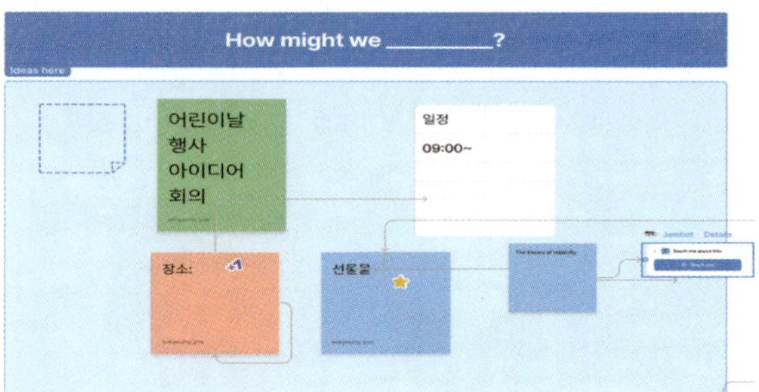

피그잼을 활용하여 포스트 잇에 다양한 의견을 나누고 유목화하여 아이디어를 모으고 창의적인 사고를 지원하는 화이트보드 형식의 회의 협업툴

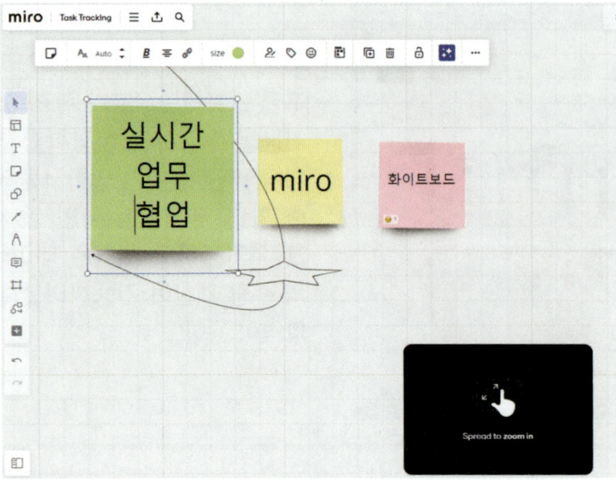

미로를 활용하여 양적으로 많은 아이디어를 직관적인 제시, 분류, 재배치, 유목화 등을 통해 구성원의 다양한 의견 수렴 및 의사결정
무료 편집 가능 보드 3개
회의 주제에 적합한 다양한 템플릿 활용 가능

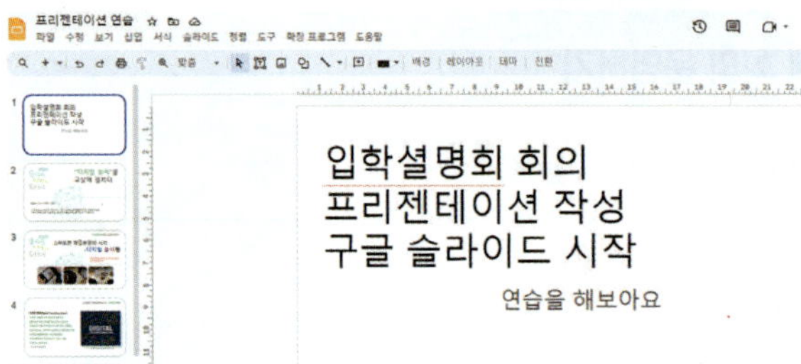

구글 슬라이드를 활용하여 프레젠테이션 회의 또는 입학설명회 등 안내 PPT 등을 만들기 위해 부서별 내용을 각 담당자가 편집권한을 가지고 공유링크에 접속하여 실시간 협업으로 슬라이드 작성 가능

미로

- 프로젝트에서 공동 작업하고, 아이디어를 공유하고, 브레인스토밍할 수 있는 클라우드 기반의 공동 작업 온라인 화이트보드 플랫폼
- 다이어그램, 차트 및 순서도를 만들고 작업을 구성하고 시각화할 수 있는 가상 캔버스를 제공
- 무료 버전은 보드 3개까지 사용 가능. 구글, 줌 등 다양한 앱과 연결 가능

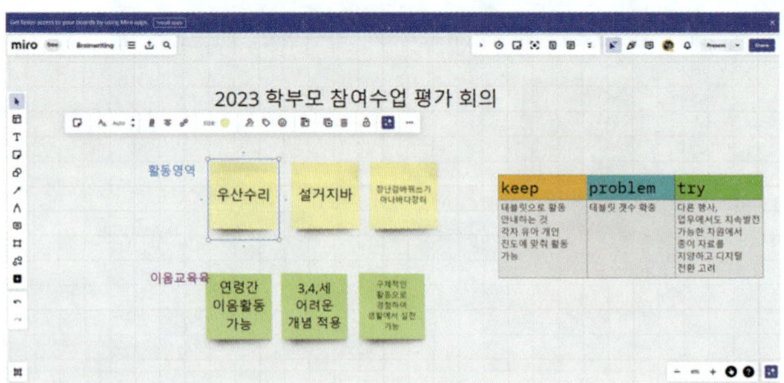

④ 회의 개최/시작/종료 알림(대면/비대면) : 알리미 앱, 메신저 활용

회의 참여 대상자에게 회의 개최와 일시를 사용하고 있는 앱이나 SNS, 메신저로 알려 참석을 안내합니다.

⑤ 클로바 노트로 회의 내용 기록(AI 요약)하기

클로바 노트

- AI 기술을 활용한 음성 기록 관리 서비스
- 다양한 상황에서 녹음한 대화를 텍스트로 변환시켜 주는 서비스
- 특히 대화 내용을 집중해서 듣거나 직접 참여해야 할 때 유용

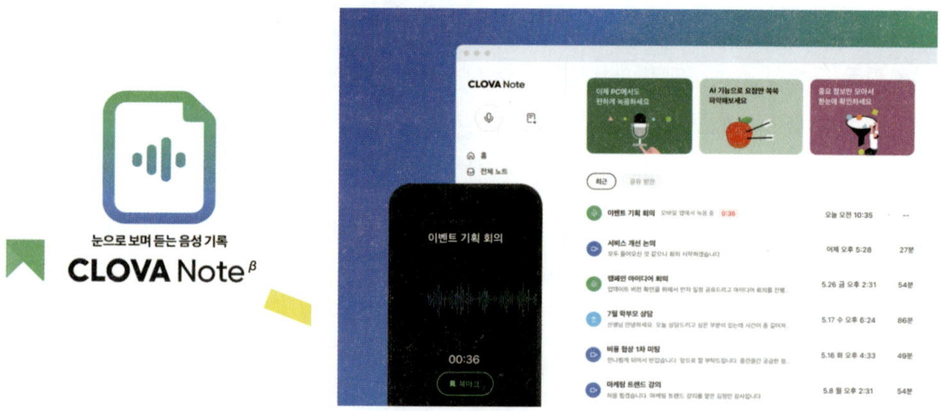

● 네이버 클로바 노트 알아보기

네이버에서 만든 스마트폰 및 PC에서 활용 가능한 앱으로, 녹음한 대화가 텍스트로 자동 변환되는 음성 기록 툴입니다. 회의 전에 기록을 위해 녹음한다는 것을 참여자에게 동의를 구합니다.

스마트폰에서 클로바 노트

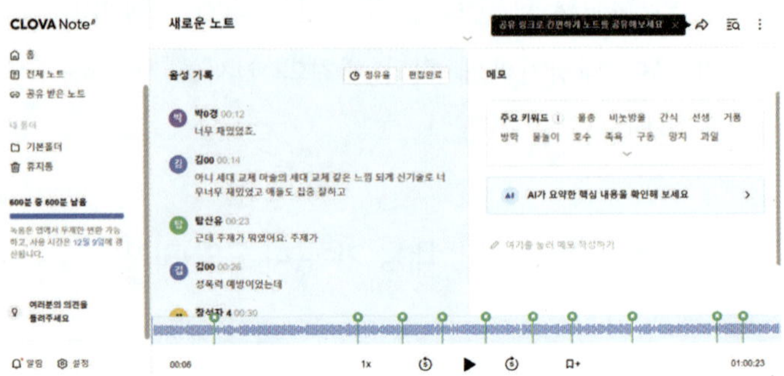

PC에서 클로바 노트

- 스마트폰과 PC에서 앱을 설치하고 동시에 사용할 수 있습니다. 회의 시 중요한 대화 내용을 녹음하면 실시간으로 텍스트로 변환되어 그 내용을 쉽게 전사할 수 있습니다.
- 목소리를 구분하여 녹음되기 때문에 참석자에 따라 전사할 수 있고, 스마트폰에서 녹음하면서 내 PC에서 북마크, 메모 표시를 할 수 있어 원하는 부분을 찾거나 요약하여 정리하고 편집할 수 있어서 반복되는 인터뷰 전사나 회의록 정리에서 벗어날 수 있습니다.
- AI 요약본을 활용하면 개조식으로 회의록을 기록할 수 있습니다. 개조식으로 정리하는 회의에서는 간략한 요약본으로 간단하게 회의록을 기록합니다.

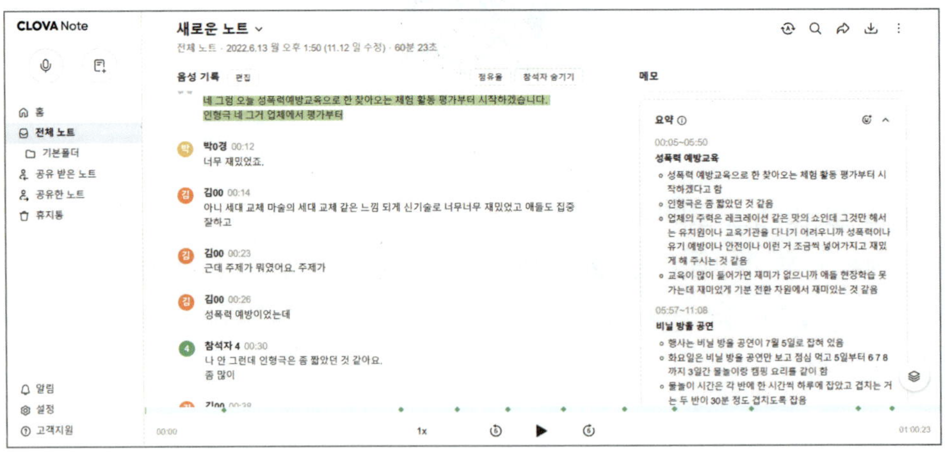

음성파일 및 텍스트 파일 추출, 개조식 요약 가능

● 네이버 클로바 노트를 활용한 회의록 작성 화면의 예

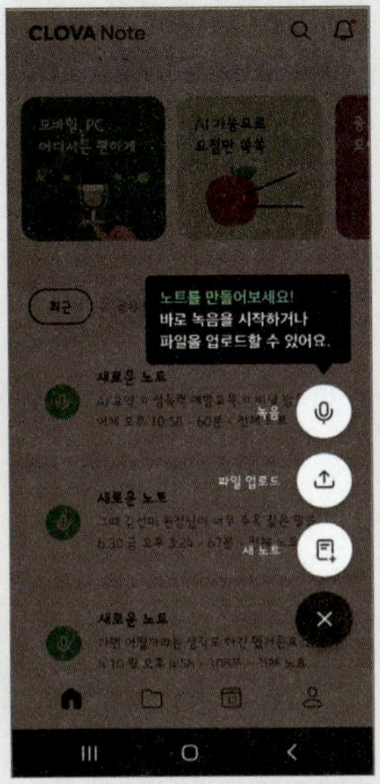

스마트폰, PC에서 회의 기록을 위한 '녹음' 선택

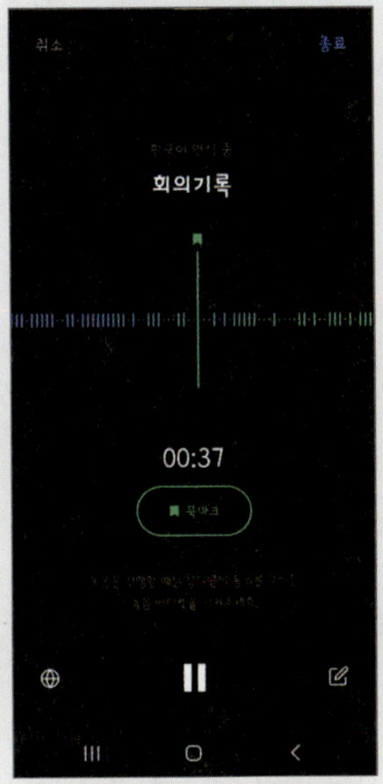

회의에서 중요한 내용은 '북마크'를 눌러 표시

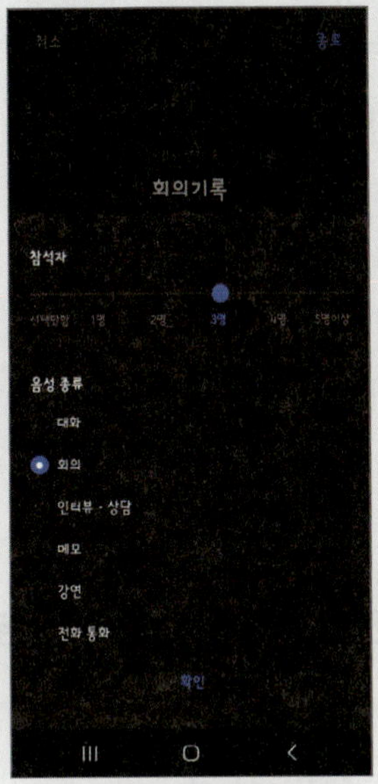

회의가 끝나면 참석자 수와 음성 종류 선택

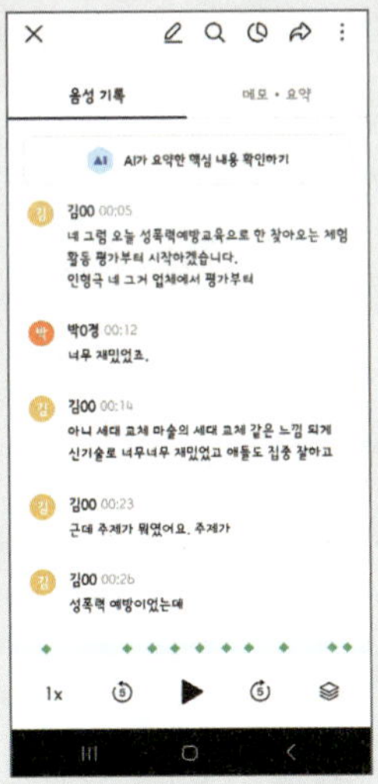

녹음이 끝나면 기록된 텍스트 파일 확인

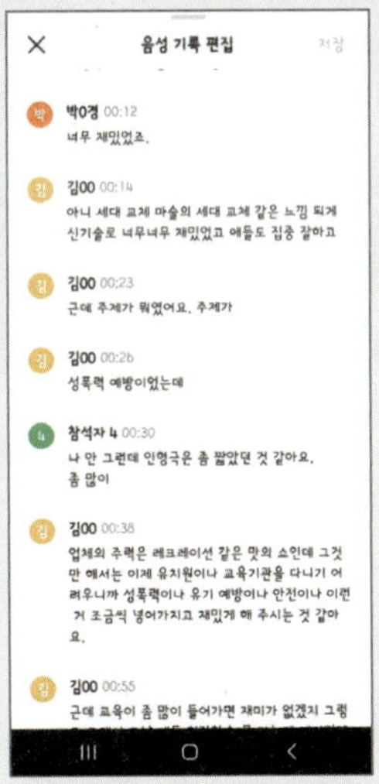

참석자명, 인식오류 등으로 인한 기록 편집 가능

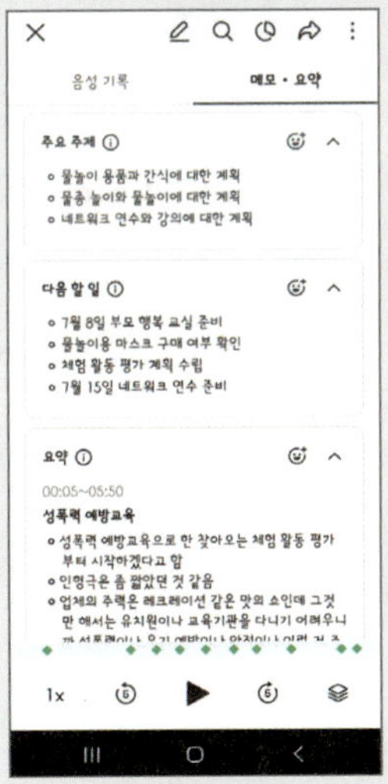

AI 요약 기능으로 긴 회의 내용 개조식으로 요약

⑥ 회의록 공유(또는 보고)

공유 클라우드, 태블릿PC를 활용하여 회의록을 공유하고, 기록을 남겨야 하는 경우 에듀파인 첨부가 가능한 확장자(예 ODT, PDF 등) 파일로 다운받아 첨부문서로 작성하여 기안을 상신합니다.

⑦ 문서 삭제/저장/관리

회의 후 안내를 위해 회의 기록을 공유하고, 자료 요약 및 저장, 홈페이지 공지를 합니다. 개인정보 보호, 절차상의 보안 유지를 위해 공유를 제한하거나 아예 삭제해야 하는 경우도 있으니 필요에 따라 잘 관리해야 합니다.

스마트한 회의 운영으로 무엇이 달라질까요?

- 자료 작성의 실시간 협업으로 회의 준비 시간과 회의 시간이 단축됩니다.
- 다양한 플랫폼으로 회의 특성에 따라 진행하니 아이디어 생성에 도움이 되고, 기록 공유가 빠르게 실행됩니다.
- 각 부서별 데이터를 수합, 분석이 용이하여 의사결정에 도움이 됩니다.
- 회의 기록 앱 활용으로 그 자리에서 회의록 작성, 결재, 공유가 가능합니다.
- 자료의 회수, 파쇄, 보관의 번거로움이 없습니다.
- 추가 자료의 업데이트가 용이합니다.

더 알아보기

온라인 플랫폼을 활용한 스마트한 회의 이후!

지금까지 디지털을 활용하여 달라진 회의 방법과 운영 방식을 알아보았습니다. 온라인 플랫폼을 활용한 회의를 하는 이유는 민주적인 의견 수렴과 의사결정을 통한 효율적인 업무 추진과 기관 운영입니다.

그로 인해 우리는 수업 연구 시간 확보와 워라밸을 실현할 수 있게 될 것입니다.

그럼 이제 함께 스마트해져 볼까요?

교사들이 전하는 생생한 사용 후기!

"정확하고 가독성 높게 작성된 자료는 별도의 회의를 하지 않고 자료 열람, 공유만으로도 충분해요!"

"사전 작성 및 언제 어디서나 회의 자료를 볼 수 있어 본 회의에서의 몰입도가 높고 사전에 충분히 고민해 볼 수 있어요!"

"회의 주제 및 방식에 적합한 플랫폼 활용으로 누구나 의견을 제시하고 민주적으로 의사결정을 할 수 있어요!"

02 디지털로 달라진 교육과정 계획·평가

교사공동체가 함께 교육과정을 계획하고 평가하는 협의 과정에서 간혹 다음과 같은 고민이 들기도 합니다.

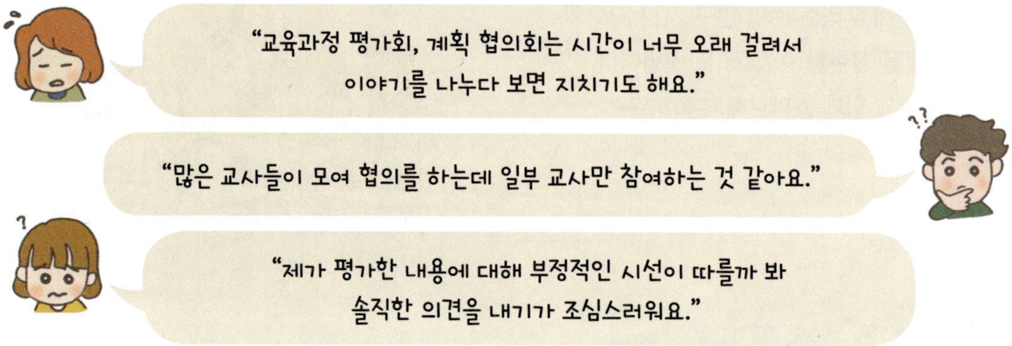

교육과정 계획·평가 협의회는 단위 유아교육기관 교육과정의 방향을 설정하는 중요한 시간입니다. 교사 개개인이 교육과정 평가 및 계획 과정에서 자신의 생각을 표현하고 적극적인 참여를 하는 것은 주체적인 교사의 역할을 실천하는 일이기도 합니다.

한편, 이러한 의사소통 과정은 교육과정 운영 전반을 다루기 때문에 협의할 내용이 많고, 그만큼 많은 시간을 필요로 하기도 합니다. 이렇듯 교육과정 계획·평가 협의회는 보다 효율적이고 또 보다 민주적인 의사소통 문화 형성이 중요합니다. 한 예로, 만일 어느 특정 구성원들만 의견을 제시하는 의사소통 문화 속에서는 다양한 구성원들의 생각을 듣거나 반영하기 어려울 것입니다. 이러한 어려움을 디지털 플랫폼의 도움을 받아 시간을 단축하면서도 모든 구성원들이 참여하는 민주적인 의사소통 과정으로 변화할 수 있습니다.

변화를 위한 한 걸음, 디지털로 달라진 교육과정 계획·평가 협의회의 여정을 함께 살펴봅시다!

온라인 화이트보드에서 교육과정 운영 계획하기

교육과정 운영 계획이란?

교육과정 편성과 운영

유치원과 어린이집은 국가 수준의 교육과정인 개정 누리과정을 바탕으로 각 기관의 실정에 따라 적합한 계획을 수립하여 운영하여야 한다. 계획안에는 교사가 기관과 학급 수준에서 유아의 놀이를 지원하기 위해 필요한 사항을 미리 생각하여 준비하는 모든 과정이 포함될 수 있다.

– 「2019 개정 누리과정」 해설서

유아교육기관 교육과정 운영 계획은 전년도의 유아교육기관 운영 평가 결과를 반영하거나 또는 새롭게 유아교육기관 교육과정 운영 계획을 수립하는 것입니다. 대체로 한 학년도의 교육과정 운영 전반에 대한 내용을 '유아교육기관 교육과정 운영 계획서'에 담게 되지요.

교육과정 편성·운영은 국가 수준의 교육과정을 바탕으로 각 기관의 교육철학, 가정과 지역사회의 특성, 유아의 요구 등을 반영하여 자율적으로 계획을 수립하게 됩니다. 「2019 개정 누리과정」에서는 교육공동체 구성원의 '협력'과 '참여'에 기반하여 함께 계획을 수립하여야 함을 강조하고 있습니다.

교사는 교육과정의 전문가이자 교육과정 운영의 주체로서 교육과정 편성·운영 과정에 적극적으로 관심을 가지고 참여하여야 합니다. 그러나 때로는 관리자, 보직교사나 담당교사를 중심으로만 교육과정 계획 협의가 이루어지지는 않았는지 되돌아볼 필요가 있습니다.

교육과정 운영 계획에 포함되는 내용들

- 유아교육기관 교육의 기저
  - 법적 근거, 교육 정책과의 연계성, 교육 실태 등
- 유아교육기관 교육의 기본 방향
  - 운영 중점, 교육목표 및 추진 과제
  - 연령별 교육 중점
- 교육과정 편성 및 운영
  - 교육과정 편성·운영 방침
  - 연간 학사일정
  - 각종 위원회 구성 및 운영
  - 인성·안전·생태교육 등(기관의 특성에 맞도록 수립)
  - 특수교육과정
- 교육 지원 계획
  - 방과후 과정 운영 계획
  - 장학·연수·학부모 및 지역사회 협력 등

※ 위 목록은 '예시'이므로 각 교육기관의 실정과 특성에 따라 자율적으로 구성합니다.

교육과정 운영 계획에 담기는 많은 내용들 중에서도 구성원 모두가 함께 생각해 보며, 새로운 또는 더 나은 합의점을 찾아나가야 할 주제가 있을 것입니다.

지금부터 교육과정 운영 계획을 위한 의사소통에서 구성원들의 협력과 참여를 촉진하는 데 도움이 되었던, 온라인 화이트보드 및 다양한 툴을 활용한 의사소통 사례를 소개해 봅니다.

교육과정 운영 계획을 위한 생각 모으기

교육과정 운영 계획에 포함되는 다양한 내용 중 온라인 화이트보드를 활용하여 아이디어를 모아볼 수 있는 주제를 선정해 본 후, 이에 적합한 내용으로 구성해 봅니다.

한 가지 기억할 점은, 화이트보드 기능을 목적으로 만들어진 툴이 아니더라도, 실시간 협업이 가능한 다양한 온라인 플랫폼(구글 슬라이드, 미리캔버스, 캔바 등)을 활용할 수 있다는 것입니다. 어떠한 툴을 선택했는지가 중요하기보다는 우리 기관의 구성원에게 친숙한 툴을 잘 활용하여 보다 효과적인 의사소통을 하는 것이 중요하기 때문이지요.

이렇게 온라인 협업 툴을 활용한 의사소통에서는 대부분 참여자 수의 제한 없이 동시 작업이 가능하기 때문에, 단시간에 모든 구성원의 생각을 공유할 수 있다는 것이 큰 장점입니다.

유아교육기관의 핵심 가치 설정하기 예

유아교육기관의 비전과 가치는 교육의 방향을 잡고 나아갈 수 있는, 교육과정의 나침반과 같은 역할을 합니다. 어떠한 의사결정을 할 때 중요한 판단의 방향과 기준이 되기도 하지요. 이는 어느 특정한 구성원에 의해 결정되는 것이 아니라, 구성원들의 참여와 공감이 이루어질 때 의미가 있습니다. 유아교육기관의 비전과 가치는 학급 교육과정의 방향 설정과 연결이 되기도 합니다.

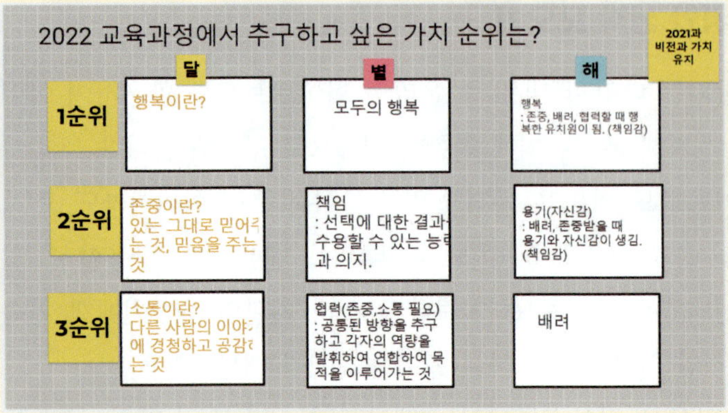

사례 1

- 우리 학년(그룹)에서 중요하게 추구하는 가치 순위 설정해 보고 공통되는 가치 찾기
- 가치에 대한 우리 구성원만의 재정의하기

☑ 잼보드

경쟁	정의	감사	자존감	존중	평화	신중함	협력적	명확함
행복	협력	완벽함	분별력	희망적	사교적	공동체	신뢰	헌신
사랑	책임감	통찰력	공감	균형	건강함	따뜻함	절제	적응력
도전	리더십	유연함	집중력	자율	모범적	분석적	충성심	용기
배려	자신감	성실	친절	전문성	창의성	진취적	여유	질서
기쁨	전통적	정직	끈기	적극적	융통성	보수적	몰입	개방적
나눔	섬세함	열정적	유머	생명력	생동감	현실적	공유	추진력

사례 2

우리 기관에서 추구하고 싶은 가치 단어에 투표해 보기

☑ 구글 슬라이드

사례 3

우리 기관의 핵심 가치는 무엇이 되어야 할까? 떠오르는 것을 단어로 입력, 공유하기

☑ 멘티미터

교육과정의 기본 방향 세워가기 예

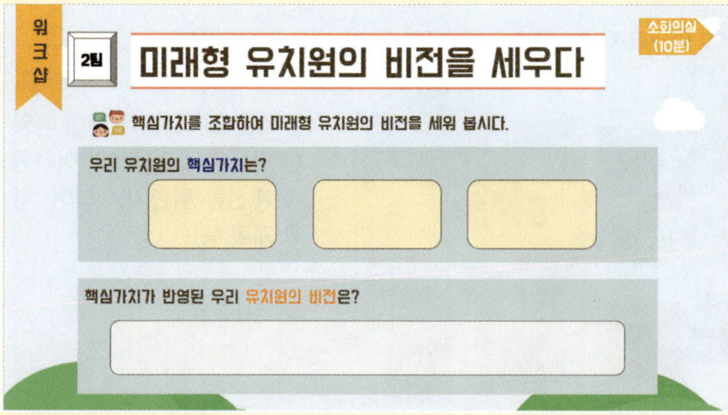

비전

우리 기관의 핵심 가치를 조합하여 비전이 될 문장 만들어 보기

☑ 구글 슬라이드

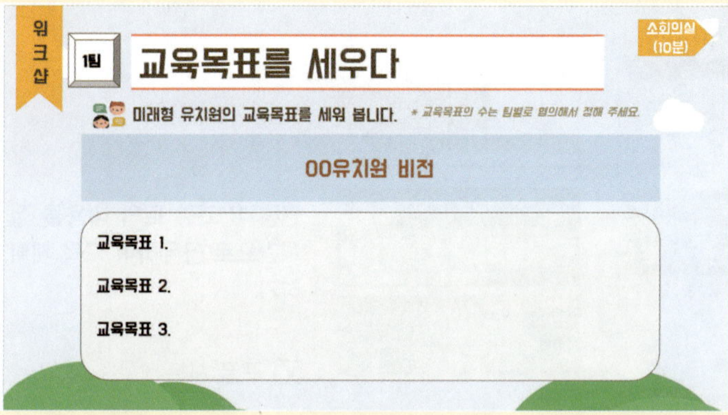

교육 목표

교육과정 운영(계획, 실행, 평가)으로 달성하고자 하는 교육 목표를 설정해 보기

☑ 구글 슬라이드

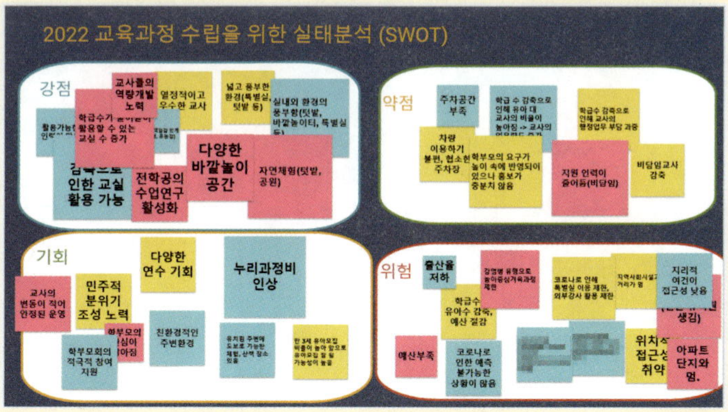

교육과정 수립을 위한 실태분석(SWOT 기법)

☑ 잼보드

단위 유아교육기관 교육과정(특색교육, 연령별 체험 계획 등) 편성하기 예

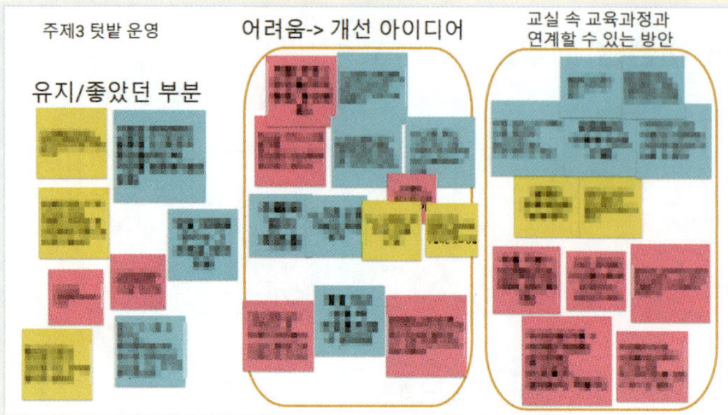

주제별 교육활동에 대한 다양한 아이디어 모색하기(어려움과 개선을 위한 아이디어, 향후 계획 등)

☑ 잼보드

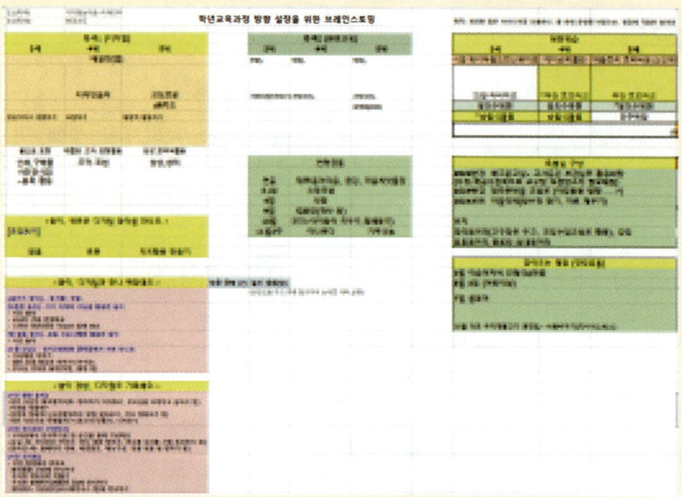

연령별(그룹) 토의 내용을 실시간으로 공유하며 교육 계획하기

☑ 구글 시트

더 알아보기

온라인 화이트보드에 대해 더 알아볼까요?

화이트보드는 글과 그림을 자유롭게 표현할 수 있는 도구입니다. '온라인 화이트보드'는 말 그대로 온라인상에서 사용하는 보드이지요. 접착메모지를 붙이듯 간편하게 스티커 메모를 추가하며 브레인스토밍을 하고 이를 실시간으로 공유할 수 있습니다. 또한 인터넷에 존재하는 다양한 형태(이미지, 영상, URL)의 자료를 불러와 게시할 수 있는 특징이 있습니다. 단순한 글과 그림뿐만 아니라 보다 효과적으로 자료에 대한 아이디어를 정리하고 기록할 수 있지요.

다양한 온라인 화이트보드 종류와 특징

온라인 화이트보드의 툴마다 기능과 특징이 다르기 때문에, 다양한 툴에 대한 정보를 알고 있다면 필요에 따라 적합한 도구를 선택하는 데 도움이 됩니다.

피그잼(FigJam)

- 스티커 메모, 표, 스탬프, 플로차트 등 다양한 템플릿을 쉽게 불러올 수 있음
- 다양한 마커, 테이프, 텍스트 크기 조절, 다양한 색깔 지정
- 페이지가 위, 아래, 옆으로 확장되어 한 페이지에 여러 정보를 함께 기록할 수 있음
- 교육용 계정 시 프로 서비스 무료 사용 가능

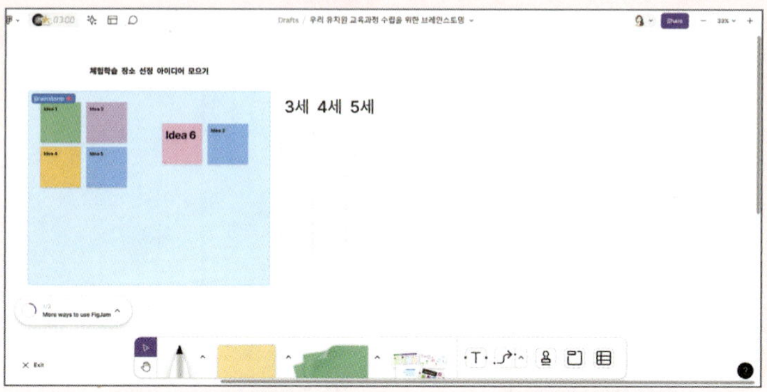

루시드스파크(Lucidspark)

- 스티커 메모, 도형, 선, 손 그림 등 자유로운 표현, 타이머 및 투표 등
- 다양한 템플릿 활용
- 구글 드라이브, 줌과 호환이 가능함
- 일부분 무료 사용

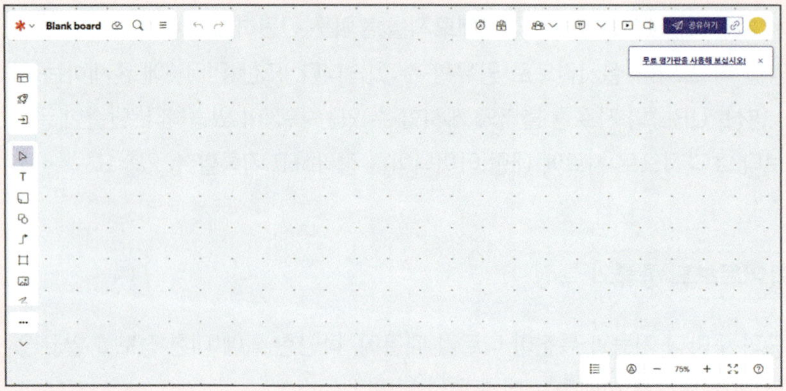

메인화면

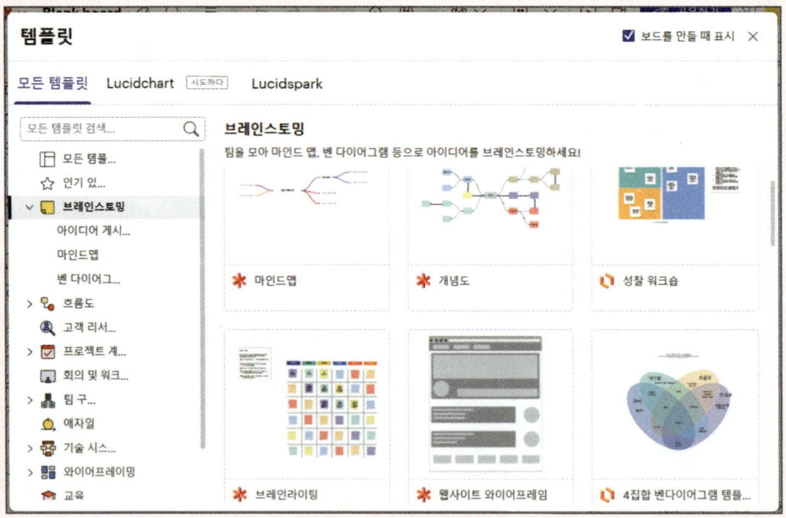

템플릿 활용하기

아하슬라이드(AhaSlides)

- 실시간 투표, 워드클라우드, 퀴즈, 대화형 프레젠테이션. PC와 휴대폰 모두에서 실시간으로 의견을 모으고 공유하기 용이함. 휴대폰 참여자는 QR코드로 쉽게 접속하여 의견 작성이 가능함
- 일부분 무료 사용

아이디어보드즈(IdeaBoardz)

- 단순한 화면 구성 및 사용방법으로 접근성 용이
- 섹션을 자동으로 나눌 수 있어서 장단점, 피드백, 주제별 브레인스토밍에 용이함

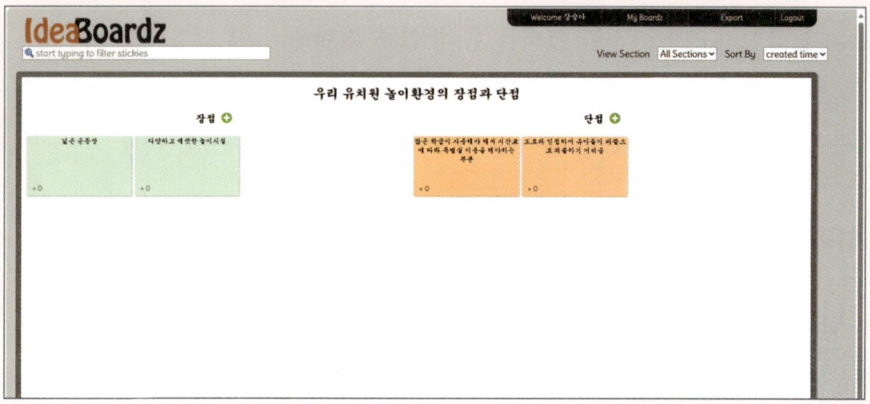

온라인 협업 플랫폼에서 교육과정 운영 평가하기

교육과정 운영 평가란?

누리과정 운영 평가

교육과정이 유아·놀이중심으로 적절하게 운영되고 있는지 평가하는 데 그 목적이 있다. 놀이 시간을 충분히 운영하였는지, 유아 주도적인 놀이와 배움이 이루어지고 있는지, 놀이 지원이 적절한지 등을 평가할 수 있다. 이는 놀이 속에서 나타나는 유아의 특성 및 변화 정도와 연계하여 파악할 수 있다. 필요에 따라 부모와의 협력이나 행정적·재정적 지원이 적절하게 이루어지고 있는지 등을 평가할 수도 있다.

- 「2019 개정 누리과정」 해설서

단위 유아교육기관 교육과정은 한 학년도의 기관 교육목표와 방향, 내용이 고스란히 담긴 길잡이입니다. 기관에서는 학기말 한 해 살이를 되돌아보며 교육과정 운영 전반을 평가하고, 평가의 결과는 다음 학년도의 교육과정 운영 계획을 위한 자료로 활용합니다.

이렇듯 교육과정 운영 평가는 교육 운영의 질을 진단하고 개선하기 위해 꼭 필요한 시간입니다. 평가를 하는 주체는 누구일까요? 「2019 개정 누리과정」에서는 이러한 의사소통 과정은 구성원 모두가 참여하고 민주적인 합의를 통해 함께 수립해 가야 함을 강조하지요.

이번 시간에는 보다 효율적이고 민주적인 의사소통에 도움이 되었던, 디지털 협업 도구 '패들렛(Padlet)'과 함께한 교육과정 운영 평가의 여정을 소개해 보겠습니다.

패들렛에 차곡차곡 기록되는 '교육과정 운영 평가의 여정'

패들렛 개설 및 설정하기

패들렛을 개설할 때에는 다양한 평가 주제에 따라 게시물을 생성할 수 있는 형식을 선택하는 것이 용이합니다. 게시물을 작성하는 것뿐만 아니라 서로의 생각에 공감, 댓글, 투표 등 피드백을 주고받을 수 있도록 하면 더욱 활발한 의사소통을 할 수 있습니다. 또한 게시물의 작성 시 익명 기능을 활용하여 보다 솔직하고 자유로운 의사 표현을 도울 수도 있습니다.

1. 우측 상단의 'Padlet 만들기' 클릭
2. '제목' 기입하기
3. '레이아웃' 설정하기
   - 담벼락
   - 셀프(섹션별로 정렬)
4. '댓글' 활성화 여부 선택하기
5. '반응' 설정 여부 선택하기
   - 좋아요
   - 투표
   - 별점
   - 등급

Tip 반응 기능을 통해 '결정'이 필요한 사항에 대해 실시간으로 의견을 취합해 봅니다.

Tip 구성원들과 협의를 통해 필요한 기능을 선택해 봅니다.

교육과정 운영 평가의 '주제'와 '내용' 선정하기

교육과정 운영 평가의 내용은 매우 넓고 다양한 영역이 포함될 수 있습니다.

때로는 기관의 상황과 평가 시기를 고려하여 이번 평가회에서 조금 더 우선순위가 되는 주제를 선정해 볼 수도 있습니다.

- **이번 평가회에 필요한 '주제'를 떠올려봅니다.**

> "이번 평가에서 가장 우선이 되어야 할 주제는 무엇일까요?"
> "2학기에 당장 개선과 변화가 필요한 주제는 어떤 것일까요?"
> "내년 교육과정 계획을 위해 반드시 포함해야 할 주제는 무엇일까요?"

- **주제 안에서 더 고민이 필요한 '구체적인 평가 내용'을 선정해 봅니다.**

> "놀이공간에 대해서는 무엇을 더 생각해 볼 수 있을까요?"
> "유아가 한 학기 동안 가장 즐겨 놀이했던 공간과, 반면 개선이 필요하다고 생각했던 공간에 대해 이야기 나눠보면 어떨까요?"

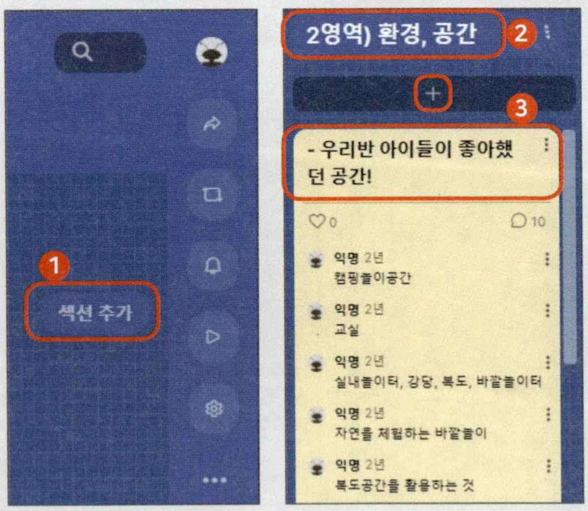

1. '섹션 추가' 클릭
2. 섹션명에 '주제' 기입하기
   예) 환경 및 공간
3. [+] 버튼을 클릭하여 게시글 추가하기 : 구체적인 평가 내용 기입하기
   예) 우리반 아이들이 좋아했던 공간은? 혹은 개선이 필요한 공간은?

평가 주제에 따른 구성원들의 생각을 기록하기

디지털 플랫폼을 활용한 소통의 장점은 시공간의 제한이 없이 의견을 기록하고 공유할 수 있다는 점입니다. 구성원들이 대면으로 모이기 전, 평가 주제에 대한 자신의 생각을 충분히 고민하여 기록한 후 상호 공유하는 시간을 가져봅니다.

- **게시물의 주제에 대한 자신의 생각을 '댓글'로 기록할 수 있습니다.**
  게시물에 댓글을 달기 위해서는 댓글 기능을 활성화해야 합니다.

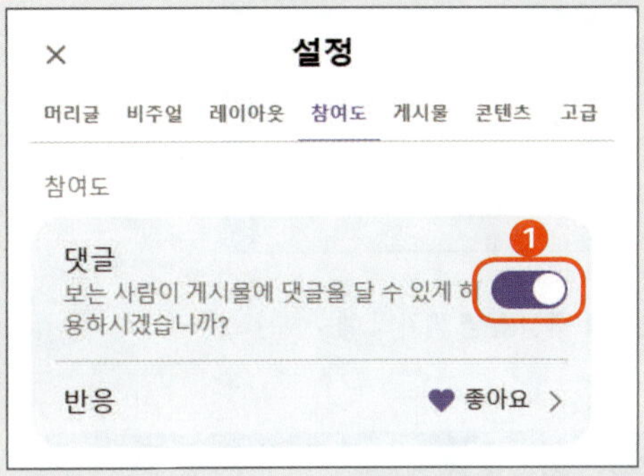

❶ '설정'에서 '댓글' 기능 활성화하기

- **주제에 따라 '작성 시기'나 '작성자'를 구별해 볼 수 있습니다.**

사전 또는 당일에, 개별 작성하기: 구성원 개개인의 다양한 의견을 들어보아야 할 때 그룹 작성하기: 구성원들과 활발한 토의를 통해 합의된 의견을 기록할 때

- **게시물마다 색깔을 다르게 설정할 수 있습니다.**
  많은 게시물 중 무엇을 언제 작성해야 할지 파악할 때 용이합니다.

"분홍색으로 표시한 게시물은 사전에 작성해 주세요." "지금부터 노란색으로 표시한 게시물에 대해 이야기 나누겠습니다."

살펴볼까요?

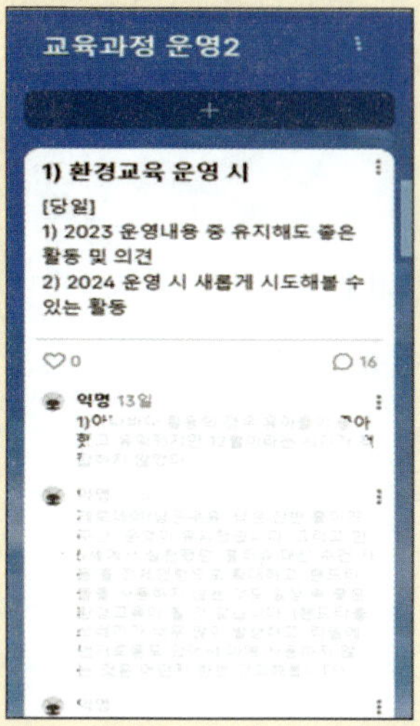

예시 1

환경교육을 운영해 보며 유지하고 싶은 부분 및 새롭게 시도할 수 있는 교육 방안 모색하기

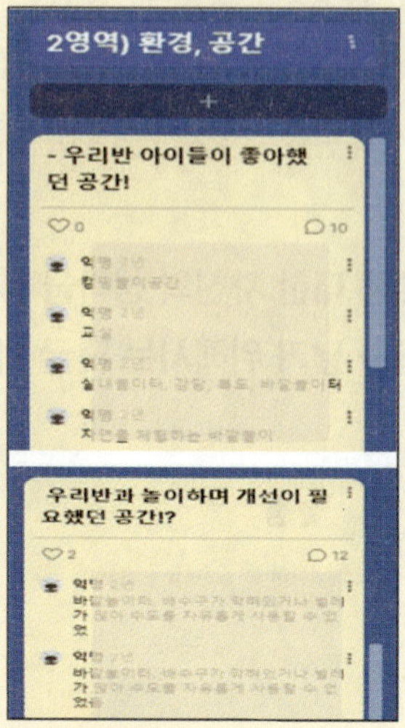

예시 2

우리 학급 유아들이 좋아했던 공간 및 개선이 필요한 공간 조사하기

'게시물 및 댓글'을 활용한 교육과정 운영 평가의 예

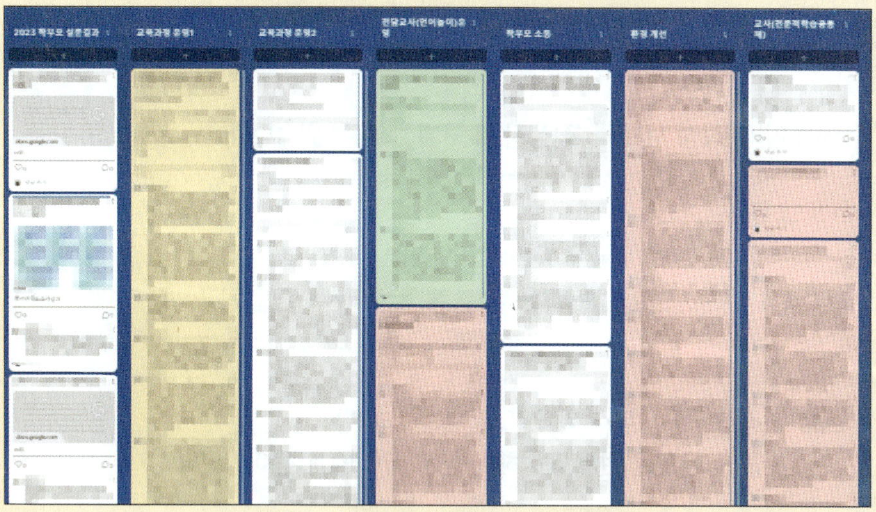

"노란색 게시물은 학년별로 의견을 모아 작성해 보세요."

게시물에 '색깔을 지정'하여 안내한 예

패들렛을 활용한 교육과정 운영 평가회 진행하기

● 구성원들의 생각이 온라인에 차곡차곡 모였어요. 이제 우리 오프라인에서 함께 만나볼까요?

사전에 온라인 협업 플랫폼(예 패들렛)에 구성원들이 작성한 내용을 화면으로 함께 봅시다. 실제 대면 모임에서는 토의를 통해 합의점을 찾아가야 하는 주제를 중심으로 의사소통해 봅니다. 이렇게 온·오프라인 방식을 병행한다면 협의회에 소요되는 시간을 효율적으로 사용하고 단축할 수도 있습니다.

또한 실시간으로 토의하는 내용을 패들렛에 바로 기록하여 별도의 회의록을 작성하지 않고 토의 결과를 구성원이 함께 공유할 수 있습니다.

만일 교육과정 운영 평가 시 어떤 사안에 대해 '결정'이 필요할 때에는 공감, 투표 등 '반응' 기능을 활용하여 즉각적으로 의사결정을 할 수 있습니다.

사전 작성된 패들렛 의견을 함께 살펴보기

토의가 필요한 주제에 대해 그룹별로 생각 나누기

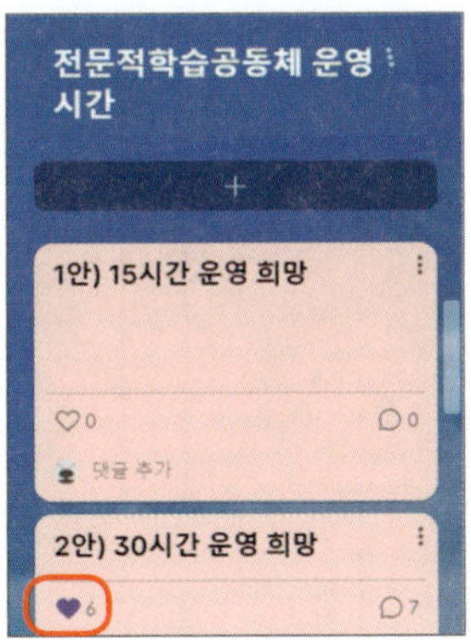

실시간 반응(공감, 투표 등) 기능으로 의사결정하기

패들렛을 타고 가는 '교육과정 운영 평가의 여정' 한눈에 보기

① 평가회에서 다루게 되는 주제 및 내용 선정하기
② 주제와 내용에 적합한 온라인 협업 플랫폼 선택하기
③ 선정된 주제에 따른 게시물 생성하기
④ 게시물을 작성할 시기, 작성자, 방법 등을 정하고 안내하기
⑤ 대면 협의회 개최하기
⑥ 작성된 내용을 보며 함께 토의가 필요한 주제를 중심으로 서로의 생각을 나누며 합의점을 찾아가기
⑦ 평가 결과를 상호 공유하기

더 알아보기

또 다른 온라인 협업 플랫폼 활용하기

띵커벨

패들렛처럼 실시간 토론 및 협업이 가능한 참여형 플랫폼은 많습니다. 그중 띵커벨은 '아이스크림몰'에서 제작한 플랫폼으로 패들렛과 유사하게 보드에 게시물을 생성하고, 댓글을 통해 스마트한 협업을 할 수 있습니다. 또한 퀴즈를 함께 풀기 등 다양한 참여 기능이 있어, 수업 플랫폼으로도 많이 활용되고 있답니다.

퀴즈/ 토의·토론

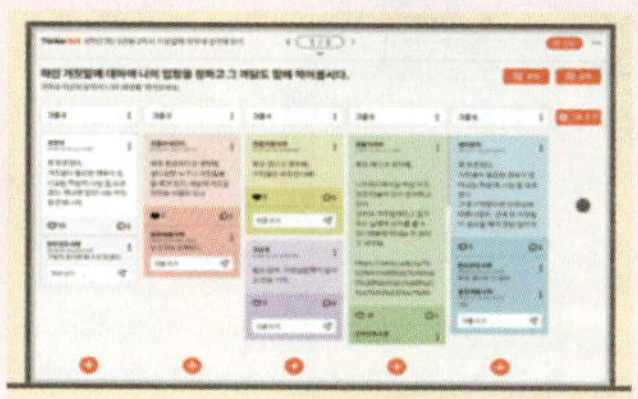
보드

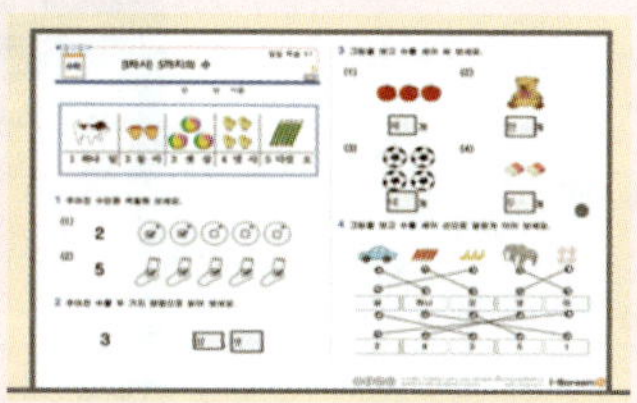
워크시트

- 이미지 출처 : 아이스크림몰

함께 만들어가는 교육과정을 위한 변화 한 걸음!

지금까지 디지털 협업 도구(패들렛, 잼보드)를 활용한 교육과정 계획과 평가 협의회의 여정을 살펴보았습니다.
교육공동체가 함께 협력하며 교육과정을 만들어가기 위해서는 공동체가 서로의 의견을 존중하고, 이러한 문화 속에서 구성원 개개인이 더 주체적으로 자신의 생각을 표현할 수 있어야 합니다. 이를 위해서는 우리 공동체의 특성과 상황에 적합한, 효율적이고 효과적인 의사소통 방법을 고민해 보는 시간이 꼭 필요하답니다.
이제는 여러분이 속한 유아교육기관 구성원들과 함께, 먼저 우리 기관의 의사소통 문화를 들여다보세요. 그리고 우리 기관 의사소통 과정에 도움이 될 수 있는 다양한 온라인 플랫폼에도 관심을 가지고 탐구해 보며, 도움을 받아보는 것은 어떨까요?

교사들이 전하는 생생한 사용 후기!

"경력이나 보직 여부에 상관없이 모든 구성원들의 의견이 동등하게 표현되는 것 같아요. 익명 작성 기능은 기관 운영에 대한 보다 솔직한 의견을 제시할 때 도움이 되었어요."

"협의회 당일 좋은 아이디어를 떠올리려면 어려운데, 사전에 플랫폼에 작성할 수 있으니 충분한 시간 동안 고민해 볼 수 있었어요."

"같이 이야기 나눈 내용들이 웹사이트에 기록되고, 인터넷이 되는 곳에서 언제 어디서든 열어 확인할 수 있어서 편리했어요."

부록

교무업무와 행정업무를 체계적이고 투명하게 관리하는 You are Nice!

'유아 나이스'를 도입하게 된 계기는 무엇일까요?

'나이스'는 교무 및 학사업무, 행정업무를 전산으로 처리하는 종합 교육행정정보시스템으로 2002년에 처음 도입되었습니다. 교육부와 17개 시·도 교육청, 전국의 초·중등학교에서 성적관리, 전출입, 학교 회계 등 업무 전반을 나이스를 통해 처리하고 있습니다. 몇 차례의 개편을 거쳐 현재는 '4세대 지능형 나이스' 시스템을 사용하고 있습니다.

유치원은 유아교육법에 근거한 학교이지만, 유치원 학사 운영 및 행·재정관리에 필요한 자료 대부분을 종이 문서로 관리해 왔습니다. 이러한 방식이 정보화시대에 효율성이 떨어지고, 재정관리의 투명성을 확보하기 어려우며, 보호자의 정보 접근 또한 낮다는 지적이 끊임없이 제기되었습니다.

이에 유치원의 행정 및 교무, 학사업무를 체계적이고 투명하게 관리함으로써 유아교육의 공공성을 강화하기 위한 정보시스템 도입에 관한 논의가 시작되었고, 2023년 6월 초·중등학교의 '4세대 지능형 나이스'의 개통과 함께 유치원을 위한 '유아 나이스' 시스템이 구축되었습니다.

☐ "유아 나이스 시스템 구축이 유아교육의 공공성 확보와 중요한 관련이 있군요!"

☐ "지능형 나이스 도입으로 교사가 '종이 문서'에서 해방될 수 있었네요. 빠르고, 편리할 것 같아요!"

제1장 유아 나이스의 업무 구성 살펴보기

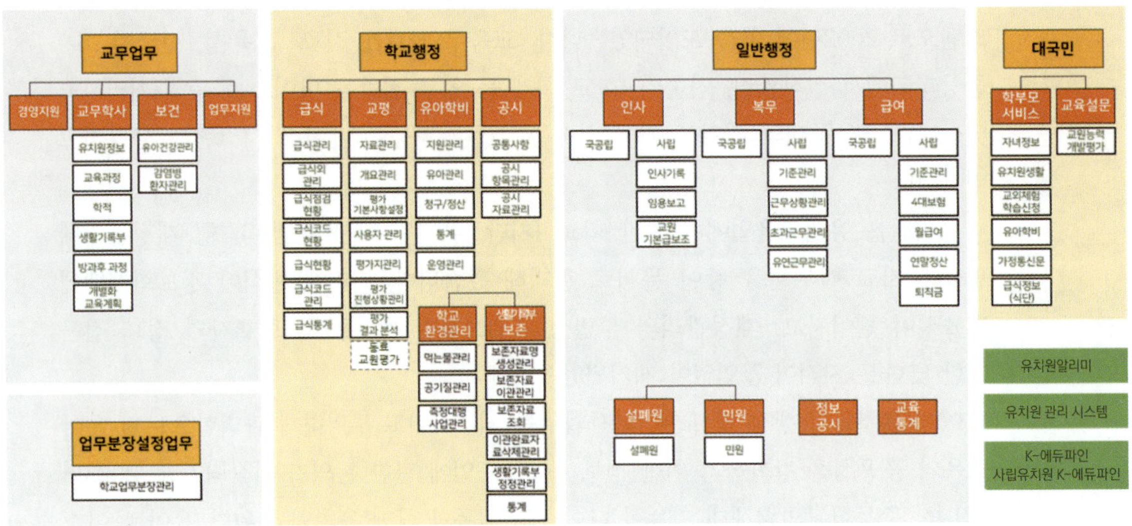

지능형 나이스 업무 구성

유아 나이스는 '교무업무', '학교행정', '일반행정', '대국민 서비스'로 구분하여 살펴볼 수 있습니다. '교무업무'는 유치원 교무, 학사와 관련된 업무를 전자적으로 처리할 수 있도록 구성되어 있습니다. 출결관리, 전출·전입과 같은 학적 변동, 생활기록부 작성, 신체발달 정보 및 감염병 관리 등의 하위 메뉴가 포함되어 있습니다.

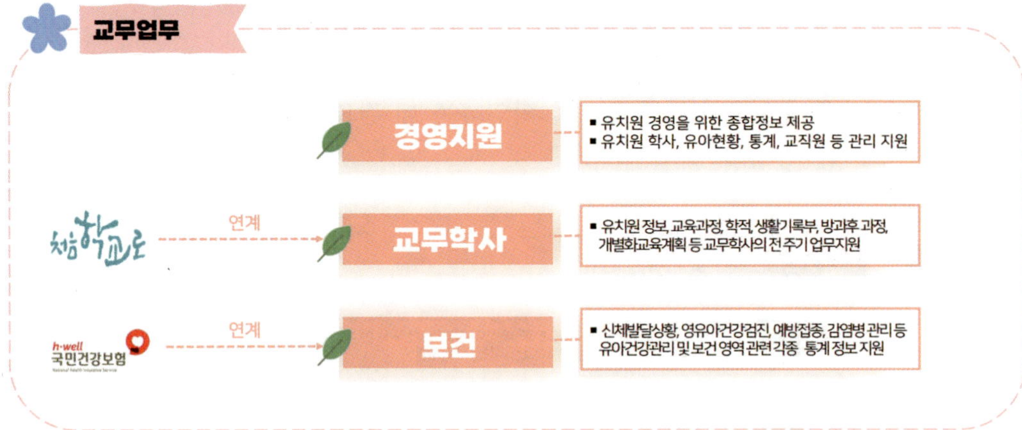

'학교행정'은 유아학비 및 급식관리, 교원능력개발평가와 같은 업무를 효율적으로 처리하기 위한 것입니다. 유아 나이스가 도입되기 이전에 사용하던 유아학비지원시스템 'e-유치원'과 '유치원 교원능력개발평가시스템'이 '학교행정'의 하위 메뉴로 통합되어 운영됩니다.

'일반행정'은 사립유치원의 인사관리와 복무, 급여 및 민원처리에 관한 것으로 기존에 사용하던 '사립유치원 K-에듀파인'과 연계하여 운영됩니다. '대국민 서비스'는 학부모가 자녀의 유치원 생활에 필요한 각종 정보를 확인하는 데 필요한 하위 메뉴로 구성되어 있습니다.

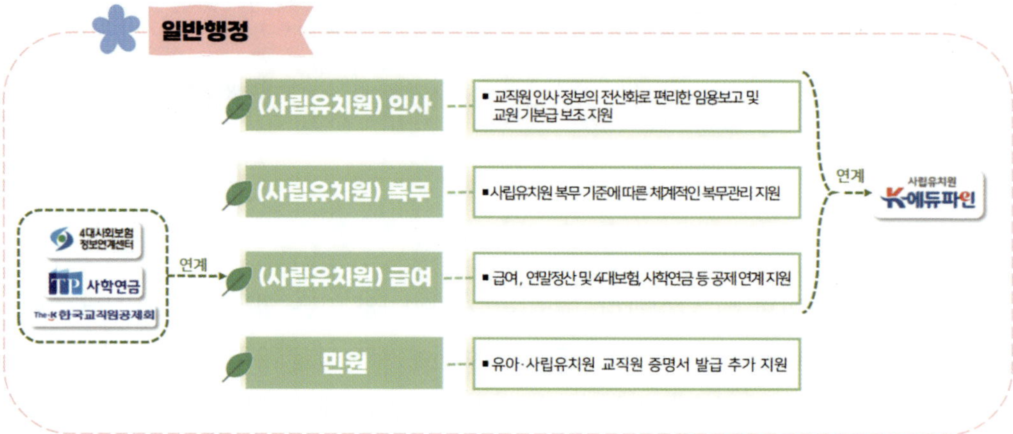

유아 나이스의 가장 큰 장점은 모든 자료가 전자적으로 처리되기 때문에 '같은 정보를 반복해서 입력하지 않아도 된다'는 것입니다. 유아의 보호자가 유치원 입학관리 시스템을 통해 최초로 입력한 정보를 전송받아 반 편성을 하게 되므로 담임교사는 유아의 개인정보를 직접 입력하는 수고를 덜 수 있습니다. 반 편성이 완료되면 담임교사에게 유아의 정보에 접근할 수 있는 권한이 자동으로 주어지고, 유아의 학적이 생성됩니다. '학사일정'에 입력된 내용을 토대로 출석부가 만들어지고, 교사가 입력한 유아 개개인의 '출결 정보'는 전자적으로 처리되어 유아의 '생활기록부'와 '유아학비'에 반영됩니다. 학사일정에 포함된 수업일수, 휴일, 행사 등의 정보는 '정보공시'와 '대국민 서비스'에도 반영이 됩니다.

유아의 주소와 영유아 건강검진 정보는 정보제공에 대한 보호자의 동의 여부를 저장하면 행정정보시스템을 통해 연계 전송받을 수 있습니다. 이와 같이 유아의 학적이 생성되는 첫 단계부터 생활기록부를 마감하고 졸업 처리를 하기까지 교무·학사업무에 필요한 대부분의 정보가 전자적으로 처리되므로 기본적인 정보를 반복적으로 입력하고, 생성된 자료를 검증하기 위해 시간과 노력을 기울이지 않아도 됩니다.

이러한 장점에도 불구하고, 유아 나이스의 메뉴 구조가 다소 복잡하고, 사용하는 용어가 익숙하지 않아서 도입 초기에는 현장의 교사들에게 혼란을 주기도 했습니다. 그러나 유아 나이스를 통해 1년간 처리해야 할 전체적인 업무의 흐름을 파악하고, 시기에 따라 해야 할 것을 순서대로 해나가다 보면, 과거와는 비교할 수 없이 빠르고 효율적으로 업무를 처리할 수 있게 될 것입니다.

제2장

'교무업무' 주요 기능 살펴보기

유아 나이스의 '교무업무'는 유치원에서 1년간 이루어지는 교무·학사업무를 시스템을 통해 전자적으로 처리 및 관리할 수 있도록 구성되어 있습니다. 교무업무는 '교무학사', '보건', '경영지원', '업무관리'로 조직되어 있습니다. 이 중 교사가 학급의 담임 또는 교무업무의 담당자로서 처리해야 할 업무는 '교무학사'와 '보건'에 속해 있습니다.

'교무학사'의 하위 메뉴는 '유치원 정보', '교육과정', '학적', '방과후과정', '개별화교육계획'으로서 유치원의 기본적인 정보 관리와 학사일정관리, 유아의 개인 신상정보 관리 및 생활기록부 작성, 방과후과정 운영에 필요한 각종 업무와 특수교육대상자의 개별화 교육에 필요한 업무에 관한 것입니다.

'보건'의 하위 메뉴는 '유아 건강관리'와 '감염병 환자관리'로 유아의 신체발달 결과를 입력하고, 영유아 건강검진 결과를 전송받아 생활기록부에 반영하는 등 건강관리와 감염병 환자 관리에 필요한 업무에 관한 것입니다.

새 학년이 시작되기 전 교사가 '유아 나이스'를 통해 가장 먼저 처리해야 할 업무는 무엇일까요? 학기 초에 처리해야 할 업무에 필요한 기능부터 차근차근 살펴봅시다.

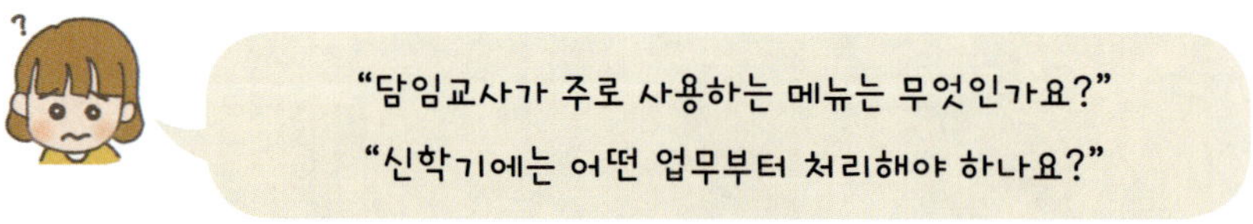

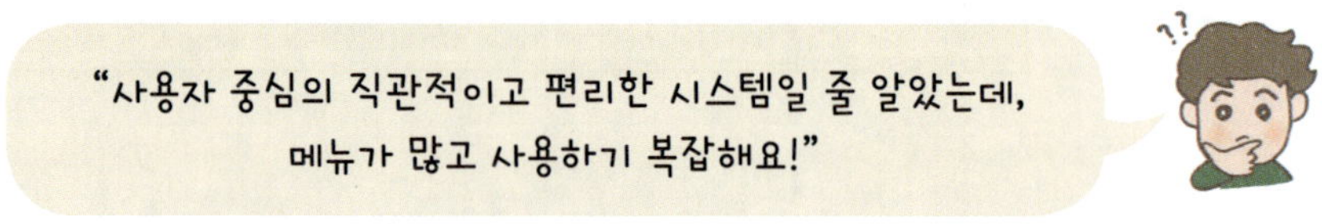

유치원 정보

유치원 정보 관리

유치원의 기본적인 정보를 관리하는 페이지입니다. 주소와 전화번호, 홈페이지 주소 등을 입력하거나 수정할 수 있고, '인가학급수'와 '정원'을 관리합니다.

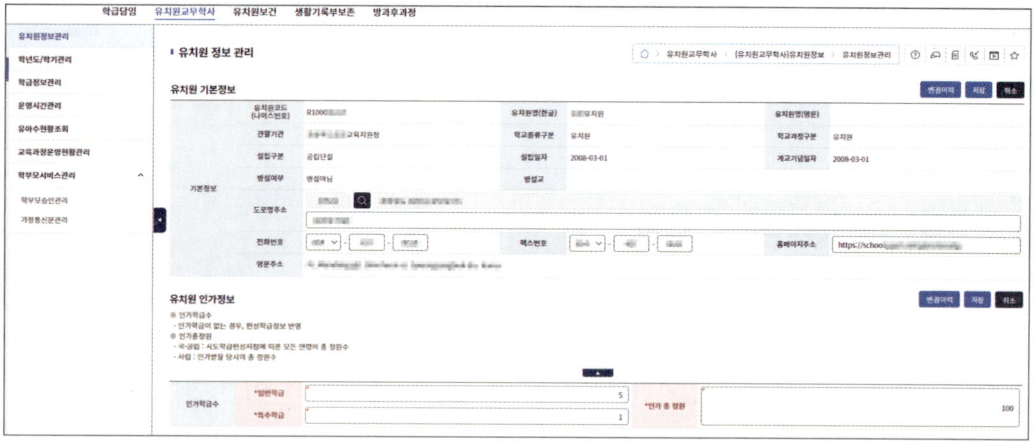

학년도/학기 관리

새 학년도를 준비하는 2월에 나이스 교무업무 담당자가 가장 먼저 해야 할 일은 '수업학년도'의 학기별 시작일과 종료일을 다음 학년도로 변경하는 것입니다. '교무학년도'는 자료가 입력되고 관리되는 학년도를 의미하고, '수업학년도'는 원활한 교육과정 운영을 위해 설정하는 학년도입니다. 3월에는 '교무학년도'와 '수업학년도'를 모두 '당해학년도'로 설정하여 사용하다가 학년말이 되면 차년도로 설정하여 '학급편성' 및 '담임, 반 편성' 등 새 학년도 준비를 위해 필요한 업무를 처리할 수 있도록 합니다.

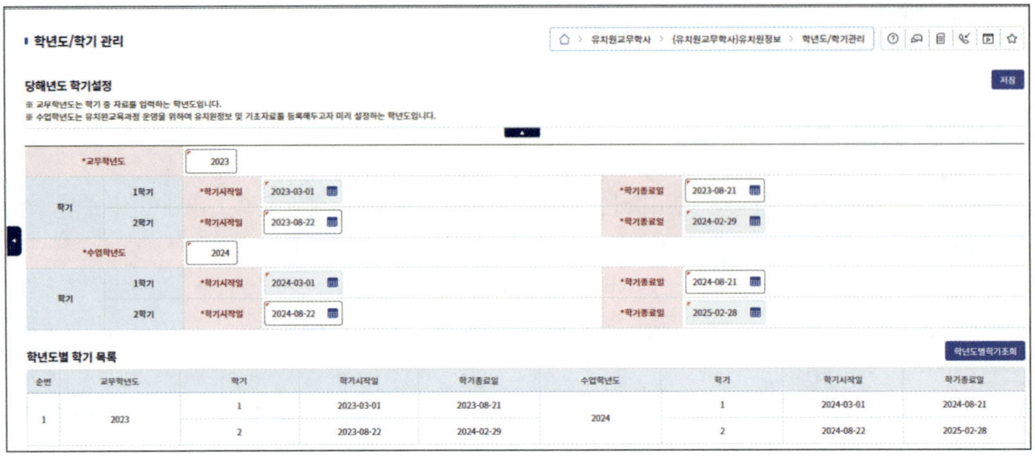

학급정보관리, 운영시간 관리

'학급정보관리'는 해당 유치원에서 사용하는 학급에 관한 정보를 관리하는 것으로 연령 구분(3세, 4세, 5세, 3~4세, 3~5세), 반명(○○반)과 정원을 입력하고, 특수학급 여부를 선택합니다. 사용자 편의를 위해 '인가정보조회(인가학급수 및 유아수)'와 이전 학년도의 '학급정보일괄복사' 기능을 제공하고 있습니다.

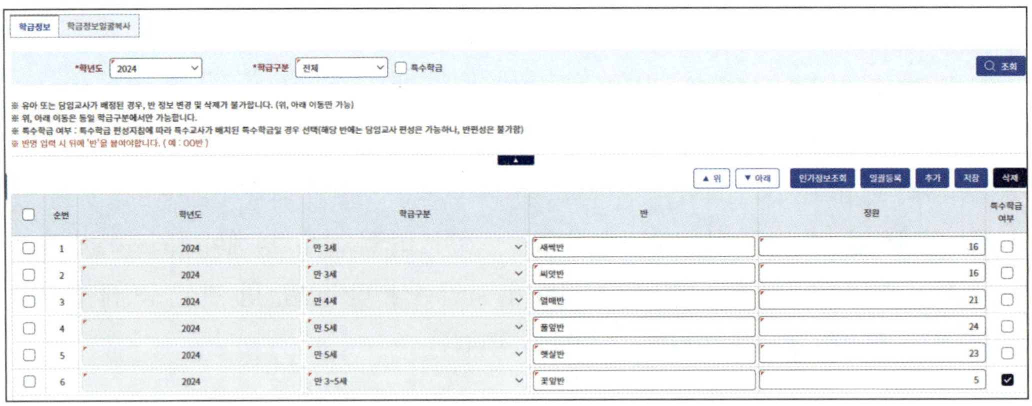

'운영시간 관리'는 교육과정 운영시간 정보를 관리하는 것으로 교육과정 수업 '시작시간'과 '종료시간'을 입력합니다. 일일 운영시간은 자동으로 표시됩니다.

교육과정

담임교사편성관리

학급편성을 통해 생성된 학급에 담임교사를 편성하기 위한 것으로 오른쪽의 교사 명단에서 해당 학급의 담임교사 이름을 '끌어넣기' 하여 등록할 수 있습니다. 1학급에는 한 명의 담임만 편성이 가능하고, 담임교사 편성 후에는 결재권자에게 '승인요청'이 필요합니다. 승인이 완료되면 학급의 담임교사에게 해당 반의 '학부모 서비스', '학적', '생활기록부', '보건' 메뉴에 접근할 수 있는 권한이 자동으로 등록됩니다.

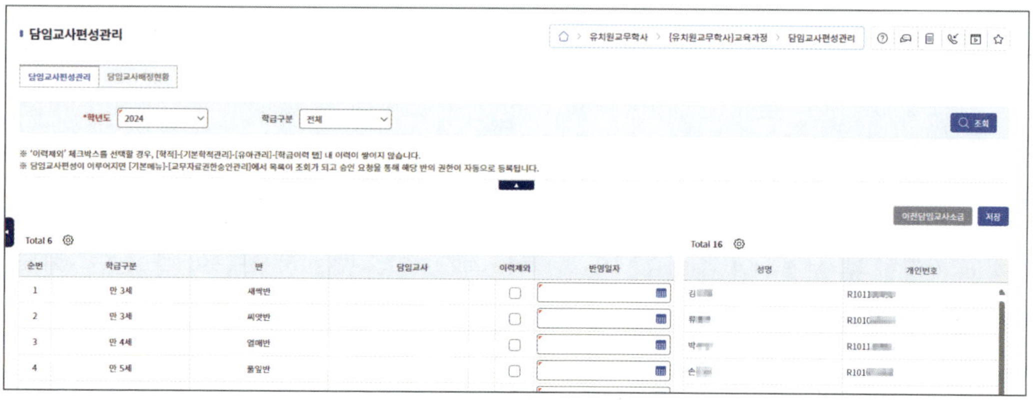

학사일정관리

교육과정의 연/월간학사일정을 등록하고 조회할 수 있습니다. ‘학년도’와 ‘학기’를 선택한 후 공휴일과 방학, 휴업일을 먼저 설정하고 저장합니다. 입학식, 졸업식, 현장체험학습 등 필요한 항목을 오른쪽의 일정 목록에서 선택하거나 새로운 일정명을 추가로 등록하여 사용할 수도 있습니다. 저장한 학사일정 정보는 유치원일지와 출석부에 반영되고, 정보공시, 학부모 서비스와도 연동됩니다. 유아의 출결 정보가 저장된 이후에는 해당 월의 학사일정을 수정할 수 없으므로 변경사항이 있는 경우 미리 수정하거나, 해당 월 모든 학급의 출결 정보를 삭제한 후 학사일정을 수정할 수 있습니다.

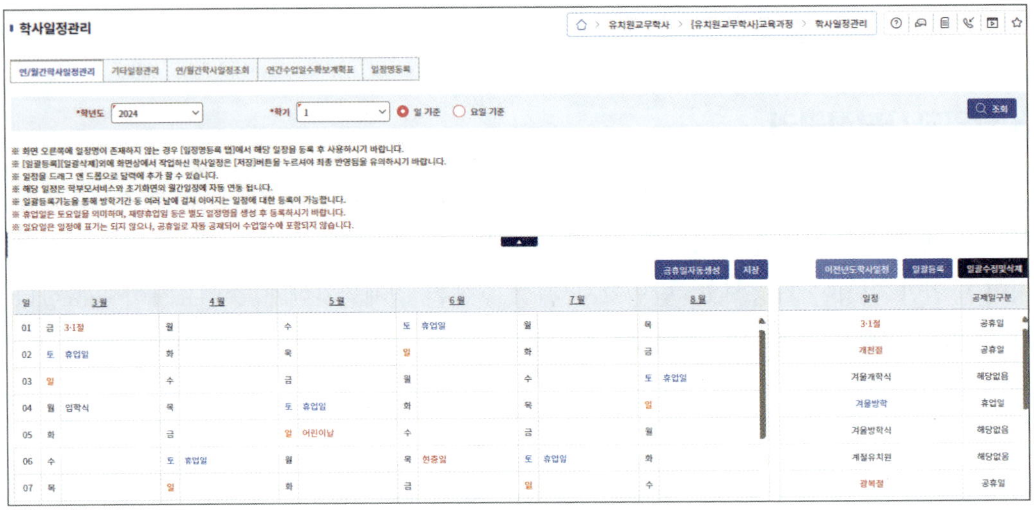

보결수업관리

보결수업을 관리하는 메뉴로 보결수업이 필요한 학급, 기간, 결강교원과 보강교원을 입력하고 저장한 후 보결수업 ‘승인요청’을 합니다. 결강교원은 조회한 학급의 담임으로 자동 입력되고, 보강교원은 교사 목록에서 끌어넣기, 직접 입력의 두 가지 방식으로 입력할 수 있습니다.

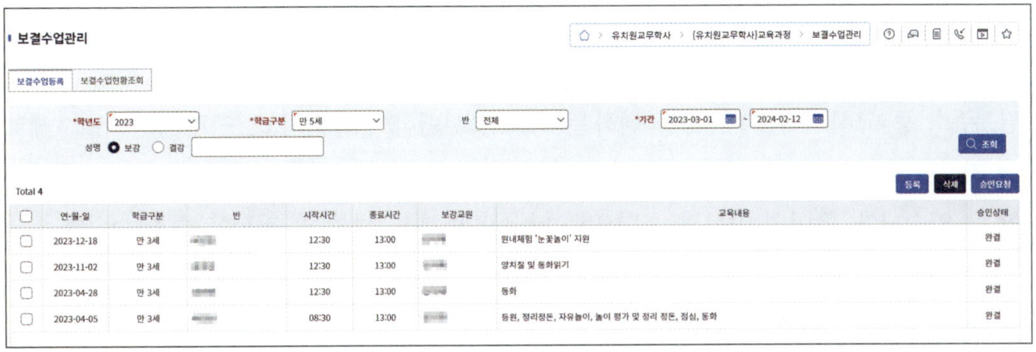

학적

기본학적관리

유치원에 재학 중인 유아의 성명, 주민등록번호, 성별, 주소, 학적사항, 학급이력, 생활기록부에 반영되는 유아발달상황 등의 기본적인 정보를 관리할 수 있습니다. 유아의 개인정보 보호를 위해 해당 학급의 유아 정보에 접근할 수 있는 권한을 가진 사용자(학급 담임, 교무업무 담당자, 보건교사, 특수교사 등)에게만 일부분 또는 전체 정보의 조회와 수정이 허용됩니다.

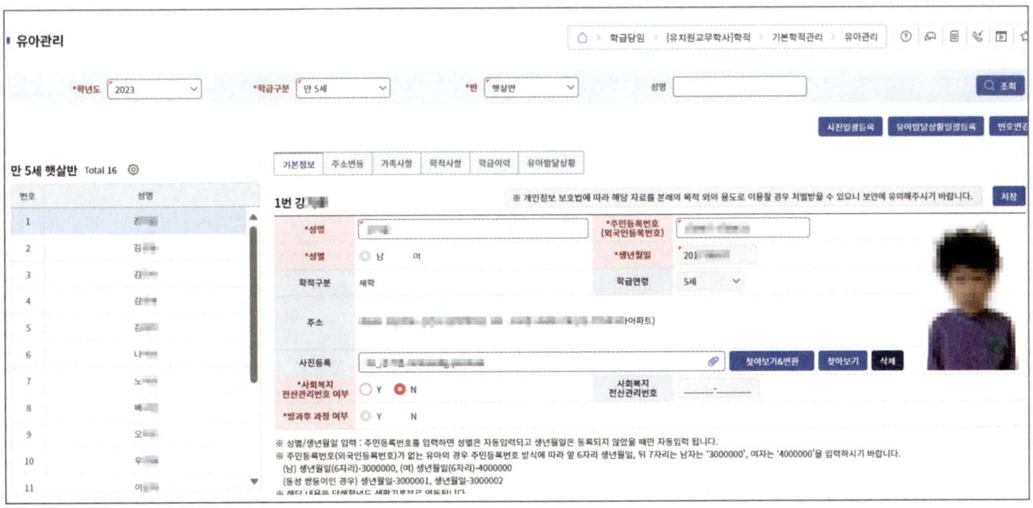

유아명부 출력하기

학급을 기준으로 유아의 정보를 명부 형식으로 출력할 수 있습니다. 번호, 성별, 생년월일, 주소 등 교사의 필요에 따라 원하는 정보를 선택하여 출력하고, 출력 형식(가로, 세로)을 지정할 수 있으며, '기타'란을 활용하면 출력된 문서에 추가하고 싶은 항목도 미리 설정할 수 있습니다. 유아의 이름과 사진으로 된 '사진명부'도 생성 및 저장할 수 있습니다.

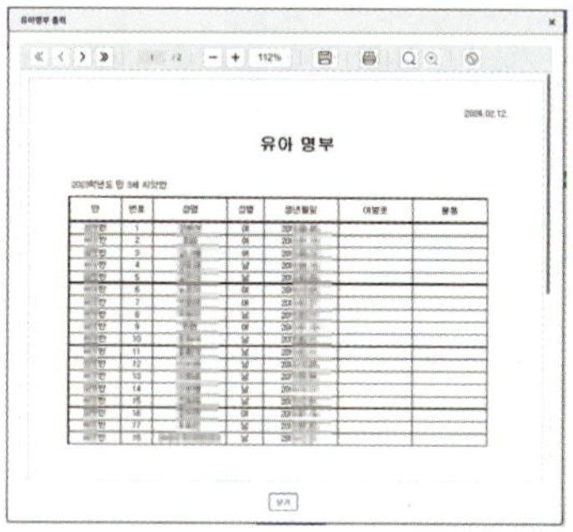

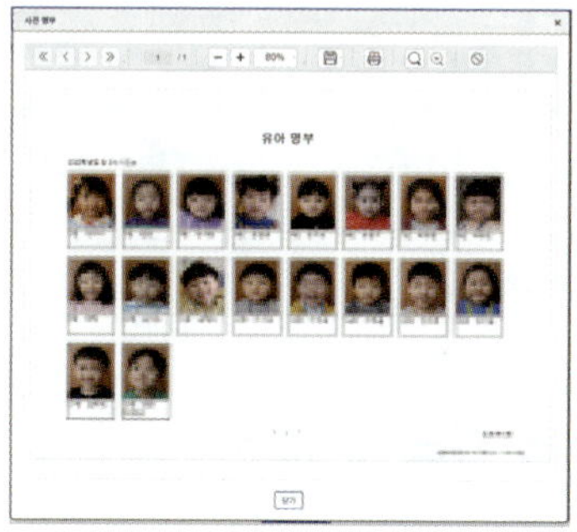

유아주소연계관리

주민등록정보시스템을 통해 연 2회 유아의 주소연계를 요청하고, 이를 통해 수신된 정보를 유아의 기본정보에 반영합니다. 주소를 수신할 수 없는 외국인 또는 주민등록번호가 없는 유아는 '기본정보' 페이지에서 우편번호를 검색하여 직접 입력할 수 있습니다.

출결관리

학급 담임이 유아의 출결에 관한 사항을 관리하기 위한 것으로 출결정보 등록 및 결석 사유 입력, 출결과 관련된 특기사항을 입력할 수 있습니다. 출석인정 및 질병결석 등 학비 특례인정이 필요한 결석에 대해서는 '결석신청관리'를 통해 별도의 '승인요청'이 필요하며, 승인된 결과가 '출결관리'와 '방과후 출결정보'에 자동으로 반영됩니다. 월별 출결정보 입력이 완료되면 출결마감 및 이에 대한 '승인요청'을 하여 해당 월의 출결관리를 완료합니다. 출결정보는 '유아학비'와 '생활기록부'의 출결에 반영되고, '출석부'와 '월별/개인별 출결 통계 및 현황' 등으로 조회 및 출력할 수 있습니다.

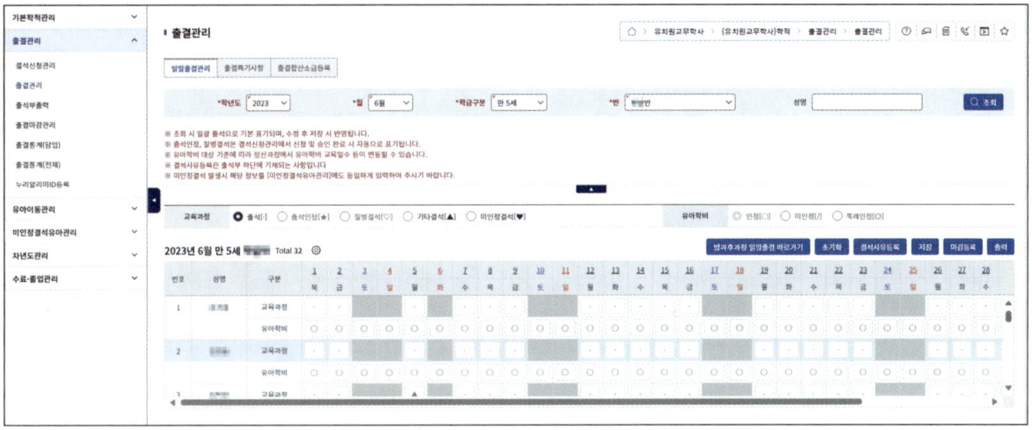

유아이동관리

'유아이동관리'는 전입 및 전출관리, 휴학/자퇴/퇴학을 관리하기 위한 기능으로 '전출관리(자료전송)', '전입관리', '휴학/자퇴/퇴학관리'로 구성되어 있습니다. 우리 유치원의 재학생이 다른 유치원으로 전출하는 경우 해당 유치원에서 '전출자료요청'이 도착할 때까지 기다렸다가 전출에 필요한 자료(학적, 출결 상황과 생활기록부)를 전송하고, 그 결과를 학적에 반영합니다. 다른 유치원의 유아가 우리 유치원의 재학생이 되는 경우 '전입관리' 메뉴에서 이전 유치원에 전출 유아의 자료를 요청합니다. 자료수신이 완료되면 '승인요청' 후 학적에 반영합니다.

우리 유치원에 다니다가 중단한 유아 또는 의무교육 대상자가 다시 유치원에 들어오는 재입학, 복학, 재취학의 경우 '전입관리' 메뉴에서 학년도와 성명을 입력 후 조회하고 신규로 취득하는 학적의 학급과 반을 선택한 후 유아를 등록합니다.

'휴학/자퇴/퇴학' 등으로 유아가 학업을 중단을 원하는 경우 해당 유아의 출결마감 및 생활기록부 정보를 반영하고, 학적 변동(휴학/자퇴) 등록 후 승인이 완료되면 '학적반영'을 합니다.

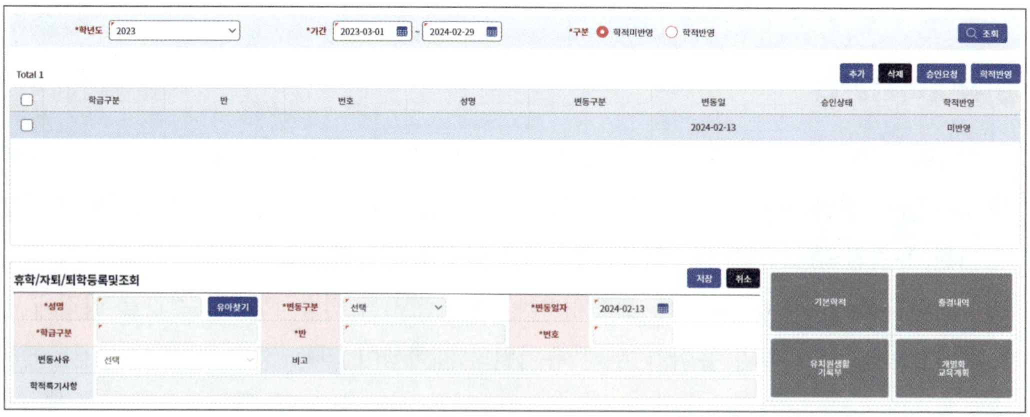

차년도관리

'차년도관리'는 다음 학년도 유아 관리와 반편성을 위한 기능으로 차년도재학관리, 입학대상자관리, 반편성관리 3개의 메뉴로 구성되어 있습니다. '차년도재학관리'는 다음 학년도 재학생의 정보를 '유아 나이스'에서 유치원 입학관리시스템으로 전송하여 재학생 정보를 수기로 입력하는 수고를 덜어줍니다. '입학대상자관리'는 '유치원 입학관리시스템'에서 수집한 입학대상자의 성명, 주민등록번호, 이전학적 등의 정보를 '유아 나이스'로 손쉽게 가져올 수 있도록 해줍니다.

'반편성관리'는 재학생과 입학대상 유아에 대해 반편성을 관리하는 것으로 생년월일 및 남녀비율을 기본조건으로 '일괄반편성'을 실시할 수 있고, 방과후신청비율/신입재학비율 등의 우선순위를 추가할 수도 있습니다. 일괄반편성에서 제외할 유아 목록을 별도로 생성한 후 나머지 유아에 대해 '일괄반편성'을 하고, 예외 처리한 유아를 반편성을 할 수 있고, 전체 유아를 '개별반편성' 하는 방식도 선택할 수 있습니다. 각 유치원의 사정에 알맞게 반편성 기능을 사용할 수 있도록 구성되어 있습니다.

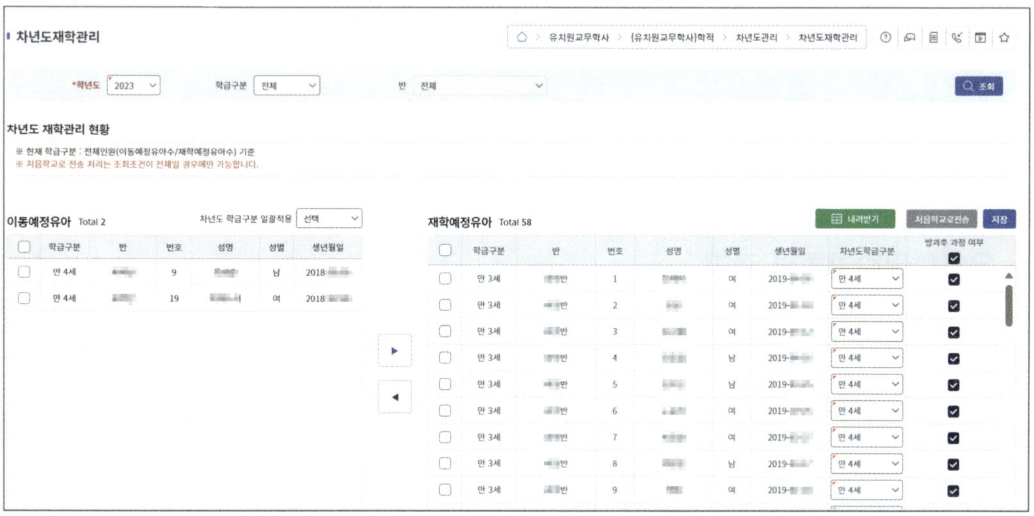

수료·졸업관리

'수료·졸업관리'에서는 수료 및 졸업 대상자를 선정하고, 수료 및 졸업 대장번호를 부여하며, 수료 및 졸업을 확정하는 '승인요청'을 할 수 있습니다. 승인이 완료되면 수료증서와 졸업증서의 내용을 검토하고, 출력할 수 있는 기능도 포함되어 있습니다.

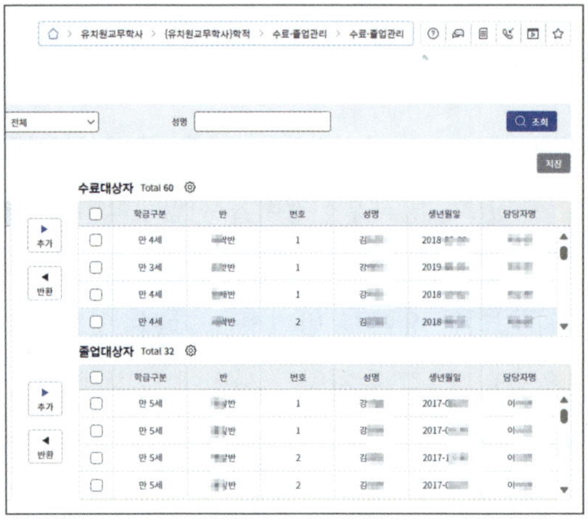

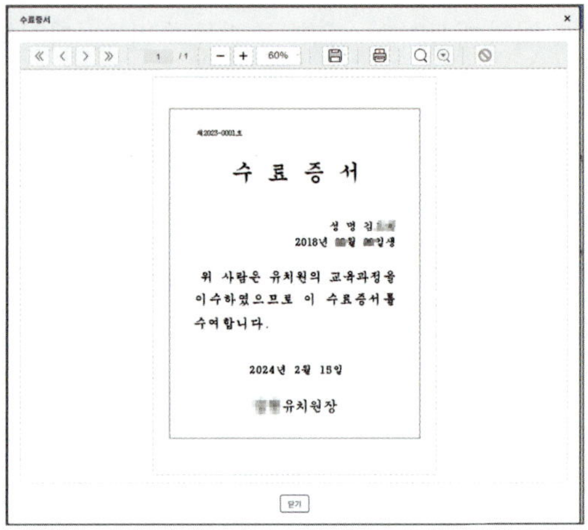

생활기록부

유치원생활기록부 관리

유치원생활기록부를 생성하고 마감하기 위한 것으로 1년간 누적된 자료(반정보, 담임정보, 인적사항, 학적 및 출결정보, 유아건강정보, 유아발달상황 등)를 반영하여 생활기록부를 생성합니다. 입력된 자료를 항목별로 검증한 후, 검증이 완료되면 반별, 항목별 조회 후 담임교사가 확인하고, 최종 마감 및 '승인요청'을 합니다.

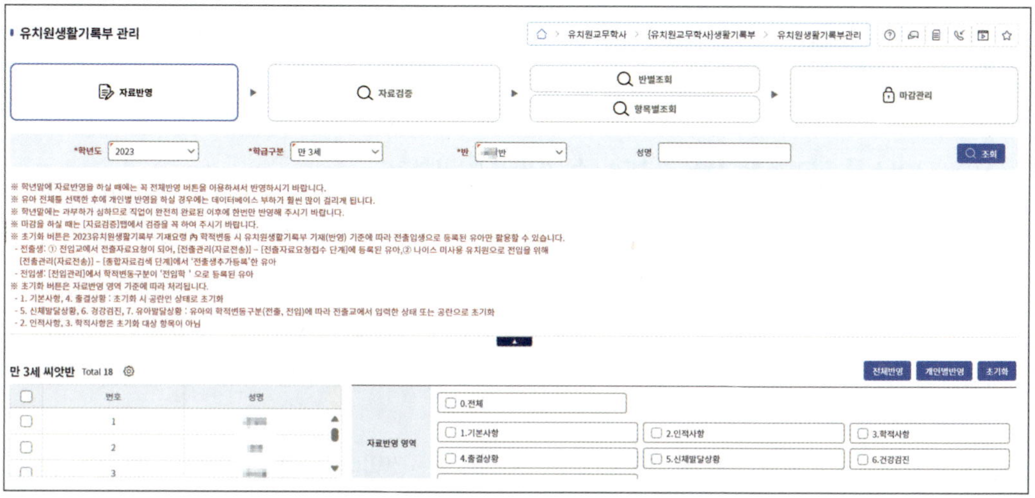

정정대장관리

마감이 완료된 이전 학년도의 생활기록부에 정정해야 할 항목이 있는 경우 이를 관리하기 위한 것으로 해당 유아의 자료를 검색하여 정정이 필요한 항목을 선택합니다. 정정 전에 입력된 내용과 정정할 내용을 각각 입력한 후 정정사유를 기록하고 저장한 후 '승인요청'을 합니다.

더 알아보기

유아 나이스를 편리하게 사용하려면 '순서대로' 처리하기!

지금까지 유아 나이스를 구축하게 된 배경과 지능형 나이스의 업무 구성, 교무업무의 주요 내용 및 기능에 관해 알아보았습니다. 유아 나이스를 통해 우리가 기대하는 것은 유치원에서 이루어지는 모든 업무가 체계적이고 투명하게 이루어져 효율성을 극대화하는 것입니다. 그렇다면 유아 나이스를 사용하는 교사가 가장 단시간에 효율적으로 업무를 처리하는 방법은 무엇일까요?

네! 바로 처리해야 할 업무를 순서대로 실수 없이 해내는 것입니다. 만약 모르고 지나친 실수로 인한 오류가 발견된다면 그것을 바로잡기 위해서는 처음보다 몇 배나 더 많은 시간과 노력이 필요하기 때문입니다. 그러니 차라리 처음부터 여유를 갖고, 정확하게 처리하는 편이 낫습니다.

유아의 건강검진 정보는 매월 20일에 수신되고, 주소연계는 연 2회만 이루어집니다. 신입생 정보는 2월 중순이 지나서야 나이스로 전송됩니다. 정보가 수신되기를 기다리다가 '차라리 내가 직접 입력해 버릴까?'라는 생각이 들기도 합니다. 그런데 교무·학사업무는 결국 한 해가 온전히 다 지나가야만 끝이 납니다. 습관처럼 서두르기보다 '4세대 지능형 나이스'가 똑똑하게 처리해 줄 때까지 여유를 갖고 기다리는 것이 결국은 가장 훌륭하게 업무를 처리하는 방법일 수 있다는 생각이 듭니다.

교사가 직접 입력해야 할 정보는 실수가 없도록 차근차근해 나가고, '유아 나이스'가 처리할 일은 될 때까지 맡겨놓음으로써 업무 효율이 높아진 만큼 마음의 여유를 좀 더 누려보는 것은 어떨까요?

교사들이 전하는 생생한 사용 후기!

"유아명부, 출석부, 생활기록부 작성을 위해 유아의 이름과 주소, 성별을 여러 번 입력하지 않아도 되니 정말 편리해졌어요."

"학급 담임 업무처리에 필요한 유치원 정보, 학사일정, 유아에 관한 정보를 담당자가 쉽게 찾고, 안전하게 관리할 수 있어서 일하는 속도가 빨라졌어요."

"잘못 입력했을 때 시간이 좀 걸리긴 했지만, 절차대로 하면 바로잡을 수 있어서 정말 안심돼요. 유아 나이스 이제 어렵지 않아요!"

참/고/문/헌

곽현주·구수연·박성희·서동미·서혜정(2010). 유치원 교사를 위한 교직 실무. 서울 : 파란마음.

교육부(2021). 유치원 교사의 디지털 역량 강화 연수 자료. 세종 : 교육부.

교육부(2022). 초중등학교 교육과정 총론. 세종 : 교육부.

교육부·보건복지부(2019a). 2019 개정 누리과정 해설서. 세종 : 교육부, 보건복지부.

교육부·보건복지부(2019b). 2019 개정 누리과정 놀이실행자료. 세종 : 교육부, 보건복지부.

김봉섭·김현철·박선아·임상수(2017). 4차 산업혁명시대 지능정보사회의 '디지털 시민성(Digital Citizenship)'에 대한 탐색. KERIS 이슈리포트 연구자료 RM 2017-6.

김아미·이지영·주주자·이윤주·양소은(2019). 디지털 시민성 개념 및 교육방안 연구. 경기도교육연구원.

김양은(2016). 소셜 미디어 리터러시. 서울 : 커뮤니케이션북스.

김은미·양소은(2013). '디지털 네이티브'의 시민성. 한국언론학보, 57(1), 305-334.

김은영·박은혜(2006). 유치원 교사의 직무 분석. 한국교원교육연구, 24(2), 3030-323.

남순명(2002). 초등학교 담임교사의 직무분석. 서울교육대학교 교육대학원 석사학위 논문.

박기범(2009). 사회과 디지털 수업론. 경기 : 교육과학사.

박주연·박남수·서희전(2022). 미래교육을 위한 유아교사의 디지털 역량 탐색. 어린이미디어연구, 21(2), 327-360.

박주연·윤성혜(2022). 미래교육과 교사 역량. 학습자중심교과교육학회 편. 미래사회와 교과교육(pp. 15-47). 경기 : 교육과학사.

박형빈(2020). 디지털원주민 시대의 통일교육과 게이미피케이션. 윤리교육연구, 55, 337-364.

방송통신위원회·한국지능정보사회진흥원(2020). 나는 디지털 시민인가. 디지털 시민총서 1. 서울 : 커뮤니케이션북스.

유네스코(2017). Conference on Digital Citizenship Education in Asia-Pacific: Outcome Document. Retrieved from https://en.unesco.org/sites/default/files/ dkap-conference-outcome-mar2017.pdf

윤성혜(2017). 대학 교양교육으로서 디지털 시민교육(digital citizenship education)의 필요성과 방향. 교양교육연구, 11(3), 35-62.

정바울·장유정(2020). Covid-19에 따른 디지털 기술의 부상과 교사 직무 변화에 대한 탐색적 연구. 교육정치학연구, 27(4), 125-144.

정선아·조대연(2013). 유아교사의 직무역량 요구 분석. 유아교육연구, 33(1), 299-321.

최경석(2020). 공통 도덕과 규범 윤리학, 윤리학, 9(2), 25-50.

한국교육개발원(2014). 교원의 업무시간 실태 분석 및 개선방안 연구(RR 2014-04). 서울 : 한국교육개발원.

한국교육개발원(2022). 교사의 직무수행 변화 분석과 향후 과제(RR 2022-02). 충북 진천 : 한국교육개발원.

한국교육학술정보원(2020). 2020년 국가수준 초중학생 디지털 리터러시 수준 측정 연구(RR 2020-10). 대구 : 한국교육학술정보원.

후쿠마 도모키·가토 고이치(2022). 비전공자를 위한 인공지능 교과서(정용민 역). 서울 : 미디어픽스.

Bennett, W. L.(2008). Changing citizenship in the digital age. *Civic life online*: learning how digital media can engage youth, 1-24.

Bennett, W. L., Wells, C., & Rank, A.(2008). Young citizens and civic learning: Two paradigms of citizenship in the digital age. *Citizenship Studies, 13*(2), 105-120.

Department for Education(U.K.)(2010). Teachers' workload diary survey 2009.

Department for Education(U.K.)(2014). Teachers' workload diary survey 2013.

Glister, P.(1997). *Digital lieteray*. NY : John Wiley.

Hargreaves A. & Fullan, M.(2014). 교직과 교사의 전문적 자본(진동섭 역). 경기 : 교육과학사. (원저 2012 출판)

Hargreaves, A.(1994). *Changing teachers, changing times: Teachers' work and culture in the postmodern age*. NY : Teachers College Press.

Hargreaves, A., & Fullan, M.(2020). Professional capital after the pandemic: Revisiting and revising classic understandings of teachers' work. *Journal of Professional Capital and*

Community, 5(3/4), 327–336.

Jones, S., & Fox, S.(2009). *The social life of internet users.* Pew Internet and American Life Project, Washington DC.

Lee, Y. J., & Poon, C. L.(2014). The professional work of teachers in Singapore: Findings from a work–shadowing study. *Asia Pacific Education Review, 15*(4), 525–535.

Lindqvist, P., & Nordnger U. K.(2006). Who dares to disconnect in the age of uncertainty? teachers' recesses and 'off–the–clock'work. *Teachers and Teaching: Theory and Practice, 12*(6), 623–637.

NTIA(1999). *Falling through the net: Toward digital inclusion: A report on Americans' access to technology tools.* U.S. Deparment of Commerce, Economic and Statistics Administration, National Telcomunications and Information Administration.

OECD(2005). *Teachers matter: Attracting, and retaining teachers.* OECD Publishing.

OECD(2023). OECD digital education outlook 2023 : Towards an effective digital education ecosystem. OECD Publishing, Paris.

Perlow, L. A.(2012). *Sleeping with your smartphone : How to break the 24/7 habit and change the way you work*. Harvard Business Press.

Selwyn, N.(2017). High tech, hard work : An investigation of teachers' work in the digital age. *Learning, Media, and Technology, 42*(4), 390–405.

저/자/약/력

김　호 경인교육대학교 유아교육과 교수

윤민아 호남대학교 유아교육학과 교수

한유진 안산대학교 유아교육과 교수

박정현 인천검암유치원 원감

유세경 서울탑산초등학교병설유치원 원감

고보현 동원유치원 교사

금인화 신갈초등학교병설유치원 교사

김진국 푸른솔유치원 교사

민동선 신현초등학교병설유치원 교사

유진이 잠원초등학교병설유치원 교사

유혜민 다솔유치원 교사

윤은지 율목초등학교병설유치원 교사

이수연 김천유치원 교사

이은혜 향동유치원 교사

이하영 배곧누리유치원 교사

장슬아 조남유치원 교사

현지호 장촌초등학교병설유치원 교사

홍정기 영천유치원 교사

홍진선 자연유치원 교사

유아교육기관에서의
디지털 업무

| **공저자** | 김　호 · 윤민아 · 한유진 · 박정현 · 유세경 · 고보현 · 금인화
김진국 · 민동선 · 유진이 · 유혜민 · 윤은지 · 이수연 · 이은혜
이하영 · 장슬아 · 현지호 · 홍정기 · 홍진선

| **1판 1쇄** | 발행 2024년 12월 31일

| **발행인** | 김동훈
| **펴낸곳** | 공동체

| **주소** | 경기도 고양시 일산동구 호수로 358-39, 동문타워 1차 905호(백석동)
| **전화** | 031)814-3000(대표)
| **팩스** | 031)814-3100
| **홈페이지** | www.compub.co.kr
| **전자우편** | compub@naver.com
| **출판등록** | 2005년 10월 6일
| **등록번호** | 제396-2005-36호

| **ISBN** | 979-11-6725-566-2
정가 25,000원

memo

memo

memo

memo

memo

memo